2023年第1辑 总第318辑

上海审判实践

上海市高级人民法院 主办

主编 王光贤 副主编 郑天衣

上海人民出版社

《上海审判实践》编辑委员会名单

《上海审判实践》责任编辑团队

（按姓氏笔画排序）

王　茜，法律硕士，上海市第一中级人民法院三级高级法官
王　静，法学硕士，上海市高级人民法院三级高级法官
沙　洵，法学博士，上海市高级人民法院三级高级法官
张　俊，法学博士，上海市高级人民法院三级高级法官
张心全，法学博士，上海市高级人民法院三级高级法官
陈　克，法律硕士，上海市高级人民法院三级高级法官
林俊华，法学硕士，上海市高级人民法院三级高级法官
金殿军，法学博士，上海金融法院三级高级法官
孟　猛，法律硕士，上海市高级人民法院三级高级法官
俞小海，法学硕士，上海市高级人民法院研究室科长
娄正涛，法学硕士，上海铁路运输法院三级高级法官
洪　波，法律硕士，上海市第三中级人民法院三级高级法官
徐　川，法学硕士，上海市高级人民法院三级高级法官
徐卓斌，法学博士，上海市高级人民法院三级高级法官
徐晨平，法律硕士，上海市高级人民法院三级高级法官
高明生，法学硕士，上海市高级人民法院三级高级法官
程小勇，法学博士，上海市高级人民法院三级高级法官
彭　浩，法学硕士，上海市高级人民法院三级高级法官
董　敏，法学硕士，上海市高级人民法院三级高级法官
董　庶，法律硕士，上海市高级人民法院三级高级法官
董　燕，法学博士，上海市高级人民法院三级高级法官
潘庸鲁，法学博士，上海市高级人民法院三级高级法官
戴　曙，法学博士，上海市高级人民法院三级高级法官

目　录

专稿

司法实务

改革前沿

司法大数据分析

案例精解

审判业务文件

长三角一体化高质量发展的金融司法协同研究

赵 红*

长三角是我国经济发展最具活力、开放程度最高、创新能力最强的区域之一，区域内金融机构聚集、金融要素市场完备、金融改革创新活跃。金融市场既是资本密集型市场，也是风险密集型市场，需要规则治理、司法保驾护航。金融司法高效协同是长三角一体化高质量发展的重要保障，充分发挥区域金融法治的规范作用，形成长三角区域经济社会发展的坚强司法后盾，必须坚定党的全面领导，完整、准确、全面贯彻新发展理念，贴合长三角一体化发展的金融司法需求，整合区域金融司法资源，构建区域金融司法协同新局面，规范区域经济守正创新，推动区域经济发展在法治轨道上运行。

一、长三角一体化高质量发展的时代背景与内涵

（一）区域一体化发展是区域合作的最高层次

区域合作共分为三个层次，区域一体化是区域合作的最高层次。[①] 区域一体化应包括四方面的特征：一是一体规划，即基于区域整体统筹经济社会发展各项举措；二是全面协调，即基于各地区、各领域不同发展特征有机配套、协同推进、相互支撑；三是深层对接，即基于规制融通、市场统一下的资源要素无障碍流通对接；四是有效约束，即构建保障体系抑制各地区基于本位利益的壁垒。

长三角地区一体化发展是我国区域经济合作发展的高级阶段，一是经济

* 赵红，上海金融法院党组书记、院长。

① 范恒山：《中国区域合作的理论、政策与操作》，中国财政经济出版社2022年版，第22页。

发展程度较高，综合实力较强，地区间发展较为平衡，具有率先形成新发展格局、勇当我国科技和产业创新的开路先锋、加快打造改革开放新高地的共同使命和区位优势；二是地区间的经济联系非常紧密，互补性较强，形成上海龙头带动、苏浙皖各扬所长的“一极三区一高地”战略一体规划；三是市场体制较为完善，内外开放程度较高，围绕上海国际金融中心建设，在全球资源优化配置、关键核心技术攻关突破、产业链现代化水平提升、制度型开放等方面强化功能辐射、深层对接；四是地区间合作意识强，具有深厚的合作基础，较为有效抑制和克服了基于地区本位利益的逆离操作。支持长三角一体化发展已上升为国家战略，形成包括顶层设计及配套规章在内的较为完备的一体化发展规则。

（二）全国统一大市场建设的全局性谋划和战略性布局

2020年以来新冠肺炎疫情在全球肆虐，世界经济形势复杂多变，我国经济高质量发展面临重大机遇与挑战。党的二十大报告强调要加快国内统一大市场建设，打通经济资源要素流动壁垒，提升国内经济韧性，夯实国内经济大循环基础，加快构建以国内大循环为主体、国内国际双循环相互促进的新发展格局。长三角地区作为我国经济发展的活跃力量，在科技创新驱动和战略性新兴产业特别是数字经济驱动下，已基本形成高质量发展的态势，区域内各地经济创新突出，增长迅速，优势互补。上海作为长三角区域发展的龙头，其战略性新兴产业增速迅猛，苏、浙、皖各省以新产业、新业态、新模式为主要特征的“三新”经济为区域经济创新发展注入强大活力。②良好的区域经济发展态势，为全国统一大市场建设提供丰富的发展经验，推动长三角一体化发展，增强长三角地区整体优势和竞争能力，以区域合作为抓手，推动全国统一大市场建设，应从要素流动、共享平台、深度同城化等方面入

② 2021年，上海市战略性新兴产业增加值8795亿元，增速达到15.2%；江苏省高新技术产业产值占规模以上工业产值比重达47.5%，增速达到14%；浙江省以新产业、新业态、新模式为主要特征的“三新”经济增加值占GDP的比例已占27.8%，数字经济核心产业增加值8348亿元，增速达到13.3%；安徽省战略性新兴产业产值增长28.8%，高于全部规模以上工业13.4个百分点。王振：《要素自由流动、共享平台建设、深度同城化 长三角一体化发展还能有这些新突破》，载“长三角创新金融研究”微信公众号2022年9月28日。

手，进行全局性谋划和战略性布局。

二、长三角一体化高质量发展对金融司法协同的要求

当前长三角金融市场一体化发展机遇与挑战并存：金融在区域经济中的核心地位日益凸显，但同时也面临着如何进一步促进金融服务实体经济的挑战；金融市场联动进程加快，但同时也面临着如何加速推动统一的法治化营商环境的挑战；金融创新在全国最为活跃，但同时也面临如何统筹鼓励金融创新和防范金融风险的挑战；金融制度型开放走在全国前列，但同时也面临着如何统筹国内法治与涉外法治，用好国际国内两种资源的挑战。区域法治是基于国家法治发展的要求，以法治思维和法治方式根据区域发展的实际需求推进区域治理现代化的法治实践活动。③ 长三角司法合作是一个由点及面、逐步推进的过程。长三角一体化发展对金融司法协同提出如下需求。

（一）积极引导区域金融服务实体经济

吸引更多投资者，为投资者的合法权益提供高效专业的司法保障，是新时代长三角区域金融市场高质量发展的关键。在法律制度中充分保护产权、尊重合同自由、提高合同执行效率、规范政府干预行为，才能发展出良性的金融制度，促进金融发展和经济增长。④ 加强区域金融司法协同，能更好引导金融切实服务实体经济，平等保护各类主体合法权益，规范金融交易行为，营造诚信市场环境，促进区域金融市场可持续发展。

（二）规范保障区域金融守正创新

随着长三角金融市场发展和需求变化，金融创新使得交易结构日趋复杂，新类型金融纠纷层出不穷，与跨境投融资、跨境担保、跨境支付结算、跨境金融服务密切相关的金融民商事纠纷将不断涌现。金融司法应充分尊重市场主体意思自治，对既符合立法精神又符合金融发展规律的创新交易行为，及时予以确认和保护。及时进行风险预警，严惩以创新之名规避金融监管的违

③ 公丕祥：《法治中国进程中的区域法治发展》，载《法学》2015 年第 1 期。

④ R La Porta，et al.，*Legal Determinants of External Finance*，52（3）The Journal of Finance 1131（1997）.

法行为，引导保障金融创新正向发展，为实体经济提供有力金融支持。

（三）完善规制区域金融市场双向开放

长三角是我国开放程度最高的区域之一，上海国际金融中心的建设也将进一步推进区域金融市场的双向开放。长三角区域金融市场的系统性与国际化在“引进来”与“走出去”的双向开放过程中得到充分体现。金融交易在场景、主体、内容、规则等各方面都表现出对国内国际的双向影响，由此，金融案件纠纷在诉讼主体、法律适用、判决执行等方面越来越多地呈现跨境化特点。这些发展变化需要长三角区域的金融市场运行、监管、纠纷解决机制等更加深度地与国际接轨。一方面，要立足长三角区域特征，进一步增强金融司法服务保障国家更高水平对外开放和经济社会发展的主动性与创造性，充分利用现有制度空间，特别是新发展格局下金融开放的制度政策红利，推动实验性金融法治机制建设，积极回应金融创新开放的司法需求。另一方面，更加积极地参与国际规则制定，提升我国的国际金融法治话语权，推动全球金融治理规则变革。

（四）防范化解区域金融市场风险

从国家安全的角度看，安全、高效的金融市场对国民经济的健康稳定发展至关重要。金融市场的双向开放，既有利于境内外金融资本和交易的汇聚，又面临着金融风险集聚的考验。金融市场风险的天然传导性，决定了若对区域市场风险防范不利，有可能引发全局性的市场风险。因此，要高度警惕境外金融市场风险向境内传导，筑牢境内外金融风险隔离墙，加强区域金融司法与金融监管的协同合作，在区域金融市场开放中深化落实金融对外开放政策，推进金融风险的源头治理。

三、长三角一体化高质量发展的金融司法协同路径探索

（一）把握长三角金融司法协同发展的辩证关系

一是把握国家决策、区域战略与金融司法保障之间的关系。金融司法应以区域化、国际化、战略化的视野，秉承公正高效、服务金融、促进发展的

金融司法理念，服务国家服务实体经济、防控金融风险、深化金融改革的金融工作大局，服务长三角区域一体化发展的国家战略。

二是把握金融市场发展、金融监管与金融司法协同之间的关系。金融市场的健康发展需要金融监管与金融司法协同发力。既要加深对金融业务和金融市场的本质认识，把握资本运行的规律与特征，规范金融市场创新发展；也要深化金融审判体制机制改革，为市场提供公正高效司法审判服务，通过个案审理向市场释放规则预期，规范金融主体行为，预警金融风险，协同监管治理金融市场秩序。

三是把握支持金融创新、防范金融风险与金融司法规范之间的关系。金融创新在推动金融发展、提高金融运行效率的同时，相关风险的隐蔽性、复杂性、传导性和危害性要树立规则引领发展方向，必须切实加深对金融市场、产品、工具和交易模式创新本质的认识。金融司法既要依法保障金融稳健运行，又要审慎引导金融改革创新，更要全力参与防范化解风险，坚决守住不发生系统风险的底线。

四是把握金融法律理论、金融市场实务与金融司法实践的关系。金融司法要接地气，在贯通金融理论与实务发展的基础上，金融司法应深入研究案件纠纷反映的难点与热点问题，以个案为切入点，明确案件审理的法律适用问题；金融司法又要高屋建瓴，通过打造一支既懂法律又懂金融，并具备国际化视野的高素质司法人才队伍，以更广阔的格局视野和更全面的专业能力，推动金融司法协同高水平发展。

（二）确立长三角金融司法协同的原则

1．整合优势司法资源，推动金融司法协同共建

长三角金融司法协同要坚持合作目标的体系化树立。更加注重整体性，统一思想，凝聚共识，将合作聚焦于统一长三角金融裁判规则、促进长三角一体化高质量发展、打造全国司法合作示范样板上来。更加注重阶段性，长三角金融司法合作是阶梯式递进、不断发展进步的过程，要更强调合作阶段特点，通过长、中和短期目标设定，保证金融司法合作的科学性和长远性。更加注重开放性，把握国家金融发展战略方向，关注金融市场创新业态，加强对金融前沿的司法规制，更好规范金融创新、防范金融风险。

2．集合协同优秀成果，推广落实常态化合作机制

长三角金融司法协同要坚持合作成果的品牌化培育。进一步加快合作产出。共同培育更多精品案例，培养更多审判人才，开展更多司法协助，构建全方位、一体化、高质量的金融司法合作体系。进一步打造特色亮点。持续开展长三角金融司法论坛等特色项目，探索建立跨院专业法官会议、法官专业委员会等跨域沟通协商机制，不断提亮长三角金融司法的协作成色。进一步形成宣传合力。加强对司法协同成果宣传的整体统筹，形成区域法院官方平台的联动宣传体系，不断提高长三角金融司法协作品牌的知名度和影响力。

3．合力维护市场秩序，加强区域法治化营商环境共治

长三角金融司法协同要坚持高位推进，构建区域优质营商环境“新格局”。将金融审判工作纳入创优营商环境中去谋划推进，加强与地方金融监管机构、投资者保护机构等的沟通协作，着力构建上下联动、左右联合的金融审判工作大格局。坚持和发展新时代“枫桥经验”，推动金融纠纷多元化解机制在长三角区域的全覆盖，最大限度集成解纷资源，让大量金融纠纷在法治轨道上高效、低成本、源头化解，减轻企业和群众解纷成本，有力促进区域营商环境优化。

（三）金融司法协同的实践路径

金融司法协同的具体路径主要包括四个方面：一是练好内功。完善各项金融审判机制，在多元解纷、智慧法院建设等方面提升区域金融司法协作的内在基础。二是把握司法协同服务方向。完善涉外金融纠纷审判机制，加强区域金融司法的规则供给，保障区域金融市场双向开放和统一大市场建设。三是加强风险防范。强化重大敏感案件的区域协同，深化金融司法与金融监管合作，加强司法大数据的开发应用，合力防控区域金融风险。四是注重人才培养。夯实“三化合一”金融审判人才基础，共享培养资源、强化互动交流、互通实务调研成果。

1．完善金融审判机制，夯实区域金融司法协作基础

（1）创新系统化金融纠纷解决机制，提升区域金融案件类型化审理效率

在现代社会治理中，社会矛盾的化解是系统性的，司法必然要与各种其他纠纷解决方式协同，满足不同金融市场主体对纠纷化解的需求。因此，构

建系统化纠纷解决机制，创新纠纷解决功能，是金融司法协同对长三角一体化高质量发展的积极回应，也是满足提升区域金融案件类型化审理效率的现实需要。

首先，系统化纠纷解决机制要精准把握金融纠纷的特点。上海金融法院探索的“五分法”案件分类管理审理在实践中取得了良好效果。为提升长三角金融司法协同解纷效能，提高审理案件质效，可以对此加以借鉴。一是诉调案件专业化调解，通过强化诉调对接中心功能，打造行业全覆盖、流程全链条、服务全线上、司法监督和保障全周期的金融多元解纷机制，贯彻“能调则调、应调尽调”原则，促进纠纷高效率、低成本化解。二是平行案件集约化审理，发挥证券群体性纠纷示范判决机制效用，依法将示范判决认定的事实和法律适用标准扩张适用至平行案件，高效能处置群体性证券纠纷案件。三是简单案件快速化审理，严把简单二审金融案件审理节点，实现快速立案、快速审理、快速结案。四是重大案件精品化审理，建立精品案例发现、培育和评选机制，建立区域金融司法专家陪审、专家咨询和专家辅助三合一的专家支持工作机制，为重大案件的高质量审理提供智力支持。五是普通案件常规化审理，加强审判管理精细化水平，确保普通案件的审理程序规范，根据金融行业类别，分别设立区域法院银行、证券、保险专业法官常态沟通机制，加强金融类案适法统一。

其次，系统化纠纷解决机制要构建协同性司法，彰显社会治理功能价值。建立健全金融消费者协同保护模式。与金融监管部门、相关行业协会、金融机构等联合搭建金融纠纷多元化解机制建设的具体方案，注重纠纷的溯源治理，通过设立金融纠纷调解工作室构建非诉解纷网络，建立贯通区域法院的“投诉受理＋调解＋裁决”一站式金融纠纷服务平台，切实保护金融消费者合法权益。建立健全证券期货纠纷立体化解纷体系。整合区域司法创新成果，综合打造“诉前委派调解＋司法确认”“示范性诉讼＋诉中委托调解”“代表人诉讼＋诉后引导调解”的长三角区域证券期货纠纷化解体系。

最后，系统化纠纷解决机制要联合各种纠纷解决方式，发挥各种纠纷解决方式的特长。在长三角一体化发展进程中，上海国际金融中心建设进入能级提升新阶段，辐射效应不断增强。随着跨境创新金融业务在长三角地区的蓬勃发展，相关金融纠纷在主体范围、法律适用、财产执行等方面越来越多地呈现跨境化特点，需要金融纠纷解决机制更加深度地与国际接轨。多元纠纷化解机制是区域司法、调解、仲裁的有机融合，是诉讼程序与非诉讼程序的贯通联合。推进和完善金融纠纷多元化解决机制，依托专业调解和仲裁力量，尊重国际惯例和行业规则，妥善解决争议，有助于拓宽市场主体诉求表达渠道，提高金融纠纷化解效率。并以长三角地区的金融司法协同实践，努力推动建设我国融合调解、仲裁、诉讼为一体的国际化金融纠纷解决体系。

（2）依靠信息技术赋能诉讼服务，更好实践司法公正为民司法

在现代社会治理中，信息化是助力金融司法功能创新的捷径。长三角区域金融司法协同应坚持以精准服务办案、服务群众、服务决策为导向，深化推进科技赋能，打造金融审判的数字基底，推进现代科技应用和金融审判工作深度融合，依托信息化手段破解长期制约金融审判发展的瓶颈问题，以数字正义推动长三角区域更高水平的公平正义。

大力推进金融案件跨域在线立案、在线调解、在线审判、在线执行，加强和规范电子诉讼，推进区域内高级、中级、基层法院的立体化无纸化办案。融合人工智能、区块链、大数据等现代信息技术，全力打造区域金融智慧审判新模式，建设“智源、智审、智管、智慧法庭”四位一体智慧法院。打造便捷智能区域“一站式”诉讼服务平台。研发符合金融群体性纠纷特点的金融审判工作信息平台，推进解决案件审理与金融交易数据的对接问题，方便群体性纠纷当事人参加诉讼，促进提升审判质效和司法公信力。大力推动建设区域司法协助执行平台和金融财产处置智慧管理系统，提升区域金融案件联动执行效率。

2．统筹国内法治与涉外法治，保障区域金融市场双向开放

（1）完善涉外金融纠纷审判机制，更好保障区域金融市场开放

对标国际一流金融审判实践，完善涉外金融案件审理规则。参考借鉴司法协作成熟经验，联合调研区域涉外金融审判共同疑难问题，规范涉外金融案件审理程序，进一步完善涉外案件识别机制，完善域外送达、证据远程认证、调查取证、远程庭审等程序，提高涉外金融案件审理水平。

完善域外法查明机制，高效查明、全面精准适用域外法。互通区域法院参考借鉴相关域外经验，设立专业化域外法查明的成功经验、途径与方式，避免适法不准确问题。同时进一步完善域外法查明的国际司法协作机制，与

域外机关、机构、专业组织等进行国际协作，规范查明机制、提高查明质量。在查明和适用域外法的过程中，还应充分考虑国际规则和国际惯例，结合实践情况，作出符合国际交易习惯的裁判。

建立区域共享国际专家支持工作机制，提升金融审判专业水准。金融纠纷的专业化程度较高，需利用专业知识准确理解复杂的金融交易结构，解释其所涉及的域外法律与国际规则惯例，厘清交易所涉法律关系性质。通过建立区域共享国际专家智库，调动区域法院各自联络的精通金融法律、具有丰富实务经验和较高国际声誉的专家，联合进行区域涉外金融案件专家咨询，对涉外金融案件所涉及的国际条约、国际规则惯例、域外法律的查明和适用等专门性法律问题及金融业务焦点问题提供咨询意见，加强案件审理的专业支持。

（2）加强区域金融司法规则引领作用，为统一大市场建设提供司法支持

长三角区域作为推进全国统一大市场建设的率先示范窗口，金融司法协同要着重强调区域适法统一，打破行政区划间同案不同判的“规则壁垒”，促进资本要素在区域间自由流动。充分利用长三角的区位一体化优势，通过联合发布具有区域特色的金融类案裁判指南，总结审判规律，统一区域裁判标准，为金融市场主体提供稳定的裁判预期，形成吸引国内外资本的投资“高地”；积极回应金融市场创新需求，通过重大案件区域协调协商机制，妥善审理对区域金融市场发展具有规则创设意义的案件，为金融市场守正创新指明方向，为全国统一大市场建设提供规则范本。

3．建立金融市场风险联防联控机制，有效预防金融风险区域内传导

（1）强化重大敏感案件的区域协同

金融市场是规则导向型市场，长三角法院应强化重大敏感案件的区域协同，妥善审理市场高度关注、社会影响广泛的金融纠纷，协同引导金融机构规范经营，推动区域金融市场健康发展。近年来，长三角区域法院审理了光大资本案、五洋债案等重大敏感案件，在区域间强化重大敏感案件的协同处置上取得了显著成果，但仍需继续强化重大敏感案件的区域协同机制建设。要加强区域内金融司法、金融监管、金融机构等协作配合，推动健全由党委领导、政府主导、职能部门参加的防范化解金融风险工作机制，对重大非法集资案件、涉重大风险民商事案件的审判、资产处置和社会维稳工作统筹协

调。稳妥办理涉金融机构和发行人企业破产案件，协调好诉讼、调解、破产重整、和解、清算等多种司法救济手段的关系，在长三角区域内集约审判资源，坚持风险处置成本最小化原则，切实做到化解风险、理顺关系、安定人心、维护秩序。

（2）司法与监管联动防控风险

金融司法与金融监管需要以各自的特点与功能优势互补，提升金融市场风险治理效率。⑤长三角区域应建立完善防控化解金融风险区域联动机制，司法机关与金融监管部门共同制定构建防控化解金融风险监管与司法保障协作机制的工作细则，通过重要信息共享、重大工作共商、重要问题共研、重大风险共防等举措，夯实金融市场健康发展的监管基础。探索建立金融司法与金融监管、金融基础设施协同治理的“金融市场案例测试机制”，通过对市场中前瞻性、重要性法律问题可能引发的纠纷，进行案例测试，明确权利义务，为支持鼓励金融市场创新提供明确规则指引。进一步强化司法建议和宣传工作。长三角区域司法机关应注重发挥司法建议对金融风险防范的重要作用，就案件审理中发现金融机构在业务操作、法律合规等方面存在的薄弱环节，及时向金融监管部门发出司法建议，帮助堵塞管理漏洞，防范化解风险隐患。进一步加强沟通联动。通过“专家咨询＋监管政策查明＋人才培养”实现金融监管与金融司法资源共享，借助监管专家的专业知识，更加精准解读金融交易内涵；依靠监管力量，查明纠纷所涉金融政策；通过人才交流，加快司法审判中法律逻辑与金融市场逻辑的衔接。

（3）加强司法大数据的开发应用

共享长三角区域金融司法数据资源，以金融案件大数据为依托，定期开展金融审判运行态势分析，向金融监管部门报送金融审判数据，着力做好普遍性、突出性、趋势性问题的研判。定期开展金融案件风险隐患排查摸底，对存在重大不稳定因素的金融案件，做好工作预案，确保得到依法稳妥处置。立足案件审理中发现的金融市场治理问题，常态化发布专项化金融纠纷风险防范化解报告，预警市场风险，为规范区域金融行业发展提供参考。建立金融司法与金融基础设施信息交流机制，打造金融法治大数据平台，实现数据

⑤ 鲁篱：《论金融司法与金融监管协同治理机制》，载《中国法学》2021年第2期。

双向共享，充分运用大数据分析技术，全景式反映金融交易前端、中端、后端运行情况，时时监管并规范金融市场健康发展。

4．形成区域审判人才联合培养机制，夯实“三化合一”金融审判人才基础

人才是践行法治的核心，金融司法功能创新最终要通过高素质的审判力量实现。应创新区域金融审判人才培养机制，在高素质人才培养、金融法律咨询、金融风险防范专题研究等领域共享资源、区域联动，与国内外一流院校开展深度合作，构建丰富多元的应用型审判业务培训机制和综合素质养成机制，推动形成金融审判人才培养的国际化格局，强化金融审判的智力支持，为统筹国内法治与国际法治提供坚实的人才基础。

（1）整合区域金融司法人才培养资源，打通联合培养多样化渠道

建立区域内法院与高校合作培养机制，打通金融司法人才培养的理论与实践的结合路径。上海金融法院与上海高级金融学院联合举办“金融法治菁英班”已连续开班三年，长三角区域南京、苏州、合肥市中级人民法院都派员参与培训，推动长三角金融法官交流培训机制落实落地，促进优质培训资源区域共享。建立区域内法院与金融监管机构的定期人才挂职和交流培养机制，加强金融司法与监管的人员交流，促进司法审判工作与金融市场监管形成共识。选派优秀法官赴境外开展多种形式的研修，着力培养知识能力专业化、审判思维现代化、司法视野国际化的高层次复合型金融审判人才。

（2）推动优秀审判力量跨域流动，实现优势互补提升审判质效

人才合理有序流动是金融审判队伍实现新陈代谢、增强生机和活力的重要途径，应畅通长三角区域金融审判人才流动机制。建立与长三角金融审判人才流动相匹配的配套机制，探索金融审判人员异地交流、挂职锻炼，搭建人才资源跨域交流的立交桥，推动各区域审判力量的资源互通、优势互补，切实提升长三角区域金融审判质效。在未来长三角区域户籍制度、社会保障制度等人才流动配套机制进一步打通的情况下，探索建立金融审判人员异地选任机制，提升跨域金融审判力量一体化建设，为长三角区域金融司法协同发展提供源源不断的人才动能。

长三角金融司法协同是长三角一体化高质量发展的重要实践，也是规范区域金融交易、稳定区域金融市场的必然要求。更好实现区域金融司法协作

对区域金融市场的稳定作用，要从金融司法的核心功能出发，梳理金融司法协作难点，丰富金融司法协作内容，细化金融司法协作措施，把握政治方向，突出协作实效，为我国经济区域战略落实提供有力司法保障。

（责任编辑：郑天衣）

论社会主义核心价值观在刑事审判中的运用

徐世亮*

最高人民法院《关于在人民法院工作中培育和践行社会主义核心价值观的若干意见》要求，在人民法院工作中加强培育和践行社会主义核心价值观，保证法官正确履行宪法法律职责，促进全社会不断提高社会主义核心价值观的建设水平。刑事审判承担着惩罚犯罪、保障人权的特殊功能，如何在坚持罪刑法定原则的前提下，在刑事案件定罪量刑过程中正确融入社会主义核心价值观，仍有许多问题需要研究。

一、价值观、道德与法的关系

价值观是关于价值的信念、倾向、主张和态度。社会价值体系由个人的价值观念凝结而成，一旦凝结成了大多数人公认的价值体系，它就会演变成为一种社会意识形态。道德是价值体系的重要内容。法是社会治理的规范，不同的价值选择产生不同类型的法。犯罪是对法秩序最强烈、最严重的违反，有学者指出“违法性的实质是违反国家的法秩序的精神、目的，对这种精神、目的的具体的规范性要求的背反。违法性的实质概念既不能单纯用违反形式的法律规范来说明，也不能用单纯的社会有害性或社会的反常规性来说明。法在根本上是国民生活的道义、伦理，同时也是国家的政治的展开、形成，它通过国家的立法在形式上予以确定或者创造。而且，这种形式的法规总是适应国民生活的条理或道义观念，以实现国家的目的。这种法是整体的秩序，违背它就是违法”。[①] 基于此，陈兴良教授指出“在刑法教义学中，价值判断

* 徐世亮，法学博士，上海市徐汇区人民法院副院长。

① 参见［日］小野清一郎：《新订刑法讲义总论》，有斐阁 1948 年版，第 119 页。

对于犯罪认定十分重要。因为犯罪本身既具有事实要素又具有价值要素，因而价值判断贯穿整个犯罪论体系”。② 因此，法律与道德是在社会价值体系之下既属于不同范畴又存在紧密联系的两个系统。法律仅仅能够将与秩序有关的道德行为纳入自身规范的范畴，但道德又是法律最重要的内核之一。“法律的社会功能不仅关乎规则本身，还关乎其背后的道德诉求和对人心所向的回应，也关乎对伦理人情的塑造与对规则合理与否的检视。”③

在我国法律发展的历史中，“德主刑辅”的观念深深渗透于我国法治文化之中。早在战国时期，《韩非子·奸劫弑臣》第三十章就明确提出“圣人为法国者，必逆于世，而顺于道德”，汉儒董仲舒则提出“德教为本，刑罚为辅”的思想，《唐律疏议·名例》篇中说：“德礼为政教之本，刑罚为政教之用，两者犹昏晓阳秋相须而成者也。”新中国成立后尤其是改革开放后，我国在建设社会主义法治国家的同时，也重视发挥德治在依法治国中的重要作用。2012 年 11 月，党的十八大明确提出“富强、民主、文明、和谐，自由、平等、公正、法治、爱国、敬业、诚信、友善”12 个词的社会主义核心价值观。2016 年 12 月，中共中央办公厅、国务院办公厅印发《关于进一步把社会主义核心价值观融入法治建设的指导意见》，提出将社会主义核心价值观融入法治建设的各个环节。2019 年 10 月，党的十九届四中全会通过的《中共中央关于坚持和完善中国特色社会主义制度推进国家治理体系和治理能力现代化若干重大问题的决定》，强调要“坚持法治与德治并重，完善弘扬社会主义核心价值观的法律政策体系，把社会主义核心价值观要求融入法治建设和社会治理”。为了贯彻中央决定精神，最高人民法院先后印发《关于在人民法院工作中培育和践行社会主义核心价值观的若干意见》《关于加强和规范裁判文书释法说理的指导意见》《关于在司法解释中全面贯彻社会主义核心价值观的工作规划（2018—2023）》《关于深入推进社会主义核心价值观融入裁判文书释法说理的指导意见》等一系列文件，要求在法院工作中培育和践行社会主义核心价值观。

② 参见陈兴良：《刑法教义学中的价值判断》，载《清华法学》2002 年第 6 期。

③ 参见崔永东、宋宝永：《伦理道德观念影响司法裁判的理论探究与实证分析——以刑事司法为侧重》，载《法学杂志》2021 年第 3 期。

二、社会主义核心价值观融入刑事审判的路径

在裁判文书网以“社会主义核心价值观”为关键词进行检索，截止到2021年年底共检索出21907份裁判文书，其中民事案件裁判文书21065份、行政案件裁判文书463份、刑事案件裁判文书153份。白蒙尼在其论文《社会主义核心价值观融入刑事司法裁判的问题与对策研究》中，通过检索北大法宝等平台，检索出106篇刑事裁判文书，2014年到2018年期间，各年份援引社会主义核心价值观的案件数量均非常少。自2018年起，全国刑事判决书中援引社会主义核心价值观的案件总数开始增长，2018年、2019年、2020年、2021年全国刑事判决书中援引社会主义核心价值观的案件总数分别为7件、9件、13件、73件。从最高人民法院公布的典型案例来看，除了在2016年公布的典型案例存在刑事案件之外，其后公布的典型案例均集中在民商事和行政上。从各地公布的典型案例来看，也存在类似情形。

笔者注意到，最高人民法院有关指导性文件对刑事审判和民商事审判在运用社会主义核心价值观时也采取了不同的态度。最高人民法院《关于深入推进社会主义核心价值观融入裁判文书释法说理的指导意见》(以下简称《意见》)第六条规定：民商事案件无规范性法律文件作为裁判直接依据的，除了可以适用习惯以外，法官还应当以社会主义核心价值观为指引，以最相类似的法律规定作为裁判依据；如无最相类似的法律规定，法官应当根据立法精神、立法目的和法律原则等作出司法裁判，并在裁判文书中充分运用社会主义核心价值观阐述裁判依据和裁判理由。第八条规定：刑事诉讼中的公诉人、当事人、辩护人、诉讼代理人和民事、行政诉讼中的当事人、诉讼代理人等在诉讼文书中或在庭审中援引社会主义核心价值观作为诉辩理由的，人民法院一般应当采用口头反馈、庭审释明等方式予以回应；属于本意见第四条规定的案件的，人民法院应当在裁判文书中明确予以回应。笔者认为，《意见》对民商事案件和刑事案件进行区分并不是说在刑事审判中不需要社会主义核心价值观，而是刑事案件与民商事案件在运用社会主义核心价值观时的要求不同。

首先，民商事案件处理的是平等当事人之间和法律关系，裁判结果是对当事人之间人身、财产等法律关系的判断，一般不牵涉对当事人本身或对行

为本身价值评价的问题。但在刑事审判中，定罪本身就意味着对被告人及其行为的否定性评价。“法律既然是国家意志的表达，那么，国家通过制订刑法，将某些行为类型与刑罚这种具有痛苦性的强制措施联系起来，显然是表明了国家对这些行为持有强烈的否定态度。”④ 谢望原教授则认为，刑罚的否定机能表现在两方面：其一，对犯罪人在精神上进行道义谴责；其二，对犯罪人的实体权利与资格予以剥夺。⑤“刑罚是对有责地实施违法行为的行为人公开的、社会伦理学上的否定评价。因此，刑罚总是具有消极评价的内容，而且，在一定程度上还总是具有令行为人痛苦的特征。”⑥ 因此，一个行为一旦构成犯罪，就意味着国家对该行为包括行为人予以了否定性评价，而这种评价不仅是法律上的否定评价，也意味着道义上的否定评价。其次，《民法典》第十条规定：处理民事纠纷，应当依照法律；法律没有规定的，可以适用习惯，但是不得违背公序良俗。可见习惯和公序良俗是民法的重要法源之一。但刑事审判则截然不同。罪刑法定原则是现代刑法的基本原则之一。《刑法》第三条规定：法律明文规定为犯罪行为的，依照法律定罪处刑；法律没有明文规定为犯罪行为的，不得定罪处刑。罪刑法定原则派生出一系列法律规则，其中最重要的一项内容就是排除习惯法，也就是要求在刑事审判中只能以刑法的明确规定作为裁判依据，而不能仅以习惯和道德作为处罚依据。

刑事审判的特殊性决定了在刑事审判中应当谨慎适用“社会主义核心价值观”直接作为判决理据，但并不是否定或忽视社会主义核心价值观在刑事审判中重要作用，而是要求将社会主义核心价值观“融入”刑事审判中，作为衡量裁判是否合理的“价值内核”贯穿于刑事审判的始终。笔者认为，社会主义核心价值观在刑事审判中的作用至少可以体现在以下三个方面：

1. 社会主义核心价值观可以作为社会危害性评判标准的指引

现代刑法理论的通说认为，犯罪是形式标准和实质标准的统一，而社会

④ 参见周少华：《刑罚在立法上的评价功能》，载《政法论坛（中国政法大学学报）》2007年第3期。

⑤ 参见谢望原：《刑罚价值论》，中国检察出版社1999年版，第43—45页。

⑥ 参见［德］汉斯·海因里希·耶赛克、托马斯·魏根特：《德国刑法教科书（总论）》，徐久生译，中国法制出版社2001年版，第82页。

危害性是犯罪的实质评价标准。⑦ 对犯罪行为的社会危害性进行实体评价时，不应只看到行为侵害的具体对象，而要综合犯罪行为的事实、性质、情节、后果，行为人事前事后的表现、主观恶性、人身危险性以及社会的反应等进行综合评价。刑事犯罪是对整个社会秩序（或者法益）的危害或侵害，因此也必然违背社会的核心价值观。而核心价值观作为整个社会秩序（上层建筑）的有机组成部分，反过来也对行为的社会危害性起着重要的评价作用。“刑事司法的罪与罚一方面要坚持罪刑法定原则的人权保障功能、恪守规则之治，另一方面，又需要通过价值判断为违法性与有责性提供实质理由，通过罚当其罪，实现法条主义与实质正义相结合，而这一维度正是社会主义核心价值观的存在场域与存在价值。”⑧

在许某故意伤害案中，被告人许某平时经常打骂父母，其母被打得不敢回家。2012 年 5 月 28 日，许某又因琐事在家中殴打因患脑血栓行动不便的父亲。同月 30 日中午，许某再次殴打其父的头面部及其胸部等处，造成其父创伤性、疼痛性休克并发呼吸困难死亡。河北省衡水市中级人民法院经审理认为，许某因琐事殴打患脑血栓行动不便的父亲导致其死亡，其行为已构成故意伤害罪，依法判处许某死刑，剥夺政治权利终身。后最高人民法院核准了该死刑判决。⑨

在姚某故意杀人案中，被告人姚某和被害人方某系夫妻关系，婚后育有四个子女。方某与姚某结婚 10 余年来，不顺意时即对姚某拳打脚踢。2013 年下半年，方某开始有婚外情，在日常生活中变本加厉对姚某实施殴打。2014 年 8 月 16 日中午，方某再次殴打姚某，当晚还向姚某提出离婚并要求姚某承担两个子女的抚养费用。次日凌晨，姚某在绝望无助、心生怨恨的情况下产生杀害方某的想法，并在方某熟睡之际，持钢管猛击方某头部数下，又持菜刀砍切方某颈部，至方某当场死亡。作案后姚某主动报警并留在现场等候警察处理。人民法院经审理认定姚某故意杀人情节较轻，判处姚某有期

⑦ 当前，有部分学者认为法益侵害是犯罪的实质，相关内容参见张明楷：《法益初论（增订本）》(上册)，商务印书馆 2021 年版。但笔者认为两者并无实质性区别。

⑧ 参见陈晓庆：《社会主义核心价值观在刑事司法中的适用研究》，载《湖北经济学院学报（人文社会科学版）》2022 年第 4 期。

⑨ 该案例刊载于 2015 年 3 月 4 日最高人民法院公布的“涉家庭暴力犯罪典型案例”。

徒刑五年。[⑩]

上述两个案例都是发生在家庭成员之间的犯罪。在许某故意伤害案中，最高人民法院认为，尊老爱幼是中华民族的传统美德，被告人许某平时好吃懒做，还经常打骂父母，在案发前和案发当日先后两次对患脑血栓行动不便的父亲施暴，且是殴打头面部及胸部等要害部位。案发后，许某的近亲属及村民代表均要求严惩不务正业、打死生父、违背人伦道德的“逆子”。因此，对许某以故意伤害罪核准死刑，充分体现了对严重侵犯老人等弱势群体的暴力犯罪予以严惩的政策，即便是发生在家庭成员间也不例外。而在姚某故意杀人案中，温州市中级人民法院认为，被害人方某自与被告人姚某结婚以来，只要姚某稍不顺从即对其拳打脚踢，在方某有婚外情后，只要姚某过问，遭受的殴打程度更加严重、更加频繁，对此有十余名包括被害人的亲属、工友、同乡等证人可以证实。被害人对被告人长期实施家暴并且婚内出轨，严重违背社会主义道德，被告人在长期受到凌辱、忍无可忍的情况下对被害人实施了杀人行为，情有可原，人民法院对其以情节较轻为由判处有期徒刑五年，兼顾了法理和情理。

2．在需要多角度评判的情况下，社会主义核心价值观可以作为综合衡量的指引

犯罪是对行为以及行为人社会危害性的综合评判。而“综合”则意味着这种评判是多维度、全方位的，其中必然会产生多种规则的冲突。如何在这些冲突的规则中寻求平衡，从而得出最妥帖的结论，必然需要一定的价值指引。引发舆情关注的“天津老太涉枪案”后，最高人民法院、最高人民检察院联合发布《关于涉以压缩气体为动力的枪支、气枪铅弹刑事案件定罪量刑问题的批复》规定：“对于非法制造、买卖、运输、邮寄、储存、持有、私藏、走私以压缩气体为动力且枪口比动能较低的枪支的行为，在决定是否追究刑事责任以及如何裁量刑罚时，不仅应当考虑涉案枪支的数量，而且应当充分考虑涉案枪支的外观、材质、发射物、购买场所和渠道、价格、用途、致伤力大小、是否易于通过改制提升致伤力，以及行为人的主观认知、动机目的、一贯表现、违法所得、是否规避调查等情节，综合评估社会危害性，

⑩ 参见（2015）浙温刑初字第4号刑事判决书。

坚持主客观相统一，确保罪责刑相适应。”该《批复》采用所谓“耦合式”的思维模式，该模式最大的问题在于各种规则体系缺乏先后逻辑顺序，从而导致如果各要素之间存在冲突，无法按照一定的规则解决问题，甚至针对同一事物综合分析判断的结论可能截然相反。在这种情况下，运用社会主义核心价值观进行综合判断就成为一种可行的路径。正如有论者指出的“许多法律原则和一般条款与社会主义核心价值观具有本质上相同的内容，在部分领域或层面上一起体现了对某种社会关系调整的特定理念和精神。这样，在必要时诉诸社会主义核心价值观的要求和准则，能够为法律原则或法律一般条款的解释及具体裁判规则的建构提供相应的参照……在进行这种综合判断的过程中，有时就需要探求‘社会上通常合理的人的共同价值确信’以作为判断的基础”。⑪

3．社会主义核心价值观可以作为超法定正当化事由判断的内在依据

当前刑法学中关于犯罪构成的三阶层理论中引入了实质违法性的概念，“在形式上符合构成要件的前提下，如果缺乏实质违法性，则否定构成要件。至于违法性阶层则主要承担违法阻却的功能，为正当防卫、紧急避险等正当化事由提供出罪根据”。⑫那么这种出罪根据究竟是什么？社会相当说认为，在历史地形成的社会伦理秩序范围内所允许的行为，或作为法秩序的基础的社会伦理规范所允许的行为（即社会的相当行为），就是正当的。⑬目前我国刑法规定的正当化事由仅为正当防卫和紧急避险。但是学者普遍赞同存在某些超法定正当事由的存在。“因而在没有刑法明确规定的情况下，超法规的违法阻却事由根据实质的价值判断获得正当性而予以出罪，并不违背罪刑法定原则。”⑭

以夏某故意伤害案为例。被害人沈某在某超市结账时，仅将放在购物车内的蔬菜、鸡蛋等价值20余元的商品付款，而未将放在购物袋内价值90多元的牛肉取出付款，在出超市时引发警报，在超市员工多次询问时仍拒不承

---

⑪ 参见杨知文：《把社会主义核心价值观融入指导案例的理据与方法》，载《中共中央党校（国家行政学院）学报》2021年第6期。

⑫ 参见陈兴良：《刑法教义学中的价值判断》，载《清华法学》2002年第6期。

⑬ 参见［日］大塚仁：《刑法概说（总论）》，有斐阁1992年版，第326页。

⑭ 陈兴良：《刑法教义学中的价值判断》，载《清华法学》2002年第6期。

认，超市遂拨打110报警，并要求沈某在现场等候民警到场处理，沈某称这些未付款商品不要了并执意要求离开。劝阻过程中，超市员工夏某将沈某拉倒在地。经鉴定沈某构成轻伤。检察机关以夏某构成故意伤害罪为由向法院提起公诉。从我国刑法规定来看，阻却违法的正当事由有两个：正当防卫、紧急避险。本案显然不属于紧急避险的情形。关于正当防卫，最高人民法院、最高人民检察院、公安部《关于依法适用正当防卫制度的指导意见》指出，正当防卫必须是针对正在进行的不法侵害。对于不法侵害虽然暂时中断或者被暂时制止，但不法侵害人仍有继续实施侵害的现实可能性的，应当认定为不法侵害仍在进行；在财产犯罪中，不法侵害人虽已取得财物，但通过追赶、阻击等措施能够追回财物的，可以视为不法侵害仍在进行；对于不法侵害人确已失去侵害能力或者确已放弃侵害的，应当认定为不法侵害已经结束。本案中，沈某盗窃超市财物的事实已经被发现，而且沈某声称所盗窃的财物"不要啦"，因此本案既不存在"不法侵害人仍有继续实施侵害的现实可能性"，也不存在"不法侵害人虽已取得财物，但通过追赶、阻击等措施能够追回财物的，可以视为不法侵害仍在进行"的情形，故适用正当防卫存在障碍。法院经审理认为，从案件起因上看，被害人具有盗窃超市财物的嫌疑，根据《刑事诉讼法》第八十四条规定，任何公民都可以立即扭送公安机关、人民检察院或者人民法院处理。夏某作为单位员工为保护单位财产不受损失，使不法行为人受到法律制裁，其行为目的具有实质的正当性，可以视为《刑事诉讼法》第八十四条规定的"扭送"行为。从行为限度上说，夏某始终处于被动地位，并未主动对沈某实施攻击，其拉扯沈某的行为与力度始终保持克制且未造成严重后果。综上，法院认为夏某的行为具有正当性并未超过合理限度，其行为不构成犯罪。后检察机关撤回起诉。

三、社会主义核心价值观在刑事审判中的正确运用

笔者注意到，通过最高人民法院自上而下的推动，社会主义核心价值观在裁判文书中的运用正呈逐年上升的态势，但是也出现了一些问题，简单、机械运用社会主义核心价值观释法说理的问题仍然存在。为了规范裁判文书引用社会主义核心价值观说理，2021年最高人民法院出台的《关于深入推进社会主义核心价值观融入裁判文书释法说理的指导意见》明确指出，有规范

性法律文件作为裁判依据的，应当以规范性法律文件作为裁判依据，社会主义核心价值观作为一种判断标准更多地是作为理解立法目的和法律原则的重要指引以及作为检验自由裁量权是否合理行使的标准而存在。根据上述规定，笔者认为在刑事案件中可以适用社会主义核心价值观作为裁判理据的主要包含三类案件。

第一类：重大、敏感且社会关注的案件。此类案件案情重大、社会关注度高，裁判结果涉及重大价值观导向问题，有必要在裁判文书中表明裁判立场，弘扬和引导主流价值。

第二类：案件涉及多种价值观冲突容易引发争议的案件。比如在“于欢故意杀人案”中，一方面于欢持刀杀人致一人死亡、二人重伤、一人轻伤，危害后果严重，另一方面于欢持刀杀人是在其母亲人格受到严重侮辱的情况下发生的。“辱母”“暴力讨债”“警察不作为”等关键词触动了公众的敏感神经。一审判决后，对于一审判决结果，舆论呈现一边倒的负面倾向，谴责之声占比高达79.7%。⑮ 此类案件关乎伦理道德与法律的碰撞，关乎社会公众对于公平正义的理解和感受，用社会主义核心价值观来进行利益的综合平衡是恰当的。二审判决指出，本案系由吴某某等人催逼高息借贷引发，苏某某多次报警后吴某某等人的不法逼债行为并未收敛。案发当日，被害人杜某某曾当着于欢之面公然以裸露下体的方式侮辱其母亲苏某某，虽然距于欢实施防卫行为已间隔约二十分钟，但于欢捅刺杜某某等人时难免不带有报复杜某某辱母的情绪，在刑罚裁量上应当作为对于欢有利的情节重点考虑。杜某某的辱母行为严重违法、亵渎人伦，应当受到惩罚和谴责，但于欢在实施防卫行为时致一人死亡、二人重伤、一人轻伤，且其中一重伤者系于欢持刀从背部捅刺，防卫明显过当。于欢及其母亲苏某某的人身自由和人格尊严应当受到法律保护，但于欢的防卫行为超出法律所容许的限度，依法也应当承担刑事责任。据此认定于欢行为属于防卫过当构成故意伤害罪，从而兼顾了情与法、法与理之间的关系，取得了较好的效果。

第三类：新类型案件，需要通过深入阐释从而树立新的价值导向的案件。

⑮ 参见刘峥：《论社会主义核心价值观融入裁判文书释法说理的理论基础和完善路径》，载《中国应用法学》2022年第2期。

部分案件虽然法律规定明确，但实践中运用较少，群众知悉度低，需要运用社会主义核心价值观深入阐释法律规定的目的和意义，从而引导社会形成正确价值导向。以“辣笔小球”侵害英雄烈士名誉、荣誉案为例。2021 年 2 月 19 日上午，被告人仇子明在卫国戍边官兵誓死捍卫国土的英雄事迹报道后，使用其新浪微博账户“辣笔小球”(粉丝数 250 余万)先后于 10 时 29 分、10 时 46 分发布 2 条微博，歪曲卫国戍边官兵的英雄精神，侵害英雄烈士名誉、荣誉。上述微博在网络上迅速扩散，引发公众强烈愤慨，造成恶劣社会影响。后法院以侵害英雄烈士名誉、荣誉罪判处被告人仇子明有期徒刑八个月，并责令其自判决生效之日起十日内通过国内主要门户网站及全国性媒体公开赔礼道歉，消除影响。本案系《刑法修正案（十一）》实施后，全国首例以侵害英雄烈士名誉、荣誉罪定罪处罚的案件。评论指出，英雄烈士的事迹和精神是中国精神的重要体现，身处繁荣昌盛时代的我们更应该铭记和弘扬英雄烈士精神，诋毁、贬损英雄烈士名誉、荣誉的行为侵害了社会公众的历史记忆、共同情感和民族精神以及由此组成的社会主义核心价值观，社会影响极其恶劣，必须受到法律的制裁。人民法院以侵害英雄烈士名誉、荣誉罪对“辣笔小球”仇子明进行定罪处罚，鲜明地向社会传递了“英烈不容诋毁、法律不容挑衅”的强烈信号，不仅是对法律的贯彻，同时也是很好的普法宣传，对社会法治意识的塑造具有重要引领作用。

有论者指出，考虑到司法裁判要受法律约束的基本教义立场，在司法过程中注入或安置社会公共道德需要遵循一些方法上的操作规程和限制，尤其避免实践中诸种滥用社会公共道德的情形，唯有如此才能兼顾依法裁判与个案正义的统一。⑯笔者认为，在积极推进社会主义核心价值观融入刑事审判的同时，也要慎重选择导向路径，尤其应避免以下两种倾向：

一是不能人为割裂社会主义核心价值观，更不能以一种价值观对抗另一种价值观。中共中央办公厅《关于培育和践行社会主义核心价值观的意见》指出，社会主义核心价值观是社会主义核心价值体系的内核，体现社会主义核心价值体系的根本性质和基本特征，反映社会主义核心价值体系的丰富内涵和实践要求，是社会主义核心价值体系的高度凝练和集中表达。因此社会

⑯ 参见雷磊：《法律方法、法的安定性与法治》，载《法学家》2015 年第 4 期。

主义核心价值观具有根本性、原则性、体系性的特征。虽然社会主义核心价值观区分为三个层面：富强、民主、文明、和谐是国家层面的价值目标，自由、平等、公正、法治是社会层面的价值取向，爱国、敬业、诚信、友善是公民个人层面的价值准则，但是三个层面是相辅相成、有机统一的，具有本质的共同性和目标的统一性，共同组成社会主义核心价值观体系。“不同的价值之间不可通约，没有任何一个通用的标准可以衡量不同价值的重要性，各种价值在抽象意义上并没有绝对的优劣关系，这就排除了存在一种绝对的优先次序的可能。”⑰因此，在刑事审判中贯彻社会主义核心价值观应该将其作为一个整体来理解，不能人为割裂，不能认为国家层面的价值目标一定高于社会和个人层面的价值目标，也不能用不同层面的核心价值观相互否定。在不同具体价值观产生冲突时，应以核心价值观的价值内核在不同价值观中作出正确选择。以王某某非法经营案为例。被告人王某某未办理粮食收购许可证，未经工商行政管理机关核准登记并颁发营业执照，擅自无证照违法收购玉米，非法经营数额 218288.6 元，非法获利 6000 元。原审法院认为，被告人王某某违反国家法律和行政法规规定，未经粮食主管部门许可及工商行政管理机关核准登记并颁发营业执照，非法收购玉米，数额较大，其行为构成非法经营罪。鉴于被告人王某某案发后主动自首，主动退缴全部违法所得，对其适用缓刑确实不致再危害社会，决定对被告人王某某依法从轻处罚并适用缓刑。宣判后，王某某未上诉，检察机关未抗诉，判决发生法律效力。后最高人民法院指令对本案再审。再审判决认为，王某某的行为违反当时国家粮食流通管理有关规定，但尚未达到严重扰乱市场秩序的危害程度，不具备与《刑法》第二百二十五条规定的非法经营罪相当的社会危害性、刑事违法性和刑事处罚必要性，不构成非法经营罪，据此撤销原判决，宣告王某某无罪。在基本事实相同的情况下，原审判决和再审判决作出了截然不同的判断，其中司法机关价值观的选择无疑是其中一个重要因素。正如最高人民法院院长周强在 2017 年的全国两会上向十二届全国人大五次会议作最高人民法院工作报告指出的，内蒙古高级人民法院依法再审改判王某某无证收购玉米无罪，

⑰ 参见孙海波：《裁判运用社会公共道德释法说理的方法论》，载《中国应用法学》2022 年第 2 期。

保障广大农民放心从事粮食收购，促进农产品流通。

二是要防止将社会主义核心价值观“矮化”。社会主义核心价值观在整个价值观体系中居于最高地位，不能将社会主义核心价值观等同于一般的法律原则和方法，否则就容易将社会主义核心价值观“矮化”。笔者认为以下两类案件一般不需要直接运用社会主义核心价值观作为判决理据：一类是法律规定已经非常明确，理论、实践和社会观念均不存在争议的案件。比如普通盗窃罪侵犯公民的合法财产权益，对法治秩序构成破坏，一般公民对此存在充分的认知，对实施盗窃行为并达到法定标准的人以盗窃罪定罪处罚，即意味着对行为人否定性评价和道义上的谴责，此时就无需再以核心价值观作为说理论据。例如在一起寻衅滋事罪的刑事判决书中，其说理部分的表述为：被告人毁损财物的行为，情节严重，其背离了“自由、平等、公正、法治；诚信、友善……的社会主义核心价值观”，⑱ 依法构成寻衅滋事罪。姑且不论其引用的社会主义核心价值观是否正确，单就此类案件而言，笔者认为也无需再引用社会主义核心价值观作为裁判依据。“应指出的是，并不是在任何时候都须关照社会公共道德，只有当既有法源不敷需要或存在实质性道德缺陷时，才有必要引入社会公共道德进行价值协调和补充。否则的话，在简单案件中，如果任凭法官动辄援引公共道德来解读甚至改变法律，那么滥用自由裁量权的结果会适得其反，最终会促使法官走向一种背弃依法裁判立场的境地。”⑲

第二类是本身就是带有强烈道德色彩的犯罪。这类犯罪大多存在于妨害公民人身权利、民主权利犯罪以及部分妨害社会管理秩序犯罪中。以聚众淫乱罪为例，“本罪侵犯的客体是社会公共秩序和社会风化。男女多人自愿在一起性交或进行性变态的行为，严重败坏了社会风气，是一种蔑视社会道德、伤风败俗的犯罪行为”。⑳ 行为人的行为构成聚众淫乱罪，从犯罪构成的角度，就侵犯了社会主义道德风化，再以社会主义核心价值观作为判决依据，是对犯罪客体的重复。实际上属于“将社会主义核心价值观与其他法源复合适用，

⑱ 湖南省资兴市人民法院（2020）湘1081刑初57号刑事判决书。

⑲ 参见杨知文：《把社会主义核心价值观融入指导性案例的理据与方法》，载《中共中央党校（国家行政学院）学报》2021年第6期。

⑳ 参见周道鸾、张军主编：《刑法罪名精释（第四版）（下）》，人民法院出版社2013年版，第715页。

共同构造裁判依据，变相作为正式法律渊源”。[21]

四、结语

刑事审判的目的与社会主义核心价值观具有高度统一性，将社会主义核心价值观融入刑事审判是刑事审判国家性、人民性的本质要求。“现代法治语境中的司法裁决，决不能单纯寄望于国家强制力的维护，还应当寻求高度的说服力，这促使法官提供更可接受的标准，以阐释裁判结论的正义性。”[22] 而将社会主义核心价值观融入刑事审判的路径选择既有原则性又有灵活性，判定的唯一标准就是适用的效果能否真正做到兼顾国法、天理、人情，实现刑事审判“惩恶扬善”的价值功能。

（责任编辑：徐晨平）

㉑ 参见刘峥：《论社会主义核心价值观融入裁判文书释法说理的理论基础和完善路径》，载《中国应用法学》2022 年第 2 期。

㉒ 参见资琳：《疑难案件裁判的理论与方法——我国法理学的司法应用》，法律出版社 2018 年版，第 30 页。

高空抛物罪入罪情节的司法判断

——以中国裁判文书网生效裁判文书为样本的实证研究

蔡祎雯　吴远麒*

一、问题的提出

《刑法修正案（十一）》颁布之前，《关于依法妥善审理高空抛物、坠物案件的意见》（以下简称《高空抛物审理意见》）主要通过以危险方法危害公共安全罪、故意伤害罪等罪名规制高空抛物行为。经征求意见，相较于草案，《刑法修正案（十一）》定稿时对高空抛物罪作出了较大幅度的改动：体系上，将高空抛物罪从《刑法》第二章的“危害公共安全罪”移至第六章第一节“妨害社会管理秩序罪”；内容上，将其构成要件从“危及公共安全”修改为“情节严重的”，高空抛物罪随之转变为典型的情节犯；法定刑上，从“拘役或者管制”修改为“一年以下有期徒刑、拘役或者管制”。

总体上看，新增高空抛物罪确实有效地规制了高空抛物行为，但是该罪司法适用本身呈现出入罪判断的宽松化、案件情节描述的模糊化、量刑不均衡等问题，降低了高空抛物案裁判的一致性和可预期性。以“情节严重”作为高空抛物罪的入罪要件，固然使得刑法的立法体系更加协调，但“情节严重”的表述隶属于既定性又定量的立法模式，包容性虽强而明确性欠缺，①具体认定标准依赖司法解释的细化。鉴于目前对于高空抛物罪“情节严重”的司法解释尚属空白，笔者尝试通过实证研究的方法，探究高空抛物罪的案件定性、情节构成、情节严重的判断标准等具体问题，以期促进高空抛物刑事

* 蔡祎雯，法学硕士，上海市虹口区人民法院审判监督庭法官助理。吴远麒，法学硕士，上海市虹口区人民法院民事审判庭法官助理。

① 参见江海洋：《论侵犯公民个人信息罪之“情节严重”》，载《法律适用》2018 年第 17 期。

司法的适法统一。

二、高空抛物罪入罪情节的实证考察

《刑法修正案（十一）》新增高空抛物罪之后，相关刑事案件数量明显增加（见图 1②）。理论上，高空抛物罪情节犯的规范构造，是期望裁判者在定罪量刑时更加重视情节的认定。然而，司法实践中却反映出弱化或规避情节判断的倾向。具体来说，主要存在以下问题：

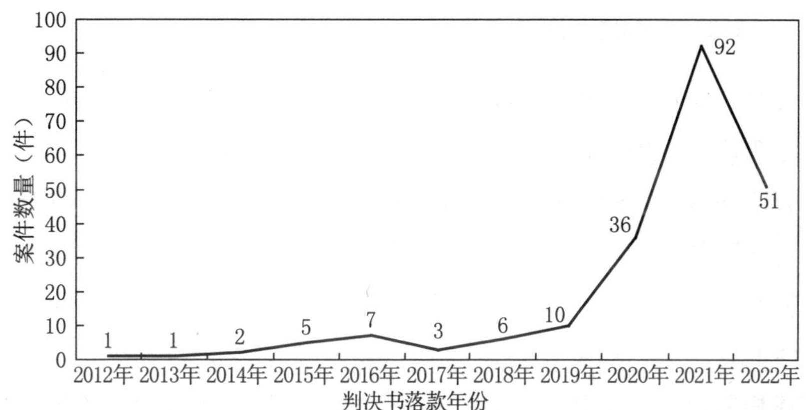

图 1　2012 年至 2022 年中国裁判文书网已生效的高空抛物刑事案件数量趋势图

（一）事实认定中重要情节点有所缺失

从高空抛物罪的条文表述来看，高空抛物是指“从建筑物或者其他高空抛掷物品的行为”，以此为基础，行为动机、抛掷高度、抛掷时间、抛物属性、抛落区域、抛物次数、行为后果均为影响高空抛物情节严重程度的重要因素。当然，并非所有案件中都必须包含前述全部要素。例如，若高空抛物

② 数据采集于中国裁判文书网，载 https://wenshu.court.gov.cn/，2023 年 3 月 22 日访问。检索词：“高空抛物”“高空抛物罪”“抛掷 + 高处”，限定范围“刑事案由”+“判决书”，共计检索到 326 份刑事判决书，剔除无关、重复判决后，共计检索到相关有效判决书 226 份，一审判决书 214 份（案由含高空抛物罪、故意伤害罪等）、二审判决书 12 份。其中二审改判 1 件，系因被告人在二审中获取被害人谅解，在量刑中予以相应扣减，并未更改一审定性。因裁判文书生效时间、上网时间、文书撤回等因素，不同时间点检测到的文书数量有所差异。本文将同一被告人基于同一事实的一审、二审判决计为同一案件。考虑到文书从生效到提交裁判文书网可能存在时间差，2022 年结案的文书数据可能并不齐全，因叠加疫情等因素，因此 2022 年案件数少于 2021 年案件数。

已经造成人身伤亡或财产损失，则损害后果就是入罪情节的主要因素，抛落区域对于案件情节判断的重要性则相应降低。而在抛物并未造成实质损害后果的情形下，抛掷时间、区域就是衡量情节严重程度不可或缺的因素。

然而，部分高空抛物判决认定事实部分表述较为简略，甚至缺失部分情节点，以至于难以从裁判文书中直观地反映出高空抛物情节严重程度。如黄某高空抛物一案，③ 未载明行为是否造成实害后果，亦未提及被告人抛掷物品的高度及抛落地点等。

（二）个案情节的判断标准缺少说理

笔者检索到的 137 件高空抛物罪案件中，仅 18 件案件在文书说理中分析情节轻重程度，其中 9 件造成车辆等财物损失，4 件砸中被害人造成被害人轻伤、轻微伤后果，5 件尚未造成损害结果（见表 1）；89 件案件仅有“被告人从建筑物高空抛掷物品，情节严重”的判断性陈述；另有 30 件案件全文均无“情节严重”的表述。

总体上看，司法机关对于情节的说理较为谨慎，多数判决只在事实认定部分描述相关行为，而对在“本院认为”部分具体分析行为人的何种行为达到情节严重的程度，则表现出回避态度。而对高空抛物罪入罪情节的把握不严，易使轻微违法行为入刑，引发刑法过度扩张的风险。

表 1 部分判决书对“情节严重”的说理表述

案 号	情节严重的描述	适用罪名	量 刑
（2021）川 0303 刑初 75 号	被告人兰某从高空向停放车辆及来往人员较多的道路抛掷物品，情节严重	高空抛物罪	单处罚金 5000 元
（2021）内 0403 刑初 179 号	被告人从建筑物内向外抛掷物品，数量较大，情节严重	高空抛物罪	有期徒刑十个月，罚金 2000 元
（2021）湘 1002 刑初 145 号	被告人卢某从 25 层的临街高楼往下抛掷三台手机，情节严重	高空抛物罪	拘役四个月，罚金 2000 元

③ 详见广东省深圳市宝安区人民法院（2021）粤 0306 刑初 2799 号刑事判决书。

续表

案　号	情节严重的描述	适用罪名	量　刑
（2021）鲁 1523 刑初 131 号	被告人唐某从建筑物上抛弃玻璃瓶等危险物品，情节严重	高空抛物罪	拘役二个月，罚金 3000 元
（2021）京 0112 刑初 1277 号	被告人肖某从建筑物的三层高空抛掷多把刀具，情节严重	高空抛物罪	拘役五个月，罚金 5000 元
（2020）粤 0303 刑初 1306 号	被告人从高空向公共场所抛掷菜刀，情节严重，其行为已构成高空抛物罪	高空抛物罪	拘役五个月，罚金 1000 元

（三）相似情节罪名适用仍有分歧

中国裁判文书网的数据表明，《刑法修正案（十一）》实施之前，高空抛物刑事案件主要被认定为以危险方法危害公共安全罪。其实施之后，高空抛物案的罪名适用相对集中（见图 2、图 3），但高空抛物罪与以危险方法危害公共安全罪之间依旧存在适用争议。

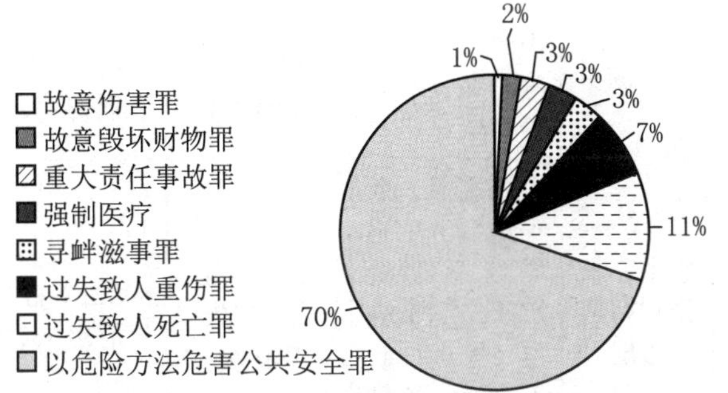

图 2 《刑法修正案（十一）》生效前高空抛物刑事案件适用罪名

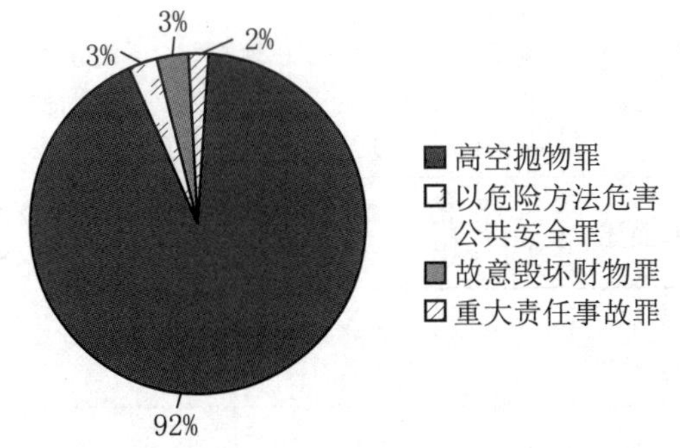

图 3 《刑法修正案（十一）》生效后高空抛物刑事案件适用罪名

例如，赖某以危险方法危害公共安全一案中，④法院认为“赖某的行为符合以危险方法危害公共安全罪的构成要件……如果以高空抛物罪追究赖某的刑事责任，无法对赖某侵害公共安全法益作出充分评价”。但从其他相关刑事判决看，相似情节下，亦有以高空抛物罪定罪量刑（见表2）。可见，高空抛物案的罪名适用在司法实践中尚未统一。高空抛物行为能否与放火、决水等行为相当，理论上亦有争议。

表2　部分高空抛物罪与以危险方法危害公共安全罪案件适用分歧

适用罪名	动机	抛出高度	抛物	具体后果或抛落地	案号	判决时间
以危险方法危害公共安全罪	未描述	八楼	23颗共53斤柚子，1酒瓶、1木拖把、1塑料椅子、1塑料垃圾桶	车辆被砸，损失2561元	（2021）闽06刑终26号	2021-5-11
	家庭纠纷	九楼	塑料花瓶、木柄斧子、纸质材料	两辆车辆损失共计三万余元	（2021）沪0106刑初49号	2021-4-9
高空抛物罪	醉酒	五楼	山地自行车、啤酒瓶、衣架等物品	车辆损失1950元	（2021）京0101刑初632号	2021-9-17
	与对象发生争执且醉酒	家中，未说明写明楼层	六瓶装酒、炒菜锅、不粘锅等红酒重量2.7 kg，白酒重量0.9 kg，不粘锅重量1.5 kg	小轿车毁损，损失700元	（2021）鲁0811刑初365号	2021-5-13
	方便	七楼	垃圾袋（一次性塑料餐盒两个、玻璃材质咸菜瓶一个）	车辆损失70880元	（2021）吉0104刑初430号	2021-9-24
	酒后	未描述	油漆桶、石头、瓦片	车辆损失10210元	（2021）粤1971刑初4861号	2021-11-10

④ 详见福建省漳州市中级人民法院（2021）闽06刑终26号刑事裁定书。

（四）量刑与情节不能均衡

经梳理相关刑事判决，高空抛物罪量刑不均的问题主要体现在两个方面：一是类似情节不同罪名之间的量刑不均衡。例如，以危险方法危害公共安全罪的法定刑为三年以上十年以下有期徒刑，若致人重伤、死亡或者使公私财产遭受重大损失，法定刑至少为十年以上有期徒刑，而高空抛物罪的法定刑仅为一年以下有期徒刑、拘役或者管制。适用罪名的起刑点、最高刑不同，对于量刑结果产生较大影响。二是同罪之间不同情节的量刑不均衡。主要体现在，当案件情节相似，且被告人自首、坦白、认罪认罚等从宽情节相同的情况下，量刑存在差距（见表 3）。

表 3　部分情节相似的高空抛物罪案量刑的分歧

案号	动机	抛出高度	抛物	抛落地	后果	从宽情节	适用罪名	量刑
（2021）川 0303 刑初 75 号	酒后发泄	四楼	装有啤酒的易拉罐酒瓶和装有白酒的玻璃酒瓶	楼下道路	未造成损害结果	坦白，认罪认罚	高空抛物罪	单处罚金 5000 元
（2022）浙 0503 刑初 33 号	酒后，嫌声音嘈杂	三楼	六个空玻璃啤酒瓶	系该农民新村主干道	未造成损害结果		高空抛物罪	有期徒刑七个月，罚金 3000 元
（2021）浙 1002 刑初 679 号	酒后发泄情绪	二楼	电冰箱	公共出入口的道路上	无损害结果	自首、认罪认罚	高空抛物罪	有期徒刑七个月，缓刑一年，罚金 3000 元
（2021）沪 0110 刑初 1064 号	方便	被屏蔽	垃圾（含银色铁片、茶杯盖、纸盒、衣物）	被害人正前方	未造成损害		高空抛物罪	拘役三个月，缓刑三个月，罚金 1000 元

三、高空抛物罪情节严重之审视

行为与情节是成立高空抛物罪的两大要件，有观点认为“如果认为犯罪构成包括质和量两方面，情节严重可以理解为‘量’上的规定，它的作用是行为达到一定程度而具有了严重的社会危害性，值得用刑罚来处罚”。⑤ 而具体之“量”，须从高空抛物罪保护的法益及其罪质中寻求标尺。

（一）高空抛物罪保护法益的认识偏误

“刑法的任务是保护法益，违法性的实质是法益侵害。”⑥ 从阶层论的视角看，情节严重属于客观违法阶层的要素，法益对其具有绝对的指导性作用。⑦ 作为整体的评价要素的“情节严重”中的情节，是指表明法益侵害程度的情节。⑧ 因此研究高空抛物罪行为人的违法性程度，必然离不开对其侵犯的法益的准确定义。

1．从公共安全到公共秩序的法益变迁

高空抛物罪是少数法益发生过变化的罪名，正式的《刑法修正案（十一）》对之前草案的体系调整，意味着高空抛物罪保护的法益从“公共安全”转为“公共秩序”。通说认为，《刑法》第二章中所称“公共”，特别是“以危险方法危害公共安全罪”中所称“公共”，指的“不特定多数人”。⑨ 而从高空抛下物品的行为，虽然确实有一定概率对不特定人或财物造成伤害，但不太可能在脱离行为人控制之后扩大，因此这种危害远远达不到与《刑法》第二章所列放火、决水、爆炸等相当的程度，主观恶性也相对较小。高空抛物罪“本质上是一种违背公共社会生活准则的，损害公共道德、公共秩序的行为，不宜轻易上升到公共安全层面”。⑩

2．高度抽象的公共秩序法益微观上存在其保护的具体利益

公共秩序的概念比公共安全的外延更加广泛。经典定义认为，公共秩序是指根据法律和社会公德所确立的公共生活规则所维持的社会正常状态。⑪ 上述对公共秩序的定义是对整个《刑法》第六章的公共秩序的共同点的提炼，

---

⑤ 余双彪：《论犯罪构成要件要素的“情节严重”》，载《中国刑事法杂志》2013年第8期。
⑥ 张明楷：《阶层论的司法运用》，载《清华法学》2017年第5期。
⑦ 陈洪兵：《“情节严重”司法解释的纰缪及规范性重构》，载《东方法学》2019年第4期。
⑧ 张明楷：《犯罪构成体系与构成要件要素》，北京大学出版社2010年版，第241页。
⑨ 参见《刑法学》编写组：《刑法学（下册·分论）》，高等教育出版社2019年版，第31页。
⑩ 韩轶：《刑法更新应坚守谦抑性本质——以〈刑法修正案（十一）（草案）〉为视角》，载《法治研究》2020年第5期。
⑪ 参见高铭暄主编：《刑法学》，北京大学出版社1989年版，第643页。

但是“保护法益的抽象化必然导致对构成要件的解释缺乏实质的限制，从而使构成要件丧失应有机能”。[12]公共生活的规则并不是凭空出现的，其原本也是为了保护一定的社会公益而被约定俗成地遵守。因此与《刑法》其他章节保护的法益不同，妨害公共秩序一节中的每一个罪名，都有其需保护的更具体的法益，例如，妨害公务罪保护的具体法益是正常执法活动，组织考试作弊罪保护的具体法益是考试公平。该节中的罪名保护的法益虽然都能笼统地归为“公共秩序”，却都有其更深层次的根基。

同时，公共秩序的外延虽然极为广泛，但也并非所有违反公共秩序的行为都被视为犯罪行为。例如乱扔垃圾、排队插队等行为虽然也可以被视为广义上的违反公共秩序的行为，然其社会危害性小，显然不至于通过刑法予以调整。因此，作为刑法的调整对象，高空抛物必然应有其具体侵犯的、值得刑法保护的利益。

3．高空抛物法益中人身安全属性的回归

立法机关设立高空抛物罪的本意是要“维护人民群众‘头顶上的安全’”。[13]根据通常的文义理解，“头顶上的安全”可以有两种解释，一者为公众的安全感，例如有观点认为“高空抛物行为造成公众产生不安全感或畏惧感即可成立本罪”；[14]二者为公众的生命财产安全。前者的理解有其合理性，因为“公共秩序”的概念本身就与“安全感”存在内在联系，但将“安全感”本身视为法益是广受批判的，盖因“安全感”的主观性、模糊性、一般性，削弱了法益的定型性、界限性、特定性，冲击刑法的明确性容易丧失法益的本质属性。[15]或者说，安全感应当是刑法良性运行后自然达成的效果，而非法律保护的利益本身。

但将高空抛物罪的法益解释为保护“生命财产安全”似乎不免与前文所述“‘高空抛物罪’保护的法益并非‘公共安全’”相矛盾。但是，此处的社

[12] 张明楷：《刑法学》，法律出版社2011年版，第935页。

[13] 参见李宁：《关于〈中华人民共和国刑法修正案（十一）（草案）〉的说明——2020年6月28日在第十三届全国人民代表大会常务委员会第二十次会议上》，载《中华人民共和国全国人民代表大会常务委员会公报》2021年第1期。

[14] 参见林维：《高空抛物罪的立法反思与教义适用》，载《法学》2021年第3期。

[15] 刘炯：《法益过度精神化的批判与反思——以安全感法益化为中心》，载《政治与法律》2015年第6期。

会公众生命安全与公共安全并不完全一致。“公共”指的是“不特定或者多数”，在《刑法》第二章中，“生命、身体等个人法益被抽象为社会利益作为保护对象。‘公众’与‘社会性’要求重视量的‘多数’。即使是‘不特定的’，也随时有向‘多数’发展的现实可能性，会使多数成员遭受危险和侵害”。⑯在体系上，《刑法》第二章的公共安全已经有其固定内涵，高空抛物罪保护的法益并未落入其中，但这并不意味着高空抛物保护的法益内涵与人身安全无关，否则无法解释高空抛物行为与一般的乱扔垃圾行为的区别，也难以将高空抛物与仅违反道德义务的行为进行区分。

从高空抛物行为可能造成的损害结果看，相对于集合法益，高空抛物罪保护的法益更倾向于个人法益，为避免引起歧义，本文将高空抛物罪的具体法益表述为“不特定他人的生命、财产安全”。此处的“不特定他人”与“公共”的区别在于可能存在的潜在受害者的数量，即高空抛物所造成的损害或危险，不要求需要危及“多数人”，也不必有向“多数人”发展的趋势。

（二）高空抛物罪应为具体危险犯

“情节犯无法被简单划归为抽象危险犯、具体危险犯或者实害犯，或者说情节犯的概念与这一犯罪分类没有必然关联。”⑰在明确高空抛物罪保护的法益系不特定他人的生命安全的前提下，判断高空抛物罪究竟是具体危险犯还是抽象危险犯，主要是为了解决“行为人从高空朝下抛掷足以造成人身伤害的物品，若该时间段内物品抛落区域无人经过，且其周边一定范围内也无人时，是否构成高空抛物罪”的问题。对于这一问题的判断应结合高空抛物罪的罪质本身作具体分析。

1. 高空抛物罪符合具体危险犯的特征

学理上，抽象危险犯与具体危险犯之间的区分标准主要有两种理论，试逐一予以分析。

通说认为，抽象危险犯与具体危险犯之间是立法技术的区别。抽象危险犯是立法者在立法时已经考虑到行为本身就会对法益造成危险，而具体危

⑯ 张明楷：《高空抛物案的刑法学分析》，载《法学评论》2020年第3期。

⑰ 姚诗：《非法行医罪“情节严重”的解释立场与实质标准》，载《政治与法律》2012年第4期。

险犯则需要司法者结合行为时的情形对行为是否产生具体危险予以独立审查。⑱前述定义下，抽象危险犯几乎等同于行为犯。⑲并且可以从法律条文的表述中清晰地区分抽象或具体危险犯。典型如《刑法》第一百四十四条与第一百四十三条，前者只需要行为人作出在生产、销售的食品中掺入有毒、有害的非食品原料，或者销售明知掺有有毒、有害的非食品原料的食品行为，即符合入罪要件。而后者需要司法者判断生产不符合安全标准的食品是否“足以造成严重食物中毒事故或者其他严重食源性疾病”。显然，这一判断标准难以适用于情节犯。

另一种观点认为，抽象危险犯与具体危险犯的区分标准在于发生危险的程度。即“具体危险犯以法益侵害的现实性、具体的危险发生为必要，而抽象的危险犯以法益侵害的抽象危险发生为已足……”⑳根据上述区分标准，高空抛物罪应属具体危险犯。其一，从客观规律上看，高空抛物行为造成人身损害的实害，需要至少同时符合两个条件：（1）抛掷的物品重量及高度，能够造成实害后果；（2）抛物时正好有人经过。而同时满足前述两项条件在高空抛物案中并不常见。其二，根据日常生活经验，从高处向四周无人经过的地上抛掷物品，无论如何不能被评价为高度发生的危险。其三，从现有案例来看，2021 年新增高空抛物罪后，高空抛物行为入罪的案件数量大幅增加，但造成受害人轻微伤以上后果的案件不到 8%，㉑高空抛物行为难以被归类为“高度发生的危险”。

2. 高空抛物罪不符合抽象危险犯的特征

总体来看，持抽象危险犯意见的学者主要基于以下理由：（1）《刑法》规定的以危险方法危害公共安全罪系具体危险犯，若高空抛物罪同为具体危险犯就没有增加新罪的必要；㉒（2）高空抛物案取证困难，仅凭民事责任或行政

⑱ 陈洪兵：《准抽象危险犯概念之提倡》，载《法学研究》2015 年第 5 期。

⑲ 赵香如：《论高空抛物犯罪的罪刑规范构造——以〈刑法修正案（十一）（草案）〉为背景》，载《法治研究》2020 年第 6 期。

⑳ 陈家林：《外国刑法理论的思潮与流变》，中国人民公安大学出版社 2017 年版，第 156 页。

㉑ 141 件案件中仅 10 件造成人身实害（指轻微伤以上伤害），其中 4 件为轻微伤，5 件轻伤，1 件死亡（重大责任事故罪）。

㉒ 曹波：《高空抛物“入刑”的正当根据及其体系性诠释》，载《河北法学》2021 年第 2 期。

责任难以化解，因此需要“将仅仅产生抽象危险的高空抛物行为犯罪化”；[23]（3）从法定刑配置来看，高空抛物罪与危险驾驶罪法定刑相当，而危险驾驶罪是典型的抽象危险犯。[24]笔者试逐一予以分析。

第一，以危险方法危害公共安全罪实际上并不应适用于一般的高空抛物案。首先，以危险方法危害公共安全罪的法益针对“不特定多数人”或者“随时存在向多数发展的不特定人”，与通常只有小概率危害少数人安全的高空抛物罪不相符；其次，以危险方法危害公共安全罪中的“危险方法”应与条文所列“放火、决水、爆炸等”具有相当性。其特征为“在行为终了后结果范围还会扩大”，[25]而高空抛物行为显然不符合这一特征。显然，无论是从主观恶性、行为可能造成的后果和社会评价来看，两者都无法相当。

另外，有学者分析高空抛物案型与其他案型中以危险方法危害公共安全罪定罪的量刑进行对比，发现涉高空抛物案件的量刑整体明显轻于其他案件的犯罪。[26]这一调研进一步说明了以危险方法危害公共安全罪并不适宜评价一般的高空抛物行为，只是《刑法修正案（十一）》实施之前，并无适当的罪名与情节严重的高空抛物行为相适应，迫使司法机关退而适用似乎具有一定兜底性质的以危险方法危害公共安全罪，才使其在一定时期内成为评价该类案件的主要选择。

第二，以取证困难为由降低入罪标准，是对刑法谦抑性理论的误读。德国刑法认为，刑法的谦抑性表现为刑法是社会治理的最后手段，只有在其他解决问题的社会治理手段失灵时，刑法才被允许使用。[27]这里的“社会治理手段失灵”需要综合行为人的主观恶性、行为的危害性、司法后果及社会影响，绝不是仅事实查明困难。现实中存在大量隐蔽性高、难以查明事实的民商事案件，例如医疗损害中的过错、合同不能履行的责任归属等，虽然事实查明不易，但也不会有人认为上述行为须以刑法予以规制。高空抛物行为入

[23][24] 周杰：《“高空抛物罪”立法评析与适用难题研究》，载《北方法学》2021年第6期。

[25] 姚诗：《非法行医罪“情节严重”的解释立场与实质标准》，载《政治与法律》2012年第4期。

[26] 参见赵香如：《论高空抛物犯罪的罪刑规范构造——以〈刑法修正案（十一）（草案）〉为背景》，载《法治研究》2020年第6期。

[27] 冀洋：《我国轻罪化社会治理模式的立法反思与批评》，载《东方法学》2021年第3期。

罪，是以行为人本身的责任与对法益的侵害所决定的，仅以取证困难为由将产生抽象危险的高空抛物行为纳入刑法的适用范围，则缺乏说服力。

第三，作为具体危险犯的高空抛物罪与其法定刑罪责基本相当。“具体危险犯的法定刑一般高于抽象危险犯”的结论是建立在两种或多种能评价同类犯罪行为的多种罪名之间的，例如行为人违反交规造成事故，根据具体情形可能构成危险驾驶罪、以危险方法危害公共安全罪或交通肇事罪，因此前述三罪的法定刑符合这一规则。但危险驾驶罪与高空抛物罪调整的是两种完全不同的行为，两者的法定刑是否相当与其是否为具体危险犯并无必然联系。

作为具体危险犯的高空抛物罪的法定刑设置是基本适当的。一是大多数高空抛物行为的社会危害性较小。行为人的故意只是针对高空抛物本身，主观上通常不积极追求甚至排斥危害后果的发生，故而《刑法》对于并未造成严重实害后果的高空抛物罪，设置的法定刑与行为人应当承担的责任基本相当。二是高空抛物罪条文中明确强调“同时构成其他犯罪的，依照处罚较重的规定定罪处罚”，故即便是造成严重后果的高空抛物罪，也不会存在量刑过轻的问题。三是行政处罚可以作为轻微高空抛物案的补充。不能因高空抛物行为确有入罪的必要，就将只具有抽象危险的高空抛物行为列入“情节严重”的范畴，因为《刑法》并非惩罚失范行为的唯一手段，行政处罚足以调整只具有抽象危险的高空抛物行为。只是目前该行为的行政处罚规定仍处于空白，以至于情节轻微与情节严重之间的高空抛物行为的司法后果缺乏过渡，加剧了前文所述的入罪标准不统一、量刑不均衡等问题。

综上所述，从高空抛物行为性质、法益保护本身看，高空抛物罪应为具体危险犯。对于高空抛物行为，若其已造成严重实害后果，依照处罚较重的规定定罪处罚；若其对法益具有抽象危险或造成轻微实害后果，不构成其他犯罪的，以高空抛物罪定罪处罚；若其对法益仅造成抽象危险，则予以行政处罚；若其连对法益的抽象危险都不具备，则不构成犯罪，也不应予以行政处罚。

四、高空抛物罪入罪情节之判断路径

新增高空抛物罪对于相关案件的定罪量刑主要产生了两方面影响：一是使原先勉强被纳入具有兜底性质的以危险方法危害公共安全罪规制范畴的行

为，回归到高空抛物罪的适用范围，量刑更趋于合理。[28] 二是原先未被刑事处罚的高空抛物案也被视为犯罪处罚。这将导致原先不视为犯罪的社会失范行为犯罪化，导致刑罚的不当扩张。为避免第二种影响的发生，应严格限制“情节严重”的外延。具体来说，“情节严重”应包含以下内容。

（一）高空与抛物

1．高空与抛物应作整体理解

有研究者尝试为条文中“从建筑物或者其他高空”定义具体高度，[29] 实际上并无必要。一项行为是否符合高空抛物罪的构成要件，焦点在于何种行为属于“情节严重”。以此为思路，则应将抛掷高度与抛物视为一个整体，具体判断某一高度抛掷的某一物体，是否对他人的人身安全造成具体的危害，即抛掷高度与抛物本身能否对法益产生危险。高空抛物之所以对他人生命构成危险，是由于高空抛下的物品增强了物本身的冲击力，同时扩大了抛落地的范围，增加了抛掷物品原有的社会危害性。例如从二楼向下抛掷钢板足以对不特定人的安全产生抽象危险，而从八十层楼抛下的塑料袋则不具备这样的危险。遵从这一逻辑，若行为人从高处抛掷烟蒂，[30] 虽然如果被抛落的烟蒂未被掐灭，确有导致燃烧的危险，但高空抛掷并不加重这一危险，从高空抛掷烟蒂与在平地乱扔烟蒂危险性并无差别，因此不能将高空抛掷烟蒂的行为评价为高空抛物罪。

抛掷高度＋抛掷物具有抽象危险是“情节严重”的前提，但并不充分。例如，从十楼抛下纸巾连抽象危险也不具备，无论行为人主观恶性为何，无论楼下聚集多少人，该行为都不可能构成高空抛物罪。此谓“情节严重”之前提。而若抛掷物与抛掷高度的冲击力已经足够大，则高空抛物整体的行为是否具有具体危险，仍取决于抛落地点、危害结果等其他因素是否能够造成现实、紧迫的危险。此谓构成“情节严重”条件之不充分。

---

[28] 例如，2020年8月判决的陈某以危险方法危害公共安全一案［（2020）鄂0106刑初628号］与2021年11月判决的丁某高空抛物一案［（2021）沪0110刑初1064号］。

[29] 参见舒登维：《〈刑法修正案（十一）〉关于高空抛物罪的理解与适用》，载《广东开放大学学报》2021年第5期。

[30] 郑旭、张文婧：《多次从窗户丢弃未熄灭烟蒂，北京一男子因高空抛物获刑六个月》，载https://www.163.com/dy/article/HAD71AIG0534P59R.html，2022年6月25日访问。

2．两种特殊的抛物

一是本身具有一定危险性的物品是否能跨越其他情节因素，直接被认定为“情节严重”。一种意见认为如行为人抛掷的是菜刀、玻璃、花盆等本身具有一定危险性的物品，从高处抛落更加容易造成严重的损害后果，应根据相关情况，考虑是否进行刑事追责。[31]另一种意见则认为，即使物品本身具有危险性，仍然要结合其他因素，判断行为是否具有具体危险。

首先，分析2021年3月1日之后的9件造成人身实害的高空抛物案（见表4）可知，影响高空抛物行为危险性的是抛物本身的重量、体积与抛掷高度叠加后产生的冲击力，而与抛物本身是否危险相关性较小。其次，只要抛物和高度达到对生命安全造成威胁的程度，那么是否会对法益产生紧迫危险，更多地取决于危害结果或发生危害的可能性大小，在人流较少的区域无论抛掷何种物品都难以对法益造成实质损害，仅将抛物种类视为入罪的充分条件不符合法益保护原则。最后，仅凭抛物种类也无法推断行为人的主观恶性大小，高空抛物案件中，夫妻等争吵时砸掷物品不慎掷到窗外较为典型，抛掷的物品包括但不限于：菜刀、花盆、带有玻璃的广告框、电饭锅、重6.8斤的书包，但行为人在相关案件中的行为动机和主观故意并无实质差别。

表4　2021年3月1日后造成人身伤害的高空抛物案情节表

案号	时间	动机	抛出高度	抛物	抛落地	损害结果	适用罪名
（2021）京0111刑初652号	19时许	未写明	被屏蔽	压缩木床板（长2 m，宽0.9 m，厚0.01 m）	楼下	砸伤被害人后背及脚部，轻微伤，损失2634.8元	高空抛物罪
（2021）鲁0211刑初853号	21时许	楼下争吵影响休息	未描述	一空啤酒瓶	朝人群旁边扔下	轿车车顶受损、一被害人眼角、一被害人头部被崩伤	高空抛物罪

[31] 杨万明、周加海：《〈刑法修正案（十一）〉条文及配套〈罪名补充规定（七）理解与适用〉》，人民法院出版社2021年版。

续表

案号	时间	动机	抛出高度	抛物	抛落地	损害结果	适用罪名
(2021)闽0428刑初84号	17时30分许	与女儿争吵	被屏蔽	书包(重6.8斤)	砸中绿化带内被害人	被害人轻伤二级	高空抛物罪
(2021)陕01刑终561号	中午12时许	心情不畅	33层楼顶平台	多个空酒瓶	楼下	被害人轻伤一级、车辆损失	以危险方法危害公共安全罪
(2021)粤0306刑初339号	16时许	清理时方便	三楼	铁架	楼下	砸中被害人头部,轻伤二级	高空抛物罪
(2021)沪0110刑初235号	9时许	方便	被屏蔽	生活垃圾(内含碎瓷片)	人行通道	被害人轻微伤	高空抛物罪
(2021)津0116刑初2129号	未描述	施工方便	未描述	铝合金窗框、塑料板材	未说明	砸伤头部,未说明伤情,赔偿3000元	高空抛物罪
(2021)吉0523刑初167号	16时,两次	发泄	三楼(8米高)	黄色气体打火机,蓝色玻璃烟灰缸	孩子们玩耍的地方	正在玩耍的儿童受伤,轻微伤	高空抛物罪
(2021)鲁0305刑初312号	8时	方便	三楼	清理垃圾、塑料纸、木板、电缆线头	未说明	被害人死亡	重大责任事故罪

二是虽未造成损害,但可能造成精神伤害的抛物是否能构成高空抛物罪,如污水、秽物等。鉴于抛掷此类物品一般不会对不特定人的生命安全产生抽象的危险。既然连抽象危险都无法构成,也就不能被认定为高空抛物罪。但是,应视行为人的主观意图和行为后果,判断其是否构成故意毁坏财物罪或侮辱罪。

(二)危害后果包括具体危险和实害

后果主要表现在三个方面,“要么是对公共秩序造成的危险状态,要么是对他人人身、财产造成的实害后果”。[32]

1. 危险状态

前文已述，此处的危险状态应为具体危险，且并非狭义的公共秩序混乱，而进一步指不特定人的生命安全。因此，向公共区域抛掷物品不一定属于“情节严重”。例如，若抛落地系公园绿地，但行为人从高处抛掷重物时恰为夏季正午，公园中长时间无人经过，此时虽然行为人抛掷的物品已对不特定人的生命安全产生抽象危险，但实质并无可能造成实害，难以被评价为情节严重。

高空抛物行为是否造成危险状态，应以行为时抛落物可能掉落的区域是否有人经过为标准，抛落地是否为公共区域、行为时间等只能作为佐证。当然，虽然抛物未造成实害后果并不影响高空抛物罪的成立，但判断其是否入罪应更加谨慎。高空抛物行为与刑法中其他以生命安全为法益的犯罪行为不同，大多数行为人在抛物时主观上不希望也不愿意发生实害后果。多数情况下，对其处以行政罚款、拘留已足以惩戒。因此，如果高空抛物行为导致的危险缺少紧迫性，则不宜以犯罪论处，防止违法行为过度犯罪化。

2. 造成人身损害的实害

行为人故意实施高空抛物行为，造成他人人身损害结果的，应属“情节严重”。此处的“故意”仅指对高空抛物本身的故意，如果行为人另有致人伤亡或毁坏财物的故意，则构成故意杀人罪、故意伤害罪、故意毁坏财物罪的既遂或未遂。如果行为造成他人重伤、死亡及以上结果，但不追求也不希望实害结果发生，对于实害结果主观上属过失的，则应认定为过失致人死亡罪或过失致人重伤罪。特殊地，在生产、作业中从高空抛掷物品，发生重大伤亡事故或者造成其他严重后果的，应以重大责任事故罪定罪处罚。[33]

3. 造成财产损失

高空抛物罪保护的法益主要是不特定人的人身、财产安全，造成财产损失实害的也可视为“情节严重”。但是，仅对财产损失产生危险，不宜认定为“情节严重”。从比例原则的角度来看，仅对财产损害产生危险或仅造成轻微

[32] 孙谦：《刑法修正案（十一）的理解与适用》，载《人民检察》2021 年第 8 期。

[33] 详见山东省淄博市临淄区人民法院（2021）鲁 0305 刑初 312 号刑事判决书。

财产损失，也不宜认定为犯罪，适用行政处罚更为适宜。例如程某高空抛物罪一案，[34]被告人从宿舍窗户处抛掷一包生活垃圾，致车辆损失972元，案发后被告人积极赔偿了损失。综合考虑该案损失较为轻微，危害相对不大，案发后被告人悔罪态度较好，该行为可以不认定为“情节严重”。

（三）行为人的动机可以作为减轻情节的因素

高空抛物罪中常见的行为动机依次为：向楼下抛掷生活垃圾或建筑垃圾以图方便，酒后或醉酒、发泄情绪或为某事泄愤，与人争执过程中情急抛掷物品（见图4）。相对而言，为图方便或情急失手的行为动机恶性较小。从责任主义的立场出发，行为人的动机并不应作为加重情节的因素，但可以作为高空抛物行为中的减轻情节因素。例如，行为人醉酒后为发泄从高空向无人经过，且附近一定范围内均无人的绿化带抛掷重物，不能仅凭其动机，就认定为“情节严重”。因为从其客观行为本身看，其并未对法益造成具体的危险。但是，行为人从高空抛掷物品，虽已对法益造成具体危险但并未造成实害或仅造成了轻微财产损失，若此时行为人的动机恶性较小，且为初犯偶犯，可以考虑不认定其为“情节严重”。

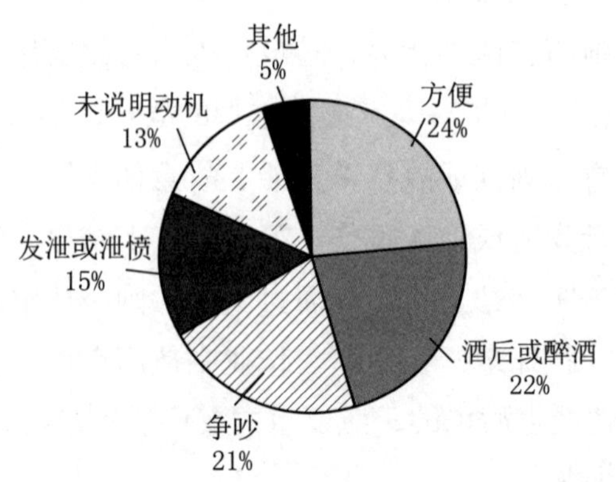

图4　截至2022年年底高空抛物罪行为动机与案件占比

（四）多次实施或一次抛掷大量物品可以认定为情节严重

若行为人多次向无人经过的区域抛掷物品，虽然从单次来看对法益不能

---

[34] 详见上海市松江区人民法院（2022）沪0117刑初66号刑事判决书。

造成现实紧迫的危险，但是多次行为的叠加无疑会增加高空抛物的危险性，使危险从缓和趋向于紧迫，可以认定为情节严重。对于“多次”的具体定义，可以按照通常理解规定为三次或三次以上。同样地，一次抛掷多件物品，延长了危险持续的时间，增加造成实害后果的概率，视抛物性质、高度、持续时间等具体情况，也可以认定为情节严重。

另外，有学者认为因抛掷行为受过行政处罚后又实施的行为也应认定为情节严重。[35] 这一观点值得商榷，高空抛物行为的入罪本身就带有浓厚的“预防性惩办主义刑法立场”，[36] 而经劝阻又实施以及曾受行政处罚主要反映行为人再犯可能行较高，无法说明案件本身违法程度，属于典型的预防性要素，[37] 将预防性要素视为高空抛物罪的入罪要素，无疑会进一步扩大入罪范围。上述做法违反并合主义和责任主义原理，近年来多已受批判，[38] 仅以此作为情节严重的入罪标准并不妥当，但若其行为已构成犯罪，则可以在量刑时作为预防刑予以考量。

五、结语

综合本文研究，高空抛物罪的“情节严重”可以从以下几方面考量：（1）从高空抛掷物品，造成他人轻伤、轻微伤的；（2）从高空抛掷物品，造成财产较大损失的；（3）抛掷高度与抛掷物足以产生致人伤亡的冲击力，且抛落时抛掷物坠落区域内或附近区域有人经过，对他人人身产生具体、紧迫危险的；（4）从高空抛掷物品，足以产生致人伤亡的冲击力，未对他人人身产生现实、紧迫危险或对财产造成较大损失，但多次实施的；（5）从高空一次分别抛掷多个物品，且足以产生致人伤亡的冲击力的；（6）其他情节严重的情形。其中，行为人符合第二、三项情形，但系初次实施且主动赔偿损失，认错态度良好，主观恶性不大，情节轻微的，可以考虑从轻、减轻或者免除

[35] 刘炯：《法益过度精神化的批判与反思——以安全感法益化为中心》，载《政治与法律》2015年第6期。

[36] 陈珊珊：《〈刑法修正案（十一）〉中关联性罪名的司法适用》，载《法治现代化研究》2021年第5期。

[37] 张明楷：《犯罪构成体系与构成要件要素》，北京大学出版社2010年版，第91页。

[38] 张明楷：《论预防刑的裁量》，载《现代法学》2015年第1期。

处罚。至于行为人曾受行政处罚、经劝阻仍然实施等情形，可以在行为构成犯罪之后从量刑、是否适用缓刑等方面予以规制。

高空抛物罪是我国积极刑法立法观的又一尝试，对于防止重罪被误用和滥用，实现妥当的处罚，具有重要意义。轻罪虽轻，但其构成要件不可被疏忽。关于高空抛物罪入罪情节、量刑起点和幅度、缓刑适用等问题，仍有不少细节值得探讨，本文抛砖引玉，期望理论与实践的进一步研究，推动实现相关案件罪责刑的均衡适用。

（责任编辑：潘庸鲁）

“先刑后民”理念过度介入刑民交叉公益诉讼案件的反思

徐昭炜*

随着司法实践发展，民事公益诉讼与刑事诉讼相结合，催生了刑民交叉公益诉讼制度。该制度模式在我国的设计起步较晚，面临着诸多理论和实践观点争议。如，对刑民交叉公益诉讼案件适用何种审理模式这一司法实践问题，有学者指出司法实践多采用“先民后刑”的审理模式，且该模式具有一定正当性。[①] 但笔者观察刑民交叉公益诉讼司法实践后发现，所谓“先民后刑”的审理模式系先行调解民事案件后审结刑事诉讼，仅仅是审理程序上的先后之分。事实上，司法实践仍然受到“先刑后民”传统司法理念的过度干涉与介入，更侧重对被告人的刑事责任定罪量刑，缺乏对民事公益诉讼程序价值、法律证成、法律责任的必要关注，暴露出一些并不适当的司法方法。这些问题在一定程度上反映了对刑事实体规范或程序规范的偏袒，影响法治现代化精神、司法裁判公信力的实现，理应引起高度重视。

一、“先刑后民”理念过度介入的现象

以 2018 年至 2022 年 3 月上海法院裁判的刑民交叉公益诉讼案件为观察对象，获取 191 份一审裁判文书，其中以判决方式审结刑事指控和民事公益诉讼的文书有 78 份。可以发现，“先刑后民”的司法理念过度介入司法机关对刑民交叉公益诉讼案件的审理过程，对诉讼程序和实体保护造成了不必要

* 徐昭炜，法律硕士，上海市崇明区人民法院刑事审判庭法官助理。

① 参见叶榅平、常霄：《刑事附带环境民事公益诉讼的审理模式选择》，载《南京工业大学学报（社会科学版）》2020 年第 6 期。

的干扰。

（一）对程序事实的发现与认定“举棋不定”

2019年11月25日，最高人民法院、最高人民检察院通过《关于人民检察院提起刑事附带民事公益诉讼应否履行诉前公告程序问题的批复》（以下简称《批复》）明确诉前公告的必要性，补缺刑事附带民事公益诉讼诉前公告程序在立法规定上的缺漏，并为附带民事公益诉讼向民事公益诉讼程序转换提供了法律依据。《批复》发布后，有观点②仍然倾向于否定提起诉前公告之必要性，或主张根据提起刑民交叉公益诉讼法律依据的不同对诉前公告前置原则采取不同态度。③

根据《批复》和《公益诉讼文书样式（试行）》的规范，审理刑民交叉公益诉讼案件时应当在判决书中将诉前公告程序的履行情况及结果予以明确表述。但笔者统计的78份以判决结案的一审裁判文书中，有35份判决文书未载明检察机关诉前公告情况，其中23份判决文书既未载明诉前公告情况又未将检察机关的公告作为裁判证据（见表1）。可见，一审法院并未在裁判文书中积极主动认定已经发现的民事公益诉讼程序事实（假设检察机关均履行了诉前公告程序），对诉前公告在刑民交叉公益诉讼中的程序价值和地位仍持模棱两可的态度。

表1　判决文书反映诉前公告情况表

案件类型	文书反映公告情况		案件数量（件）
	载明公告	列为证据	
破坏生态环境资源和资源保护类	✓	✓	5
		×	18
	×	✓	4
		×	8

② 参见毋爱斌：《检察院提起刑事附带民事公益诉讼诸问题》，载《郑州大学学报（哲学社会科学版）》2020年第4期。许瑛、钟剑煌：《检察机关办理民刑交叉公益案件诉讼模式选择与完善》，载《法治社会》2020年第1期。

③ 参见汤维建：《刑事附带民事公益诉讼研究》，载《上海政法学院学报（法治论丛）》2022年第1期。

续表

<table>
<tr><th rowspan="2">案件类型</th><th colspan="2">文书反映公告情况</th><th rowspan="2">案件数量（件）</th></tr>
<tr><th>载明公告</th><th>列为证据</th></tr>
<tr><td rowspan="4">侵犯公民个人信息类</td><td rowspan="2">√</td><td>√</td><td>16</td></tr>
<tr><td>×</td><td>4</td></tr>
<tr><td rowspan="2">×</td><td>√</td><td>8</td></tr>
<tr><td>×</td><td>8</td></tr>
<tr><td>食药安全类</td><td colspan="2">×</td><td>4</td></tr>
<tr><td>非法行医类</td><td colspan="2">×</td><td>2</td></tr>
<tr><td>其他</td><td colspan="2">×</td><td>1</td></tr>
</table>

（二）对证据检查与心证表达的“无的放矢”

司法实践对刑事部分和民事公益诉讼部分分别进行内部证成表达时出现证据检查和心证表达上的偏差，致使法官在运用裁判理由熨平“法律的褶皱”过程中遇到阻碍，最终使得阅读者对裁判文书产生不解与困惑。

在证据检查方面，根据最高人民法院《关于审理生态环境损害赔偿案件的若干规定（试行）》（以下简称《生态环境损害赔偿规定》）第六条第二项的规定，经原告就相关事实承担举证责任后，被告须承担生态环境损害赔偿的范围包括生态环境所受之直接损失以及修复费用。但司法统计显示，在上海市 35 件以判决结案的破坏生态资源和资源保护类刑民交叉公益诉讼案件中，有 10 件判决判处被告承担直接损失与修复费用，仅有 1 件判决文书列明了判决被告承担修复费用所依据的在案证据并在文书中进行了说理。④虽然证据清单中往往以“等”作为证据列举的终点，未尝不能将与修复费用相关之证据视为“等内”证据，但此种证据罗列方式实属“劣策”。因为裁判文书的阅读者无法从裁判文书中知晓法官作出裁判的证据依据，对裁判结果将无法产生信任司法、接受裁判的法理和情理之共情。可以说，这是一种审查诉讼请求时，对民事公益诉讼请求的“变相歧视”，有碍于司法权威的树立。

在心证表达方面，刑民交叉公益诉讼案件的裁判文书往往将刑事部分与

④ 参见（2021）沪 0151 刑初 213 号判决书。

民事公益诉讼部分的法官心证表达独立撰写。目前，存在三种对民事公益诉讼部分进行心证表达的文书写作方式（见表2）。其中，主动论证、被动论证的方式出现频率极低，绝大部分案件仍以消极论证的方式展开法官的自由心证表达。然而，心证表达有别于庭审说理、判后说理，是判决文书裁判理由的精华所在，清晰、严谨、适当的心证表达能够还原案件事实、提高文书质量、体现裁判水平、提升司法公信力。刑民交叉公益诉讼案件裁判文书在民事公益诉讼部分的心证表达上表现得较为混乱或模糊不清，本质上仍属于“刑事本位主义”的误导之果。

表2　对民事公益诉讼部分心证表达的三种方式

论证形式	具体表达方式	典型案例
主动论证	对民事公益诉讼部分主动、详细论证。	李某某等六人犯非法捕捞水产品罪一案，⑤详细阐释了检察机关获得提起附带民事公益诉讼主体资格的法律依据，对非法捕捞水产品的工具进行界定并论证说明六名罪犯须承担侵权责任的理由。
被动论证	针对辩护人提出的辩护意见予以详细回应。	薛某某犯非法捕捞水产品罪一案，⑥针对辩护人对渔获物价值认定结论提出的异议，一审法院对其认定渔获物价值的“三段式”逻辑予以详细阐释。
消极论证	针对辩护人提出的辩护意见未予明确回应。	何某某等五人犯侵犯公民个人信息罪一案，⑦针对被告人何某某诉讼代理人提出的“公益诉讼并无法律依据”抗辩未予明确回应。
	辩护人未提出辩护意见，法院亦未进行主动论证。	/

（三）对是否科以惩罚性赔偿的“望而却步”

经统计，刑民交叉公益诉讼语境下惩罚性赔偿的适用尺度略显局促。191

⑤　参见（2021）沪7101刑初120号判决书。
⑥　参见（2021）沪0151刑初56号判决书。
⑦　参见（2021）沪0104刑初843号判决书。

份裁判文书中，适用惩罚性赔偿的判例少之又少（仅 27 件），且集中在侵犯公民个人信息领域的裁判中（26 件，另有 1 件为食药安全领域）。在案件数量占比最大的破坏生态环境资源和资源保护类案件中，仍无一例案件判处被告承担惩罚性赔偿。对此，实践中能否适用惩罚性赔偿主要取决于两个障碍。

其一，基于民事诉讼“不告不理”的基本原则，法官无法主动对不存在的民事诉讼请求进行判决。但笔者认为，探讨是否适用惩罚性赔偿的目的是形成能否以及如何适用惩罚性赔偿的正确认识，以进一步指导检察机关与审判机关在刑民交叉公益诉讼案件中的“诉”与“判”，更好地健全公益诉讼惩罚性赔偿责任机制、探索相关制度建设，而非授权审判机关突破原告的诉讼请求进行判决。故更应关注惩罚性赔偿在实践中是否具有可适用性这一问题。

其二，基于对惩罚性赔偿目的和功能的考虑，法官和学者往往持“不宜”适用的态度，即不认为适用惩罚性赔偿具有可适用性。持此态度的学者认为，惩罚性赔偿的实体功能与已有的刑事责任发生重复，无需另行适用。⑧虽然该适用“冲突”与传统意义上的刑民交叉案件法律责任之冲突——刑民交叉案件中能否适用精神损害赔偿——不同，但实质上也是一种“先刑后民”理念干预和介入案件审判的表现形式。即法官优先确定被告人的刑事责任，却因担心另行适用惩罚性赔偿将造成对被告人兼民事公益诉讼被告畸重或重复的法律责任，与已经判处被告人自由刑和罚金的刑事法律责任相叠加，造成一事多罚的消极司法效果，故产生抵触心理。

二、“先刑后民”理念过度介入的危害

程序规范下，民事公益诉讼程序系刑事诉讼程序的有限从属，具可分性，允许其转化为独立的民事公益诉讼之程序；实体规范下，民事公益诉讼与刑事诉讼的证据与事实基本一致，但也有少量案件中民事公益诉讼证据与刑事诉讼证据相互独立，或刑事诉讼事实与民事公益诉讼事实相互分离。因此民事公益诉讼虽然在“刑事附带”的藩篱下，但该藩篱并未完全局限民事公益诉讼的功能与价值，民事公益诉讼独特的制度属性理应受到尊重。然而基于

⑧ 蔡虹、王瑞祺：《刑事附带民事公益诉讼惩罚性赔偿之否定与替代方案》，载《山东社会科学》2022 年第 1 期。

前文的实践观察，“先刑后民”理念过度介入司法实践已经对民事公益诉讼的程序价值、有效证成、责任体系造成危害。

（一）有损于民事公益诉讼的程序价值

理论界和实务界对诉前公告程序的态度仍不坚定，对诉前公告程序的流弊仍抱有偏见，该犹豫态度将对民事公益诉讼程序的外在、内在价值形成冲击。

1．有损程序外在价值：应当性与正当性

诉前公告作为民事公益诉讼的特别程序，既是检察机关法定的权利，更是其法定义务，其表现出独一无二的程序外在价值。

一方面，诉前公告程序是检察机关在“还权于民”的趋势下取得公益诉权的法定进路，对外具有程序应当性。从权利属性的角度来看，公益诉权应由公民行使。即使鉴于检察机关法律监督督促职能，检察机关是目前最佳的公益代表人，⑨但其欲取得行使该项公民权的权利，仍应当突破行使起诉权的程序障碍，否则无以彰显程序的外在正义。另一方面，诉前公告程序的设计基于两层独特的制度理性，对外具有程序正当性。其一，公民个人作为被侵权人往往在提起侵权之诉时面对诉讼能力和举证能力欠缺的困难，无法充分行使救济权。由检察机关先向被侵害的不特定公民公告，后突破起诉权障碍代为提起公益诉讼，不仅弥补了原告上述能力的欠缺，同时也解决了公益诉讼被侵权人不特定的诉讼难题，具有科学性和有效性。其二，我国得以公民集体之名义行使公共起诉权的规范组织（如行使监督管理权的行政部门、环保组织）对相关公共权利侵权的行为和结果具有更专业的评估和鉴定能力——事实上检察机关在附带民事公益诉讼中也极其依赖相关组织的鉴定报告——因此检察机关需要通过向上述组织进行公告以逃脱“越俎代庖”之嫌疑，获得程序上对外的正当性。

故，为了保障刑事诉讼效率而减损甚至牺牲诉前公告程序，将使得检察机关失去程序对外的应当性与正当性，最终造成程序外在价值式微的局面。

2．有损程序内在价值：唯一性或排他性

除了直接拒绝履行或确认诉前公告程序，理论和实践中还存在诉前公告

⑨ 刘华英：《检察机关提起民事公益诉讼的制度设计》，载《当代法学》2016年第5期。

程序可被弥补之说，[10] 该说否定了诉前公告程序价值的内在唯一性或排他性。

具言之，《关于检察公益诉讼案件适用法律若干问题的解释》（以下简称《检察公益诉讼解释》）第十三条第二款规定“法律规定的机关和有关组织……不提起诉讼的”，检察机关方才取得提起诉讼之权利。从文义解释来看，检察机关行使公益诉权的前提是有关机关和组织放弃提起公益诉讼，检察机关获得行使公益诉权的独立性，而非由检察机关与有关机关和组织共同行使公益诉权。基于法律程序的严肃性和公信力，该代位行使是不可逆的诉权取得行为。且从诉讼效率来看，若检察机关取得公益诉权后，其他组织和机关仍有参与诉讼的权利，则诉前公告的程序不仅没有存在之必要，还容易造成诉讼权利混乱的不良反应。因而，程序可被弥补之说系为“先刑后民”理念的介入提供开脱，是对程序内在唯一性或排他性价值的侵害。

3．有损程序价值的例外

严格意义上，刑民交叉公益诉讼案件包括狭义的附带民事公益诉讼和公益性刑事附带民事诉讼。[11] 前者早在 1979 年刑事诉讼法中就已经确立，但随后二十年的司法实践始终是一片空白。[12] 依照前文的逻辑，公益性刑事附带民事诉讼的程序价值并不会因诉前公告程序未履行而受损。

首先，公益性刑事附带民事诉讼的被侵权人系遭受国家财产、集体财产损失的单位，检察机关的起诉行为无需借助诉前公告程序突破行使公民权的障碍，与代表不特定自然人行使公民权的法律逻辑具有本质区别。其次，《检察公益诉讼解释》乃贯彻实施民法典的司法解释，不适用于《中华人民共和国刑事诉讼法》（以下简称《刑事诉讼法》）条文，且立法机关有意将诉前公告程序约束在“破坏生态环境和资源保护，食品药品安全领域侵害众多消费者合法权益，侵害英雄烈士等的姓名、肖像、名誉、荣誉等”司法领域中。虽对上类案件未采用穷尽式列举方式，而是用“等”字提供了扩张解释的空

---

[10] 参见汤维建：《刑事附带民事公益诉讼研究》，载《上海政法学院学报（法治论丛）》2022 年第 1 期。

[11] 参见肖巍鹏：《刑事附带民事公益诉讼制度的完善——以与〈刑事诉讼法〉第 101 条第 2 款规定相比较为视野》，载《第三届全国检察官阅读征文活动获奖文选》2020 年版，第 429 页。

[12] 夏黎阳、符尔加：《公益性刑事附带民事诉讼制度研究》，载《人民检察》2013 年第 16 期。

间，但目前并未授予任意扩张解释的权利。

（二）不利于民事公益诉讼的有效证成

司法者不仅在对案件的民事公益诉讼部分进行证据检查时采用简略式的描述方式，而且在心证表达时亦多采用消极论证的表达方式，导致民事公益诉讼部分的证据检查以及心证表达均展现出文书简化[13]的倾向。然而，上述文书简化倾向有违司法裁判的第一要义，即寻找到兼具逻辑性和外部合理性的裁判理由，并在裁判文书中通过法律适用的证成（内部理性）获得令人信服（外部理性）[14]的裁判结果。

1. 文书简化在内部证成无适用余地

内部证成要求严格的关键证据检查与认定，否则感性认识的升华如无源之水，将严重阻断理性认识的形成过程。[15]尤其是对于兼具刑民特征且与公共利益休戚相关的刑民交叉公益诉讼案件，案件所涉及的被侵权人覆盖面更广，其背后的裁判依据、司法价值更具公共性。倘若在刑民交叉公益诉讼案件中进行证据清单简化，无法凸显法官对证据的检查工作，容易引起裁判公信力损耗的连锁反应，潜在地制造了公信力“威胁”，不符合“让人民群众在每一个司法案件中都感受到公平正义”的目标。

此外，刑民交叉公益诉讼案件也不具备文书简化的前置条件。简化文书的前提是当事人合意，其理论基础是民事诉讼中当事人对自己的权利具有处分权。但是在刑民交叉公益诉讼案件中，虽然检察机关已经取得公益诉权，却不意味着其能够放弃权利主张或过度行使诉权，否则将对公益伦理造成不当侵略，也即检察机关行使诉权必须遵循“有限处分”原则。[16]同时，证据

⑬ 新时代的审判模式取当事人主义之真谛，留职权主义之精华，出现了当事人主义为主、辅之以职权主义的新审判模式，此时在充分尊重当事人合意的前提下适当简化裁判文书具有理论可行性。参见云利珍：《如何强化裁判文书的证据说理》，载《中国审判》2012年第2期。

⑭ 参见雷磊：《为涵摄模式辩护》，载《中外法学》2016年第5期。

⑮ 杨惠惠、邵新：《裁判文书证据说理的实证分析与规诫提炼——以法发〔2018〕10号为中心》，载《法律适用》2020年第6期。

⑯ 参见黄朝科、陈龙奇、蓝庆：《食品安全领域检察民事公益诉讼惩罚性赔偿制度研究》，载《广西政法管理干部学院学报》2022年第1期。

是事实认定的必要条件或唯一“桥梁”，[17] 即使被告人兼附带民事公益诉讼被告对这一“桥梁”表示认可并接受相关不利法律后果，亦需要以判决文书载明的形式加以昭示。

因此，文书简化技术虽然能在以当事人主义为主的审判模式中如鱼得水，却不意味着其能够在刑民交叉公益诉讼案件中展开民事公益诉讼内部证成时仍有用武之地。

2．文书简化有碍于外部证成的形成

司法裁判的外部理性要求裁判的实质性规范与评价性主张均具可接受性。对文书的简化正是对裁判结果可接受性的内在耗损，有违外部证成之要求。

一方面，证据检查的简化处于“放映型”证据说理与“模糊型”证据说理间的说理困境，无法做到“证据—事实”间的一一对应，更无法对证据审查、审查标准、采信理由进行充分论证，有损司法权威和司法公信力。[18] 另一方面，心证表达简化不符合法官通过裁判文书将自己的自由心证予以“公告”的初衷。即使法官在自由心证上已经有所定夺，形成了对法律事实的基本判断、认定了当事人法律责任如何划分，也应当对其心证历程予以适当阐释。

当失去了证据检查这一为法官心证立证的客观元素，以及心证表达这一为法官心证立论的表达手段，裁判文书所展现的文书简化现象将“当仁不让”地成为文书内部理性的病症所在，最终有碍于外部理性的形成。

（三）限制了民事公益诉讼的责任体系

大部分刑民交叉公益诉讼案件中拒绝适用惩罚性赔偿，其本质是在主观上误认为适用惩罚性赔偿构成法律责任重复，客观上造成与公共利益损失相对应法律责任的缺位。

1．责任体系的错误评价：责任重复

法律责任的实体功能并不会因已存在相似功能法律责任而溢出，可以被接受的说法是：允许同一行为侵犯多种法益后承担不同种的法律责任，但不

[17] 张保生：《证据法学（第三版）》，中国政法大学出版社2014年版，第27页。
[18] 参见陈盛：《刑事判决书中证据说理问题的实证分析》，载《法律方法》2015年第1期。

允许承担同种、过当的法律责任。例如，在经济犯罪中对被告人科处自由刑，使其受致最严厉的法律制裁后，仍应判处同样具有惩罚性质的罚金刑。故理论和实践中将惩罚性赔偿认定为民事责任且责任承担过当，应受质疑。

首先，将惩罚性赔偿视为民事责任违背民事法律的同质补偿原则。相反，经济法责任主体承担的法律责任既可能基于弥补私人成本而产生，也可能基于弥补社会成本而产生。[19]后者与民事公益诉讼的初衷不谋而合。因此，基于惩罚性赔偿兼具公法和私法特征，将其定义为经济法责任更为适当。当然，也只有公益惩罚性赔偿，才具有真正的惩罚功能，可用于威慑遏制此类违法行为的发生，真正实现预防其发生之目的。[20]其次，被告人承担的法律责任并未严重超过过罚相当的程度。公益诉讼与私益诉讼相比，其成立及最终裁决，并不要求损害事实发生。[21]实践中，亦有部分案件的损害事实难以具体化。[22]而当犯罪行为确实严重侵害公共利益，且行为人具有极强的主观恶性时，[23]仍以法律责任畸重为由拒绝对其适用惩罚性赔偿，亦不妥当。

综上，惩罚性赔偿作为经济法责任形式，与刑事责任、民事责任并不冲突且不构成责任过当的法律效果，对被告人兼民事公益诉讼被告科处刑事责任、民事责任后再处以惩罚性赔偿，当属于因同一行为侵犯多种法益而承担不同种的法律责任。

2. 责任体系的功能缺位：社会救济

传统观点认为，惩罚性赔偿系以额外的获利奖励原告的诉讼行为。[24]但当额外的获利对公益诉讼的原告主体即检察机关并无“诱惑”时，惩罚性赔偿的程序功能只能付之阙如，[25]失去适用的必要。上述观点过度肯定惩罚性赔偿的激励功能而错误评估了救济之对象，将造成法律责任在社会救济功能上的缺位。

无论是环境资源、生态保护类还是个人信息保护类的刑民交叉公益诉讼，

⑲ 张守文:《经济法责任理论之拓补》，载《中国法学》2003年第4期。
⑳ 刘水林:《消费者公益诉讼中的惩罚性赔偿问题》，载《法学》2019年第8期。
㉑ 苏家成、明军:《公益诉讼制度初探》，载《法律适用》2000年第10期。
㉒ 如非法行医类案件，犯罪行为对公共造成的生命健康威胁、环境污染损害均难以度量。
㉓ 参见（2018）沪7101刑初168号判决书。
㉔ 参见李友根:《惩罚性赔偿制度的中国模式研究》，载《法制与社会发展》2015年第6期。
㉕ 参见陈瑞华:《刑事附带民事诉讼的三种模式》，载《法学研究》2009年第1期。

均面临如何救济公共利益受损结果的难题。虽然在环境资源、生态保护类刑民交叉公益诉讼中，已经普遍适用生态修复责任这一恢复性司法理念，但生态环境的破坏本就难以以金额估量。即使依照一定的规范加以计算衡量，仍面临技术面、恢复周期和恢复效果不佳的综合评估难题。因此，为了在惩罚侵权行为、预防再次侵权的基础上，尽可能回应公益诉讼背后不可避免的恢复难题、救济公共利益受损的结果，在刑民交叉公益诉讼案件中适用惩罚性赔偿便具有现实的功能意义。

三、“先刑后民”理念过度介入的规范路径

与“先民后刑”的审理模式不同，“先刑后民”理念对刑民交叉公益诉讼案件司法实践的冲击更加隐蔽，也更需要司法者投入充分关注。司法者或立法者应当从提升司法公信力的角度出发，形成有效的规范路径以阻止“先刑后民”理念对司法实践的过度介入。笔者抛砖引玉，分别就前文展开的三个层面对规范路径作如下分析。

（一）统一对待程序事实的态度

诉前公告是彰显刑民交叉公益诉讼案件独立价值的法定程序，不能任意牺牲以换取刑事诉讼程序效率，亦不得在诉前公告缺位后通过其他程序加以弥补，应当强化司法过程中对诉前公告程序价值的重视，进一步规范刑民交叉公益诉讼案件判决文书的撰写规范。同时从以下两个方面拒绝“先刑后民”理念对诉前公告程序价值的过度介入。

1．厘清提起刑民交叉公益诉讼的法律依据

虽然司法实践中刑民交叉公益诉讼案件的主流形态仍为狭义上的刑事附带民事公益诉讼，但在目前的法律框架下仍保留了依据《刑事诉讼法》提起公益性刑事附带民事诉讼的司法余地。有必要将《刑事诉讼法》第一百七十九条第一款与《检察公益诉讼解释》第二十条之关系予以澄清与说明，或考虑是否有必要通过司法解释的形式将诉前公告程序扩张适用至公益性刑事附带民事公益诉讼中。

2．删除法院受理案件后须履行公告条款

《最高人民法院关于审理环境民事公益诉讼案件适用法律若干问题的解

释》第十条第一款要求人民法院受理案件后履行公告义务，系继诉前公告后的第二次公告，其作用在于为其他机关和社会组织加入诉讼程序提供法律依据。但其他机关和社会组织参与到共同诉讼中，在客观上违背了诉前公告唯一性或排他性的程序价值，不应提倡。且从司法资源和司法效率的角度来看，二次公告与诉前公告的程序价值并无出入，不能创造新的程序价值，系程序事项的重复，因此建议排除适用以提高诉讼效率。

（二）采用二元论证模式构建有效的法律证成

文书简化工作不利于撰写优秀的刑民交叉公益诉讼案件裁判文书，应以科学的方法应对文书中的说理架构，以构建有效的内外部证成。刑民交叉公益诉讼案件的证据说理、法律适用说理均有文书简化的倾向，结合前文总结的刑民交叉公益诉讼案件心证表达三种方式提倡以二元论证模式分别应对文书说理的四个层面：

1．在判断证据说理和认定案件事实说理中加强主动论证

在认定事实方面，法官通过“证据之镜”来进行审查判断证据说理和认定案件事实说理。㉖但在刑民交叉公益诉讼案件中，被告人兼附带民事公益诉讼被告提出有利于自己的证据存在客观障碍，给法官的文书说理带来先天的缺憾。例如，环境侵权的举证责任倒置原则极难在刑民交叉公益诉讼案件中有适用余地。此时，若司法机关在裁判文书中的审查判断证据说理和认定案件事实说理时仅仅进行不负责任的简略描述，将进一步扩大认定事实的先天缺陷，故而应当结合在案证据进行主动、充分阐述说理。

2．在法律适用说理和自由裁量权说理中选择性被动论证

在司法裁判方面，法律适用说理和自由裁量权说理容易引起观点的对立。尤其是证据采信的自由心证、教义分析的价值判断等所有运用自由裁量权的地方，都极易招致攻击。㉗“言多必失”是上述两个说理模式面对的首要问题，过多的心证论证甚至可能成为当事人上诉的主要抨击对象。故以部分判决针对附带民事公益诉讼代理人提出的主张进行被动论证为借鉴，避免澄清

㉖ 周蓉蓉:《心证过程：认知科学助力裁判文书充分说理论要——以W高院1394件改发案件裁判文书为实证分析样本》，载《法律适用》2019年第12期。

㉗ 凌斌:《法官如何说理：中国经验与普遍原理》，载《中国法学》2015年第5期。

或改变规则、仅将适用法律限定在个案范围之内的“个案化裁判”[28]是较为理想的论证形式。

（三）完善刑民交叉公益诉讼案件的责任体系

虽然刑民交叉公益诉讼中被告人兼附带民事公益诉讼被告的法律责任呈聚合状——刑事责任、民事责任以及环境侵权案件中特有的“替代性修复”责任[29]——但对于被告所造成的社会成本客观上之损失，仍有必要通过以下方式扩大适用惩罚性赔偿这一经济法责任：

1．关注典型案例在更多案件类型中的司法示范效应

尝试探索在情节严重的生态环境侵权类、非法行医类、破坏英烈纪念设施类、安全生产领域类案件中适用惩罚性赔偿。例如以《最高人民法院关于审理生态环境侵权纠纷案件适用惩罚性赔偿的解释》《关于审理生态环境损害赔偿案件的若干规定（试行）》的出台为契机，率先制定在生态环境侵权领域刑民交叉公益诉讼案件适用惩罚性赔偿的参考案例，以“类案类判”的形式推动惩罚性赔偿在生态环境侵权中的适用。

2．保持情节轻微个案中适用惩罚性赔偿的谨慎态度

惩罚性赔偿具有“不可预测性”，无论在赔偿的确立还是最终数额的确定上都加入了各种价值判断的因素，只能通过对各种相关因素的综合考虑使惩罚性赔偿在合理限度内充分发挥其作用。[30]对于刑民交叉公益诉讼案件而言，保持在个案中适用惩罚性赔偿的谨慎态度尤为重要。也即，虽然鼓励在刑民交叉公益诉讼案件适用惩罚性赔偿，却并不意味着不加区分地予以适用。例如，在部分非法捕捞水产品罪案件中，行为人的主观恶性不大、对生态造成的损坏并不严重，个别行为人对自身的行为认识并不充分，甚至因受到其他私主体的教唆后才实施了犯罪行为。当“替代性修复”责任已经足以弥补对生态造成的损坏后果时，另行适用惩罚性赔偿反而可能对行为人造成严重的生活经济负担，且不符合过罚相当之原则。因此，应当出台更具实操性的

---

[28] 凌斌：《法官如何说理：中国经验与普遍原理》，载《中国法学》2015 年第 5 期。

[29] 参见蔡晔：《恢复性司法理念在刑事附带环境民事公益诉讼中的运用》，载吕忠梅主编：《环境资源法论丛（第 13 卷）》，法律出版社 2021 年版。

[30] 朱凯：《惩罚性赔偿制度在侵权法中的基础及其适用》，载《中国法学》2003 年第 3 期。

司法解释或裁判指引，以约束适用惩罚性赔偿的边界。特别是对于部分案件中情节较轻微、主观恶性不高的行为人，应当秉持少用、慎用惩罚性赔偿的原则。

（责任编辑：徐晨平）

有限责任公司股东抽逃出资相关问题再探讨

张　颖　邵宁宁　刘　畅*

对以取得利润分配给股东等出资人为目的的营利法人而言，资本聚合对公司的运营和发展至关重要。严格规范出资义务是确保公司财产充盈、维护公司独立人格的应有之义。针对实践中存在的未经法定程序即抽回出资、损害公司权益的行为，立法应始终持严格的规制态度。

一、我国公司资本制度的立法演变及禁止抽逃出资的相关规定

《中华人民共和国公司法》（以下简称公司法）关于公司资本制度的规定随着时代变迁而历经变革：1993 年公司法为配合计划经济向市场经济过渡，对公司资本制度采严格的法定制，不仅规定了较高的最低注册资本限额，且规定了注册资本的实缴制，同时要求缴纳出资后须进行验资；2005 年公司法在市场经济纵深发展的背景下进行修订，一定程度上放松了资本管制，在大幅降低注册资本最低限额的同时，允许分期缴纳，但其对验资要求的坚持、对分期缴纳出资期限及首期出资比例的限制，仍体现出较强的监管特征；2013 年公司法在进一步提高市场经济活力的要求下进行了深度改革，取消了最低注册资本，改限期分期实缴制为无限期认缴制，同时取消了法定验资程序。

在资本制度的变革过程中，立法始终明确禁止股东在公司成立后抽逃出资。① 关于抽逃出资的具体认定、权利救济、民事责任等问题，《最高人民法

* 张颖，上海市黄浦区人民法院副院长。邵宁宁，法学硕士，上海市黄浦区人民法院商事审判庭团队负责人。刘畅，法学硕士，上海市黄浦区人民法院商事审判庭法官助理。

① 1993 年公司法第三十四条、第九十三条；2005 年公司法第三十六条、第九十二条；2013 年公司法第三十五条、第九十一条；现行公司法第三十五条、第九十一条。

院关于适用〈中华人民共和国公司法〉若干问题的规定（三）》（以下简称公司法解释三）作出了相应规定。②

从上述资本制度的演变过程看，遏制股东侵害公司财产权，维护公司资本充实系立法始终不变的价值取向。为进一步健全资本市场基础制度、促进资本市场健康发展，2021 年《中华人民共和国公司法（修订草案）》（以下简称 2021 年公司法草案）将完善公司资本制度作为主要的修订内容之一。2021 年公司法草案第五十二条③扩展了现行公司法第三十五条④关于禁止股东抽逃出资及公司法解释三第十四条⑤关于抽逃出资股东及协助抽逃者责任的规定。其明确抽逃出资股东应承担出资本息返还责任，还明确负有忠实、勤勉义务的董事、监事、高管知道或者应当知道股东有抽逃出资行为未采取必要措施，给公司造成损失的，应当承担赔偿责任。此外，2021 年公司法草案将协助抽逃出资者纳入行政处罚的范畴。现行公司法第二百条⑥仅规定了对抽逃出资的发起人、股东的处罚，而 2021 年公司法草案第二百四十六条⑦则将协助抽逃出资或为抽逃出资提供便利的直接负责的主管人员和其他直接责任人员同样纳入处罚范畴。

② 2011 年公司法解释三第十二条、第十四条、第十五条。2014 年修订的公司法解释三删除前述第十五条。

③ 2021 年公司法草案第五十二条："公司成立后，股东不得抽逃出资。（第一款）股东有前款规定情形的，应当由该股东返还出资并加算银行同期存款利息；给公司造成损失的，还应当承担赔偿责任。（第二款）董事、监事、高级管理人员知道或者应当知道股东有本条第一款规定行为未采取必要措施，给公司造成损失的，应当承担赔偿责任。（第三款）"

④ 公司法第三十五条："公司成立后，股东不得抽逃出资。"

⑤ 公司法解释三第十四条："股东抽逃出资，公司或者其他股东请求其向公司返还出资本息、协助抽逃出资的其他股东、董事、高级管理人员或者实际控制人对此承担连带责任的，人民法院应予支持。（第一款）公司债权人请求抽逃出资的股东在抽逃出资本息范围内对公司债务不能清偿的部分承担补充赔偿责任、协助抽逃出资的其他股东、董事、高级管理人员或者实际控制人对此承担连带责任的，人民法院应予支持；抽逃出资的股东已经承担上述责任，其他债权人提出相同请求的，人民法院不予支持。（第二款）"

⑥ 公司法第二百条："公司的发起人、股东在公司成立后，抽逃其出资的，由公司登记机关责令改正，处以所抽逃出资金额百分之五以上百分之十五以下的罚款。"

⑦ 2021 年公司法草案第二百四十六条："公司的发起人、股东在公司成立后，抽逃其出资的，由公司登记机关责令改正，处以所抽逃出资金额百分之五以上百分之十五以下的罚款；对协助或者为股东抽逃出资提供便利的直接负责的主管人员和其他直接责任人员处以三万元以上三十万元以下的罚款。"

二、抽逃出资相关问题在实践中的争议

对抽逃出资行为的认定，审判实践已有相当经验，即根据公司法解释三第十二条[⑧]的指引，结合个案中款项转出的时间、金额、用途、归还情况等，综合判断资金转出行为是否构成抽逃出资。但关于抽逃出资与未履行或未全面履行出资义务的关系，以及协助抽逃出资的认定及责任承担等问题，实践中存在模糊认识，也因此存在争议。

（一）未履行或未全面履行出资义务与抽逃出资认定的分歧

未履行或未全面履行出资义务与抽逃出资之间究竟为何关系，实践中有两种观点。一种观点认为，未履行或未全面履行出资义务与抽逃出资系包含与被包含的关系，抽逃出资实质系股东没有履行抽逃部分对应的出资义务，故当然地应被包含于未履行或未全面履行出资义务。[⑨]另一种观点则认为，未履行或未全面履行出资义务与抽逃出资虽具有结果上的相似性，但前者系股东自始未履行相应出资义务的违约行为，后者则为履行完毕出资义务后再行实施的侵害公司财产权的侵权行为，行为性质并不相同。二者应属并列关系，分别对应公司法解释三第十三条[⑩]及第十四条。[⑪]

---

⑧ 公司法解释三第十二条："公司成立后，公司、股东或者公司债权人以相关股东的行为符合下列情形之一且损害公司权益为由，请求认定该股东抽逃出资的，人民法院应予支持：（一）制作虚假财务会计报表虚增利润进行分配；（二）通过虚构债权债务关系将其出资转出；（三）利用关联交易将出资转出；（四）其他未经法定程序将出资抽回的行为。"

⑨ 参见（2019）最高法民再106号民事判决书、（2020）苏05民终4731号民事判决书。

⑩ 公司法解释三第十三条："股东未履行或者未全面履行出资义务，公司或者其他股东请求其向公司依法全面履行出资义务的，人民法院应予支持。（第一款）公司债权人请求未履行或者未全面履行出资义务的股东在未出资本息范围内对公司债务不能清偿的部分承担补充赔偿责任的，人民法院应予支持；未履行或者未全面履行出资义务的股东已经承担上述责任，其他债权人提出相同请求的，人民法院不予支持。（第二款）股东在公司设立时未履行或者未全面履行出资义务，依照本条第一款或者第二款提起诉讼的原告，请求公司的发起人与被告股东承担连带责任的，人民法院应予支持；公司的发起人承担责任后，可以向被告股东追偿。（第三款）股东在公司增资时未履行或者未全面履行出资义务，依照本条第一款或者第二款提起诉讼的原告，请求未尽公司法第一百四十七条第一款规定的义务而使出资未缴足的董事、高级管理人员承担相应责任的，人民法院应予支持；董事、高级管理人员承担责任后，可以向被告股东追偿。（第四款）"

⑪ 邓建华、章小兵：《股东转让抽逃出资股权之责任分析》，载《人民司法》2018年第35期。

对未履行或未全面履行出资义务与抽逃出资的认定分歧可能导致责任主体的差别化。例如，公司法解释三第十八条[12]规定，有限责任公司的股东未履行或者未全面履行出资义务即转让股权，受让人对此知道或者应当知道，公司有权请求该股东履行出资义务、受让人对此承担连带责任，而对在抽逃出资股东转让股权情形下，明知相关情况的受让人是否同样负担相关义务未作规定。若认为未履行或未全面履行出资义务与抽逃出资系包含与被包含的关系，则抽逃出资情形下受让人的责任承担应适用前述规定，若认为二者系并列关系，则相关受让人的责任无法当然适用该条款。

在股东未履行或未全面履行出资义务与抽逃出资外，还有很多其他的相近概念，以《最高人民法院关于公司法解释（三）、清算纪要理解与适用》（以下简称《公司法解释三释义》）一书为例，其中提及的类似概念包括"未尽出资义务""瑕疵出资""虚假出资"等。"未尽出资义务"出现在对第十六条主旨的归纳，该条涉及股东未履行或未全面履行出资义务与抽逃出资两种情形。"瑕疵出资"出现在对第十八条主旨的归纳，该条涉及未履行或未全面履行出资义务股东转让股权情形下受让人的责任承担问题。该条文分析部分又引述了以下观点，即未履行出资义务……包括履行不能、拒绝履行、虚假出资和抽逃出资等。[13]"虚假出资"出现在对第十二条及第十四条的分析部分，该书认为"虚假出资"不同于抽逃出资，是指"公司发起人、股东违反公司法有关公司设立股东出资的规定和公司章程的约定，未交付或未全部交付货币和实物，或以欺骗手段造成已出资的假象，骗取股东身份，欺骗其他股东以及债权人和社会公众的行为"，[14]适用于公司设立无效制度。[15]但我国现行

⑫ 公司法解释三第十八条："有限责任公司的股东未履行或者未全面履行出资义务即转让股权，受让人对此知道或者应当知道，公司请求该股东履行出资义务、受让人对此承担连带责任的，人民法院应予支持；公司债权人依照本规定第十三条第二款向该股东提起诉讼，同时请求前述受让人对此承担连带责任的，人民法院应予支持。（第一款）受让人根据前款规定承担责任后，向该未履行或者未全面履行出资义务的股东追偿的，人民法院应予支持。但是，当事人另有约定的除外。（第二款）"

⑬ 赵旭东主编：《公司法学》，高等教育出版社2006年版，第261—262页。转引自最高人民法院民事审判第二庭编著：《最高人民法院关于公司法解释（三）、清算纪要理解与适用》，人民法院出版社2014年版，第295页。

⑭ 刘俊海：《新公司法的制度创新：立法争点与解释难点》，法律出版社2006年版，第128页。

⑮ 最高人民法院民事审判第二庭编著：《最高人民法院关于公司法解释（三）、清算纪要理解与适用》，人民法院出版社2014年版，第233页。

公司法并无关于公司设立无效的规定。审判实践中，有裁判认为，股东以获取验资为目的，以资金短暂入账并出账的形式进行出资，使得公司未能利用股东出资进行经营的行为，应认定为“虚假出资”。⑯上述近似概念外延内涵均极不清晰，造成实践中法律适用混乱。

（二）协助抽逃相关问题的分歧

1. 协助抽逃表现形式认定之争议

公司法解释三仅规定了协助抽逃出资的特定主体应与抽逃出资股东承担连带责任，对于协助的具体表现形式未作规定。在实施注册资本实缴制期间，协助抽逃出资多以积极作为的形式发生于验资阶段。2011 年公司法解释三第十五条曾规定：“第三人代垫资金协助发起人设立公司，双方明确约定在公司验资后或者在公司成立后将该发起人的出资抽回以偿还该第三人，发起人依照前述约定抽回出资偿还第三人后又不能补足出资，相关权利人请求第三人连带承担发起人因抽回出资而产生的相应责任的，人民法院应予支持。”随着资本制度的变革及验资制度的取消，2014 年公司法解释三删除了上述规定。条文的删除是否等同于第三人无需承担相应连带责任，在实践中不无疑问。

另外，随着验资制度的取消，有关协助行为的认定争议多集中在能否以损害结果推定负有忠实义务、勤勉义务的董事、高管未履行相应义务，进而认定董事、高管的行为构成协助抽逃。有观点认为，协助抽逃仅限于积极作为，消极不作为通常不构成协助，对协助抽逃之概念不宜做过分扩大的解释。⑰还有观点认为，董事虽未积极协助，但资金转出系其违反勤勉义务的表现，应对抽逃出资承担连带责任。⑱该观点似乎将董事、高管未尽勤勉义务等同于协助抽逃。

进而还需思考，2021 年公司法草案第五十二条第三款关于“董事、监事、高级管理人员知道或者应当知道股东有本条第一款规定行为未采取必要

---

⑯ （2017）粤民终 2805 号民事判决书、（2018）鲁民申 2383 号再审裁定书、（2020）沪 01 民终 10715 号民事判决书。

⑰ 郝磊：《协助抽逃出资情形下董事对债权人的责任》，载《人民司法（应用）》2012 年第 5 期。

⑱ （2018）最高法民终 913 号民事判决书。

措施”的规定，又是针对董事、监事、高管的何种行为。判断董事、监事、高管未尽忠实、勤勉义务是否以损害结果为依据，即只要存在股东抽逃出资的行为即可认定董事、监事、高管知道或应当知道股东存在抽逃出资的行为。另外，第五十二条第三款所规定的董事、监事、高管的“赔偿责任”显然不能等同于连带责任，具体责任性质必然存在不同的解读。

2．协助抽逃者追偿权之争议

有观点认为，法律并不当然地承认和保护协助抽逃者追偿的权利，因为协助抽逃者对抽逃出资存在协助故意，属违法行为，与公司财产损失有直接关联，允许其追偿会降低协助抽逃者的违法成本。[19]还有观点认为，共同侵权下连带责任人间应有相互追偿的权利，且遏制抽逃出资行为本质上需提高抽逃者的违法成本而非协助抽逃者的违法成本。[20]从2021年公司法草案第二百四十六条对抽逃出资行为予以行政处罚的规定看，抽逃股东的处罚范围为抽逃金额的5%至15%，协助抽逃者的处罚范围为3万元至30万元。根据该规定，在抽逃出资金额较大的情况下，协助抽逃者所受处罚轻于抽逃出资股东。这是否意味着协助抽逃者责任较轻？此外，公司法解释三第十三条第三款、第四款明确规定，在未履行或未全面履行出资义务的情形下，承担连带责任的发起人或承担相应责任的董事、高管可向被告股东追偿。但抽逃出资的情形下，承担连带责任的协助抽逃者是否享有追偿权，公司法解释三第十四条未涉及，此种情形能否参照第十三条第三款、第四款的规定，也需思考。

（三）直接诉权的主体资格的争议

公司法解释三第十四条规定，“其他股东”有权要求抽逃出资股东及协助抽逃者连带返还出资本息。赋予其他股东以无前置程序的直接诉权，保证了公司及其他股东的权益。对“其他股东”不存在持股天数或持股比例的限制，是否意味着除抽逃出资股东及协助抽逃股东外的任一股东均可提起诉讼，而

[19] 最高人民法院民事审判第二庭编著：《最高人民法院关于公司法解释（三）、清算纪要理解与适用》，人民法院出版社2014年版，第231页。

[20] 郝磊：《协助抽逃出资情形下董事对债权人的责任》，载《人民司法（应用）》2012年第5期。

无论其自身是否存在未履行或未全面履行出资义务，或抽逃出资的情形？再引申思考，协助抽逃的董事、高管等能否要求抽逃出资股东向公司补足出资，也需明确。

三、抽逃出资关联问题之再思考

对抽逃出资及与抽逃出资关联的问题，本文结合公司法解释三第十四条的规定及 2021 年公司法草案第五十二条的内容，立足现行法律，包括公司法关于董事、高管忠实义务、勤勉义务的规定以及《中华人民共和国民法典》（以下简称民法典）关于多数人侵权责任等的规定展开分析。另外，对于前文提及的多个相类似概念外延内涵不清晰的问题，笔者认为，在公司法规范体系外创设新的概念无助于争议的解决，股东未履行或未全面履行出资义务与抽逃出资的概念足以覆盖相关问题，本文以此展开探讨。

（一）未履行或未全面履行出资义务与抽逃出资关系之再思考

从公司法解释三的条文设置看，第十三条与第十四条分别针对未履行或未全面履行出资义务以及抽逃出资作出规定，相应的责任主体及责任负担等均有不同；第十六条“未尽出资义务股东的股东权利限制”、第十七条“股东除名行为效力”以及第十九条“股东出资责任之诉不适用诉讼时效”均将未履行或未全面履行出资义务与抽逃出资的情形并列；第十八条“瑕疵出资股权转让后出资责任承担”又只列明股东未履行或未全面履行出资义务的情形。根据体系解释，难以将两者解释为包含与被包含之关系。

从请求权基础的角度思考，公司法及公司法解释三关于对股东未履行或未全面履行出资义务的规制内容，系基于公司资本应如实缴纳的原则制定，属于法定之债。当然，若将股东之间或股东与公司之间的关系理解为一种合同关系，亦可认为属于一种特殊的合同之债。而股东不得抽逃出资（如抽逃须返还）虽系资本维持原则的应有之意，但抽逃出资行为本身系抽逃出资者对公司权利的侵害，属于侵权行为。[21] 抽逃出资者因抽逃出资所应承担的责

---

[21] 最高人民法院民事审判第二庭编著：《最高人民法院关于公司法解释（三）、清算纪要理解与适用》，人民法院出版社 2014 年版，第 231 页。

任属于侵权之债。故公司法解释三第十四条第一款的规定与民法典侵权责任编的相关规定属于法条竞合。

实践中，未履行或未全面履行出资义务与抽逃出资可能存在的难以区分问题，主要体现在股东于验资完毕后随即将出资转出的情形，存在于公司新设与公司增资两个阶段。此多发生于公司法取消验资制度前，根据当时的规定，发起人拟设立公司时，先由中介机构进行验资，验资完成后，凭验资报告及其他材料至工商行政管理部门申请办理公司设立登记，公司登记设立之日即为公司成立之日。在上述过程中，股东“抽回出资”[22]一定发生在验资完成后，但可能发生在公司设立登记前抑或公司设立登记后。公司法解释三第十二条规定，“公司成立后”的相关行为应认定为股东抽逃出资。最高人民法院民二庭在《公司法解释三释义》一书中，对股东于验资完毕后随即将出资转出的情形，明确以公司成立作为认定相关行为属于未履行或未全面履行出资义务或抽逃出资的时间节点，公司成立前的行为属于未履行或未全面履行出资义务，公司成立后属于抽逃出资。将股东在公司成立后“抽回出资”的行为认定为抽逃出资并无争议，可能的争议主要体现在对于公司成立前“抽回出资”的行为认定。从时间逻辑上来看，若公司未成立，则无所谓“公司资本”，更不会存在“抽逃出资”。但本文是在公司已成立且出资实实在在的被“抽回”的情况下讨论此问题，即便“抽回出资”时公司未成立，但尚有发起人基于公司设立协议形成的合伙，在该阶段“抽回出资”系对合伙权益的侵害，不妨进而解读为，在公司成立后，该合伙将侵权之债转移给公司。因此，在此部分讨论中，对公司成立时点的因素不予考虑。就此而言，对公司成立前“抽回出资”行为的责任，适用公司法解释三第十三条与第十四条的差别主要在于：第一，第十三条第三款对其他发起人的连带责任有明确规定，第十四条则未涉及此问题；第二，第十四条规定了协助抽逃者的责任，而第十三条未涉及此问题。

笔者认为，将此情形认定为抽逃出资更为合理。其一，从文义分析，未履行或未全面履行出资义务属于一种消极的行为，“抽回出资”本身系积极的

[22] 2011年公司法解释三第十五条即使用“抽回出资”的表述，该表述应理解为对事实的描述，而非对行为的定性。

行为，与抽逃出资更接近。其二，此行为对公司、股东、债权人的影响相同。对公司而言，款项短暂的入账后出账，公司未能使用资金进行经营；对股东而言，通常情况下，此种操作方式会得到其他股东的认可，或者全部股东均做相同的“抽回出资”操作；对债权人而言，基于公司设立（验资）的事实，信赖全部股东已完成出资，并与公司进行交易。因此，简单地以公司成立为时间节点作为区分相关行为属于未履行或未全面履行出资义务与抽逃出资的标准，进而作为区分相关当事人应当承担责任性质的标准，虽然合乎时间逻辑，但易造成对两类行为性质的误解。同样的问题亦存在于增资阶段的“抽回出资”。其三，若认定此种情形属于抽逃出资，且确系其他发起人股东协助被告股东“抽回出资”（可能表现为发起人股东达成一致均抽回出资），根据民法典第一千一百六十九条的规定，其他发起人股东因协助抽逃，应与被告股东承担连带责任。若其他发起人股东不存在协助“抽回出资”的情形，基于同样事务同样处理的原则，可参照适用公司法解释三第十三条第三款的规定，由其他发起人股东对“抽回出资”股东的义务承担连带责任，此亦符合公司资本充实原则的要求，即公司设立者应互相担保出资义务的履行[23]。若做此理解，适用公司法解释三第十四条无损于公司或债权人的利益。

综上，无论“抽回出资”发生在公司设立（公司增资登记）前或者后，均可认定为抽逃出资。当然，即便以公司设立（增资登记）为时间节点做区别认定，也应保证处理结果一致。正如最高人民法院民二庭在《公司法解释三释义》一书中所称，股东抽逃出资与股东未履行或未全面履行出资义务，在事实及对相关主体利益的影响上基本相同，所以两者在法律效果上不应有差别。[24]当然，随时公司验资制度的取消，实践中的上述纠纷也会逐渐减少。

（二）与协助抽逃相关之问题的再思考

协助抽逃涉及其他股东、董事、高管、实际控制人的责任承担、垫付资

㉓ 最高人民法院民事审判第二庭编著:《最高人民法院关于公司法解释（三）、清算纪要理解与适用》，人民法院出版社 2014 年版，第 219 页。

㉔ 最高人民法院民事审判第二庭编著:《最高人民法院关于公司法解释（三）、清算纪要理解与适用》，人民法院出版社 2014 年版，第 230 页。

金第三人的责任承担及追偿权等问题，对上述问题予以整体考量可得到更为周延的结果。根据公司法解释三第十四条“抽逃出资股东”与“协助抽逃出资的其他股东、董事、高级管理人员”的表述，抽逃出资股东享有最终的抽逃出资的“利益”，系抽逃意图的“源起者”，其他股东、董事、高管系协助抽逃者㉕，其协助使抽逃行为得以实现。㉖既然抽逃出资股东的行为属于侵权行为，那么协助抽逃者的行为与抽逃出资股东的行为构成多数人侵权。民法典侵权责任编通过5个条文㉗对多数人侵权的构成要件与法律效果作出规定。对协助抽逃出资者的责任认定应适用其中第一千一百六十九条㉘关于“视为共同侵权行为”㉙的规定。㉚对公司董事、高管而言，除了可能因为协助抽逃构成侵权，基于公司法关于董事、高管勤勉义务的规定，还可能因未尽勤勉义务而构成不作为侵权。2021年公司法草案第五十二条第三款“董事、监事、高级管理人员知道或者应当知道股东有本条第一款规定行为未采取必要措施，给公司造成损失的，应当承担赔偿责任”的规定，可理解为包含两种情形。一是股东抽逃出资前或出资时，董事、高管知道而未采取必要措施，二是股东抽逃出资后，董事、高管知道或应当知道而未采取必要措施。两种情形分别对应上述两种不同类型的侵权。区分两类不同的侵权，方能厘清不同情形下之责任及追偿权之有无。

㉕ 公司法解释三第十四条所列协助抽逃者以及相关责任的承担者不包括监事，实践中亦鲜见监事被诉之情形，故本文以下部分均按照第十四条所列协助抽逃者的范畴进行讨论。

㉖ 最高人民法院民法典贯彻实施工作领导小组主编：《中华人民共和国民法典侵权责任编理解与适用》，人民法院出版社2020年版，第61页。

㉗ 民法典第一千一百六十八条—第一千一百七十二条。

㉘ 民法典第一千一百六十九条：“教唆、帮助他人实施侵权行为的，应当与行为人承担连带责任。（第一款）教唆、帮助无民事行为能力人、限制民事行为能力人实施侵权行为的，应当承担侵权责任；该无民事行为能力人、限制民事行为能力人的监护人未尽到监护职责的，应当承担相应的责任。（第二款）”笔者认为，对于以积极的行为协助抽逃出资的情形，认定协助行为属于民法典第一千一百六十八条的共同侵权抑或第一千一百六十九条的帮助实施侵权行为差别不大，或者说区分没有太大意义，两种情况下，侵权人对外均承担连带责任，对内均应根据过错大小等因素确定份额，行使追偿权，但此问题不影响本文讨论。

㉙ 程啸：《侵权责任法》，法律出版社2021年版，第392页。

㉚ 最高人民法院民事审判第二庭编著：《最高人民法院关于公司法解释（三）、清算纪要理解与适用》，人民法院出版社2014年版，第231页。2011年公司法解释三实施时的相应法条为《侵权责任法》第九条，该条内容同民法典第一千一百六十九条。

1．关于其他股东、董事、高管、实际控制人协助抽逃情形下，其他股东、董事、高管、实际控制人的责任及追偿权

其他股东、董事、高管、实际控制人协助抽逃的，该行为与抽逃出资股东的行为构成共同侵权行为。公司法解释三第十四条第一款规定，其他股东、董事、高管、实际控制人协助抽逃出资的，协助抽逃者对抽逃出资股东返还本息的义务承担连带责任，此系根据民法典第一千一百六十九条作出的规定。所谓协助，可以是积极的作为，也可以是消极的不作为。[31] 对公司负有忠实义务的董事、高管，若其在股东抽逃出资时或抽逃出资前知道而未采取必要措施制止，应认定该行为属于为抽逃出资提供便利，亦构成协助抽逃出资。2021 年公司法草案第五十二条第三款即应包括此种情形。

关于上述协助抽逃者承担连带责任后，可否向抽逃出资股东追偿的问题，公司法解释三第十四条未做规定。对比第十三条第三款、第四款关于追偿权的规定，第十四条未作规定显然系有意为之。如上述第二部分所引述，最高人民法院民二庭在《公司法解释三释义》中明确对此种情形下协助抽逃者的追偿权持否定态度。对该问题，仍应回到民法典的框架中探讨。民法典总则编第八章“民事责任”第一百七十八条[32] 对连带责任作出了规定，民法典合同编第四章“合同的履行”对连带债务作出了更为细致具体的规定[33]。民法典第四百六十八条规定：“非因合同产生的债权债务关系，适用有关该债权债务关系的法律规定；没有规定的，适用本编通则的有关规定，但是根据其性质不能适用的除外。”因共同侵权行为而产生的连带责任属于非因合同产生的连带债务，应先适用侵权责任编的规定，没有规定的，适用民法典第五百一十八条以下关于连带债务的规定。连带债务人内部对责任的分摊，

㉛ 程啸：《侵权责任法》，法律出版社 2021 年版，第 396 页。

㉜ 民法典第一百七十八条：“二人以上依法承担连带责任的，权利人有权请求部分或者全部连带责任人承担责任。（第一款）连带责任人的责任份额根据各自责任大小确定；难以确定责任大小的，平均承担责任。实际承担责任超过自己责任份额的连带责任人，有权向其他连带责任人追偿。（第二款）连带责任，由法律规定或者当事人约定。（第三款）”

㉝ 民法典第五百一十八条：“债权人为二人以上，部分或者全部债权人均可以请求债务人履行债务的，为连带债权；债务人为二人以上，债权人可以请求部分或者全部债务人履行全部债务的，为连带债务。（第一款）连带债权或者连带债务，由法律规定或者当事人约定。（第二款）”民法典第五百一十九条至第五百二十一条还对连带债务、债权的其他问题作出规定。

属于连带债务对内效力问题。根据民法典第五百一十九条[34]的规定，我国原则上采取的是“比较分摊法”，即完全按照各个侵权行为人的过失在造成原告损失的总过失中的比例来确定承担的责任份额；例外采取了“平均分摊法”，即除非法律另有规定或当事人另有约定，连带债务人内部份额均等。[35]在判断各侵权人责任大小时，主要考虑各侵权人对损害的原因力和过错大小；例外情况下，也会考虑侵权人所获得的非法利益以及各侵权人的经济负担能力等特殊情况。[36]在帮助他人实施侵权行为的情形下，一般认为，在内部责任的分担上，由于帮助人的过错程度低于加害人，承担的应是较轻的责任。[37]综上，应允许协助抽逃者在所承担责任超过其份额的情形下，就超出部分向抽逃出资股东追偿。

2．第三人垫付资金情形下，垫资第三人的责任及追偿权

第三人垫资问题与上文情形无差别。公司法解释三第十二条所归纳的抽逃出资情形曾包括“将出资款项转入公司账户验资后又转出”。2013 年公司法取消法定验资制度后，2014 年修订的公司法解释三将该情形删除，同时将第十五条关于垫资第三人责任的规定删除。根据 2011 年公司法解释三第十五条的内容，发起人与垫资第三人明确约定在公司验资后或者在公司成立后将该发起人的出资抽回以偿还第三人的，无论发起人在验资后（公司成立前）还是公司成立后将出资抽回以偿还第三人的，第三人均对发起人抽回出资的责任承担连带责任。同上文分析，垫资第三人的行为属于帮助，对其责任的认定亦适用民法典第一千一百六十九条。2011 年公司法解释三第十五条就是

[34] 民法典第五百一十九条：“连带债务人之间的份额难以确定的，视为份额相同。（第一款）实际承担债务超过自己份额的连带债务人，有权就超出部分在其他连带债务人未履行的份额范围内向其追偿，并相应地享有债权人的权利，但是不得损害债权人的利益。其他连带债务人对债权人的抗辩，可以向该债务人主张。（第二款）被追偿的连带债务人不能履行其应分担份额的，其他连带债务人应当在相应范围内按比例分担。（第三款）”

[35] 程啸：《侵权责任法》，法律出版社 2021 年版，第 389 页。

[36] 程啸：《侵权责任法》，法律出版社 2021 年版，第 390 页。最高人民法院民法典贯彻实施工作领导小组主编：《中华人民共和国民法典侵权责任编理解与适用》，人民法院出版社 2020 年版，第 55、63 页。

[37] 最高人民法院侵权责任法研究小组编著：《中华人民共和国侵权责任法条文理解与适用》，人民法院出版社 2010 年版，第 79 页。转引自最高人民法院民法典贯彻实施工作领导小组主编：《中华人民共和国民法典侵权责任编理解与适用》，人民法院出版社 2020 年版，第 63 页。

依据该条文作出了更为具体的规定，即使2011年公司法解释三第十五条已删除，亦不影响依据民法典第一千一百六十九条作出认定。垫资第三人在承担连带责任后，亦有权向抽逃出资股东追偿，对其所应承担份额的认定应考虑其所获得收益的金额，不应过分高于该金额。

3．董事、高管违反勤勉义务情形下的责任及追偿权

公司法解释三第十三条第四款对于增资未履行或未全面履行出资义务情形下，董事、高管违反勤勉义务的责任做出规定，并明确规定，董事、高管承担责任后，可以向被告股东追偿。最高人民法院民二庭在《公司法解释三释义》一书针对该规定明确，向股东催收资本属于董事、高管勤勉义务的范围。其未履行该义务会对公司及其他利益相关者的利益产生影响，故应向相关利益主体承担责任。该条中的“相应责任”是“补充责任”，即债权人只有在公司不能清偿其债权时，方能就不能清偿部分请求董事、高管承担赔偿责任。[38]尽管公司法解释三第十四条对董事、高管违反勤勉义务的情形未涉及，但2021年公司法草案第五十二条第三款包括此种情形，草案第五十二条第三款如何适用值得思量。

我国公司法对勤勉义务的标准未做具体规定，即便是2021年公司法草案，在第一百八十一条[39]针对董事、监事、高管的勤勉义务，也仅作出“执行职务应当为公司的最大利益尽到管理者通常应有的合理注意”这样抽象的表述。当然，勤勉义务作为公司这样一个开放式合同中对受托人起到威慑作用的规则，其标准很难在法律中明确，而可能需要通过一个个具体案件确立。对于本部分讨论的情形，资本如实缴纳与公司资本维持系公司存续的基础，也是对公司债权人利益的保障。因此，尽管公司法对董事、高管的职权作出不同规定（均不涉及出资的催收），[40]考虑到公司资本对于公司的重要性，关注股东出资情况、向股东催收资本应系其勤勉义务的范畴。若董事、高管在

---

[38] 最高人民法院民事审判第二庭编著：《最高人民法院关于公司法解释（三）、清算纪要理解与适用》，人民法院出版社2014年版，第214—215页。

[39] 2021年公司法草案第一百八十一条：“董事、监事、高级管理人员应当遵守法律、行政法规和公司章程，对公司负有忠实义务，不得利用职权谋取不正当利益。（第一款）董事、监事、高级管理人员对公司负有勤勉义务，执行职务应当为公司的最大利益尽到管理者通常应有的合理注意。（第二款）”

[40] 公司法第四十六条、第四十九条分别对董事会、经理的职权作出规定。

股东抽逃出资后知晓该情况而无任何作为，则显然违反勤勉义务。若董事、高管自始至终不知晓，又当如何认定董事、高管对此情形是否“应当知道”？抽逃出资与股东未履行或未全面履行出资义务不完全相同，具有一定隐蔽性。但在抽逃出资的情形下，公司的相关资金毕竟存在一个流动的过程，董事、高管是可能通过公司资金的异常流动发现相关问题的。又考虑到公司资本的重要性，笔者认为，在股东抽逃出资的情况下认定负有勤勉义务的董事、高管应当知晓相关情形，符合勤勉义务的本旨及其所应具备的威慑作用，也会提高董事、高管对公司资金异常流动的关注程度，有利于公司资本制度的落实以及对公司债权人的保护。

董事、高管的上述勤勉义务，类似于负有安全保障义务的人所负之作为义务，两者的上位概念是注意义务。因此，董事、高管违反勤勉义务应承担之责任的认定，除可参照公司法解释三第十三条第四款之规定，亦可参照负有安全保障义务者在第三人侵权情形下所应承担补充赔偿责任的相应规定。既然是补充责任，就区别于连带责任及按份责任。责任承担者享有类似于一般保证人的先诉抗辩权。应由抽逃出资股东就公司或债权人损失先承担责任。若其已承担全部责任，则董事、高管无需承担责任；只有在抽逃出资股东下落不明或无力承担全部责任时，董事、高管才承担第二位的赔偿责任。且董事、高管并非全部兜底，仅承担相应责任。除需考虑其过错程度外，还应考虑原因力、其经济状况、公司或债权人的经济状况等多种因素，公平合理地确定补充责任。[41] 即应当根据董事、高管任职情况（包括是否实际任职、是否仅系“挂名董事”）、公司内部治理安排（包括公司内部财务流程、董事或高管对于公司款项流动是否有了解的权限等）、董事、高管薪酬情况等因素予以调整。

此类诉讼中，原告可将抽逃出资股东与董事、高管列为共同被告。若其仅基于董事、高管违反勤勉义务为由起诉董事、高管，经释明后拒绝追加抽逃出资股东为共同被告的，法院应当裁定驳回其诉请。[42]

---

[41] 程啸:《侵权责任法》，法律出版社 2021 年版，第 533—534 页。

[42] 参照《最高人民法院关于审理民事案件适用诉讼时效制度若干问题的规定》第二十六条第一款之规定，即“一般保证中，债权人以债务人为被告提起诉讼的，人民法院应予受理。债权人未就主合同纠纷提起诉讼或者申请仲裁，仅起诉一般保证人的，人民法院应当驳回起诉”。

关于董事、高管承担相应责任后的追偿问题，参照公司法解释三第十三条第四款以及民法典第一千一百九十八条第二款关于安全保障义务人对第三人追偿权的规定，应当允许董事、高管行使追偿权。毕竟，董事、高管并非直接侵权人，抽逃出资股东才是终局责任人。

（三）直接诉权的行使主体范围之思考

公司法解释三第十四条第一款规定，其他股东有权请求抽逃出资股东向公司返还出资本息，并有权请求协助抽逃者对此承担连带责任。此条中的“其他股东”是否包括未履行或未全面履行出资义务的股东或抽逃出资的股东？公司法第三十五条规定，公司成立后，股东不得抽逃出资。一个股东或数个股东未履行或未全面履行出资义务的，其他股东不得因此拒绝出资或抽逃出资，合同法中的同时履行抗辩规则不适用于此情境。因此，未履行或未全面履行出资义务的股东或抽逃出资的股东，只要未参与其提起之诉讼所针对的抽逃出资行为，就有权根据公司法第三十五条及公司法解释三第十四条第一款，代公司向抽逃出资的股东及协助抽逃者主张权利。

协助抽逃的董事、高管亦能向抽逃出资股东催讨返还出资。前者虽需对抽逃出资股东的本息返还义务承担连带责任，但应允许其基于勤勉义务“将功补过”，即向后者催讨返还出资。但其连带责任并不因此免除，若公司、其他股东或债权人依法向其主张权利，其仍应向公司或债权人承担相应责任。

（四）股东出资责任之诉不适用诉讼时效之再明确

关于股东出资责任之诉不适用诉讼时效的问题，亦有必要予以明确。根据《最高人民法院关于审理民事案件适用诉讼时效制度若干问题的规定》第一条第三项，基于投资关系产生的缴付出资请求权不适用诉讼时效，股东不能以超过诉讼时效对向公司缴付出资进行抗辩。公司债权人基于代位权向股东主张该债权时，股东同样不能以诉讼时效进行抗辩。[43]根据该规定，公司

[43] 最高人民法院民事审判第二庭编著：《最高人民法院关于公司法解释（三）、清算纪要理解与适用》，人民法院出版社2014年版，第310页。

法解释三第十九条[44]作出一脉相承的规定，此系资本维持原则贯穿整个公司资本制度的体现。

应当注意到，公司法解释三第十九条仅包括公司、股东向未出资股东或抽逃出资股东主张权利以及债权人基于代位权向后者主张权利的情形。而公司法解释三第十三条第三款规定的发起人的连带责任，第四款规定的董事、高管因未尽勤勉义务而应承担的责任，第十四条规定的协助抽逃者的责任，分别属于法定之债与侵权之债，仍应适用民法典关于诉讼时效的一般规定。

四、余论

加强对抽逃出资的规制，从源头减少抽逃出资的产生，一方面可以期待修订后的公司法有愈发完善的规定，如更进一步明确出资情况核查、追缴的操作方式等，另一方面亦可探究司法部门与行政部门联动规制抽逃出资的路径。例如，从现行规定及2021年公司法草案第二百四十六条来看，抽逃出资股东及协助抽逃者除需依照个案裁判文书履行返还出资本息责任外，还应承担相应比例或金额的行政罚款。就此而言，确保对抽逃出资股东及协助抽逃者行政处罚措施的落地，确保侵害公司财产权的行为除司法规制外均有配套行政处罚予以惩戒，系遏制抽逃出资产生的有效途径。故法院在个案认定相应抽逃出资行为后，可将生效裁判文书发送公司登记机关，建议公司登记机关依照法律规定对抽逃出资股东及协助抽逃者进行处罚。与此同时，为减少外部债权人权益受损的情形，法院可在确保裁判文书充分上网的同时，加强与公司登记机关协同合作，将裁判文书或相应法律风险通过国家企业信用信息公示系统“司法协助”栏目等予以公示，告知外部投资者案涉公司存在资本虚空之风险，警示拟投资的主体审慎决定投资方案。

（责任编辑：徐　川）

[44] 公司法解释三第十九条：“公司股东未履行或者未全面履行出资义务或者抽逃出资，公司或者其他股东请求其向公司全面履行出资义务或者返还出资，被告股东以诉讼时效为由进行抗辩的，人民法院不予支持。（第一款）公司债权人的债权未过诉讼时效期间，其依照本规定第十三条第二款、第十四条第二款的规定请求未履行或者未全面履行出资义务或者抽逃出资的股东承担赔偿责任，被告股东以出资义务或者返还出资义务超过诉讼时效期间为由进行抗辩的，人民法院不予支持。（第二款）”

优化营商环境视野下破产预重整的本土化建构
——基于司法案例和政策文件的实证考察

王亚萌*

一、引言

全球破产法界一个基本的改革思路是在法庭外重组与法庭内重整程序之间寻求带有折中性质的混合型机制，破产预重整便是在此种拯救文化背景下产生的。我国破产法并未规定预重整制度，但随着中央供给侧结构性改革、优化营商环境等重大政策举措的出台，预重整的优势逐渐被重视，各地法院纷纷探索，以预重整的方式拯救困境企业，出台政策文件规范预重整操作。2021年，企业破产法的修订被列入全国人大法工委重点立法项目，当此之时，总结实践情况、归纳分析问题，结合理论研究和域外立法例对预重整制度进行研究实属必要，以期为预重整的本土化路径提出合理建议。

二、类型分析：作为拯救困境企业新型方式的预重整

市场形势风云变幻，困境企业拯救制度是市场经济体制的重要组成部分。企业遇到困境如何自救，目前我国困境企业拯救方式为庭外重组和庭内重整"二元机制"，无法满足市场主体多元化的拯救需求，预重整将两者优势有机结合，有望成为困境企业拯救的新型方式。

（一）困境企业拯救"二元机制"的突破

"二元机制"以司法属性为界分。庭外重组（Out-of-Court Debt Destructuring）

* 王亚萌，法律硕士，上海铁路运输法院破产案件审判庭法官助理。

在司法领域之外，完全由各方利益主体协商谈判，对投资和债权债务关系进行调整重构，主要优势在于高度的意思自治和较低的缔约成本，但由于利益诉求的差异及“一致决”规则，不可避免地存在“钳制观望问题”①。庭内重整（Legal Bankruptcy Reorganization）是2006年企业破产法修订时引入的市场化司法制度，即破产重整作为独立的破产程序，在法院的监督和指导下，依据法定的程序和表决机制，由债权人会议作出决议，此外在特定情形下，法院有权强制批准相关方案，从而使该项制度的职权主义色彩明显强于庭外重组，可以有效解决“钳制观望问题”，但存在程序周期长、成本费用高、清算风险大等问题。②

实践中的预重整概念内涵不统一，但共识是预重整在融合庭外重组和庭内重整两者优势、克服劣势方面，有更大的行动空间，在意思自治的基础上，结合适度的司法介入，保障债权人权益、实现企业价值存续。预重整的核心要素和制度目的包括：在申请重整之前，债务人、债权人、投资人等利害关系人通过庭外协商的方式，拟定预重整计划，以期获得债权人多数同意，而后进入重整程序，使预重整计划产生约束全体债权人的效力，最终达成重整成功的多赢效果。③

表1　三种企业拯救制度的比较

拯救制度	性质	特点	适用条件	法律后果	优势	劣势
庭外重组	私法行为	意思自治	无	达成协议/保持现状	成本较低	“钳制观望问题”
庭内重整	司法程序	严格程序	破产原因+重整价值	重整成功/转入破产清算	有效克服“钳制观望问题”	周期长、成本高、清算风险
预重整	兼具私法属性与司法属性	现有法律框架下的探索	破产原因+重整价值+其他因素	进入重整程序/保持现状	灵活	目前无法律依据

① 部分表决人钳制多数表决人、阻碍重组方案的通过，以换取高于平均水平的利益。

② 根据世界银行《2020年全球营商环境报告》，我国办理破产需要时间为1.7年，表现最佳的芬兰为0.9年；破产费用占债务人财产的22%，表现最佳的芬兰仅为3.5%。

③ 胡利玲：《困境企业拯救的法律机制研究——制度改进的视角》，中国政法大学出版社2009年版，第188页。

（二）预重整的三种模式

实践中的预重整首先表现为鲜活的案例，较早进行实践探索的是浙江温州法院、四川德阳法院、广东深圳法院，可寻案例均在预重整后进入重整程序，并在短时间内重整成功。而后大量出现规范和促进预重整应用的政策文件，目前四川遂宁中院、重庆市五中院、陕西高院、苏州吴江法院、南京中院等20个省市区出台了相关文件，其中19份为各级法院出台、1份为地级市政府出台。以启动和主导主体界分，司法案例和政策文件主要分为三种模式，其运行情况展示出预重整的实践作用和实践功效。

表2　预重整三种模式典型司法案例和政策文件

模式	表现	名称	启动主体	启动时间/施行时间	适用条件/实践功效	时长/期限（天/个月）
政府主导模式	案例	温州吉尔达公司预重整案	温州市政府	2017/2/24	资金链突然断裂，但生产状态较好，政府将其列为重点帮扶解困企业	307天
		河田集团有限公司预重整案	温州市鹿城区处置办	2019/8/1	主要资产为烂尾楼、涉及工程款纠纷、处置难度大、职工维稳压力大	162天
	文件	浙江高院《关于企业破产案件简易审若干问题的纪要》	政府	2013/6/28	适用范围较广，将预重整作为破产原因识别机制、磋商平台	6个月+3个月（必要时延长，下同）
		温州政府《企业金融风险处置工作府院联席会议纪要》	政府	2018/12/28	符合国家产业政策、行业前景较好、当地核心优质企业	6个月+3个月
自行协商模式	案例	中国第二重型机械集团公司、（德阳）重型装备股份有限公司预重整案	自行协商谈判	2014年年底	职工7000余人，股东50000余位，负债超过200亿（120亿金融债权、2000多家特殊融资债权人）	约9个月

续表

模式	表现	名称	启动主体	启动时间 / 施行时间	适用条件 / 实践功效	时长 / 期限（天 / 个月）
自行协商模式	文件	福建厦门中院《企业破产案件预重整工作指引》	自行协商谈判	2020/5/21	未规定	未规定
		重庆市五中院《预重整工作指引（试行）》第二章	自行协商谈判	2021/1/8	具有挽救可能，有能力与主要债权人开展自主谈判	3个月+1个月
法院指导模式	案例	深圳福昌电子技术有限公司预重整案	深圳中院	2015/11/12	资金链突然断裂，3000多名职工生存问题需要解决，维稳压力大	523天
		中南红文化集团股份有限公司预重整案	无锡中院	2020/5/25	首次设置预重整引导人，在预重整阶段论证重整可行性	214天
	文件	北京破产法庭《破产重整案件办理规范（试行）》第三章	法院	2019/12/30	具有重整原因	未规定
		苏州工业园区法院《审理破产预重整案件的工作指引（试行）》	法院	2020/4/20	具有重整原因	3个月+1个月
		陕西高院《破产案件审理规程（试行）》第八章第二节	法院	2020/12/30	破产原因+债务人同意+其他严格要素	5个月+1个月

1. 政府主导模式

主要特征是政府对预重整程序的启动起决定性作用，并在预重整过程中起着重要的推进作用。这种模式由温州首先探索，适用范围经历了从宽到严的变化，优势在于发挥当地政府在维护稳定、职工安置、招商引资等方面的优势，但难免存在对政府介入程度的隐忧。政府主导模式具有中国特色，并未见于域外立法例，但行政的作用在破产中普遍受到重视，美国将破产行政事务作为中央事权付诸破产管理署，主旨在于保障公共利益，如建立破产信息库、担任公职管理人、行使国家债权人职能等。④

2．自行协商模式

强调在目前的法律框架下，预重整作为庭外重组的本质属性，重申充分尊重当事人的意思自治，法院在此过程中应尽可能减少干预和介入。这种模式由四川德阳法院首先探索，被厦门、重庆的政策文件所采纳，该类文件的核心规范要素是预重整表决效力的延伸，对预重整其他要素甚少涉及。此种模式类似英国的“伦敦模式”，伦敦模式并非法律明确规定的破产程序，利益主体的谈判并无破产法律予以规范。⑤

3．法院指导模式

该模式是实践的主流模式，法院在预重整过程中遵循适度介入原则，法院接受预重整或者重整申请后、受理重整申请前，由债务人、临时管理人或者预重整辅助人参照企业破产法的相关规定，制定预重整计划草案进行预表决，对债务人是否具有重整价值和可能进行调查，并由法院决定是否受理重整申请。此种模式类似“美国模式”，美国是预重整的起源地，破产法院在预重整中发挥着积极作用。⑥

（三）缺乏统一的规则设计

实践中的预重整表现出如下特征：一是实践主体级别跨度大，20 份司法文件中，2 份为高级人民法院出台，13 份为中级人民法院出台，5 份为基层人民法院出台，涵盖了除最高人民法院外所有层级法院，甚至同一地区的两级法院都出台了相关政策文件。二是司法态度存在分化，有的基于现有破产法的规定制定政策文件，趋于保守和谨慎；有的从突破的角度进行积极的探索，体现了创新精神和意识。三是具体操作规范差异大，三种模式规则各有侧重，虽然采用法院指导模式的地区最多，但在适用条件、执

④ 陆晓燕：《“府院联动”的构建与边界——围绕后疫情时代市场化破产中的政府定位展开》，载《法律适用》2020 年第 17 期。

⑤ 参见［英］菲奥娜·托米：《英国公司和个人破产法》，汤维建、刘静译，北京大学出版社 2010 年版，第 232 页。

⑥ 参见谢晓静：《企业预重整：法律实务与操作指引》，法律出版社 2021 年版，第 12—16 页。

行程序、债务人财产、中介机构作用等核心要素规则方面存在明显操作差异。

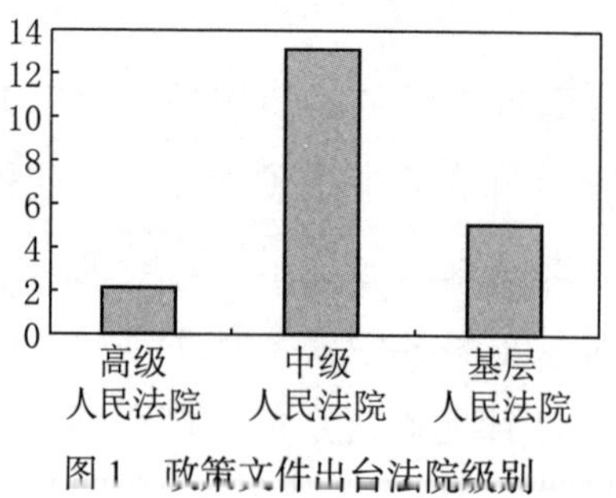

图1　政策文件出台法院级别

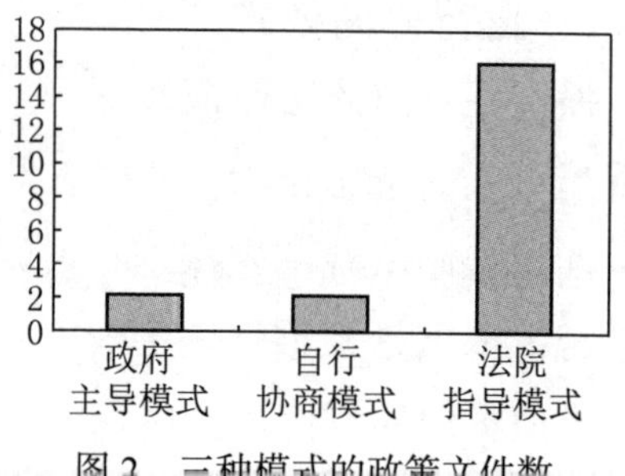

图2　三种模式的政策文件数

表3　部分法院预重整政策文件规则差异

	温州	厦门	重庆	北京	南京	深圳	成都	陕西
适用条件	严格	宽松	严格	严格	严格	严格	严格	严格
执行程序中止	可以暂缓执行	未规定	债权人自愿暂缓执行	执行案件移送破产重整审查的中止	未规定	中止执行	本市辖区中止	可以解除保全
债务人财产保全	未规定	未规定	未规定	可以保全	未规定	可以保全	本市辖区中止	未规定
中介机构的产生及定位	政府指定管理人	当事人申请、法院指定临时管理人	当事人协商/法院指定预重整辅助机构	法院指定临时管理人	竞争选任/当事人推荐临时管理人	法院指定/当事人共同推荐临时管理人	法院指定/当事人共同推荐临时管理人	当事人申请、法院指定临时管理人
预重整期限（个月）	6+3	未规定	3+1	未规定	6+3	3+1	3+2	5+1

实践样态多种多样，而法律规范贵在科学统一，以上三个特点体现了各法院在各自管辖范围内统一和规范司法实践做法的努力，但也暴露出我国预重整目前存在的突出问题。政策文件并无法律强制力，缺乏全国范围内统一适用的规则，尤其在市场一体化的今天，各地规则的不一致与优化营商环境可预期目标相背离，在法律层面明确预重整定位和内容具有必要性和紧迫性。

三、模式选择：对标世界银行优化营商环境导向目标

世界银行《营商环境报告》可以说是全球范围内最具影响的经济报告，为我国设置预重整制度和模式选择优化营商环境提供一定的参考导向作用。

（一）立法层面：在破产法中新增预重整制度

1．世界银行关注法律制度的重要性

从世界银行营商环境评估的总体思路来看，着眼于营商环境的便利性、高效性，核心在于降低制度性交易成本，尤其关注制度的重要性。世界银行对于法律的修改尤其关注，列举的“值得肯定的改革举措”中，我国2006年企业破产法修订引入破产重整制度位列其中。预重整作为有利于破产企业成功重整的制度设置，是促进利害关系人及时启动破产程序的激励约束机制。⑦致力于降低成本、提高效率、缩短时间的预重整制度在企业破产法修订中值得被充分关注。将行之有效的实践探索上升到立法层面，建立全国范围内统一、权威的制度规则，将对世界银行对我国营商环境办理破产指标的评价产生积极影响。

2．预重整制度有助于提升办理破产指数

从世界银行营商环境评估的指标体系来看，“办理破产”始终位于十大一级指标之列，可见其重要性。办理破产指标体系包括回收率、破产框架力度指数两个子指标。回收率主要研究破产程序的时间、成本和结果，按债权人通过重整、清算或者债务执行等法律行动收回的债务占债务额的百分比来记录；破产框架力度指数主要考察法律制度中的启动程序指数、管理债务人资产指数、重整程序指数和债权人参与指数，数值越高，表示破产立法设计越有利于恢复可存活的企业和清算不可存活的企业。

表4　世界银行营商环境评估体系一级指标变化情况

年份	一级指标											
	开办企业	办理证书	聘用与解职员	办理施工许可证	获得电力	登记财产	获得信贷	保护少数投资者	纳税	跨境贸易	执行合同	办理破产
2004	√		√				√				√	√
2005	√		√			√	√	√			√	√

⑦　罗培新：《世界银行营商环境评估：方法·规则·案例》，译林出版社2020年版，第482页。

续表

年份	一级指标											
	开办企业	办理证书	聘用与解职员	办理施工许可证	获得电力	登记财产	获得信贷	保护少数投资者	纳税	跨境贸易	执行合同	办理破产
2006	√	√	√			√	√	√	√	√	√	√
2007	√	√	√			√	√	√	√	√	√	√
2008	√	√	√			√	√	√	√	√	√	√
2009	√		√	√		√	√	√	√	√	√	√
2010	√		√	√		√	√	√	√	√	√	√
2011—2021	√			√	√	√	√	√	√	√	√	√

2020年，我国“办理破产”在190个经济体中仅居第51位，距世界前沿水平还有很大差距，反映出我国破产重整适用率低、破产程序成本高等问题。如果债务人保持营运价值，对于提高回收率影响极大，以平衡各方利益实现企业的价值最大化的重组思维，为提高回收率提供思路；通过修订企业破产法增加预重整制度，有利于促进企业拯救和重生，符合提升破产框架力度指数的需要。

（二）中国选择：以法院指导模式为基础

1．制度动力充足

经历了从政府主导模式、自行协商模式的零星探索，到法院指导模式的大面积推开，对于预重整模式的中国选择，实践已经作出了中国回答，这来源于多种主体内在动力的推动。一是市场驱动，破产重整是一条“单行道”，根据企业破产法，一旦重整失败则难逃破产清算，市场主体为把控风险，积极寻求庭外重组与庭内重整之间的中间道路，这离不开法院的指导监督；二是司法能动，破产重整期限过于短促，法院出于规避审限、评估考核等方面的考虑，也希望当事人“谈好了、再进来”，也就是变相延长重整时间，避免重整失败对工作业绩产生负面评价；三是政府推动，部分破产案件对地方经济、职工权益、社会稳定影响较大，政府出于行政管理与服务的需要在预重整中发挥更多作用，寻求与法院的联动机制。

2．制度雏形初现

法院指导模式的实践探索广泛，该模式包含的核心要素已经明确，同时也提出了法院介入程度的问题，需要立法者尤其注意。一方面，法治化营商环境优化背景下，破产法朝着市场化方向不断迈进，债权人参与权、知情权、决定权被不断强化；另一方面，作为兼具程序法与实体法双重属性、办案与办事并重、注重各方利益均衡保护的破产法，法院的监督指导作用又尤为重要。值得注意的是，法院指导模式并非排斥政府与法院的协调联动作用，而是强调各居其位、各司其职、各尽其责。法院指导模式下，市场主体的意思自治、法院的适度介入、政府的联动配套，形成制度核心框架。

3．实践效果良好

从法院指导模式的实践作用和效果来看，预重整具有如下积极作用。一是识别作用，如保千里电子公司预重整期间，管理人完成了对债务人基本情况的调查，并征询利害关系人意见，为有效识别重整价值和可能创造条件。二是提速作用，样本案例均在短时间内重整成功，如河田集团有限公司预重整案后，从债务人向法院申请重整至法院批准重整计划历时仅 41 天，有效提高了重整效率和成功率。三是缓冲作用，如深圳福昌电子技术有限公司的预重整过程为政府、法院了解企业情况，管理人接管财产、经营业务等提供了可能，可以说是社会矛盾的缓冲器。四是磋商作用，预重整期间主要磋商主体是债务人、债权人及意向投资人，他们是程序的主导者，无需受到严格重整程序的制约，具有更高的自由度。

四、宏观描摹：预重整的功能作用与法律地位

法律制度的价值源于实践需要，又在实践中抽象升华。结合理论研究和域外立法例，我国将来预重整制度的功能作用可以从识别、磋商、衔接三个方面搭建，并基于其特有的功能作用，厘清其法律地位。

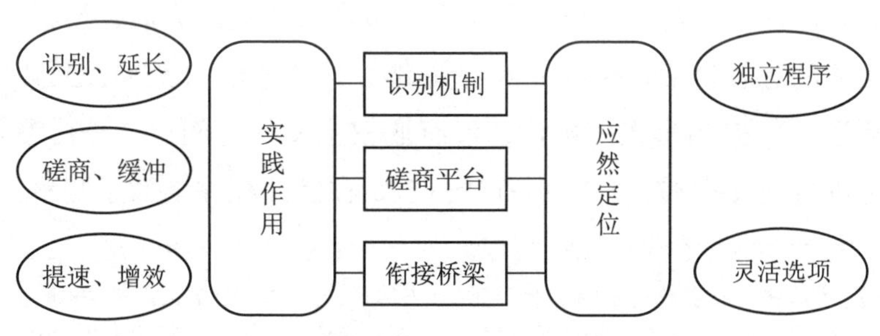

图 3　预重整的实践作用与应然定位

（一）预重整的功能作用

1. 识别机制：准确把握拯救价值

重整之必要在于，债权人可以在重整中获得较其在企业破产清算中更高的价值，也就是企业的运营价值高于清算价值。[⑧]而企业的拯救价值和可能性的识别并非易事。轻易将无拯救价值的企业纳入重整程序则是对市场资源和司法资源的巨大浪费。现行企业破产法中，申请人申请破产重整后，法院只能依据申请材料及听证情况，在有限的期限内作出审查。对于企业的债权债务情况、资产状况等尚没有全面调查，难以准确把握企业的挽救价值。

预重整期间，专业机构清查债务人资产、审查债权债务关系、制作预重整计划草案、征询利害关系人意向，在更为全面基础上，法院再行审查是否具有重整价值和可能性。如果没有重整价值和可能，则无进入重整程序的必要；如果具有重整价值和可能，则依法裁定受理重整申请，开展正式的重整程序，实现企业再生。

2. 磋商平台：法院有限指导

在企业拯救制度发展过程中，为市场主体提供磋商平台也是预重整的重要作用。美国是预重整的发源地，其重整程序不仅包括预先打包重整，还包括预协商重整，预协商重整是指在重整程序开始前，债务人并未征集到确认重整计划所必须的同意意见，但与全部/部分债权人及利害关系人达成初步的“重组支持协议”，还须制定具体细节且需其他各方加入，但是重组支持协议至少为此提供了一个起点。日本以立法形式制定《以特别认证ADR程序为基础的企业再生程序规则》，为庭外重组磋商的规范化和法治化提供规则性指导意见。[⑨]

商业磋商是市场行为，市场化是企业破产法发展的方向，最根本的是坚持市场主体的意思自治，法院介入的关键在于“适度”，需要注意以下事项：一是在启动上依据当事人的申请，没有职权主义的空间；二是对参与主体、适用条件进行适度把握，宜宽不宜严；三是在磋商程序上对于当事人的实质

⑧ 胡利玲：《困境企业拯救的法律机制研究》，中国政法大学博士学位论文2007年。

⑨ 参见［日］山本和彦：《日本倒产处理法入门》，金春等译，法律出版社2016年版，第178页。

选择不做干预，仅对程序性事项进行释明。

3．衔接桥梁：提高重整效率

预重整前方目标是进入重整程序，其核心功能在于衔接庭外重组和庭内重整，提高重整程序的效率。在英国，债务人向法院提交重整申请前，先与全部受影响的债权人和利害关系人形成协议，或者与关键债权人或多数债权人形成重组支持协议，正式进入重整后程序能够迅速进行。联合国贸易法委员会《破产法立法指南》将预重整称为“简易重整程序”，即为使受到影响的债权人在重整程序启动之前自愿重组谈判中商定的计划发生效力而启动的程序。称其为简易重整程序，是因为自愿重组谈判成功后，可以省略重整原有的部分程序，使得重整更快速、简便、低成本地进行。

预重整的衔接功能如此重要，主要源于“二元机制”下法律行为性质的不同，庭外重组是合同行为，根据《民法典》合同编需要一致同意；庭内重整则是决议行为，根据企业破产法遵循多数决规则。预重整在法律性质上介于两者之间，预重整阶段为债务人与全体 / 部分债权人的协议行为，如不进入庭内重整，则依据合同法律关系调整；一旦进入庭内重整，预重整阶段的表决效力即延伸到庭内重整程序中，除非发生例外情形，如债务人隐瞒关键信息、重整方案作出实质调整等。

（二）预重整的法律地位

1．独立程序：并非重整程序的附属

预重整是附属程序还是独立程序，是对其进行法律定位的首要问题。域外将其作为附属程序、前置程序的立法例并不少见：英国、法国将预重整设置为庭内重整的前置程序；德国将预重整作为庭内重整的准备程序、辅助性程序。主要是由于预重整的前方目标是进入重整程序，定位于附属程序，一是能吸引债务人尽早启动破产企业拯救程序，为债务人提供缓冲区；二是作为考察期，防范重整程序的滥用；三是做好重整准备工作，以提高重整程序的效率，同时确保重整计划连续性。

但是从上述预重整的功能作用看，附属程序的定位无法涵盖其所有制度功能，由于预重整具有除重整准备之外的其他独特功能，有其独立的适用条件和制度优势，便具有了独立的生存空间，从而具备成为一个独立法律程序的基础。[⑩] 一方面，我国司法实践中，市场主体运用破产程序的理念和意识还不强，将预重整作为具备集磋商、准备、衔接功能的独立性、综合性程序，更适合我国的国情。另一方面，作为与庭内重整并列的独立程序，为市场主体提供多一种制度选择，预重整后不一定进入庭内正式重整，有助于变被动进入破产重整为主动申请进入预重整及重整程序，从而发挥制度活力。正如王欣新教授所说："庭外重组、预重整和正式重整程序都是挽救困境债务人的重要程序，具有各自重要的意义。"[⑪]

2. 灵活选项："双轨制"的选择

预重整兼具庭外重组与庭内重整的优势，其程序启动后首先采取自主协商谈判，但最终是否启动重整程序，有"单轨制""双轨制"之分。[⑫] 在单轨制下，预重整一旦成功，则由相关主体申请进入重整程序，甚至直接转入重整审查及重整程序，而没有其他选择；在双轨制下，若谈判各方意见高度一致，具备法庭外自行履行的方案和基础，则相关主体既可以选择进入重整程序，也可以径行在庭外履行，或者由于某些原因保持现状。

本土化过程中，"双轨制"是更为市场化、灵活性的制度选择。多数情况下，当事人选择庭外重组是为了避免进入司法强制干预程序，因此预重整在制度设计上，应为企业提供多种可能的出路。一方面，预重整中法院干预的力度较弱，企业协商自主性较大，在制作预重整方案时，可以更多地争取权益，且企业可以在自主经营的情况下进行自救。[⑬] 在正式重整程序中，需要企业或者管理人在一定期限内提交重整计划草案并经债权人分组表决通过或者法院裁定，否则企业将进入破产清算，这使得企业担心失控而不愿选择破产重整程序。鉴于预重整程序实质属于债权人和债务人对私权处分结果的司法化，与正式重整程序并不完全一致。如果预重整失败，原则上债务人并不当然产生直接破产清算的后果，而可继续选择一般重整程序或者维持现状。[⑭]

---

⑩ 参见柯善芳：《探索商事重组与司法重整有机结合的预重整制度》，载《人民司法》2020年第31期。

⑪ 参见王欣新：《预重整的制度建设与实务辨析》，载《人民司法》2021年第7期。

⑫ 张婷、胡利玲：《预重整制度理论与实践》，法律出版社2020年版，第113页。

⑬ 江丁库：《破产预重整法律事务》，人民法院出版社2019年版，第3页。

⑭ 参见张婷、胡利玲：《预重整制度理论与实践》，法律出版社2020年版，第120页。

五、微观构建：预重整功能实现的维度设计

规则设计应有助于最大化发挥其功能作用，定位于困境企业拯救的独立性、综合性制度，预重整制度的本土化可以从启动、过程、结果三个维度进行系统构建。

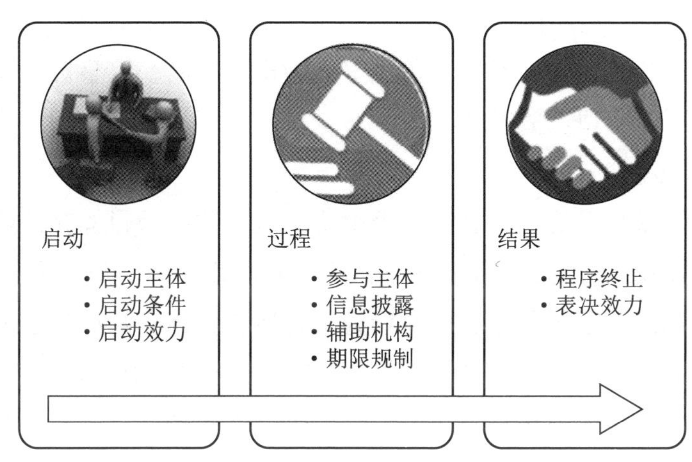

图 4　预重整规则设计的三个维度

（一）启动维度：以市场主体意思自治为基础

1. 启动主体

作为多样化的灵活选择，预重整的申请主体可以是多种主体，并与重整程序申请主体保持一致，债务人、债权人、出资人等利害关系人都可以申请启动预重整。预重整过程中，申请人可申请撤回，但是要补偿相关人员的必要支出。在审查内容上，当事人可以选择预重整或者重整。根据意思自治的私法原则，法院仅能根据其申请进行审查，根据不告不理的原则，法院不能在当事人的重整申请中审查是否需要进行预重整，也不能在预重整申请中审查是否裁定重整。

2. 启动条件

因预重整的前方目标是进入重整程序，在清偿能力上，债务人具备破产原因是适用预重整程序的先决条件。根据现行企业破产法，重整的适用条件有别于清算，清算适用于无法清偿到期债务、明显缺乏清偿能力或者资不抵债的企业，而重整对于有明显缺乏清偿能力可能的企业也适用。此外，还需

要具备重整价值和可能。预重整与破产重整程序共同适用上述条件，对于清偿能力，为了实现企业挽救，鼓励企业运用该制度，启动条件设置低于破产清算的条件，具备明显丧失清偿能力的可能也同样适用。

值得考虑的是，预重整的其他适用条件应高于重整的标准还是略低于破产重整。笔者以为，预重整的适用条件应略低于重整，这是基于预重整的功能定位。其一，预重整作为磋商平台，债权人、债务人自由协商的余地较大，协商的自主性也比较大；其二，预重整作为识别机制，重整价值和可能尚不明确时，亦可启动预重整程序。

3．启动效力

关于预重整启动后执行程序是否中止。破产制度的目标就是通过集体程序实现全体债权人之间的公平清偿。因而在破产程序中，一旦破产程序启动，就要中止和冻结不公平的债务清偿行为，将所有的债务解决问题尽量都纳入破产程序中来解决。对于预重整而言，应该尽量较少对其他司法程序的干扰，毕竟这只是一种较为自由和自主的程序，强制性比较弱。因而，在进入预重整程序以后，诉讼、执行程序并不中止，债权也不冻结。

关于预重整启动后是否禁止个别清偿。首先，预重整程序的启动意味着符合破产原因，在此情形下进行的个别清偿，一旦进入破产程序就属于可撤销行为，预重整同样属于破产法范畴内公平清偿的制度，理应禁止个别清偿。其次，预重整也具有概括解决债务的成分，在此过程中，也要遵循债权人平等的精神，如果允许偏颇清偿，就会导致债权人利益的失衡，难以实现重整的目的。再次，如果是使得债务人财产获益的个别清偿，则可以允许，这在破产程序中也是允许的。

（二）过程维度：以正当程序维护各方权益

1．参与主体

就参与主体而言，更多的参与主体可能增加程序的复杂性，也可能增加预重整的成本，因此预重整的参与主体应少于重整程序，并非所有重整程序的参与人都要参与到预重整中来。预重整不要求所有利害关系人参与，权益不受影响的利害关系人可不参与，影响不大的债权人、债权金额较小的债权人，也可以不参与，重要债权人应该参与。

2．信息披露

充分的信息披露是债权人对预重整方案进行表决的基础和前提，也是债权人权益保障的重要因素。美国《破产法》第一千一百二十六条规定，预先表决延伸效力以充分进行信息披露为前提。⑮预重整中的各方主体利益博弈强烈，且其制度本身存在侵害小债权人的风险，保证信息充分、准确、对称的各种制度是消解利益冲突的重要手段。在预重整制度设计中对于信息披露的对象、节点、范围等需要进行科学界定，在磋商谈判阶段，在保密的基础上将企业资产、负债等核心信息披露给谈判主体；在预重整计划表决阶段将相关信息披露给表决债权人。违反信息披露的原则，将使得预重整方案面临在重整程序中被否定的后果。

3．辅助机构

从比较法视野考察，在预重整中聘用中介机构或破产从业者来辅助自愿重组谈判是英美等国的普遍做法。各地的司法文件中，大多设置“临时管理人”，仅重庆文件中设置“辅助机构”。笔者认为，预重整中一般不设临时管理人，仅设预重整辅助机构，由市场主体自愿聘请，并在一定条件下成为后续重整程序的管理人。这是因为预重整适用的对象是有重整价值、有继续经营能力的企业，指定临时管理人对企业介入过多，不符合预重整的意旨。

例外情况是在预重整程序中设置临时管理人，比如债务人没有经营意愿或者经营能力。预重整临时管理人的设置依当事人申请、经法院审查后指定，或者在法院认为必要时指定，并非预重整程序中所必须。而专业的中介机构对预重整的重要性不容忽视，在英国，预重整表现为管理人中心主义，法院对其专业度及商业经验充分信任，法院对预重整方案的审查限度极为有限。虽然该类方式不一定为我国破产法所采纳，但中介机构的专业作用可以充分考虑。

4．期限规制

为防止债务人滥用及过分迟延，预重整应设置一定期限，久拖不决会增加成本、降低债权回收效率。⑯关于期限长短，因预重整作为重整准备程序、

---

⑮ 参见［美］查尔斯·泰步：《美国破产法新论》，韩长印、何欢、王之洲译，中国政法大学出版社2017年版，第1224页。

⑯ 参见郑伟华、王玲芳：《关于回收率指标的法律分析及提升路径构建——基于我国当前破产审判的实证研究》，载《法律适用》2020年第19期。

磋商平台的定位，期限较之重整期限应缩短，以决定预重整至提交预重整报告为预重整期间，一般时间确定为 4 个月，特殊情形可以延长 2 个月。

（三）结果维度：以效力延伸固定协商成果

1．程序终止

重整作为正式的破产程序，重整失败后则宣告破产、进行清算。预重整作为更为灵活的市场制度，终止的原因是多方面的。一方面，若预重整方案经征询或者表决通过，则预重整成功，债务人或者管理人应提起重整申请，法院审查是否裁定重整。另一方面，若经征询或者表决未通过，申请人可自行选择后续路径，可以选择申请重整、申请清算或者保持现状。

2．表决效力

预重整期间的征询意见、表决情况的延伸，是预重整制度设立的核心要素。从各地司法文件来看，均规定了预重整的效力延伸至重整程序，这是一种可取、有效的方案。从制度设计来说，可以采取法律拟制的方式，将预重整阶段的承诺和意愿，延伸到重整阶段。只要没有重大变化的，则预重整阶段所做承诺和协议，相当于重整期间的承诺和协议，并可以作为重整计划是否通过的依据。

六、结语

预重整作为庭外重组和庭内重整的中间机制，已被联合国贸易法委员会《破产法立法指南》和域外国家破产立法予以肯定。在本土化过程中，以“法院指导模式”为样本，在找准市场需求的基础上科学定位，对标世界营商环境先进水平，将预重整制度作为一项独立制度，从启动、过程、结果三个维度优化规则设计，以市场主体意思自治为基础，合理界定法院、政府的职能作用，以正当程序保障各方主体的合法权益，以效力延伸固定协商成果，形成适合中国土壤的本土化预重整制度。

（责任编辑：徐　川）

裁判文书公开限度的五大维度分析与规则重构

席建林　刘　锋　李　震*

自2013年最高人民法院以司法解释形式颁布《最高人民法院裁判文书上网公布暂行规定》起，我国裁判文书公开由各地法院自发自主非统一平台公开转入统一平台公开新阶段，并在2016年对该规定加以修订后完成进一步细化。回顾这一历程，裁判文书公开经过了一个前期缓慢到中期全面推进再到当下徘徊的过程，问题的关键或争议的焦点不再是应不应该公开，而在于如何把握公开的限度。针对这一兼具理论与实践双重属性的命题，现有研究绝大多数从司法民主、价值选择、权利冲突或利益衡量出发，聚焦于“哪些文书应当公开”的单一维度，较少涉及其他维度。诸如公开文书数量多少问题、公开文书的速率问题、公开文书的保存时限问题、公开文书不同对象的授权问题等未受重视，忽略这些都将无法回应法官、当事人、律师、一般公众的多样式、深层次疑虑与困惑，厘清这些问题并提出对应策略确有急迫性且意义重大。

一、实践样态：裁判文书公开限度问卷调查的情况梳理

（一）问卷调查表设计与方法

1．问卷调查内容

本次问卷调查采取自填式问卷法，问卷设计问题总计15个，分为身份、

* 席建林，上海市第三中级人民法院党组书记、院长。刘锋，法律硕士，上海市闵行区人民法院民事审判庭审判员。李震，法学硕士，上海市闵行区人民法院审判监督庭审判员。

态度与意见建议三大类。身份类主要是识别受访者是法官、当事人（含一般公众）或是律师，这主要是基于这三类主体与裁判文书公开利益关涉最深，同时彼此之间分歧最大；态度类则主要涉及受访者对于目前裁判文书公开及公开的限度持何种态度，具体包含对裁判文书是否应当公开、公开数量、公开质量、公开程度等问题的态度；意见建议类涉及受访者对于裁判文书公开限度有何具体改进建议，设置开放式回答。15个问题设计较为简要，主要目的是探究不同主体对于裁判文书是否应当公开及公开限度的主流态度，并从中梳理出主要疑惑或分歧。

2．样本选取与问卷方法

为体现覆盖面与客观性，问卷调查按照不同群体这一变量，由3名调查员通过手机客户端微信App中的“腾讯问卷”小程序随机向200名法官（含法官助理）、200名当事人（含未涉诉一般公众）、200名律师定向推送问卷调查表，是否接受问卷调查不设置强制约束，完全由受访者自愿填写，但问卷调查设置有效时间为七天，超期则关闭通道。在三类群体中，人员地域分布涉及北京、上海、广东、山东、江苏、浙江、陕西、青海等13省（市）。在问题选项中，采取单选、多选及自填三种模式，信息采集尽量做到标准化，便于集中反映一个或一类问题的主流态度或意见。

（二）问卷样本统计数据分析

1．不同群体对于裁判文书公开的关注度高低不一

截至通道关闭之日，应用程序后台共收回有效问卷共计501份，其中以律师最多，达到210份（经后台核对，发现超出部分为纳入问卷调查的律师转发问卷所致），呈现高关注度；当事人（含一般公众）中绝大部分配合完成调查问卷，总计收回198份，呈现次高关注度；法官完成问卷调查人数最少，仅收回93份，超过一半比例的法官放弃或拒绝接受调查问卷，呈现低关注度。

2．各群体对裁判文书公开持肯定态度者居于主流

对于裁判文书是否应当在中国裁判文书网公开，受访者中选择必要的（含一般必要、较为必要及非常必要）占比达95.80%，其中非常必要的占比高达73.80%，这反映出主流意见是赞成公开。在认为没有必要公开的受访者中，当事人有 13 人、法官有 9 人，占比虽少，但也说明对于裁判文书公开依然有持完全否定态度者，当然这一少数意见不构成对裁判文书公开限度命题的否定，可作为一类意见加以研究分析。

3．裁判文书网检索匹配文书的困难度偏高

问卷中对于中国裁判文书网上公开的裁判文书数量与质量评价，过半数受访者认为数量仍不够，认为数量较多的占比为 22%；对于公开的裁判文书质量评价，仅有 31.74% 的受访者认为质量很高，多数认为质量一般，少数认为质量较差。与此同时，过半受访者提出在超亿份裁判文书中检索到匹配需求的文书则较难，这一比例超 64.2%。由此可见，一方面受访者多数认为公开文书数量还需扩增，但同步带来的问题是公开的文书质量不高且检索到实际需要的文书难度较高，由此形成客观矛盾。

4．各群体对裁判文书公开设置一定限制条件的占据主流

问卷中受访者认为裁判文书公开应当设置一定条件占比达 73.6%，认为“没有必要”的不到 30%，反映绝大部分受访者主张在坚持裁判文书公开的同时，也要划设一定限度的倾向性意见。结合其他设问，不难发现集中忧虑或者困惑在于：一是裁判文书公开会带来对应的负面影响（压力）较为突出，这一占比达到 22.17%；二是这些负面影响（压力）又集中于个人信息、隐私的泄露，占比达 78.2%，另有超 27.2% 的受访者认为还会对个人信用造成不利影响；三是当前裁判文书中的“隐名化处理”仍不完善，有超 18% 的受访者认为无效。

5．不同主体对裁判文书公开的限度分歧较大

受访者对于问卷设问中如何从“文书类型”“公开对象”“公开内容”三方面确定公开限度的作答亦具有较高一致度：一是对于不应公开的裁判文书类型，勾选涉未成年人、涉个人隐私及商业秘密、涉国家秘密的均超过 50%，其他诸如涉婚姻家庭、抚养、监护、继承，涉调解结案，涉程序事项等占比亦较高；二是对于裁判文书中应该重点公开的部分，集中为诉辩意见、举证与质证、事实查明、本院说理及裁判结论，均超过 70%，对于当事人身份信息与审判组织则相对较低；对于不同群体（主要区别法院内外系统），有超 67% 的受访者认为应该设置不同权限，对法院内部要扩增权限，对外部访问者则可授予一般权限，但也有 33% 的受访者认为应该一视同仁。此外，在自主填写意见建议栏中，受访者还集中反映了裁判文书网运行时有不畅、检索不够优化、查询检索应该实名制认证、中高院文书公开数量不多等问题。

二、问题揭示：裁判文书公开限度的分歧与偏差

（一）权利冲突：知情权（监督权）与个人信息（隐私权）的冲突

裁判文书本质上是记载个案司法过程主要信息的载体，一经公开则是对相关信息的公开。一般认为主张裁判文书公开的主要目的在于社会公众藉由裁判文书对司法进行监督，以达到实现司法公正目标，而前提则是公众能够自由获取相关裁判文书，故要保障公民行使监督权，首先就得保障好公民的知情权。① 从我国宪法与相关法律的规定看，“知情权”虽未入宪，但作为公民基本权利的“监督权”则有明文规定，其具体实现有赖于包含司法机关在内的各国家机构主动公开行使公权力的相关信息。就裁判文书公开与公民知情权的内在关系而言：“司法机关将自己掌握的司法信息向民众公开，让公民通过合法正规渠道了解司法机关的活动信息，增加沟通和交流的机会，在司法机关和社会公众之间架起联络平台，消除误解，有利于化解社会矛盾纠纷，鼓励民众有效参与司法活动，促进民众从内心信仰法治，认同司法，提升民众法治意识水平。”② 因此，保障好公民的知情权不仅为公众监督司法提供了必要条件，同时也为建立司法与公众的互信，进而间接地为强化司法公信力与司法权威提供有力支撑，故持这一权利观者多要求裁判文书公开多多益善、范围越广越好。

与此对应的是，当前海量裁判文书中不乏涉及国家秘密、个人隐私及商业秘密等不宜公开信息的文书，其中又以涉及个人信息（隐私权）最为常见。从法理角度看，隐私权同为公民所享有的一项基本权利，作为一项具体人格权存在，具体指自然人享有的私人生活安宁与私人信息秘密依法受到保护，不受他人非法侵扰、知悉、搜集、利用和公开的一种人格权。③ 从现行立法

① 参见赵红星、李君剑：《裁判文书网上公开现状探析及公开方向论证》，载《河北法学》2015年第12期。

② 李娜：《知情权与司法公开法治化》，载《学习与探索》2016年第8期。

③ 参见王利明：《隐私权概念再界定》，载《法学家》2012年第1期。

看，根据我国《民法典》第一千零三十二条的规定，隐私特指自然人的私人生活安宁和不愿为他人知晓的私密空间、私密活动、私密信息。同时根据《民法典》第一千零三十四条的规定，个人信息作为一项独立的民事权利，其兼具人身与财产属性，并在局部与隐私权存在交叉，同样受法律保护。④不难看出，个人信息（隐私权）具有内在的私密性，天然排斥公开，这与裁判文书公开属性形成冲突，持这一权利观者多主张此类裁判文书应该设置较高公开标准，尽量少公开或不公开，以强化对个体权利的法律保障。

综上，两种权利观背后分别代表的是公益与私益，舍弃任何一者皆不可取，由此引申的具体问题或分歧则在于，如裁判文书公开要在知情权（监督权）保障与包含个人信息（隐私权）在内的权益保护之间取得适当平衡，则必须明确哪些案件的裁判文书可以不公开、一定要公开的文书的哪些部分可以不公开、非要公开的部分是否可以其采取一定的技术措施加以处理，以最终实现文书（内容）在最大限度内公开，利害关系人权益在最大限度内得到应有保障的目标。

（二）利弊衡量：裁判文书公开正向作用与负面影响的矛盾

在价值判断之余，回到实践层面，裁判文书公开带来的利弊皆有。就裁判文书公开的正向作用而言，除了前文所述宏观层面对促进司法公正、提升司法公信力、维护司法权威等作用外，还至少具有以下三点正面效应：一是裁判文书公开有利于规范法院、法官的裁判行为，通过公开所带来的无形压力，可以倒逼法官在裁判案件时慎之又慎，尽量避免司法擅断或裁判任性，促进适法统一；⑤二是裁判文书公开有利于社会公众及时了解立法经由司法裁判所形成的确定性规则，并在这一指引下更好地安排生产生活，防范或以非诉方式化解矛盾纠纷，避免不必要的司法资源浪费，增进社会效益；三是裁判文书公开有利于繁荣相关学术研究，在信息时代海量文书就是宝贵的数据资源，通过一定的技术分析和深度研究，可以及时发现裁判内在法律问题与裁判延伸而出的国家治理问题，形成正向反馈。

④ 参见最高人民法院民法典贯彻实施工作领导小组主编：《中华人民共和国民法典人格权编理解与适用》，人民法院出版社 2020 年版，第 364 页。

⑤ 李娜：《知情权与司法公开法治化》，载《学习与探索》2016 年第 8 期。

与此对应的是，裁判文书公开一路走来，在收到鲜花与掌声的同时，也遭遇到许多批评。该项制度安排对司法审判乃至法治国家建设造成的负面影响同样不可轻视，这些负面评价或影响主要表现为：一是司法公信力受损。司法公信力些许提升可能需要众多优质裁判文书公开，但短时间内的速降则只需要一两份“瑕疵文书”即可达成。例如，2017年某县人民法院被曝光的“奇葩裁定书”，半页纸不到的裁判文书低级错误多达7处，在网络上被热炒，对司法权威、司法公信力与法院形象带来了重大损害。二是适法不统一致使指引混乱。适法统一是司法公正的重要内涵之一，裁判标准的不统一，同案不同判或类案判决结果相差过大乃至截然相反，经过不同法院、同一法院不同审判组织所上载的裁判文书得到了更加直观的体现，这不仅让当事人难以被说服，同时也使社会公众的预期产生分歧，陷入混乱。⑥三是基于裁判文书司法大数据分析的反噬作用开始显现。司法大数据采集、分析与应用是把双刃剑，应用得当能够对立法、执法及司法起到良好促进作用。但从负面效应看，以裁判文书为例，出现收集者与利用者相分离现象，第三方基于数据的二次开发，完全可以将该数据用于对特定企业或个人的社会关系、偿债能力、风险偏好等研究，或违法利用或不合理使用，引发了不少侵权和犯罪现象，需要引起重视。⑦

综上，裁判文书公开所带来的利弊皆有，当然，其中主要的是正面作用，但负面影响同样不能忽视，这一矛盾同样涉及如何在裁判文书公开时，通过“限度”设置，特别是对于公开信息的取舍与技术处理，直接决定了裁判文书公开能否最大限度实现趋利避害的目标。

（三）群体分化：不同群体对裁判文书公开持不同态度

从涉诉主体角度看，又可以分为两造对立的当事人（以及第三人、案件代理人）和居中裁判的法官（以及各级法院的管理人员）。从法官角度看，裁判文书公开作为一项纳入业绩考核的工作，本身具有强制性，体现为一种负荷，这对于基层法院，尤其是办案负荷较重的法官，是一种额外的工作量，

⑥ 参见孙海波：《“同案同判”：并非虚构的法治神话》，载《法学家》2019年第5期。

⑦ 参见王禄生：《司法大数据与人工智能技术应用的风险及伦理规制》，载《法商研究》2019年第2期。

需要耗费相应时间与精力。此外，实践中公开所能带来的正向激励，远低于裁判文书被检视后因发现瑕疵或裁判结论引发争议所带来的负面评价，因而摒弃“强制性”而言，作为上载裁判文书任务最重的基层法院与法官本身并无相应的积极性，反而要为此“担惊受怕”，难有高意愿度。⑧从当事人角度看，所要公开的裁判文书（尤其是判决书）涉及案件总归有胜负，胜者多数对于公开裁判文书无异议，但败诉一方出于败诉判决可能对自己、家人及所从事的经济活动产生负面影响，加之当前网络舆论环境下媒体对于传播负面信息的偏好，有意或无意间产生了放大效应，多数当事人并不希望裁判文书公开，这在前文所作样本分析中均有所体现，故败诉方往往抗拒裁判文书公开或至少反对全文公开。

从非涉诉主体角度看，主要包括一般社会公众及科研工作者、裁判文书数据二次开发者等群体，他们对于裁判文书公开的态度，因公开的裁判文书无涉个人利益或几乎不会对其带来负面影响，多积极主张裁判文书不仅应当公开，且应该最大限度公开，以为公众了解司法、研究司法、监督司法等提供最为丰富的现实素材。在这一导向之下，他们不仅对裁判文书公开具有宏观层面的“完全公开”要求，在微观层面，他们更要求公开的裁判文书要做到“全要素”公开，不能删减部分内容或是对局部作技术处理，以保持裁判文书的原始形态。同样，基于这一立场或判断，对于当前部分案件（如离婚诉讼案件）的裁判文书由之前的“应当公开”或“可以公开”转为“不公开”情形，这一群体多有批评，提出任何一类文书不公开或限制公开都必须有正当性，得到理论的证成，其不公开的预期目标须经得起实践的反向检验。⑨

综上，裁判文书公开不是冷冰冰的文字曝光，公开的每一份裁判文书所涉及的不同主体都要面对来自社会的检视，必然带来正负两个方面的不同评价，肯定者有之，否定者亦有之。且上述群体之间，在一定条件下可能发生转换，因为每一个人都有可能直接成为诉讼案件中的当事方，由此也会带来

⑧ 参见唐应茂：《司法公开及其决定因素：基于中国裁判文书网的数据分析》，载《清华法学》2018年第4期。

⑨ 参见侯学宾：《裁判文书“不公开”的制度反思——以离婚诉讼为视角》，载《法学》2020年第12期。

对文书公开态度的根本性转变。因此，在裁判文书公开的前提下，如何划设好公开的限度极为关键。

三、校正回归：厘定裁判文书公开限度的五大维度与规则重构

基于前文所作分析，不难看出裁判文书公开问题的核心争议或分歧在于"公开限度"。对此，至少须从以下五大维度作出针对性回应，提出具有实操性的对策建议，在规则层面加以更新完善。

（一）宽与严：裁判文书公开的范围确定

围绕裁判文书公开范围问题，当前主要是从文书类型出发，通过正面列举，将公开范围设定为判决书、裁定书、决定书、通知书、调解书及其他裁判文书；从案件类型出发，将特定类型的案件排除在公开范围之外，包含涉国家秘密、未成年人犯罪等五类；从文书具体内容出发，将涉及当事人个人信息、商业秘密、个人隐私等信息在上载至公开平台时予以删除；从技术路径出发，针对当事人姓名的进行"隐名化"处理，整体上应该说设置了一套从整体到局部的设限规则，但这一分类分层标准体系仍有进一步完善空间。[10]

1. 从裁判文书类别看，文书类别过于宽泛，有限缩必要，可设置"覆盖排除"准则

以《民事诉讼文书样式》中所载文书样式为例，仅供法院制作的文书样式模板就分为22大类1000余项，涵盖判决、裁定、决定、通知、报告等类型。[11]一般而言，需要公开的文书应该是对当事人诉讼程序权利或实体权利有实质影响的文书，与此无涉的文书即便公开显然也意义不大，当然对于何谓"实质影响"，当前难以提供客观且精准的评判标准。在此背景下，需要特别加以讨论的是，裁判文书之间往往存在前后承继关系，如同一个案件中往往会产生保全裁定、管辖异议裁定、简转普裁定、中止裁定、参加诉讼通知书、判决书等中一个或数个文书，而文书上网要等到案件生效后再对诉讼程序中产生的文书申请上网，客观上会出现同一个案件在历经立案至作

---

⑩ 参见《最高人民法院关于人民法院在互联网公布裁判文书的规定》。

⑪ 参见最高人民法院修改后民事诉讼法贯彻落实工作领导小组编：《民事诉讼文书样式（上册）》，人民法院出版社2016年版，第1—17页。

出裁判的过程中产生文书内容叠加现象，既有完全覆盖的情形，也有部分交叉的情形。若最后的终端文书（如判决书、裁定书）中已经对前置程序有较为全面或主要内容的记录与反映，则前置程序中产生的文书就无需上网，否则构成同一事项重复上网，实无必要。如此，不仅可以减少不必要的资源耗费，更可以减轻法官工作量，同时也助于减少裁判文书网海量信息的冗余现象。

2．从裁判文书案件类别看，可适当扩大“相对不公开案由范围”，并对此设置以案由为标识的“当事人一方同意即可公开”准则

如前文所述，在最高人民法院设置的不公开文书中，可以分为绝对不公开与相对不公开两种，其中相对不公开仅明列了一种，即以调解方式结案或确认人民调解协议效力但因公益或他人合法权益需要公开的除外，而较为常见的离婚诉讼或涉及未成年子女抚养、监护的案件则为绝对不公开情形。当前，对于绝对不公开的批判集中为认为离婚诉讼裁判文书“绝对不公开”缺乏正当性，属于对个人隐私的不平等保护，同时在实践中相关案由涉及离婚信息被公开的案件并不在少数，并未达到预期的目标。在实践调研问卷中，不少受访者则提出诸如相邻关系纠纷、继承纠纷、亲属间共有物分割、无或限民事行为能力人侵权等不涉及国家利益、公共利益或他人权益的案件，更多的是亲属、邻里等特定关系或无、限民事行为能力人等特定群体间的私益纠纷，无需强制公开。对此，建议可以采取进一步限缩绝对不公开范围、扩大相对不公开范围的策略。具体而言，可以根据相同情况相似处理原则，对与离婚诉讼或涉未成年人子女抚养、监护、相邻纠纷、共有物分割等案件可列入相对不公开范围，但只要征得一方当事人同意公开（无需取得全部当事人同意），即可纳入公开范围，以在公益与私益之间取得适当平衡，在不同类别个人信息或隐私层面达成同等保护。当然，确定这些具体案由是一个动态的过程，当前可以先行拓宽至相邻关系、家庭内部共有物分割等几类，形成示范，后续再适当扩充相对不公开的案由范围。

3．从裁判文书具体内容看，应删除的内容要作区别对待，可设置“高关联度”准则

一份裁判文书是由不同部分构成的，大致可以分为标题、正文、落款三个部分，其中正文又包含首部、事实、理由、裁判依据、裁判主文、尾部，并在此基础上可作进一步细分。[12]其中，与文书公开限度相关的主要是首部中的当事人信息、正文中的案件事实及裁判结论三个部分，具体又主要包含涉及个人信息（隐私）、商业秘密、其他不宜公开的信息三类。对此，最高人民法院颁行的《关于人民法院在互联网公布裁判文书的规定》第十条采取的是绝对删除规则，即只要相关内容被认定为自然人的个人信息（如家庭住址、身份证号、通讯方式等）、法人及其他组织的银行账号等信息、涉及商业秘密的信息、个人隐私信息等，一律不公开，而是允许使用“×”作替代，以便于正确理解。但与此带来的问题是，个人信息未列明的姓名、年龄、性别是否也要一律删除，何谓涉及商业秘密的信息，是商业秘密本身还是关联信息，应当删除的信息若是案件事实认定不可或缺的信息，删除后将导致裁判文书难以完成内在逻辑证成的信息，是否也应当一律删除。可以说，简单地“一删了之”虽然省事，但也确实有违文书公开的初衷。为此，建议可以根据待公开内容与待公开裁判文书的内在关联度高低来确定能否公开，具体表现为特定内容与裁判结论作出的内在关联性问题，关联度越大，则需要公开的必要性越高，否则不公开并不影响公众对于判决作出公允评价，可以不公开。[13]具体来讲：一是对于首部当事人的个人姓名可以交由“隐名化”规则处理，因为该部分是否公开当事人的信息与案件处理结果并无内在关联。二是对于正文中事实部分涉及的相关信息，若是事实查明的重要构成要素、判断是否构成侵权的要件或犯罪的构成要件、责任人是否需要承担责任的法定责任年龄等信息，则显然与裁判结果具有高关联度，理应保留这部分信息，不能删除。[14]

（二）多与少：裁判文书公开的强度确定

裁判文书历经近十年公开历程，累计超亿份的数量不可谓不多，但量多不代表质高，相反过分强调做大数量，而轻忽质量，反而会产生诸多问题。

⑫ 参见最高人民法院《关于印发〈人民法院裁判文书制作规范〉〈民事诉讼文书样式〉的通知》(法〔2016〕221号)。

⑬ 参见刘练军:《裁判文书公开时诉讼参与人信息的处理》，载《法治现代化研究》2017年第6期。

⑭ 参见范智欣:《裁判文书公开制度目的再探——兼评〈民事诉讼法〉第156条》，载《民事程序法研究》(第十一辑)2014年第1期。

对于无需求者而言，数量再多，与其无关，对于需求者而言，海量文书难寻需要的文书，则将造成资源低效配置乃至浪费。对此，应该转变过分重视量，而轻视质的倾向，遵循质先量后的准则，在“两个降低”方面采取针对性举措。

1．在源头上把关，降低上载文书“瑕疵率”

裁判文书公开作为一项具体工作，是由上至最高人民法院下至基层人民法院共同承担，层层把控，共同完成的系统工程。首先要解决好裁判文书的质量问题，如前所述，实践中不时出现的“瑕疵文书”所带来的负面影响极大，需要加以防范。对此，唯有从源头上严格把控质量，才能防止“瑕疵文书”成为漏网之鱼。具体来讲：一是加强法院内部管理，针对裁判文书明确责任部门，设置专人负责全院裁判文书上网工作，特别是要加强事前复核程序，突出院庭长、审判团队负责人的监管职责，防止审核流于形式；二是加强事中抽查，针对已经上网的文书要定期组织抽查，通过抽查发现尚未暴露的“瑕疵文书”，经由撤回程序及时撤网，进行二次修正后再另行上网；三是加强事后惩戒，对一经发现的“瑕疵文书”，尤其是引发负面评价的错误文书，应该对责任人员作出惩戒，将压力逆向传导，督促责任人员做好源头把控。此外，鉴于基层人民法院的裁判文书公开工作主要是由法官助理或其他辅助人员承担，因而有必要加强对这一部分人员的培训，以尽可能地避免“瑕疵文书”的出现。

2．在筛选上设网，降低上载文书“重复度”

每一份裁判文书都有各自独一无二的案号，形式上看是一个个独立的个体，但汇聚而成的工作总量则是海量。例如，调查问卷中就有部分受访者反映，对于仅仅是当事人不同，但裁决结果相同的批量案件，是否还有必要一一上网。对此，应该说其中存在一个“大同”与“小同”的区别。“小同”主要是不同层级、不同地域法院针对类案作出的相同或相似裁决，在裁判文书公开之前既无识别会商机制将以甄别，亦在即便能够确认相同或相似时难以决定谁的上网、谁的不上网，对此不宜纳入“重复度”问题讨论。而“大同”主要是指在同一法院、甚至是同一审判团队、同一法官在处理批量案件或者撤诉案件时，要么处理案情与处理结果基本相同，要么属于撤诉等案件未作出实体处理的情形，仅是被冠以“张三”抑或是“李四”某案之差异，若要全部予以公开，同样对于有限司法资源是一种显而易见的浪费。可行之法应该是赋予法官对于批量案件可以采取选择一到数件公开的权利，而无需公开全部相同或相似文书；而对于撤诉案件，因文书并无围绕诉请所生事实查明、法律适用及裁判结论等主要内容，仅仅是对诉讼程序权利行使的审查，公开的价值不大，原则上也无需列入上网公开范围。

（三）快与慢：裁判文书公开的速率确定

欲速则不达，过于求快也难免带来负面效果。裁判文书公开快或慢本身并不影响案件处理本身的终局结果，更不会影响当事人的上诉权、异议乃至信访权利。目前，对生效裁判文书上网设置的期限是7个工作日，实践证明期限过短，基层人民法院、办案负荷重的法官多忙于应付，案号与文书不匹配，文书稿与正式签发文本有时难免发生混淆等现象，也占用了正常办案主业所需的时间，需要加以放宽。

1．裁判文书上网应该设置合理缓冲期

按照现行规定，裁判文书生效后7个工作日内应在互联网公布，注意此处使用分别是“工作日”与“公布”，因而涉及给予的准备时间是在裁判文书生效后的7至10天（重大节假日除外）内即应当已经出现在中国裁判文书网上，公之于众。有关研究指出，困扰裁判文书上网耗时长的原因主要是上诉程序的耗时与送达程序的耗时，应当将前置的“案件生效”要件去除，以尽快让裁判文书上网公开，以体现及时迅速。⑮对此，裁判文书公开一方面当然要体现及时性，但从实践出发，7个工作日尚且偏短，再要进一步压缩则更加不切实际，因为一份文书上网在法院内部要经历上、审、发三道程序，中间既有法官、法院的内部核查，也有上级法院二次核查，对于收结案数量巨大法院而言，这无疑是一项工作量极大的工作，对于办案法官而言，需要消耗的精力实际上远不止裁判文书公开这一项，难以兼顾。因此，建议不仅不能压缩7个工作日的期限设定，还应该进一步延长这一期限，较为可取的是原则上设定30日期限，以兼顾法官工作量与裁判文书及时公开的双重要

⑮ 参见杨金晶、覃慧、何海波：《裁判文书上网公开的中国实践——进展、问题与完善》，载《中国法律评论》2019年第6期。

求，这一期限也符合法院内部月度考核与季度考核惯例，便于统计数据与督导问责。

2．裁判文书上网期限应针对不同层级法院区别对待

凡事不能一刀切，作为办案主力的基层法院与作为主要审理上诉案件的二审法院，乃至最高人民法院，所要面对的案件数量、复杂程度及社会影响性都有很大差异。基层法院作为办理一审案件的主力，其主要任务是依法审理好占比最多的一审简易案件，对于裁判文书公开并无紧迫性的必要，事实上也难以做到。因此，如上文所言，应该设置相较30日更长的期限，比如60日，以进一步缓解这项工作带来的负荷。对于中级人民法院、高级人民法院及最高人民法院而言，所办理的案件往往多较为复杂、具有示范效果且社会影响力比较大，基层人民法院亦需及早知悉二审裁判思路与方法，社会公众同样对二审典型或有社会影响力的案件更为青睐，希望尽早获取相关裁判文书。故而对于此种情形，应该设置短于30日的期限，比如20日或者再低一些，以满足公众对文书公开的期待能尽早实现。

（四）长与短：裁判文书公开“留网”的时限确定

裁判文书一经在中国裁判文书网上发布后，作为一种电子数据，在客观上可以做到几乎永久保存，特定自然人或企业的相关涉诉信息将长时间被检索与知悉，虽有助于后来者了解相关信息，但不得不思考的一个问题是，无期限保留抑或是长时间保留是否真的合理？以“谷歌诉冈萨雷斯被遗忘权案”为开端，被遗忘权作为互联网时代的一项新型权利逐渐在世界范围内取得共识，一般认为“被遗忘权是信息主体对已被发布在网络上的，有关自身的不恰当的、过时的、继续保留会导致其社会评价降低的信息，要求信息控制者予以删除的权利”。[16] 被遗忘权的实质就是删除权，即赋予个体对于其个体信息处理的决定权，在一定情形下要求个体信息处理者删除所处理的其个体信息。[17] 这在我国《民法典》与《个人信息保护法》中均有相应规定，具体到裁判文书公开领域，被遗忘权抑或是删除信息权，主要是是否要为裁判文书

⑯ 杨立新、韩煦：《被遗忘权的中国本土化及法律适用》，载《法律适用》2015年第2期。

⑰ 参见程啸：《论〈个人信息保护法〉中的删除权》，载《社会科学辑刊》2022年第1期。

公开“留网”设置一定保存期限，到期届满后给予当事人申请删除的权利。应该说，一方面，当事人对于败诉或负面评价虽应该接受公开带来的“痛苦”，但这种“痛苦”通常而言不应该是无期限的、伴随终生的，导致长年累月生活在过去的阴影之中，应该还原当事人享有免受非规范性评价的权利；另一方面，立法与司法总是在追随社会进步而发生变化，原先合法合理判决在当前和未来则未必是合法合理的，应该允许相关裁判文书及时退出，以完成新陈代谢。当然，对此同样要做到具体问题具体分析，根据不同类型的裁判文书作出不同处理。

1．当长则长

对于最高人民法院发布的指导性案例、公报案例、各类典型案例，外加各地高级人民法院发布的参考性案例，应该说这类典型案例因更多的是要发挥其示范与指引作用，其公开的公益性极强，且往往将在很长一段时间内成为类案裁判的参照对象，有必要长期存在，建议此类裁判文书应该设置“永久保留”与“长期保存”两档，在中国裁判文书网上贴附相应标签，在没有立法修改导致不合时宜或为其他典型案例所替代的情况下，原则上不予删除或在相当长时间内予以保存。

2．能短则短

与数量极其有限的上述典型案例相比，绝大多数案件是较为普通的非典型案例，只是每一份裁判文书涉及的当事人是具体的、特殊的。对于此类裁判文书，只要完成其为一般公众在一定期限内自由知悉的功能后，应该允许当事人申请撤回，以保障其应享有的被遗忘权得到实现。建议将这类案件的裁判文书的保存期限设置为3至7年，具体由承办法官负责裁量，以维持裁判文书公开有进有出，达到动态平衡。

（五）外与内：不同主体查阅裁判文书的权限设置

当前，裁判文书经由中国裁判文书网公开，是面向全体公众的，每一个访问者所享有的查询权限是一样的，体现了其开放性与平等性。但不同群体的任务不同、需求不同，对所要获取的裁判文书同样有不一致要求，这是裁判文书公开限度中的一个次生问题。对此，具体可从分层与分级两个方面展开。

1．按照不同群体分层授予权限

如法官、律师、当事人、专家学者、一般公众对于裁判文书的查询检索要求不同，专门从事法律职业者要求更加便捷、高效、精准地获取到数量适中、质量较高的法律文书，而非从事法律职业的人员则可能更多的是学习、了解相关法律知识所用，对数量或质量，尤其是便捷度没有那么高的要求。要实现这一目标，就必须对现有的中国裁判文书网进行再精细化补强，优化其检索功能，更为基础的是要做好原始数据的维护与深度加工工作。完成这项工作，需要特定人财物支撑，对专业技术与持续资金投入都有要求，靠法院内部协调消化很难，建议可以设置分层但有偿的查询检索机制，即对需要获取精加工的文书采取有偿查阅，对其他获取原始文书的采取免费查阅，实现一定程度的反哺，做到裁判文书公开对群体分层的兼顾与发展迭代的良性循环。

2．按照法院内外有别分级授予权限

当前，法院干警查询检索裁判文书与法院系统外是同一个平台，能够看到、查到、下载的裁判文书是一致的。但很多很有借鉴意义的裁判文书因为不便于向社会公众开放而一并让从事审判工作的审判人员也被拒之门外，导致遭遇相似案件一时难以寻觅到合适案例以供参照，不利于审判工作的互鉴共进。因此，建议在中国裁判文书网中为法院系统访问者授予更高权限，将部分原本不宜公开的法律文书设置为内部公开，供审判人员查询检索使用，以最大程度释放裁判文书公开的效能。对于法院系统以外的访问者，原则上则授予一般访问与检索权限，对于其中有特别需求者，可以指定对应的申请审核机制，允许其进入特定场所获取更高检索权限。

（责任编辑：李瑞霞）

如何推理与说理：案件事实认定的方法及路径新探
——基于“图尔敏模型”对“三段论”的超越

周天娇*

一、引言

事实认定与法律适用是法官在每一起案件中都要面临的两大问题，相较而言，前者往往会牵扯法官更多的精力。这是因为，案件中的“事实”并不是现成的，而是需要法官根据证据进行一定的推理方可探知的。长期以来，关于如何通过证据推理得到事实的问题，理论与实务界比较关注作为起点的“证据”，“证据三性”人尽皆知；也比较关注作为终点的“事实”，证明标准（何为证明成功）和证明责任（证明失败后又当如何处理）被反复研究；但对于究竟如何实现从证据到事实的跨越，即推理过程本身，却鲜有讨论。与之形成鲜明对比的是，司法实践中很多事实认定错误或者事实认定“看上去”错误，皆是证据推理及其延伸的说理环节出现问题所致，这些情况的存在严重损害司法的权威性和公信力，亟需有所改变。笔者正是聚焦于此展开论述，重点探讨案件事实认定中的证据推理与说理问题，以期为法官作出更准确、更具说服力的“事实认定”提供方法论上的支持。

二、问题呈现：事实认定错误的类型化分析

证据的价值在于证明，证明的目的在于最大程度地还原“客观事实”。如

* 周天娇，法学硕士，上海市浦东新区人民法院外高桥法庭审判员。

果法官根据证据最终认定的“法律事实”与“客观事实”之间出现了较大幅度的偏离，那么可以说，事实认定错误。

审判实践中，这种错误通常表现为三种类型：要么过于保守——应当认定的事实没有认定；要么过于激进——不应认定的事实反被认定；要么是一种更为遗憾的结果——恰当的认定却没有在裁判文书中予以恰当的展示。前两种类型是证据推理出现了问题，可谓实质意义上的事实认定错误，第三种类型是证据说理出现了问题，可谓形式意义上的事实认定错误，下面通过几则案例具体呈现事实认定错误的主要情形。

（一）实质意义上错误：证据推理进退无度

1．怠于推理

表 1　法官怠于推理导致事实认定错误的典型案例

<table>
<tr><th>序号</th><th colspan="3">基本案情</th><th>待证事实</th><th>已有证据</th><th>推理难度</th></tr>
<tr><td rowspan="3">案例 1</td><td colspan="3">原告半年之内先后三次向被告出借款项，前两次借据上均约定“月息一分”，最后一次借据上记载“一年利息一分”，原告主张最后一笔借款利息亦为“月息一分”，而非“年息一分”。</td><td rowspan="3">利率标准</td><td rowspan="3">（1）三张借据</td><td rowspan="3">★</td></tr>
<tr><td colspan="2">原审</td><td>再审</td></tr>
<tr><td colspan="2">“原告对此未能提供相关证据予以证明”，不予支持</td><td>改判支持</td></tr>
<tr><td rowspan="3">案例 2</td><td colspan="3">原告系《黄土高坡》等音乐作品著作财产权继承人，诉称被告歌舞厅无授权使用涉案作品，为此，原告提供了其在被告处消费时拍摄的场景照片、点播歌曲的视频和消费记录等证据。</td><td rowspan="3">侵权行为</td><td rowspan="3">（1）被告歌舞厅场景照片
（2）原告取证人员点播歌曲的视频
（3）消费记录</td><td rowspan="3">★★</td></tr>
<tr><td>一审</td><td>二审</td><td>再审</td></tr>
<tr><td>上述证据不能证明被告存在侵权行为，遂驳回</td><td>维持</td><td>原告证据形成证据链，可以认定侵权事实，故改判</td></tr>
</table>

续表

<table>
<tr><th>序号</th><th colspan="2">基本案情</th><th>待证事实</th><th>已有证据</th><th>推理难度</th></tr>
<tr><td rowspan="3">案例3</td><td colspan="2">甲、乙公司签订《股份质押借款合同》，但未办理质押登记。乙未按时还款，甲起诉，在甲起诉前20日，乙与其实际控制人丙签订《质押合同》(合同特别订有“担保独立性”条款)，将原本应质押给甲的股份质押给丙，并于当日办理了质押登记，质押后，乙已无其他有价值财产。甲认为乙、丙系恶意串通损害甲利益，起诉请求确认《质押合同》无效；乙辩称其自丙处借款8亿，故签订《质押合同》。经查，所谓借款无对应银行流水。</td><td rowspan="3">恶意串通</td><td rowspan="3">（1）乙、丙签订的《质押合同》(订有“担保独立性”条款）和《借款合同》
（2）乙公司责任财产资料
（3）企业股权登记信息
（4）银行流水</td><td rowspan="3">★★★</td></tr>
<tr><td>一审</td><td>二审</td></tr>
<tr><td>甲诉请证据不足，不予支持</td><td>综合考虑各项证据，可以认定乙、丙恶意串通，遂改判</td></tr>
</table>

案例1、[1]2、[2]3[3]中，根据已有证据判断待证事实存在与否的难度依次增加，但无论难度系数如何，相比于复杂的证据推理而言，很多法官更喜欢“不推理”；相比于“证明”而言，很多法官更喜欢“不证明”。法官更倾向于以一句“无相关证据予以佐证”便消极结案。确实，证据推理是一项耗时耗力的工作，远不如“不推理、不证明”来得简单方便，但如果因此就选择后者，实则是一种“司法懒政”。这种现象的广泛存在将导致很多隐匿于证据之后的事实无法得到认定，由此，当事人在诉讼中所承担的不仅是“举证”风险，还有“法官怠证”风险。

2. 滥用推理

滥用推理，最典型的莫过于“彭宇案”。“彭宇案”并非个例，类似的情形还时有发生。

① 参见山东省昌邑市人民法院（2006）昌民再初字第2号民事判决书。

② 参见最高人民法院（2021）最高法民再118号民事判决书。

③ 参见最高人民法院（2018）最高法民终487号民事判决书。

案例4：④ 王某诉杜某、姚某民间借贷案，王某向杜某出借1500万元，之后杜某偿还了部分款项，其中有一笔80万元的还款系通过妻子姚某的银行账户支付。一审认为，根据上述证据即可推理认定姚某对杜某借款具有追认的意思表示，涉案债务为夫妻共同债务；二审认为一审的推理依据不足，遂改判姚某无责。

案例5：⑤ 赵某诉陈某1、陈某2民间借贷案，赵某系陈某1母亲，陈某1、陈某2系夫妻。2013年3月，被告夫妻购房一套，赵某出资24万余元。2016年8月，陈某2起诉离婚；同期，赵某提起本案诉讼，主张涉案24万余元系对被告夫妻的借款，要求共同偿还，并提供了陈某1签字且落款时间为2013年3月的借条一张。经司法鉴定，“排除借条笔迹为2013年3月期间书写的可能性”。一审认为，即便如此，鉴于涉案款项已由被告夫妻收取并用于购房，仍应推定借贷关系成立，故支持原告诉请；二审改判全案驳回。

以上两则案例及“彭宇案”均是因为法官在运用证据推理事实时过于冒进，从而导致事实认定错误。类似的证据推理缺乏正当理由的支持，构成“滥用”。与“怠于推理”的情形相比，“滥用推理”在实践中发生的频率相对较少，但其对司法权威的破坏性更大，一次无逻辑、不严密、非正当的推理，可能造成的危害结果远比“不推理、不证明、不认定”更为严重，“彭宇案”就是深刻的教训。

（二）形式意义上错误：证据说理表达无力

除了上述实质性错误外，还有一种更为可惜的情形：法官运用证据进行了恰当的推理，却没有在裁判文书中予以恰当的展示，“正义”没能以“看得见的方式”实现，这也是一种“事实认定错误”。毕竟，“法律事实”是一种主观事实，如果法官的个体确信不能得到社会大众的普遍认同，那就是“不真实”，甚至可以说法官“伪造”了事实。

④ 参见陕西省高级人民法院（2018）陕民终950号民事判决书。

⑤ 参见江苏省连云港市中级人民法院（2017）苏07民终1857号民事判决书。

表 2　关于证据推理规范要求与实践情况的对比

<table>
<tr><th colspan="3">规范要求</th><th rowspan="2">说理实况</th></tr>
<tr><th>年份</th><th>文件名称</th><th>相关内容</th></tr>
<tr><td>2006</td><td>《关于加强民事裁判文书制作工作的通知》</td><td>* 要强调案件事实的公开性和完整性、证据认定的逻辑性</td><td rowspan="5">案例 6：甲诉乙公司等财产损害赔偿案，甲自某村生产队承租了一块土地用以种植苗木，后遇拆迁，甲某日发现有人闯入土地并拆移了大量苗木，经甲调查，为乙派人所为，故起诉要求乙赔偿损失。
甲提供的关键证据：（1）乙在他案（丙公司诉乙财产损害赔偿案，丙公司承租的土地与甲地毗邻，也是用于种植苗木）中的陈述，确认其曾派人整治土地约 10 亩，丙地为其中一部分；（2）甲发生苗木毁损后的报案记录。
乙在本案中抗辩：确实整治过丙周边土地，但其中不含甲地。
原审一审：“原告援引乙公司在他案中对他人财产实施损害行为的陈述作为依据，显然缺乏必然性、关联性”，判驳。
原审二审：事实认定不清，发回重审。
重审一审：“原告未能提供其涉案苗木遭被告侵权损害的直接证据，故本院对原告主张的侵权事实难以采信”，再次判驳。
重审二审：“乙公司在他案中陈述确认，对丙公司用地进行整治时，该案所涉土地只是一部分……针对上述整治行为，甲曾要求公安机关履行法定职责……结合上述事实，可以认定乙公司整治范围包含了本案所涉土地。”</td></tr>
<tr><td>2009</td><td>《关于司法公开的六项规定》</td><td>* 应当充分表述证据的采信理由、事实的认定、适用法律的推理与解释过程，做到说理公开</td></tr>
<tr><td>2012</td><td>《关于在审判执行工作中切实规范自由裁量权行使　保障法律统一适用的指导意见》</td><td>* 要加强对案件事实认定理由的论证，使当事人和社会公众知悉法院对证据材料的认定及采信理由</td></tr>
<tr><td>2016</td><td>《人民法院民事裁判文书制作规范》</td><td>* 要说明事实认定的结果、认定的理由以及审查判断证据的过程</td></tr>
<tr><td>2018</td><td>《关于加强和规范裁判文书释法说理的指导意见》</td><td>* 要阐明事理，说明裁判所认定的案件事实及其根据和理由，展示案件事实认定的客观性、公正性和准确性
* 依据间接证据认定事实时，应当围绕间接证据之间是否存在印证关系、是否能够形成完整的证明体系等进行说理
* 采用推定方法认定事实时，应当说明推定启动的原因、反驳的事实和理由，阐释裁断的形成过程
* 不能未经分析论证而直接使用“没有事实及法律依据，本院不予支持”之类的表述作为结论性论断</td></tr>
</table>

就裁判文书中的证据和事实说理问题，最高人民法院多次发文意欲规

范，表2左侧的梳理清晰地反映出相关规定愈来愈细，然而与越来越高的说理要求相比，目前，裁判文书的落实情况并不乐观，如表2右侧所示，案例6⑥的争议事实系侵权行为存在与否，这个问题只有两个可能的答案，要么“是”，要么“否”，没有中间地带，从这个意义上说，一、二审之间必定有一个推理结论是符合“客观事实”的。然而阅读两级法院的裁判文书，可以发现一审认定侵权行为不存在，但并没有说清楚为什么“不存在”，特别是在乙已自认整治了丙周边土地后，法院又是如何将“甲地”排除在“周边”范围之外的；而二审认定侵权行为存在，也没有说清楚“甲地”落入乙“整治地”范围的推理过程，当事人及社会公众并不明白所谓的“事实”是如何被法官“结合”出来的。证据推理作为一项极具过程性的思维活动，在裁判文书中却被“高度折叠”了，这就难以形成强大的说服力。

（三）小结

以上实证分析显示，面对案件中纷繁复杂的证据，很多法官主观上不积极推理，客观上也不擅长推理，因此习惯于不推理；长期疏于训练的必然结果就是一旦启动推理，很容易出现错误，走向另一个滥用的极端；即便推理恰当，也常常困惑于如何在裁判文书中进行恰当的说理。而所有这些，随着司法公开进程的加快以及裁判文书上网的普及，又极易引发负面舆论反馈，更加动摇法官进行证据推理及说理的信心和意愿，由此，案件事实认定错误频发，并形成一个“恶性循环”。

三、原因剖析：事实认定过程的全流程反思

如果说“事实认定”是司法活动对外输出的一种“法律产品”的话，那么上述几则颇具代表性的案例则反映出这一产品目前存在着一定的“质量问题”。回溯“生产流程”可以看到，事实是法官经由证据出发，通过逻辑推理作出的判断，这一流程有三个关键环节，依次是“证据”的输入，“推理”

⑥ 原审参见上海市浦东新区人民法院（2017）沪0115民初43518号民事判决书和上海市第一中级人民法院（2018）沪01民终7072号民事裁定书；重审参见上海市浦东新区人民法院（2019）沪0115民初13567号民事判决书和上海市第一中级人民法院（2019）沪01民终12818号民事判决书。

的过程和“结论”的输出。事实认定经常出现类型化错误，说明整个推理流程可能存在系统性缺陷，需要对这其中的一些固有认识及习惯做法进行深刻反思。

（一）“输入端”反思：直接证据与间接证据

实践中，需要进行复杂推理的情形，多发生在仅有间接证据的情况下。很多法官不愿意启动证据推理以认定事实，溯其根源，可能远未触及推理方法论缺失的层面，而是源于对间接证据根深蒂固的偏见，他们常认为，“间接证据不可靠”，“间接证据证明力有限”，“间接证据不足以佐证事实”。所谓间接证据，是相对于直接证据而言的。根据理论通说，直接证据是能够单独、直接证明案件主要事实的证据，除此之外的为间接证据。⑦或许是因为直接证据“直接”之表面含义，人们普遍认为此类证据“系可准确了解过去的追溯窗口”，⑧法官亦是如此，故其于“事实认定”的“输入端”便存在结构性偏好，更认可并依赖直接证据，如果没有直接证据，便倾向于认为事实“不存在”，因此，也就没有进一步基于各种间接证据进行推理的内在动力了。但是如今，越来越多“应当认定但未予认定”的事实，让我们不得不重新思考这样一个命题：直接证据的证明力一定大于间接证据吗？

第一，直接证据与间接证据的区分在于证据证明事实的方式不同，如果证据能够“直观呈现”事实，那它就是“直接证据”，而如果是“间接反映”事实，那它就是“间接证据”。常见的直接证据多体现为言词证据，如当事人陈述、证人证言等。但证据与待证事实之间具有更显然的关系，并不意味着证明力就更大，这一点其实非常容易理解，当事人自己陈述的内容以及证人陈述的内容，就一定是事实吗？就一定比物证、书证等间接证据来得更可靠吗？显然不是。人们常常错误高估直接证据的证明力，在根本上是

⑦ 参见何家弘主编：《新编证据法学》，法律出版社2000年版，第127—129页；陈卫东、谢佑平主编：《证据法学》，复旦大学出版社2005年版，第115页；卞建林主编：《证据法学》，中国政法大学出版社2007年版，第205页；樊崇义主编：《证据法学》，法律出版社2012年版，第255页。

⑧ Richard K. Greenstein，determining facts：The myth of direct evidence，45 *Hous.L.Rev.* 1804（2008—2009）. 转引自陈盛：《直接证据与间接证据是否可分——评格林斯坦〈事实认定：直接证据的迷思〉》，载《证据科学》2017年第5期。

因为将直接证据的“直观反映”性与其证明力相混淆了。⑨因为这一弊端的存在，学界已出现一种声音，强烈呼吁修正甚至取消直接证据与间接证据的分类。⑩

第二，直接证据并不绝对可靠，有时甚至会掩盖有用的间接证据或者阻碍有效的推理论证，类似的实例并不鲜见，例如前述案例1，该案原审法官之所以认定事实错误，盖因过于相信直接证据——“借条”的记载，而放弃了该有的逻辑推理，其实只要稍加思考便可知，同一时期的市场利率一般不会有太大的波动，年息一分显然不是一个正常的、可接受的标准。此外，过于迷信直接证据还会导致很多案件事实消弭于无形，就像案例2和案例3中的待证事实，通常不会有所谓的“直接证据”，法官如果不接受“间接证据”并积极进行推理的话，那么绝大多数争议事实都难逃“无相关证据予以佐证”的命运。

第三，2001年公布的《最高人民法院关于民事诉讼证据的若干规定》(以下简称《证据规定》)第七十七条曾规定“直接证据的证明力一般大于间接证据”，这一规定曾一度导致法官排斥间接证据。但随着越来越多反面事例的涌现，2019年新修订后的《证据规定》已删除了这一条文。修订起草者解释，该条文“具有法定证据主义色彩且不符合民事审判规律”，故予以删除。⑪证据规则虽已发生重大变化，但一线法官的思维定势尚未完全扭转，对直接证据的路径依赖尚未完全破除。这是亟须作出进一步改变的，毕竟，接纳包括间接证据在内的所有证据类型，是推动证据推理的逻辑起点。

（二）“过程端”反思：演绎推理与归纳推理

证据承载着事实，但证据本身不是事实，证据向事实的转化还需要经过逻辑推理。一般认为，大陆法系成文法国家的裁判逻辑是演绎推理。⑫按理

⑨ 参见周洪波：《“直接证据”的迷思》，载《法律科学》2021年第2期。

⑩ 参见周洪波：《“直接证据”的迷思》，载《法律科学》2021年第2期；另参见纪格非：《直接证据真的存在吗？——对直接证据与间接证据分类标准的再思考》，载《中外法学》2012年第3期。

⑪ 参见郑学林、宋春雨：《新民事证据规定理解与适用若干问题》，载《法律适用》2020年第13期。

⑫ 胡学军：《推导作为诉讼证明的逻辑》，载《法学研究》2011年第6期。

说，演绎推理可以保证结论为真，但现实中频发的“误推”情形，又当如何解释？这里需要：

一问，证据推理到底是不是演绎推理？演绎推理属于严格的形式逻辑，是一种从一般到特殊的推理，结论的有效性完全依赖于前提的周延性，反过来说，前提（主要是大前提）是否周延直接决定演绎是否成立。案件审判中，“法律适用”过程即为一次经典的演绎推理过程，如下图所示。

所有的M是P	（所有的）违约（都）应当承担违约责任
S是M	甲的行为构成违约
S是P	甲应当承担违约责任

图1　演绎推理“三段论”

在这里，大前提（所有的M是P）的周延性由国家法律的强制力予以保证，没有人可以凌驾于法律之上，任何满足法律要件的行为都将确定无疑地触发法律后果，因此，演绎“三段论”成立并有效。那么，证据推理又是什么情况呢？

M（一般）是P	天鹅（一般）是白色的
S是M	观察到一只天鹅
S是P	这只天鹅是白色的

图2　归纳推理“三段论”

从外在形式上看，似乎也是一次“演绎”，但为何结论却经常发生错误（出现黑天鹅）？问题就在于“证明事实是一种实践推理，作为前提的证据很难达到周延，适用的前提条件无法得到满足”，⑬ 所谓“大千世界，无奇不有”，M是很难被穷尽的。失去了“前提周延性”这个核心要素，证据推理便不是演绎推理。

二问，证据推理既然不是演绎推理，那它又是什么？这里需要继续关注上图中的“大前提”——M为何（一般）是P？应该是源于人类社会长期的观察与总结。

⑬　栗峥：《司法证明的逻辑》，中国人民公安大学出版社2012年版，第46页。

M_1 是 P	观察到的第一只天鹅是白色的
M_2 是 P	观察到的第二只天鹅是白色的
M_3 是 P	观察到的第三只天鹅是白色的
……	……
（M_1、M_2、M_3……M_n 是 M 类的部分对象）	
所以，M 一般是 P	天鹅一般是白色的

图 3　归纳推理的形成过程

这是典型的归纳，而且是不完全归纳。虽然同属形式逻辑，但与演绎不同，归纳是一种从特殊到一般的推理，它难以涵盖所有的情况，即便已经观察到的 N 只天鹅都是白色的，第 N ＋ 1 只仍有可能非白色。案件审判中，证据推理亦是如此，作为大前提的经验法则具有或然性，从这个角度透视下来，证据推理虽然同样具有“三段论”的形式，但实质上是一个不完全的归纳推理。由此，也可以看到，司法裁判逻辑其实不能一概而论，在“法律适用”阶段确实是演绎，但在“事实认定”阶段本质为归纳。

三问，证据推理作为一种归纳逻辑，具有什么样的特征？这仍然要从与演绎推理的比较说起。前已述及，演绎推理的核心是大前提的周延性，当前提为真时，结论必为真，因此，演绎具有“保真性”的特征。然而，归纳无法“保真”，结论的内容有可能超出前提的范围。固然，随着观察样本数的增加，下一个样本落入预期范围内的概率不断增大，甚至可以无限地趋近 100%，但这仅仅是理论上的假设，真实场景下的证据推理，与理想情况还存在较大差距。实务中，证据永远是稀缺的，经验永远是有限的，所以实际能够得到的或然性也必有所折扣。充分认识到这一点，认识到证据推理的或然性，可以使法官永远保持一种清醒，即时刻警惕“例外”。前文案例 4 与案例 5 中的误推现象，其产生原因就在于法官忽视了证据推理作为一种归纳逻辑的本质属性。

四问，归纳逻辑下的证据推理既然不能“保真”，那它是否还可用？这就回归到一个原始问题，既然演绎可以“保真”而归纳不能，那么，归纳又何以存在？这是因为演绎推理中，从前提到结论之间，不会发生任何“信息增量”，⑭

⑭　参见栗峥：《证据链与结构主义》，载《中国法学》2017 年第 2 期。

人类无法通过演绎获取新的知识；而归纳的不确定性意味着可能发现新的信息。具体到案件审判中，“事实”不是现成的，“事实”是需要法官去发现的，证据推理虽然不能保证法官所发现的“事实”一定是客观事实，但却至少可以有所“发现”，与此同时，它也不拒绝其他可能性的存在。归纳虽然不能“保真”，但可以“保值”，当这一数值超过法定临界值（证明标准）时，结论就是可接受的。

演绎：　M是P，S是M→S是P

（传递必然性，保真）

归纳：

M［不大可能／有可能／很可能／很大可能］是P，S是M→S［不大可能／有可能／很可能／很大可能］是P

（传递或然性，保值）

图 4　关于演绎推理与归纳推理特征的反思

（三）“输出端”反思：隐匿式表达与可视化呈现

倘若法官能够无偏地输入（间接）证据，并且能够充分认识到证据推理的（或然性）属性，进而有所警惕和防范，那么推理的结论大概率将是正当的、合理的，此时，便到了最后的“说理”输出环节。在证据与事实说理这个问题上，前文案例 6 的裁判文书反映出法官更喜欢选择一种隐匿式的表达方式，这种现象的产生有以下两方面的原因。

一是由于法官的“无知”。这里的“无知”并非贬义，而是意在客观描述法官的认知状态：法官实则并不清楚推理思维的形成过程与具体细节。很多法官都有这样的经历，一场庭审下来，内心确信已然形成，但若要详细阐述到底是经由哪些证据，如何一步步形成心证的，恐怕会“无语凝噎”。有学者分析，之所以会出现这种现象是因为法官结论的形成往往是基于日常思维模式下的“直觉”和“顿悟”，而非来自精密论证；“直觉”和“顿悟”是跳跃性的，所以难以被还原为逻辑推理。[15] 法官若不能完整地追踪思维的形成过

[15] 参见封利强：《我国刑事证据推理模式的转型：从日常思维到精密论证》，载《中国法学》2016 年第 6 期。该文虽以刑事证据推理为研究对象，但依笔者所见，其中关于证据推理的观察与分析具有普遍适用性，民事诉讼领域存在相同的问题。

程，也就只能用一种大而化之的方式泛泛而谈了。

二是由于法官的“顾虑”。这里的“顾虑”主要来自法官对于自己撰写的裁判文书将接受全面审视的担忧。裁判文书一经作出，必将受到当事人、上级法院和社会公众的高度关注，其中关于事实认定的论证说理部分也将是各方审查的重点。很多法官在此常常会有“多说多错”的顾虑，出于自我保护的本能，他们宁愿选择一种模糊化的表达方式，而不愿意将自由心证的种种细节置于舆论评判的“放大镜”之下，特别是在“彭宇案”之后，法官更是心有余悸，久而久之，便形成了“隐匿式表达”的说理习惯。

但是如今，不管是因为“无知”还是“顾虑”，隐匿式的说理方式显然已无法适应新时代司法公开的要求，裁判文书强化论证说理的改革早已拉开序幕。人民群众想要看得见法官的“思维”，可视化的呈现方式就是大势所趋。当然，想要法官写得出“思维”，首先要帮助法官看得到“思维”，而这需要一些逻辑工具和方法论上的支持，本文第三部分将着重探讨这个问题。

（四）小结

经过以上反思，可以发现，在证据向事实的转化中，推理是说理的基础，说理是推理的表现。跳出事实认定“恶性循环”，首先要正视各类证据积极进行推理，然后要努力保证推理的恰当性，最后还要把恰当的推理予以充分说理，以此提升结论的可接受度，获得正面反馈，从而构建起一个“良性循环”。

四、路径重塑：事实认定证据推理模型的结构式再造

通过反思，可以发现解决事实认定失误问题的大致方向和路径，简而言之，就是在认识并防范证据推理或然性的基础上应推尽推、应证尽证。然而，这仅仅是一个开始，接下来的问题就是究竟如何进行证据推理？这是一个方法论上的难题，如果不能突破这个难题，那么，事实认定仍会重蹈覆辙，再次陷入“恶性循环”之中。而如何根据证据进行推理的问题，实则面向两个层面：一是微观层面，即单个推理的论证模型；二是宏观层面，即多个推理的组合结构。

（一）单个推理的论证模型

1. 新论证模型的引入

传统的证据推理是在“三段论”指引下进行的，但前已述及，“三段论”

是演绎逻辑下的论证模型，其与归纳逻辑下的证据推理无法完全匹配，容易造成误推、误证的现象。因此，为了避免事实认定错误，需要为证据推理寻找一个更为有效的逻辑工具，并在新逻辑工具的指引下开辟新的推理路径。早在上个世纪，被称为“当代论证理论的创始人之一”的英国哲学家斯蒂芬·图尔敏[16]就意识到，人类实际所用的论证是发生于不同场景下的，不同场景应使用不同的论证方式；包括法律论证在内的绝大多数实践论证与纯数理论证不同，它们需要有自己的论证模型。[17]为此，图尔敏对“三段论”进行了改造，构建出一个新模型，后世称为“图尔敏模型”。“图尔敏模型”图示[18]如图5、表3，共包含六个要素：

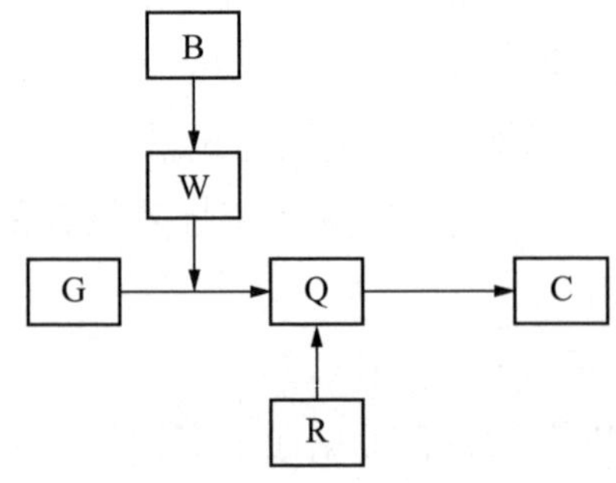

图5 “图尔敏模型”图示

表3 “图尔敏模型”要素释义

序号	英文缩写	中文名称	含义	备注
①	C（Claim）	主张	想要证明和确立的结论	相当于“三段论”中的“结论”
②	G（Grounds）	根据	用以支持结论的事实	相当于“三段论”中的“小前提”

⑯ 有关斯蒂芬·图尔敏的学术生平，参见宋旭光：《理由、推理与合理性——图尔敏的论证理论》，中国政法大学出版社2015年版，第14—51页。

⑰ 参见张留华：《批判性思维教育的一个议题：教人论证还是教人探究——罗素、杜威和图尔敏》，载《华东师范大学学报（教育科学版）》2021年第6期。

⑱ S. E. Toulmin，R. D. J. Rieke，et al.，1984，An introduction to Reasoning，New York：Macmillan Publishing Co.，Inc. and Collier Macmillan Publishers. 转引自王建芳：《基于论辩的论证结构研究——费里曼模型与图尔敏模型的比较》，载《逻辑学研究》2016年第3期。

续表

序号	英文缩写	中文名称	含义	备注
③	W（Warrant）	保证	从 G 推断到 C 所遵循的道理或知识	相当于“三段论”中的“大前提”
④	B（Backing）	支撑	对 W 的进一步支持	新增要素，用以衡量 W 有效性
⑤	Q（Model Qualifiers）	模态限定词	由 G 推断到 C 的论证强度	新增要素，用以描述推理程度
⑥	R（Rebuttal）	例外	能够废止 C 的例外	新增要素，用以排除例外情况

下面，首先以一个例子直观地展示“图尔敏模型”的运作过程。

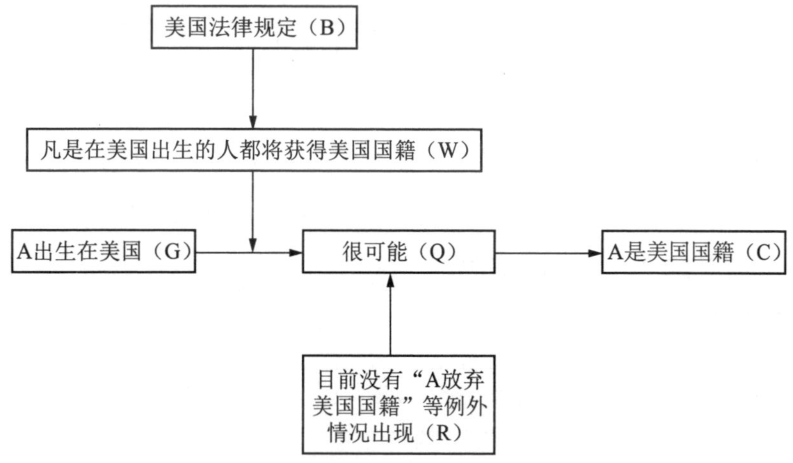

图 6 “图尔敏模型”运作过程

通过该模型，可以推理出“很可能 A 是美国国籍”的结论。在这里，为了避免推理或然性可能导致的错误，新增的三个要素起到了重要的作用：以 B 检验 W 有无深层支持（这里的支持可能来自法律规则、自然规律、社会科学等一切知识），以 Q 限定 C 的或然性程度（是“很大可能”还是“很可能”，是“有可能”还是“不大可能”等），以 R 提示可能出现的例外情况（即使是“很大可能”，但只要不是 100%，就有可能遇到“例外”）。由此，借助“图尔敏模型”便可实现对推理或然性这一抽象问题的检验。

2.“图尔敏模型”的试用

从理论上分析，“图尔敏模型”注意到了绝大多数实践论证所具备的或然性特征，并采取了有效的预防手段以保证结论的可靠性，但其在证据推理及事实认定中是否确实有效，还需要进一步验证。前文提及三个误推典型案例（“彭宇案”、案例 4 和案例 5），下面便将其分别置于“图尔敏模型”下运行，以观察该模型可否有效阻断误推进程。

（1）“彭宇案”

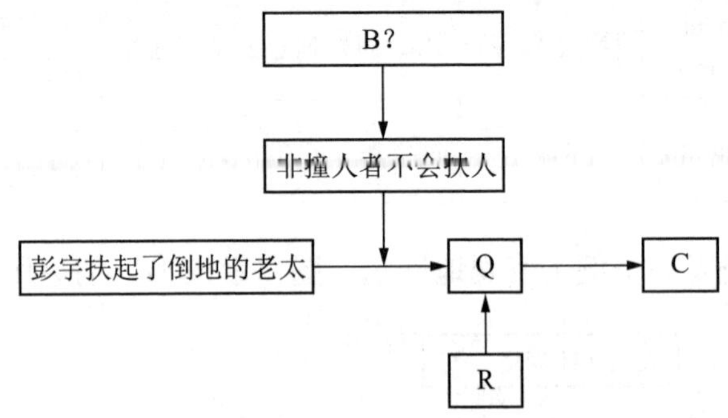

图 7 “彭宇案”试运行过程与结果

当法官想要使用“非撞人者不会扶人”这个 W 时，却发现无法为其找到 B，无论社会学、心理学、哲学、经济学等，都无法为该 W 提供充分的理论支持，推理在这个环节就宣告结束了。

（2）案例 4

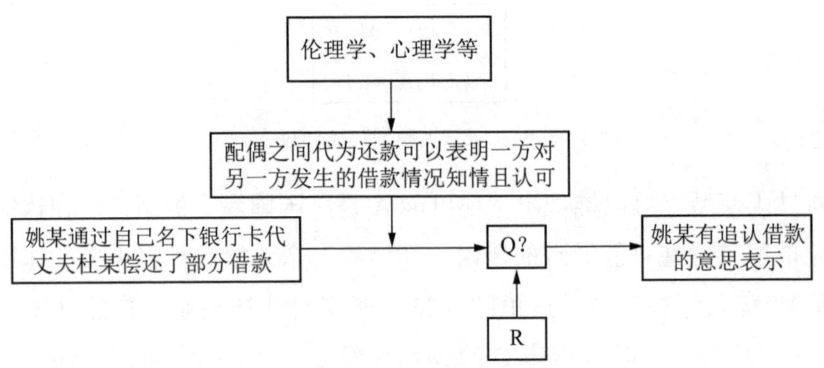

图 8 案例 4 试运行过程与结果

当法官使用“配偶之间代为还款表明一方对另一方发生的借款情况知情且认可”这个 W 时，还是能够找到相应的 B 的，这是基于特殊亲密关系下的正常行为，但问题是，如果仅有一次还款行为，由 G 经 W 及 B 到 C 的 Q 值有多大呢？能说“很可能”吗？恐怕不行，最多是“有可能”，这就达不到推理的法定盖然性标准了。

（3）案例 5

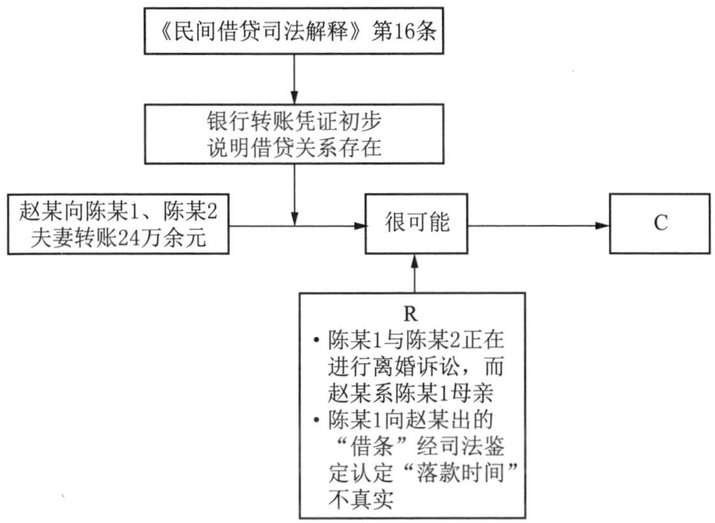

图 9　案例 5 试运行过程与结果

逻辑上而言，仅凭银行转账凭证并不能说明双方之间存在借贷合意，毕竟买卖、赠予、投资等很多关系都会产生资金往来，但在这里，《最高人民法院关于审理民间借贷案件适用法律若干问题的规定》第十六条进行了“法律拟制”，准许法官如此推理，法律规则为 W 提供支撑。既然法律有所规定，那么 Q 值能满足盖然性要求，但在最后环节 R 的出现击败了 C。

上述“试运行”结果显示“图尔敏模型”是有效的，它借助新增的三个要素从三个环节依次检验证据推理的可靠性。而且，经过“试用”，还发现虽然“彭宇案”、案例 4 和案例 5 事实认定出错的根本原因在于没有防范证据推理的或然性，但具体表现上还是有所区别：“彭宇案”的失误是因为论证支撑不牢固；案例 4 有了支撑，但或然性偏低；案例 5 既有支撑，或然性也已达到法定标准，但最后却出现了例外。

表 4　典型案例推理失误的具体原因分析

案例	存在 B	Q 达标	排除 R
彭宇案	×	—	—
案例 4	√	×	—
案例 5	√	√	×

3．“图尔敏模型”的流程

总结以上“试用”经验，梳理出“图尔敏模型”在证据推理中的一般运用流程：（1）确认G的真实性、合法性和关联性；（2）调取作为W的逻辑与经验法则；（3）寻找可为W提供支撑的B；（4）评估由G经W、B到C的Q值；（5）警惕案件中可能存在的R；（6）获得可接受的C。在上述六个步骤中，（1）（2）（6）是传统“三段论”模型中固有的步骤，（3）（4）（5）是为了提升结论可靠性而新增的步骤。“图尔敏模型”的运行，需要法官在案件审理中，及时、充分地向当事人释明所要使用的W，并由当事人对其有无B，Q值大小以及有无R发表对抗意见，以此检验推理的支撑力、或然性与例外可能，法官在此基础上做出最终判断，显然，“证成”事实需要“有B有Q而无R”，其余情形均“证否”。

4．“图尔敏模型”的优势

概括而言，“图尔敏模型”的优势体现在以下四个方面：（1）针对性，它是针对非演绎推理的论证模型，与证据推理属性相互契合；（2）传承性，它承继了传统“三段论”的基本架构，易于法官接受和掌握；（3）创新性，它增加了三个论证要素，实现对推理结论可靠性多层次多环节的校验；（4）实用性，前述“试用”过程显示“图尔敏模型”是有效的，此外，在我国，已有将“图尔敏模型”用于刑事证据推理的探索，[19]而民事证据推理与刑事证据推理本质上有诸多共通之处，同样可以借鉴运用。

（二）多个推理的组合结构

1．组合结构的类型

事物是普遍联系的，证据也是普遍联系的，使用单一证据经过一次推理就可完成事实认定的情形在实务中是罕见的，绝大多数情况下，一个待证事实的证实或证伪均是建立在多个推理之上的。虽然从逻辑上说，数个推理之间可能形成的组合关系有数种，[20]但在实务场景下，基本的组合结构其实有

---

⑲ 参见封利强：《我国刑事证据推理模式的转型：从日常思维到精密论证》，载《中国法学》2016年第6期。

⑳ 推理组合关系主要有耦合结构、聚合结构、协同结构、分散结构等，参见陈波：《逻辑学导论》，中国人民大学出版社2015年版，第234页。

两种：㉑

（1）串联结构：

$G_1 \rightarrow C_1$（G_2）$\rightarrow C_2$（G_3）$\rightarrow$……$\rightarrow$待证事实

图 10 “串联结构”示意图

串联结构下，形成“推理的推理”，G_1 推理得到 C_1，而 C_1 既是上一节推理的“结论”，亦是下一节推理的“根据”，由此开启新一轮推理，直至“待证事实”。

（2）并联结构：

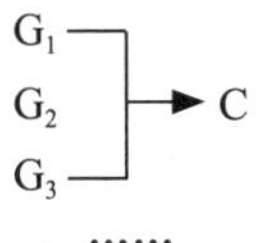

图 11 “并联结构”示意图

并联结构下，数个 G 共同支持了同一个结论 C，这种“共同支持”既包括“独立证明，相互补强”式的关系，也包括“协同证明，缺一不可”式的关系。

串联结构与并联结构是组合结构的基本类型，而一个案件中很可能存在“组合的组合”的情况，通过串、并联结构层层嵌套，最终实现从证据到事实的转换。

2. 组合结构的影响

结构对于推理的影响主要体现在整体 Q 值和 R 上。在串联结构中，随着推理链条的不断拉长，可以预见，整体 Q 值将呈现下降趋势，因为每个环节均有出现 R 的可能，形成“累积的误差”，所以在“推理的推理”中，法官应该尤为注意评估最后环节的 Q 值是否还能满足法定要求。而在并联结构中，Q 值和 R 所受的具体影响还要根据证据之间的具体关系加以区分，如果是“缺一不可”型的并联，那么很显然，整体 Q 值将取决于单个推理中 Q 值的最低者，即呈现“木桶效应”；而如果是“相互补强”型的并联，整体 Q 值将随着证据的增多而不断增大，随着证据趋于充分，R 的可能性将会不断下降，最终的推理结论趋于可靠。

㉑ 其中，耦合结构即为串联结构；聚合结构与协同结构是并联结构下的细分类型；分散结构实质是数个推理的合并。

五、适用演示：一篇裁判文书的证据说理重述

借助“图尔敏模型”，法官可以看得到证据推理的思维轨迹；不仅如此，“看得到”有利于“写得出”，法官接下来要做的就是将以图解方式呈现的推理过程转换成以文字方式呈现的说理论证。这一转换至关重要，可以说，它直接决定了前面所有的工作有无实际意义。下面选择一例笔者曾承办的案件，重新在“图尔敏模型”的指引下进行证据推理；并在感知推理思维的基础上，尝试重新撰写一份裁判文书的事实说理部分，以期达到更好的说理效果。[22]

1．基本案情

甲长期为乙公司供应蔬菜，乙公司尚欠甲货款70余万元。丙系乙公司股东和法定代表人，甲认为丙与乙公司之间存在财产混同，起诉要求乙公司与丙承担连带付款责任。争议事实为乙公司与丙个人是否财产混同？

2．主要证据及推理演示

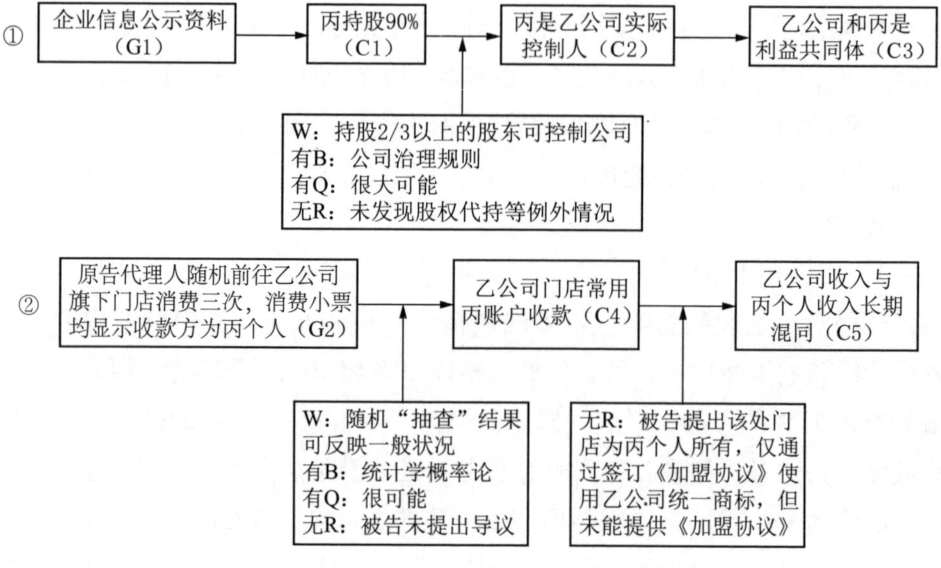

[22] 参见（2020）沪0115民初78901号和（2021）沪01民终7262号民事判决书。该案为笔者承办的一起买卖合同纠纷，其中涉及股东与公司财产混同事实的认定，笔者经过审理认定财产混同事实存在，一审判决股东与公司承担连带付款责任；股东不服，提出上诉，二审驳回上诉，维持原判。当时，笔者虽内心确信事实存在，但困惑于如何说理；同时亦对更本源的问题——究竟如何推理感到迷惑，本文正是由此开始思考的结果。现在笔者试图运用新的理论工具回看这一案件，并重新撰写一份裁判文书，以此检验理论效果。当然，重述的裁判文书仅作为学术研究使用。

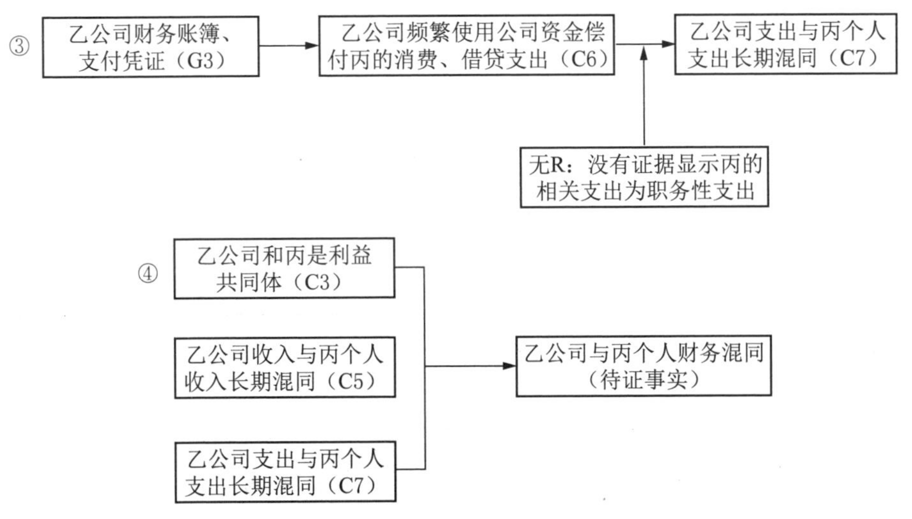

图 12 “图尔敏模型”下的证据分析与推理过程

3．说理重述

表 5 重述前后事实说理内容的对比

原版本（节选）	重述后版本
丙不仅是股东，而且是实际控制人。	丙持有乙公司 90% 股权，根据公司治理的一般规则，基本可以确定丙可以控制乙公司，双方存在密切的关联关系，因此，丙具有操纵乙公司财务的利益基础和实现可能。
门店营业款本应属于乙公司主要收入来源，但却实际流入丙账户中，公司收益长期归入丙个人财产，双方财务不清。	原告代理人曾三次前往乙公司门店消费餐饮，消费小票显示的收款人均为丙个人。三次随机行为的结果可以反映门店经营的一般情况，即乙公司门店惯常使用丙个人账户收取营业款。营业款本属于乙公司主要收入来源，但却由丙实际收取，据此可以推断乙公司与丙个人收入长期混同。审理中，丙虽抗辩该处门店为其所有，仅是通过加盟协议使用乙公司商标，丙想要以此说明其个人收款具有正当性与合理性，但经法院要求，丙至今未能提供相关加盟协议以佐证所述属实，故丙的上述反驳意见无效，法院不予采纳。
乙公司频繁为丙个人消费、个人借款进行支付或偿还，虽然每次金额谈不上巨大，但频率非常之高，涉及丙个人消费的方方面面，相应支出均列入公司经营账目，作为公司成本予以核算。	在日常经营中，乙公司频繁使用公司资金偿付丙的支出，虽然丙系公司法定代表人，但没有证据显示这些支出与其职务行为相关，以至于应由公司承担；相反，从支出的具体项目来看，其涉及代还信用卡、代充 ETC、代交私人会所入会费等内容，这些内容从性质上看，确属个人消费领域。在排除丙的支出为职务性支出的前提下，乙公司为其代付费用的行为不再具有正当性，可以认定乙公司与丙个人支出长期混同。

续表

原版本（节选）	重述后版本
无	新增：丙系乙公司大股东和实际控制人，双方存在共同的利益基础，且丙能够利用其股权地位和经营便利，将公司收入与其个人收入混同，亦能将公司支出与其个人支出混同。综合考虑以上几方面因素，法院认为乙公司与丙个人财产混同的事实已具有高度盖然性，可予认定。

六、结语

“事实碎片都闪耀着同一事实之母的光芒”。[23]根据有限的证据，通过恰当的推理准确认定案件事实，并将这一思维过程在裁判文书中予以恰当的展示，是定分止争的基础，也是法官不可推卸的责任。基于“图尔敏模型”而建构的事实认定新路径，是对传统“三段论”理论的一次超越和完善，它既有助于证据推理，也有利于证据说理。当然，必须承认，新方法下会有新思考，新路径下会有新问题，所以，这并不是终点。相反，对“客观真实”的不懈追求与探索，准确认定案件事实以及依法公正裁判，当是司法活动的永恒命题。

（责任编辑：高明生）

㉓ 龙宗智:《事实碎片都闪耀着同一事实之母的光芒——论“印证”的机理》，载《当代法学》2022 年第 1 期。

从“结果同一性”到“裁判思维、方法、规则同质化”
——“类案同判”的底层逻辑与实践路径

孙海峰*

推进法律适用统一，实现“类案同判”，密切关涉司法公正和司法公信，是司法体制改革的重要预设目标。中共中央下发的《关于全面推进依法治国若干重大问题的决定》、最高人民法院制定的《关于建立法律适用分歧解决机制的实施办法》和《关于统一法律适用加强类案检索的指导意见》（以下简称《指导意见》）等，为“类案同判”提供了系统性的制度支持。从司法实践角度，“类案同判”的底层逻辑和具体进路，不是文字同一性的比对过程，也不是现有人工智能技术可实现的自动检索过程，而必须自觉运用法律思维、方法、规则，结合既有司法经验，聚焦同类案件同类争点，对案件事实认定、法律适用、涵摄关系和价值衡量进行体系化检视。因此，推进“类案同判”，应从对“结果同一性”的关注，向法官乃至法律职业共同体“法律思维、方法养成及规则运用的同质化”伸展，持续对类案裁判既有经验进行梳理，达致有效共识，同时通过“异案异判”及特定情况下的“同案异判”为类案裁判保留继续调整、优化的空间。

一、逻辑探究：“类案同判”核心问题与其回应

（一）对“类案同判”基本概念、价值之争的再认知

1.“类案同判”是“虚构的法治神话”还是“现代法治的基础”

“类案同判”是“好命题”还是“伪命题”，是“现代法治的基础”还是

---

* 孙海峰，法学硕士，上海市长宁区人民法院审判监督庭庭长。

“虚构的法治神话”，不无争议。对此，多数学者持肯定态度，认为“类案同判”源于法律的平等和安定性价值，是“同等情况同等对待”的具体化，与依法裁判具有根本一致性，有助于维护法律的道德性和权威性，类案裁判规则“经受了时间和实践的检验，表征着一种可靠的法律适用方案”。①但也有学者从“概念否定论”“本质消解论”“方法怀疑论”等不同角度，强调严格意义上的“同案”和“同判”均不存在，“同案”的证明因素都可以反过来否定案件的类同性。②对此，应当防止彻底神化或者全盘否定“类案同判”，具有逻辑同一性的“同案”是不存在的，但“类案同判”是建立在泛类推思维上，其价值在于充分提炼和运用既有裁判经验，确保类案适用相同的裁判思路、方法和规则并得到相同结论。

2.“类案同判”是“判例法系国家遵循先例原则的翻版”还是“中国特色案例制度的创建”

判例是英美法系国家重要的法律渊源，先例原则包括遵循先例、区别先例、创制与推翻先例等基本内涵。③遵循先例要求相同案件相同处理，这是“类案同判”最狭义、最直接的内涵；区别先例是“类案同判”的反向解释，即“异案异判”；创制与推翻先例，是指“在先例不当时创设新规则，实现个案平衡公正”，是“类案同判”内涵的拓展。而在大陆法系国家，判例仅被视为法官办案的一种辅助手段，但近来的发展趋势表现为——“人们确信制定法不过是一种可以广泛解释的概括性的基本观点的表现，并且确信法院实务以持续的判例形态成为一种独立的法源”。④由此可见，“类案同判”是一个世界性的普遍命题，其深层内在所蕴含的独特价值，即“通过一种循序渐进的方法实现法律与社会需要的动态统一与均衡、创造出新的法律结

① 相关论述参见张超：《论“同案同判”的证立及其限度》，载《法律科学》2015年第1期；白建军：《同案同判的宪政意义及其实证研究》，载《中国法学》2003年第3期；张骐：《论类似案件应当类似审判》，载《环球法律评论》2014年第3期；顾翠姣：《检察机关办案视角下刑事类案的认定和参照参考》，载《贵州警察学院学报》2021年第1期；孙海波：《类案检索在何种意义上有助于同案同判？》，载《清华法学》2020年第18期。

② 周少华：《同案同判：一个虚构的法治神话》，载《法学》2015年第11期。

③ 王洪：《论判例法的推理》，载《政法论丛》2018年第3期。

④ ［德］K.茨威格特、H.克茨：《比较法总论》，潘汉典等译，贵州人民出版社1992年版，第459页。

构”。⑤“类案同判”的推进既可借鉴域外判例制度，更要充分考虑我国地域广大、经济社会发展具有较大差异性、国民法治素养参差不齐等国情特点，赋予其应有的中国式特色。

3．“类案同判”是“司法形式公平的逻辑自洽”还是“司法内在理性的有效伸展”

英美法系国家采用先例原则的主要理由，包括保证法律面前的平等；限制偏见和专断的范围；提供稳定的法律预期；保障败诉方对于法律的遵守；通过节省重新调查每个案件所需的资源，劝阻潜在的当事人提起诉讼或上诉，从而提高效率；通过促使法官在决断全新的问题时更仔细地考虑多种可能性，使得法官认识到自己负有的责任。⑥“类案同判”不仅体现出“形式上的正义”——法律的平等适用，而且有助于实现实质公正——通过个案对法律规则进行反复的解读和审视，从而获得“持续一致的见解”，有效弥补制定法自身的不确定性、难以避免的疏漏和滞后性。

（二）对“类案同判”识别标准和区分因素的再分析

1．“类案同判”中类似案件识别标准的深层化分析

对于类案判断标准，有“构成要件类似说”“实质一致说”等。多数观点倾向于将“案件基本事实、争议焦点和法律适用问题等方面具有实质相似性”作为综合判断标准。⑦有学者建议进一步细化比对要素，从关键事实、法律关系、案件争议等问题进行综合判断。⑧也有观点认为，裁判过程涉及证据采信、认定事实、寻找法律、事实与法律之间的涵摄、作出结论，强调“类案同判”即“过程相同”。⑨当前需要进一步明确的是，应当结合法学方法论、

⑤ 张骐：《判例法的比较研究——兼论中国建立判例法的意义、制度基础与操作》，载《比较法研究》2002年第4期。

⑥ Karl Larenz. über die Bindungswirkung von Präjudizien［M］//. Festschrift für Hans Schima zum 75. Geburtstag（1969）: 247—264；转引自高尚：《司法类案的判断标准及其运用》，载《法律科学》2020年第1期。

⑦ 刘树德、胡继先：《〈关于统一法律适用加强类案检索的指导意见（试行）〉的理解与适用》，载《人民司法（应用）》2020年第25期。

⑧ 王利明：《成文法传统中的创新——怎么看案例指导制度》，载《人民法院报》2012年2月20日第2版。

⑨ 刘树德：《刑事司法语境下的“同案同判”》，载《中国法学》2011年第1期。

请求权分析方法、要件事实理论和要件审判方法的既有研究成果，让区分标准和识别因素更加清晰。

2．“类案同判”中比对方法的技术化分析

判例法国家采用的先例识别技术，包括提炼个案与先例之间的相同或者相似之处——总结先例规则——将此规则适用于当下的个案，但至今仍未形成公认有效的先例识别模式，甚至对何为关键要点等基本问题也存在争议。对于建构我国的类案识别方法，有学者提出定性与定量分析⑩和“整体化比对”，⑪司法实务研究提出“类案识别三步法”，即判例范围的确定、对比要点的选择、基于对比要点的理由说明，⑫以及通过案由、要件事实、争议焦点初步认定类案，再结合证据、政策、程序、地域与审级等要素进行效力校正⑬等多种观点。应当注意挖掘法律思维的运行规律，并具体转化为清晰的比对步骤。

（三）对“类案裁判”制度建构和实现机制的再探讨

1．类案检索机制仍然存在有待进一步完善的空间

成文法存在解释空间和必然的漏洞，不确定概念、评价性要件与概括性条款予以价值补充，才能与具体案件事实形成涵摄关系。就事实认定而言，免证事实、证明事实和通过结果意义上的举证责任分配所形成的法律拟制事实，都有自由裁量和主观判断的空间。关于类案检索方法和相关工作机制，有学者提出案由、一级小类加钥匙码的细化检索方式，⑭还有观点提出“类案识别思维导图”和“预防—识别—发现—决策—反馈—纠正全流程机制”，⑮

⑩ 张志铭：《中国法院案例指导制度价值功能之认知》，载《学习与探索》2012年第3期。

⑪ 谢春晖、何依然：《“智慧司法”融合“司法智慧”：类案及关联案件检索机制的实践路径——基于SWOT分析视角》，载胡云腾主编：《司法体制综合配套改革与刑事审判问题研究——全国法院第30届学术讨论会获奖论文集》(上)，人民法院出版社2019年版，第680页。

⑫ 北京市第三中级人民法院课题组：《类案裁判的适法标准和规范机制研究》，载《中国应用法学》2021年第3期。

⑬ 上海市第一中级人民法院课题组：《司法责任制背景下统一法律适用标准研究——以类案同判为目标》，载《中国应用法学》2020年第5期。

⑭ 刘明丽：《我国类案检索机制的不足和改进建议》，载《法制博览》2019年第22期。

⑮ 北京市第三中级人民法院课题组：《类案裁判的适法标准和规范机制研究》，载《中国应用法学》2021年第3期。

也有观点建议在强制检索范围、参酌力层级、报告格式、当事人自行检索和数据库等五方面优化类案检索机制。⑯类案检索机理和路径的具体设定，应在事实认定和法律适用易于模糊和易于争议之处着力，在案例资源和检索技术上仍需加强，在智能辅助上仍需进一步突破。

2．类案同判的强制效力仍然存在需要进一步明确的空间

对于类案同判是否强制适用，存在“强效力主张”和“弱效力主张”。除了英美法系国家遵循先例原则之外，大陆法系国家事实上也赋予判例以一定的拘束效力，如德国联邦宪法法院即判决法律规定无效的判例具有与成文法同等的效力，对偏离特定判例则设定分歧提交义务。对于“类案同判”所体现的拘束效力范围，有观点认为指导性案例的拘束效力不仅限于裁判要点或者裁判理由，指导案例的不同部分在案件裁判中有不同的作用，存在着多种形式的指导性。⑰对类案裁判的效力内涵和拘束效力范围、不予参照的说理论证义务，仍需作进一步研究。

二、识别步骤：基于类案检索思维、方法与规则的系统化与同质化考量

“类案同判”的司法实践必须在法律思维和法律方法的指引下，作清晰化、精确化的深层延展，即从对“同类案件同一裁判结果”的关注向“同类案件适用统一裁判思维、统一裁判方法和统一裁判规则”伸展，实现案件比对的方法化、标准化和可视化。

（一）识别步骤一：案件争点的形成及比对

1．从当事人诉讼主张中识别和比对请求权/抗辩权基础，达成类案法律规整的一致

与一个案件对应的不仅是一个单独的法律条文，而是一个由实体法和程序法构成的法律单元，实体法条由“主体+构成要件+法律后果”构成。“类

⑯ 上海市第一中级人民法院课题组：《司法责任制背景下统一法律适用标准研究——以类案同判为目标》，载《中国应用法学》2020年第5期。

⑰ 张骐：《再论类似案件的判断与指导性案例的使用——以当代中国法官对指导性案例的使用经验为契口》，载《法制与社会发展》2015年第5期。

案同判”首先要实现的，是同类案件对应的一个独立且完整的法律规整，也即作为裁判依据的法条集合是一致的。其中，请求权/抗辩权基础，是法律规整的核心构成。当事人及其诉讼代理人应在“真实义务和完整义务的框架内”，向法庭完整呈现其关于系争案件的权利主张、法律主张、事实主张。基础规范检索，应根据当事人的诉讼主张，依一定的先后次序进行通盘检索，如民法上请求权原则上应按契约上请求权、无权代理等类契约关系上请求权、无因管理上请求权、物权关系上请求权、不当得利请求权、侵权行为请求权及其他请求权。⑱类案比对的第一步，是包含请求权基础和抗辩权基础的法律规整的比对及审视。“类案同判”，首先是同类案件适用同一法律规整或者同一法条集合。

2．从案件事实与法律适用的穿梭过程中识别和比对案件争点，达成类案诉讼争点一致

同类案件对应的诉讼争点应是一致的。案件争点的比对，是法官有效识别和固定当事人的诉讼主张，在事实和法律之中进行穿梭比对。即按照“诉讼标的→法律适用→要件事实”的思维顺序以及“法律与事实之间的穿梭比对过程”，对双方当事人在诉讼过程中关于请求权基础和抗辩权基础适用意见的法律主张，以及与法律构成要件所对应的案件要件事实的事实主张进行系统整理和逐一梳理，由一致性主张形成无争议事实和无争议诉请，由争议性主张形成案件的法律争点和事实争点，而后再将争点与既决案件的待决争点进行比较。案件争点是否一致，是作为判断是否构成“类案”以及如何实现“同判”的关键标准。

（二）识别步骤二：法律争点的比对及其一致性判断的形成

1．比对法律争点类型，达成类案法律争点分析规则一致

法律适用，即“哪些法律条文属于考虑之列、应当怎样理解他们以及是否具体的事实情况满足法条抽象的事实构成”。⑲狭义的法律适用是指法官依据基础规范，进行主体适格性及其构成要件、法律效果分析的过程。广义上

⑱ 王泽鉴：《法律思维与民法实例——请求权基础理论体系》，中国政法大学出版社2001年版，第72—76页。

⑲ ［德］奥特马·尧厄尼希：《民事诉讼法》，周翠译，法律出版社2003年版，第123页。

的法律适用，不仅包括基础规范的分析，还包括法律冲突解决、法律解释、法律漏洞填补、概括性法条适用、利益衡量等。在诉讼过程中，法官应当通过“法律观点公开”及“法律问题指出”，对当事人及其诉讼代理人明显忽视或者错误的法律意见进行提示。法律争点的比对首先是法律问题类型化的确认和比对，对法律适用过程中的法律识别和法律冲突解决、构成要件分析、法律解释、法律漏洞填补、概括性法条适用等争议，均应作为法律争点。

2．比对法律适用方法，达成类案法律适用规则一致

法律争点比对的关键，是对既往生效判决适用法律方法的识别、比对和审视过程，如系同一法律问题则理应适用同一法律方法并得出一致性结论，但前案法律适用方法明显不当的，则待决案件不得参照作出同样判决。法律适用方法，依次为法律解释、法律漏洞补充、概括性法条及其价值补充。而法律解释方法涵括文义解释、体系解释、法意解释、比较解释、目的解释、社会学解释及合宪解释。就法律解释方法而言，为便于达成富有效率且观点一致的见解，应从一般意义上确立解释方法的排序，即语义解释通常优先于其他解释方法，只有具备足够的理由对语义解释的结果表示怀疑时，才考虑体系解释；当语义解释和体系解释结果明显不能成立时，才考虑适用法意解释和目的解释；而最后选择比较法解释和社会解释。[20]

因法律疏漏，适用法律解释方法无法解决法律争议问题时，则需要进行法律漏洞补充。法律漏洞补充方法主要包括类推适用、目的性限缩、目的性扩张、法律续造。具体而言，法律漏洞补充规则包括：对“法外空间”，不宜进行法律漏洞补充。对并无法律规整必要的事项，应当保持“法律的沉默”。“开放”的法律漏洞，适用类推和目的性扩张。针对需要法律评价，但欠缺法律规范的案件，属“开放”的漏洞，可以运用类推及目的性扩张，即将一个法律规范“准用”于该案件。“隐藏”的法律漏洞，适用目的性限缩。针对因立法疏忽，对法律文义所涵盖的某一类型案件，理应排除而未排除，为贯彻规范的立法旨意，将其排除该法律适用范围。[21] 在没有具体法律规范可以援

[20] 黄茂荣：《法学方法与现代民法》，中国政法大学出版社2001年版，第287页。对此问题，也有观点认为，任何主张其解释结果正确者，对所有解释观点必须一一考量，［德］卡尔·拉伦茨：《法学方法论》，陈爱娥译，商务印书馆2005年版，第200页。

[21] ［德］卡尔·拉伦茨：《法学方法论》，陈爱娥译，商务印书馆2005年版，第258页。

引适用的情况下，允许法官谨慎进行法律续造。由于成文法的不足和法律适用的现实需要，法官可以在必要且有限的前提下，慎重参与法秩序的构建，但应综合参考法学理论、法律原则、交易习惯、事物的本质、法伦理，在充分理性思考的基础上详尽阐明理由。

价值补充方法则运用于不确定法律概念和概括性法条。前者包括显失公平、合理期间、必要情形等法律用语，后者包括“诚实信用”“权利不得滥用”“情势变更”等。运用不确定性概念，需要“适用存于社会上可以探知认识之客观伦理秩序、价值、规范及公平正义之原则，不能动用个人主观的法律感情”，且必须将不确定性法律概念的理解和对应的事实主张具体化，并予以说理论证。运用概括性条款，因其过于原则容易造成个体主观性上的差异，应把握以下规则：具体规范优先于概括性条款。也即有具体的基础规范时，不得适用概括性条款。并且，类推适用、目的性限缩、目的性扩张等法律漏洞补充方法也优先适用于概括性条款，原因在于“经补充的基础规范仍等同具体规范”。如援引概括性条款，导致与具体法律规定相反的结论，则不得引用。[22]

面对法律自身的不确定性，法律解释、法律漏洞填补和价值补充存在多种可能性和多种选择性，“如果每一个解决方法都有着合理的（虽然不是强制的）根据，且其中的任何一个都无法凭借具有普遍说服力的理由被证明较其他解决方法具有优先性，则这些决定即应被认为都是‘尚可认为具有正当性’”。[23]也正因如此，应当承认“专业认识上的差异”是一种合乎理性的客观存在——不是每一个案件都存在“唯一的正确答案”，并据此修正对“类案同判”过于机械的理解和诉求。

（三）识别步骤三：要件事实争点的比对及其一致性判断的形成

1. 揭开“笼罩在事实之上的面纱”，达成类案具体化要件事实比对一致

要件事实的比对，是与法律构成要件中的评价性要件或者不确定概念相对应的个案具体事实，以及该具体事实与评价要件或者不确定概念之涵摄关系成立与否的比对。司法实务中，事实争点审理步骤为，诉讼请求→请求权

㉒ 杨仁寿：《法学方法论》，中国政法大学出版社2013年版，第189—190页。

㉓ ［德］齐佩利乌斯：《法学方法论》，金振豹译，法律出版社2009年版，第145—146页。

基础（原告提出权利请求所依据的具体法条）、抗辩权基础（被告提出抗辩主张所依据的具体法条）→请求权基础和抗辩权基础构成要件分析→引导当事人完整、清晰主张与该请求权构成要件和抗辩权构成要件相对应的请求原因事实、抗辩事实及再抗辩事实→形成事实主张争点。事实争点的比对，首先要解决抽象法律规范与具体生活事实的分离问题，也即拆除“笼罩在事实之上的面纱”，将当事人事实主张中与不确定概念和评价性要件对应的事实主张清晰化、具体化、完整化，转化为能够作为证明对象的要件事实。类案识别比对的是，待决案件与已决案件是否具有同类的具体案件事实，该具体事实是否归入了同一个评价性要件或者不确定性概念。

2．厘清要件事实认定的方法及逻辑，达成类案要件事实证明规则运用一致

要件事实比对的关键是事实认定逻辑和证明规则运用的比对和审视，如系同一事实问题则理应适用同一事实认定方法并得出一致性结论，但前案事实认定方法不当的，则待决案件不得参照作出同样判决。要件事实认定，首先应明确证明方式、证明标准和证明责任的运用逻辑。第一个层次，通过免证事实规则认定案件事实的，除适用反证规则或者排除自认规则以外，无需再举证证明；第二个层次，如通过行为意义上举证责任达到证明标准的，则以证明方式认定案件事实；第三个层次，各方当事人完成行为意义举证责任及示证义务，而要件事实依然真伪不明的，则适用结果意义上证明责任，以法律拟定方式认定案件事实。关于证明方式，除举证证明之外，还有包括司法认知、自认、事实推定、既决事实在内的免证事实，争议往往涉及适用范围、启动程序、反对规则等。关于证据证明，涉及证据可采性、证据证明力及证明标准，法律有规定的依规定，法律无规定的属于法官自由心证范围。关于证明责任分配，民事诉讼确立了以法律要件分类说为主兼顾公平的证明责任分配规则。具体运用时，应对举证责任倒置以及劳动纠纷等适用特殊举证责任分配规则的案件予以关注。

（四）识别步骤四：价值判断的比对及其一致性判断的形成

1．确立不同位阶价值排序，达成价值判断考量一致

“类案同判”在价值判断上的比对与审视，首先应实现“同种价值同样保护，上位权益优先对待”。传统法学、价值一元论及价值绝对主义认为，存在等级分明、井然有序的法律价值体系，法律价值是可以认识、可以验证、可以实践的。而价值相对主义则认为，绝对的、客观的价值秩序是不存在的，也不存在科学的认知和检验方法。随着中国社会经济的深度转型，价值观日趋多元，价值抉择趋于困难。只有系统掌握关于法律价值衡量的各种学说和方法，并自觉地将其作为价值考量的依据，才能找到更恰当的答案，而价值位阶仍是司法裁判首要的考量因素和筛选标准。首先，立法如已区分各种法益保护等级，则司法裁判应当遵循。其次，法律没有规定利益保护顺序时，法官须通过对立法目的与社会效果的考量，来探求法律保护的各种利益的位阶。㉔这其中，与生命健康、人格尊严等基本法律价值相联系的利益应当优先保护，与公共利益、社会秩序和经济秩序相关的价值应当优先考虑。再者，价值位阶须同时满足比例原则和让路原则。为保护某种较为优越的法价值须侵害另一种法益时，不得超越达此目的所必要的限度，且需优先选择无需损害任何利益即能实现所追求目的的方法。

2．明晰相同位阶价值取舍，达成个案利益平衡一致

对于同等位阶的价值，需综合衡量案件所涉及的多种利益，采用定性分析与定量分析相结合的方式，进行理性的实质考量而非简单遵从形式上的多数意见，并在可能的情况下兼顾不同的价值诉求。“法官必须谨防纯粹个体的或自己主观的价值判断，他需要通过洞悉社会观念、思想、意志和愿望的趋向来提供价值评价和价值选择的标准和尺度，须考量占支配地位的主流价值和道德情感，探究当时当地的社会条件、政治条件和经济条件，最终以大多数人的正义观念和社会价值共识为依据，逐一实现不同价值之间的妥协与调适。”㉕就此而言，就类案所涉及的相同位阶、不能兼容甚至是相互冲突的价值进行裁量取舍是极为困难的，并且不可避免带有一定的主观性和差异性。“类案同判”的价值恰恰在于，通过不断斟酌取舍找到更妥当、更优化的选择方案，使其形成公认妥当的价值判断，并以此为基础提供稳定的司法预期。

㉔ 王利明：《民法上的利益位阶及其考量》，载《法学家》2014年第1期。

㉕ ［美］博登海默：《法理学：法律哲学与法律方法》，邓正来译，中国政法大学出版社1999年版，第145页。

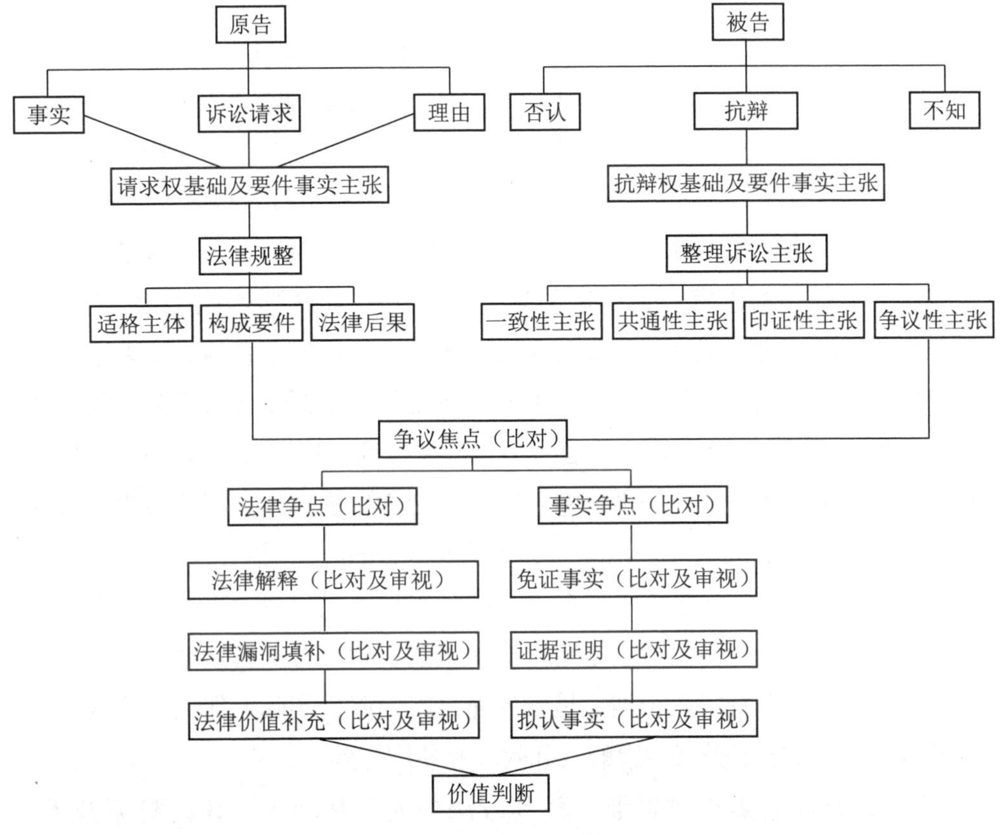

图 1　类案比对思维导图

三、机制延展：类案检索平台、检索报告与类案效力的建构

2020 年 7 月 31 日，最高人民法院发布《关于深化司法责任制综合配套改革的实施意见》，要求对于应当进行类案检索的案件，承办法官要在合议庭评议、专业法官会议讨论和审理报告中说明情况，或制作专门的类案检索报告。其后，最高人民法院下发的《关于统一法律适用加强类案检索的指导意见》进一步就类案检索的启动情形、检索范围、检索方法、识别比对、检索报告、运用结果等予以明确。在此基础上，需要进一步探索类案检索的具体实现路径，包括检索平台及检索技术的升级、检索报告样式的规范、检索效力规则的确立等。

（一）类案检索平台及检索技术的一体化建构路径

1．着力打造集全域性、权威性、充足性于一体的统一案例资源库

类案检索，是通过既定的算法规则，从既有的案例资源库里自动搜寻与待决案件类似的案例，并自动生成检索报告，供检索者参考。当前在案例检索平台的建构方面，需要进一步推动多元主体合力打造具有全域性、权威性、充足性的统一案例资源库，着力解决案例比对样本数量不充足、来源不可信的问题。目前，检索资源最丰富的官方平台是中国裁判文书网，汇集全国三千多家法院超过1亿2千万篇的生效裁判文书。同时，各地方法院主导开发的检索平台也相继上线，如上海的C2J系统等。受制于经费保障有限以及缺乏专业技术研发团队等因素，官方平台检索资源虽然具有权威性和充足性，但平台技术更新速度难以跟上信息化瞬息万变的发展速度。当前较为活跃的非官方平台包括北大法宝、法信、无讼案例、Alpha案例库、威科先行法律信息库、OpenLaw，这些检索平台的智能化水平领先、技术更新频次高，但不足在于案例有限，各大检索平台资源尚未能有效整合，检索结果不尽相同且无法穷尽，没有专门用于类案检索的充足案例库，实际上加大了检索案例的工作量，也影响了类案检索的实际效果和使用体验。

2．着力打造集法律思维、裁判方法与人工智能于一体的检索技术

当前案例检索技术的主要不足在于检索可选项与关键词设置的智能化、精确化程度不足，与裁判过程中的法律思维方法和规则运用脱节。因此，在案例检索技术升级方面，亟待加强法律思维和裁判方法与人工智能的深度融合路径研究，进一步解决关键词设置关联度、精确度不足，难以准确推送的问题。这需要法学研究及司法实务部门专家与人工智能技术专家合作，将裁判过程的法律思维、方法、规则的具体运用过程，形成模型化的计算机解决方案，并将其中可自动化计算的内容转化为人工智能的算法规则。检索平台应进一步推动类案检索技术升级，增加案例等级标注、依据子案由类型进行案例排列，设定案由、争议焦点、要件事实、法律适用等分项检索模块，下拉可选菜单应涵盖与相关裁判方法、规则相对应的法律术语和模糊语词等，用人工阅看、归类、添加、填写的辅助形式逐步建立并完善相应基础案例库。同时，将该系统嵌入法院的内部办案系统，通过智能比对案由、争议焦点、

引用法条、要件事实、裁判要旨等模块内容对法官的在办案件进行类案推送，推送页面显示案例等级、审理法院、裁判要旨等内容，并链接裁判文书全文，对全文中与待决案件相匹配的字段进行彩色标注，切实提高推送案例的关联性和匹配度。

（二）检索报告及其回应机制的规范化运行

1．从模版化到分析性的类案检索报告样式

类案检索报告是记录检索过程及结果的客观反映，也是法官对案例进行筛选和分析的总结梳理。在内容上，《指导意见》第八条规定了类案检索报告应包含的内容，包括检索主体、时间、平台、方法、结果，类案裁判要点以及待决案件争议焦点等，并对是否参照或者参考类案等结果运用情况予以分析说明。根据《指导意见》的要求，考虑司法实务的运用习惯和便于操作，检索结果的主要内容可用表格形式予以列明，如表 1。

表 1　类案检索结果

类案基本信息	案号	
	审理法院	
	结案日期	
	案例层级	
	裁判要点	
是否参照类案裁判	类案运用的事实认定规则	（应写明类案的证明方式、证明标准或证明责任分配）
	类案运用的法律适用规则	（应写明法律解释、法律漏洞补充或法律价值补充等）
	结论	是否参照及理由

2．从内部参考到对外公示的类案检索报告公开制度

类案检索报告有助于帮助法官形成裁判结论，也在实际上压缩了裁判文书关于事实认定和法律适用的说理论证过程，但裁判文书中应公开类案检索过程及结果。法院主动进行的类案检索和当事人提交的类案检索，原则上均应在裁判文书中予以公开，以增强裁判文书的说服力与公信力。

（三）类案效力原则的程序化落地

1．通过案件质量评查制度确保类案检索得以实质性启动

有必要将类案裁判评查纳入法院审判监督管理职责范畴，当前可重点对二审改判发回的案件进行专项评查，以案件评查和责任追究切实推动类案检索制度落地见效。具体而言，如若案件属于应当启动类案检索却未启动的情况，案件争议焦点的归纳、法律适用和事实认定方法、规则与指导性案例、上级法院发布的参考性案例不同，导致适用法律错误或者事实认定不清而被改判、发回重审，应认定为案件重大差错。案件属于应当启动类案检索而未启动的情况，且因法律适用和事实认定方法、规则与本院或上级法院已决类案存在主观上的偏差，导致裁判结果不同而被改判、发回重审的，应认定构成一般差错。案件虽经类案检索，但依然出现“类案不同判”情况，则应具体评查不采纳已决类案裁判观点的理由是否充分。若论证合理充分，则不认为是案件差错；若未对排除已决类案裁判结论的适用进行充分说理，或者说理明显不成立的，则属于案件差错或者瑕疵。

2．通过“类案不同判”“异案异判”维护法律的结构性价值

“类案不同判”，其合理理由是先前案件的判决存在方法论或者裁判规则运用上的错误。具体可分两类：一类是先前判决存在实质性的错误，如前文所述，先前判决错用法律适用方法或者事实认定方法及规则；另一类是先前判决在方法及规则上并无错误，只是经过时间的变迁，其价值判断及自由裁量幅度不合时宜。而法律的稳定结构，正是在“类案不同判”或者“异案异判”的基础上，保持总体的普适性和个案的合理性。

（责任编辑：张　俊）

四阶七步法：法官对当事人类案参照诉求回应的现状审视与路径建构

——以威科先行数据库14896篇裁判文书为分析样本

丁 宁*

一、引言

我国自2010年建立案例指导制度以来，由于指导性案例的数量和覆盖面十分有限，导致实践中面临的许多难题仍旧无法解决，故而成为类案检索机制诞生的一个重要背景。①随着案例指导制度、类案裁判制度的确立，以及裁判文书上网所形成的“互联网+”效应日渐凸显，当事人、公诉人及其他诉讼参与人②在诉讼过程中积极寻找类似案例并要求法官参照类案裁判的现象已呈常态化趋势，且此种当事人自发运用案例的对象主要集中在非指导性案例的其他广大生效裁判。当事人此种诉求的常态化，表明“同案同判”原则已深入人心，且同案若不同判则成为法律适用不统一的典型样态。

对当事人的这一诉求，法官是否回应、应否回应、如何回应的问题，仅有最高人民法院在《〈关于案例指导工作的规定〉实施细则》第十一条和《关于统一法律适用加强类案检索的指导意见（试行）》(以下简称《类案检索意见》) 第十条规定有所涉及，上述规范设定了法官对指导性案例的强制回应义务，而对其他类案的回应未作强制性要求，仅提倡“可以通过释明等方式

* 丁宁，法学硕士，上海市长宁区人民法院审判监督庭（审判管理办公室、研究室）审判员。

① 参见孙海波:《类案检索在何种意义上有助于同案同判?》，载《清华法学》2021年第1期。

② 为了行文的简洁性，下文将上述主体统称为“当事人”。

予以回应”，而关于如何回应、回应的步骤和要点等重要内容均未涉及。鉴于此，笔者将以司法实践为样本，审视法官对当事人类案参照诉求的回应现状，探析法官回应不足的背后动因，论证增设法官回应义务的价值理性，并尝试建构出一种基于法官视角的回应范式与配套机制。

二、样态归纳：法院对当事人类案参照诉求的回应现状

对案例的运用现象，以往研究多关注指导性案例，然而囿于在数量上较为有限，故指导性案例难以指导纷繁复杂的司法实践，法官在面对法律没有明确规定的新型疑难案件欲参考指导性案例时，往往难以如愿。③ 为进一步发挥案例的指导作用、统一法律适用，2015 年和 2017 年最高人民法院分别发布《关于完善人民法院司法责任制的若干意见》以及《最高人民法院司法责任制实施意见（试行）》，均提出了建立类案检索制度的规划及其初步方案。2020 年 7 月 31 日《类案检索意见》施行，同年 9 月《关于完善统一法律适用标准工作机制的意见》相继出台，至此以更为广阔的生效裁判为对象的类案裁判机制得以建立。这一制度不仅对审判机关提出了新的要求，也对整个诉讼环境产生了深远的影响，当事人对类案的运用趋势就是最好例证。

对于案例的运用，有学者提出从使用的主体对动词进行区分，如法官为“适用”或“引用”指导性案例，案件当事人或律师则为“运用”指导性案例；④ 也有学者根据案例的效力为指导性、参考性、一般性判例三种，从而对应性地提出案例的运用也有强制性、导向性和自利性三种。⑤ 为观察当事人自发性运用案例情况及法院的回应情况，笔者采用实证研究方法，在威科先行法律数据库⑥ 通过关键词：“类案”“相似”“参照”进行检索，结案时间限

③ 参见马燕：《论我国一元多层级案例指导制度的构建——基于指导性案例司法应用困境的反思》，载《法学》2019 年第 1 期。

④ 参见彭中礼：《司法判决中的指导性案例》，载《中国法学》2017 年第 6 期。

⑤ 参见顾培东、李振贤：《当前我国判例运用若干问题的思考》，载《四川大学学报（哲学社会科学版）》2020 年第 2 期。

⑥ 威科先行法律数据库收录的文书较全面（该数据库主要以中国裁判文书网文书为主，收录文书数 130585068 篇，中国裁判文书网收录文书数 132444558 篇），且检索便捷（有相似关键词检索等功能），且可生成检索报告，故选择此数据库。

定为2020年7月31日（《类案检索意见》施行之日）至2022年5月27日，通过仔细甄别，共检索到目标案例14896篇。经分析总结，得出运用和回应情况具有以下特征。

（一）当事人运用案例呈上升化、本地化、多样化趋势

1．在运用案例的数量上呈上升化态势

“律师、当事人、检察官等诉讼主体在诉讼中运用判例认知和评估诉讼风险、了解司法立场、查找相关法律或司法解释、设计诉讼思路、论证诉讼主张、强化与充实诉讼理由、辩驳他方诉求及观点、评价和衡量裁判结果等也已成为一种常态。”⑦已有调研指出，关于指导性案例的运用主体，上诉人是数量最多的群体，占比约31%，原告、被上诉人、被告、再审申请人等运用主体的占比也达到约38%，可见当事人等诉讼参与人约占七成，法官仅占约25%。⑧这一现象放至其他案例的运用中更是如此。检索到的14896篇文书中，上诉人、原告、被上诉人等诉讼参与人自发性运用案例的占比高达80.6%，而法官主动适用案例比例仅为19.4%（见图1）。且进一步分析当事人聘请律师的情况，发现在运用案例的当事人群体中，聘请律师的占比为72.6%，未聘请律师的为27.4%（见图2），可见律师群体对于检索和运用案例十分积极。

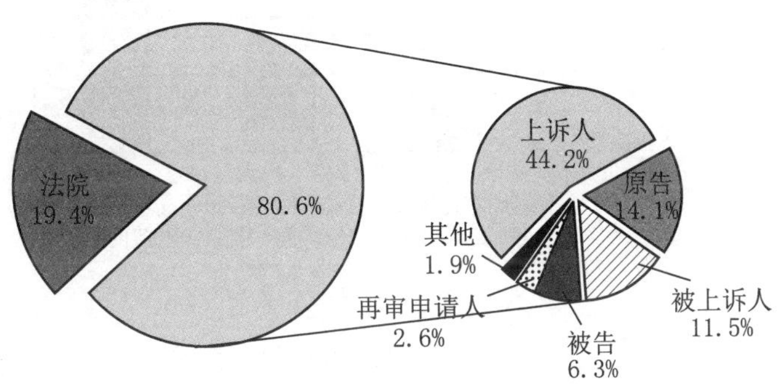

图1　案例运用的主体分布图

⑦　顾培东：《判例自发性运用现象的生成与效应》，载《法学研究》2018年第2期。

⑧　参见郭叶、孙妹：《最高人民法院指导性案例2020年度司法应用报告》，载《中国应用法学》2021年第5期。

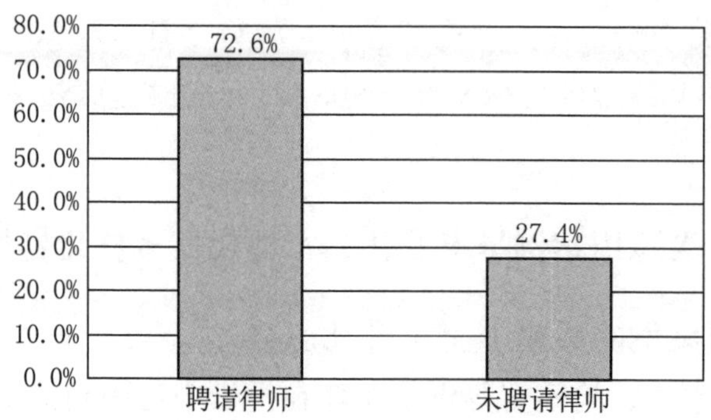

图 2　运用案例当事人聘请律师比例

2．在运用案例的级别上呈本地化态势

在运用案例的级别方面，当事人对上一级人民法院及本院裁判生效的案件、本省（自治区、直辖市）高院发布的参考性案例及裁判生效的案件运用得更多、也更为关注（见图 3），当然这和裁判数量的规模直接相关，但也在一定程度上反映出同一行政区域内的适法不统一现象更易挑战当事人对同案同判原则的朴素认知。

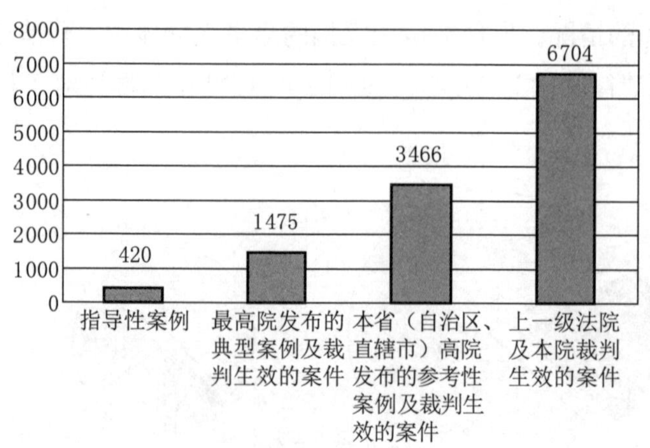

图 3　案例效力层级图

3．在运用案例的目的上呈多样化态势

当事人等群体运用案例的目的也不尽相同，部分作为证据、部分作为诉辩理由，提出上诉和再审的当事人则将法院未参照类案裁判、未予以回应作为上诉和再审理由（见表 1）。

表 1 当事人运用类案之目的分类表

案例名称	案 号	提出部分	提出内容
广州元阳房地产开发有限公司、石河子信远业丰股权投资管理有限公司等金融借款合同纠纷民事二审民事判决书	（2021）最高法民终 962 号	证据部分	证据 13：陕西省西安市中级人民法院（2019）陕 01 民初 881 号民事判决书，拟证明：同类案件中，人民法院认为保全保险费非必要费用，不予支持，根据同案同判原则，本案中信远公司主张的保全保险费也不应获得支持。
谢美玲、黑龙江省建工集团有限责任公司等返还原物纠纷民事二审民事裁定书	（2022）粤 01 民终 5859 号	诉辩理由	在司法实践中，对于出租人要求承租人返还无产权证、无建筑规划许可手续房屋的绝大部分类案，法院均已经明确支持了出租人要求承租人返还房屋的诉讼请求，具体参考广州中院作出的（2020）粤 01 民终 7114 号民事判决书。
广州市鑫创工程服务有限公司张维琮买卖合同纠纷民事二审民事判决书	（2022）粤 01 民终 1537 号	上诉理由	一审法院存在程序违法。2021 年 12 月 1 日，鑫创公司向一审法院邮寄补充证据材料：（2020）粤 73 民终 2648 号民事判决书及（2020）粤 73 民终 2648 号案件的涉案合同。一审法院未进行质证，在一审判决中并未提及该判例。根据同案同判的原则，一审法院未采纳该案例的意见，损害了鑫创公司的合法权益，也导致法院裁判之间出现适用法律分歧。
厦门亿通恒实业有限公司、威海蓝海银行股份有限公司等金融借款合同纠纷其他民事裁定书	（2021）最高法民申 2908 号	再审理由	根据《中华人民共和国公司法》……以及最高人民法院类案判例，原判决认定案涉《最高额抵押合同》对亿通恒公司具有法律约束力错误……亿通恒公司提交给二审法院的最高人民法院类案指导性判例，二审法院应当参照而没有参照，且没有在裁判文书说理中回应不予参照的理由明显不当。

（二）法院对类案的回应和适用总体持消极态度

1．一审法院多不予回应、不予适用

关于运用案例的程序，实务中在二审程序中运用最多，其次为一审程序，再审、执行和其他程序中总体上运用案例的数量较少（见图 4）。在不同程序中，法院也展现出对类案回应和适用的不同态度。在一审程序中，法院回应当事人参照类案裁判请求的仅占 20.9%，这导致上诉人将一审遗漏、未回应对类案的认定作为程序违法的表现而纳入上诉理由中，如有上诉人提出“一审法院没有进行类案检索，也未在裁判文书说理中回应是否参照并说明理由，程序违法”，⑨“本案与多份北京旭天恒置业有限公司与多位房屋买受人之间的系列案件案情几乎完全相同，但裁判结论却截然相反，违反了裁判尺度统一的原则”。⑩

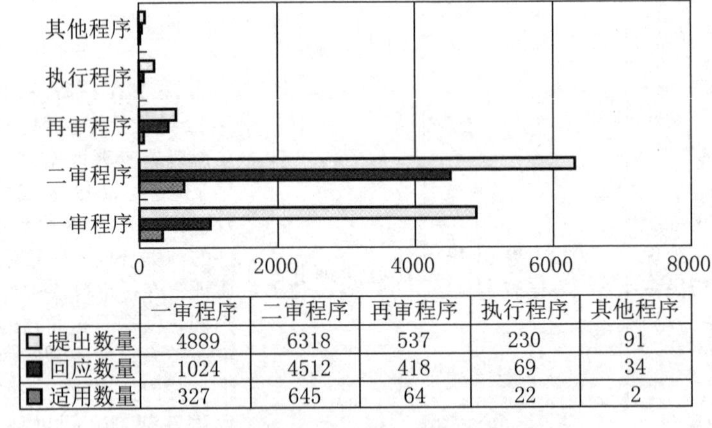

	一审程序	二审程序	再审程序	执行程序	其他程序
□ 提出数量	4889	6318	537	230	91
■ 回应数量	1024	4512	418	69	34
■ 适用数量	327	645	64	22	2

图 4　案例提出、回应、适用程序分布图

2．二审、再审法院回应较多，但适用率较低

在二审、再审程序中，法院回应当事人类案参照诉求的占比分别为 71.4%、77.8%，回应的比例较高，特别是上诉人、再审申请人将一审、二审程序未进行类案检索、未回应参照类案裁判的请求等作为上诉理由、再审理由的，二审、

⑨ 详见（2022）辽 02 民终 2486 号张某 1、张某 2 等承包地征收补偿费用分配纠纷二审民事判决书。

⑩ 详见（2021）京 02 民终 14902 号北京中海兴良房地产开发有限公司与张星野商品房预售合同纠纷二审民事判决书。

再审法院基本都在裁判文书中予以了回应。虽回应的态度较为积极，但适用率仅为 10.3%，可见法院对当事人提出的类案参照诉求多持否定态度。

（三）法院的回应内容与文书布局差异较大

1．法院的回应内容侧重有异

通过对检索案例的详细阅读，发现各法院在回应的内容侧重上差异化明显。有的仅从类案的范围方面回应，即是否属于《类案检索意见》第四条列明的类案检索范围；有的仅从类案的效力问题方面回应，即是否属于最高人民法院指导性案例、是否为生效案例；还有的仅从类案与待决案件的相似性方面回应，一般仅简略地说明本案与类案存有差异，或因案由的不同而直接认定为不相似；另有少数法院的回应既关注到相似性，也释明了案例的效力和范围问题，回应较为详实、说服力较强（见表 2）。

表 2　法院回应方式与内容分类表

案　号	案例名称	回应侧重	回应详略	具体回应内容
（2022）皖 18 民终 294 号	戴某某、安徽亚夏实业股份有限公司商品房预售合同纠纷民事二审民事判决书	仅从类案的范围方面回应	略	本院对本案证据认定如下：二审证据 2，该案例反映的事实与本案并不相似，且不是最高人民法院发布的指导性案例、典型案例，亦不属于《最高人民法院关于统一法律适用加强类案检索的指导意见（试行）》第四条规定的类案检索范围，依法不予参照适用，故对该证据证明效力亦不予认定。
（2022）辽 03 民终 64 号	齐某某、李某某等案外人执行异议之诉民事二审民事判决书	仅从类案的效力问题方面回应	略	李某某在诉讼中提交的其他类案作为诉辩理由。其中，立山区人民法院（2020）辽 0304 民初 1669 号民事判决书未生效；最高人民法院（2018）最高法民再 178 号民事判决书不是最高人民法院指导性案例，于本案不具有证据证明力。
（2021）京 02 民终 14902 号	北京中海兴良房地产开发有限公司与张星野商品房预售合同纠纷二审民事判决书	仅从类案与待决案件的相似性方面回应	略	关于中海兴良公司主张本案与相关类案判决相矛盾的问题，经查，本案与类案所述事实、双方当事人的主张等均存在差异，不能以该类案作为本案的裁判依据。

续表

案 号	案例名称	回应侧重	回应详略	具体回应内容
（2022）京02民终2433号	北京卓越万车达汽车维修连锁有限公司与香河誉聚汽车配件销售有限公司买卖合同纠纷二审民事判决书	既回应相似性，也回应案例范围问题	详	前述生效的（2016）湘民终150号民事判决书，对“最低价格承诺条款”效力认定为：……首先，《最高人民法院关于统一法律适用加强类案检索的指导意见（试行）》第一条规定：“本意见所称类案，是指……”前述案件与本案存在两点不同：1. 生效判决认为当事人没有提供证据证明争议条款为格式条款；而本案中争议条款为格式条款。2. 该案中货物出售价格远远超过市场同期价格，卖方既未按照合同的约定向买方告知其产品成本和利润组成，配合买方进行市场调查、核价，又未提供证据证明其所称的上述因素对价格所应产生的具体影响，亦未对巨额差价产生的原因作出合理解释。在本案中买方万车达公司称通过其抽查，抽查的配件价格比万车达公司自行采购的价格高出了30%，故本案中的出售价格并没有明显过高。且香河誉聚公司解释称同一名称的汽车配件存在不同生产厂商、不同生产批次、不同型号等差异，均会影响价格。其次，《最高人民法院关于统一法律适用加强类案检索的指导意见（试行）》第四条规定：“类案检索范围一般包括：……”第九条规定：“检索到的类案为指导性案例的，人民法院应当参照作出裁判……”因此，万车达公司提交的案例不属于前述规定的类案范畴，不属于应当参照或者可以参考作出裁判的案例。

2. 文书中回应内容的篇章布局有异

根据当事人提出类案的作用不同，法院回应内容在文书中的布局也各异。部分直接在“证据认证”部分予以回应，部分在“事实查明”中回应类案的处理过程及效力情况，其余较多法院选择在“本院认为”的文书说理部分予以回应（见表3）。最高人民法院在今年的一则二审判决书中对该问题曾表明了态度：“‘证据13’属于另案判决，元阳公司以该判决作为本案类案供本院参考，不属于证据种类之一，本院不予采纳。至于该案与本案的相似性问题，将在‘本院认为’的文书说理部分予以回应、释明。”⑪

表 3　法院回应内容布局表

案　号	案例名称	回应布局	回应内容
（2017）内02民终2763号	包头市鹿苑房地产开发有限责任公司与包头农村商业银行股份有限公司案外人执行异议之诉二审民事判决书	证据认证	对鹿苑房地产公司提供的第四组证据中的（2016）内02民终2244号及（2016）内02民终2277号民事判决，因上述案件与本案属于不同的相互独立的民事案件，其处理结果与本案并无直接关联，也并非法律规定的应当参照适用的案例范畴，故本院对上述证据不予采信。
（2021）粤01民终23581号	胡荻真、广东省电影有限公司房屋租赁合同纠纷民事二审民事判决书	事实查明	还查明，一审法院曾于2019年9月18日受理了电影公司诉陈俊房屋租赁合同纠纷一案，该案中查明……一审法院于2019年12月2日作出（2019）粤0111民初31343号民事判决书，认为：……陈俊不服一审判决，上诉至本院，本院于2020年5月18日作出（2020）粤01民终3627号民事判决书，……该案判决：驳回上诉，维持原判。该判决已经发生法律效力。
（2021）新民终353号	陈帅、阿克苏地区力源房地产开发有限责任公司等案外人执行异议之诉民事二审民事判决书	本院认为	陈帅上诉主张一审判决与最高人民法院（2011）民申字第777号公报案例的裁判要旨相违背，对此本院认为，……该案与本案基本事实、争议焦点、法律适用均不一致，两案并不属于类案。

三、成因剖析：法官对当事人类案参照诉求回应不足的三重动因

由上文可知，面对当事人积极运用类案的现状，法官的态度多是不回应、简回应，即使回应了也较不规范，总体而言即为回应不足，产生这一问题的原因主要有认识不足、欠缺方法和目的性回避。

（一）对类案裁判制度的内涵和价值欠缺统一认识

我国的案例指导制度赋予指导性案例“应当参照”的效力，但因我国系

⑪（2021）最高法民终962号广州元阳房地产开发有限公司、石河子信远业丰股权投资管理有限公司等金融借款合同纠纷民事二审民事判决书。

成文法国家，故指导性案例并不具有正式性法源的地位，法官参照指导性案例裁判时只能在裁判理由中引用说明，而不能列为裁判依据，有学者提出“指导性案例实践效果不明的重要原因之一即在于其在法源谱系上的定位不明”。⑫作为拘束力最强的指导性案例尚存有地位不明的实践困境，放眼其他案例则更是因其无强制拘束力而不被法官所重视。同时，因我国法官长久以来习惯根据事实和成文法来裁判，尤其在四级审级职能定位中，一审法院重在准确查明事实、实质化解纠纷的事实审层面，故一审法官更注重根据法律规定、事实认定再结合自身的审判经验推导出裁判结论，类案的相似与否、如何裁判似乎不影响对待决案件的判断。类案检索和裁判机制的重要地位尚未在基层法官中形成共识，相应的制度内涵自然也不甚明确，如由于对类案性质认知的偏误导致在回应内容布局上的不规范。

（二）对类案的识别和适用欠缺相应方法

实践中回应技术的缺失也让办案法官在面对当事人提出类案参照诉求时无所适从，出现“不会说理”的现实困境。其中最为突出的就是，不知如何在裁判文书中围绕类案相似性及异同点比较展开说理论证。虽然如何判断两个案件之间具有相似性目前仍是学术界和实务界面临的重要难题，但也是个无法绕开的现实问题。⑬另外，由于我国法官长期以来接受的是演绎推理思维的训练，遵循“法律规定—个案事实—裁判结论”的三段论模式适用法律，缺乏对类比推理这一“从特殊到特殊”方式的研习与应用，导致对于类案比对、识别及后续的适用存在技能方法上的真实困境。⑭

（三）对审判责任和说理负担存有担忧和回避

在《类案检索意见》及其他相关规定中，未明确不回应类案参照诉求或者不参照类案作出裁判时，法官是否应当承担相应责任或者是否构成上诉、

⑫ 雷磊：《指导性案例法源地位再反思》，载《中国法学》2015年第1期。

⑬ 参见孙海波：《重新发现“同案”：构建案件相似性的判断标准》，载《中国法学》2020年第6期。

⑭ 参见杨涛、左一凡：《类案裁判如何说理——以329份裁判文书说理为视角》，载《山东法官培训学院学报》2021年第5期。

申请再审的法定事由。[15]立法上的模糊性导致司法实践中部分法官出于对审判责任的担忧，选择对当事人类案参照诉求进行“目的性回避”，有研究指出法官模糊性处理类案的主观动机可能在于减少其判决被质疑的机会。[16]也有部分法官不回应的理由为回避参照类案所带来的说理论证负担，这也是指导性案例“隐性适用”现象出现的重要原因。

四、价值归位：“回应”助推类案裁判机制的理论基础与功能定位

类案裁判制度虽已建立，但目前仍处于“软运行”阶段。是否启动检索，检索结果是否客观、全面、准确，是否参照或参考类案进行裁判，未回应、未参照类案裁判是否要承担审判责任，上述问题在《类案检索意见》及相关规定中均未明确，故实践中类案裁判制度的运行呈现出随意化、差异化的现状，而增设法官的回应义务则能在很大程度上矫正现实中上述乱象。

（一）“回应”彰显“类案同判”原则的首要目标

法官通过个案对法律规则长期反复的解读和补充，进行建构性释法与法律续造，获得一种“持续一致的见解”，“提供制定法所省略的东西”，[17]使司法理性和司法经验在类案的“同质化”和个案的“差异化”过程中得以伸展，实现审判经验和裁判规则的有效积累，并逐步限缩法官自由裁量权，屏蔽法官个体的偏见或成见，这是“类案同判”的制度价值。但“类案同判”原则的价值目标实际不在于裁判结果必须一致，即不应呈现出一种形式主义机械司法，而应将类案裁判制度的核心定位于裁判文书说理，即注重论证说理的过程，并将推进类案裁判的说理作为类案裁判机制功能归位的首要目标。[18]“同案同判虽然是重要的价值，但它只是一个与司法裁判相关道德要求，

⑮ 参见刘树德、胡继先：《关于类案检索制度相关问题的若干思考》，载《法律适用》2020年第18期。

⑯ 参见孙维飞：《隐名的指导案例——以“指导案例1号”为例的分析》，载《清华法学》2016年第4期。

⑰ ［美］本杰明·卡多佐：《司法过程的性质》，苏力译，商务印书馆1998年版，第42页。

⑱ 参见高童非：《警惕“异案同判”——类案裁判机制的功能越位与归位》，载《南通大学学报·社会科学版》2022年第1期。

因此只要成功证明它被其他的标准所凌驾，我们就有了给予特殊对待的正当理由。”⑲ 在类案同判的原则下，法官不能罔顾案件事实之间的殊同直接作出判决，而应当通过说理让各方认同，这就是该原则施加在法官身上最低限度的论证负担。⑳ 因此，增设法官的回应义务，强调法官对类案的文书说理，正体现了“类案同判”原则追求的首要目标。

（二）“回应”强化裁判文书的“对话性”

裁判文书的对话性，旨在从对话的角度看待裁判文书，对话是一种更重视裁判文书受众的说理。所谓对话包含四个层次：法官在裁判文书中与当事人及其律师对话、与法律界同行对话、与社会公众对话、与历史与未来的法官们对话。㉑ “对话性”裁判文书的首要要求，即为注重与当事人及其律师的对话，这也符合裁判文书说理改革的基本方向，即“重视律师辩护代理意见，对于律师依法提出的辩护代理意见未予采纳的，应当在裁判文书中说明理由”。㉒ 通过在文书中回应当事人提出的类案诉求，是进一步加强裁判文书“对话性”、充分发挥其证成功能的重要抓手，能够提高裁判的公信力和可接受度。增进裁判文书的对话性也是法官同理心的一种重要体现。同理心是一种对当事人将心比心、换位思考的态度、立场与思维方法，这种同理心态度与方法，也是达致正义的重要方法。㉓ 同理心也是一种人文关怀精神的体现，“法律职业极其需要人文关怀精神，具有人文关怀精神的法律方法才会拥有灵魂。”㉔

（三）“回应”契合协同诉讼模式中各方的角色定位

在协同诉讼模式下，当事人与法官并非决然分离，均对诉讼的进行有促

---

⑲ 陈景辉：《同案同判：法律义务还是道德要求》，载《中国法学》2013年第3期。

⑳ 参见雷磊：《如何理解“同案同判”？——误解及其澄清》，载《政法论丛》2020年第5期。

㉑ 参见张骐：《论裁判文书的对话性》，载《中国应用法学》2022年第1期。

㉒ 凌斌：《法官如何说理：中国经验与普遍原理》，载《中国法学》2015年第5期。

㉓ 参见赵汀阳：《论可能生活》，三联书店1994年版，第144页。

㉔ 邹碧华：《要件审判九步法》，法律出版社2010年版，第180—181页。

进义务，是为了同一个目标努力。[25]故应提倡当事人和法官作为共同作业体角色协同发现案件事实，促进诉讼进行。[26]鉴于目前类案自动推送系统的欠准确、案例检索平台的欠智能，法官若要自行检索并制作一份类案检索报告，将投入大量的时间和精力。叠加日益突出的人案矛盾，致使法官主动进行类案检索的动力不足。而面对疑难、复杂、新类型等案件，法官也需要通过检索类案"减少由待决案件复杂性、新颖性所带来的审理困惑，缩短认知、理解和判断的过程"，[27]此时法官的需求与当事人的需求契合，当事人作为诉讼的主体，其也欲通过类案裁判证明自身诉求的合理性和可期待性，故可借当事人之力更快速实现类检索报告制作的全面化、准确化和精细化。法官对当事人提出的类案予以回应，正是肯定、提倡当事人在类案检索、运用中的能动作用，鼓励其积极承担在类案检索中的主体责任。

五、路径建构：法官对当事人类案参照诉求回应义务的展开

如前所述，有必要在类案裁判机制中增设法官对当事人提出的参照类案裁判诉求的回应义务，并从回应的案件范围、回应的步骤和要点、配套制度保障的设立三个维度展开对该义务的具体设定。

（一）回应的案件范围

对当事人及律师的意见给予充分的重视，这是对话性裁判文书的基本要求，但"对律师依法提出的辩护代理意见未予采纳的，应当在裁判文书中说明理由"，不应理解为必须在裁判文书中予以专门、对应回答，而应是从整体的裁判说理中提供答案。事实上，国外法官的司法裁判也不要求对所有辩护和代理意见都给予回应，甚至即便是与争议焦点有关的意见，法官也可以根据整体的说理需要，选择性地加以回应。考虑到中国特殊的法民关系，特别

[25] 参见［日］谷口安平：《程序正义与诉讼》，王亚新、刘荣军译，中国政法大学出版社1996年版，第138页。

[26] 参见杜国伟、杨红妆、高娟：《类案强制检索机制的程序化构造——基于协同主义诉讼模式的视角》，载《司法体制综合配套改革与刑事审判问题研究——全国法院第30届学术讨论会获奖论文集》（上），第622—623页。

[27] 郑通斌：《类案检索运行现状及完善路径》，载《人民司法（应用）》2018年第31期。

是当事人为裁判说理的主要对象及其对裁判文书的重视程度，都应该给法官留有一定的余地。㉘因此法官对类案参照诉求的回应，这里专指通过裁判文书方式回应，而非庭审释明等方式，应在案件范围上予以限定。

1．繁简分流筛选后的繁案

并不是所有案件都强调繁杂、冗长的裁判说理，尤其是简案，这也是当前文书说理改革的方向之一，即对适用民事简易程序、小额诉讼程序审理的案件等简案可以简化释法说理。㉙在简案中，即使当事人提出参照类案裁判的诉请，但根据法律规定、审判经验能够直接、明显得出裁判结论的，亦无须进行专门回应。尤其在当前人案矛盾依然为司法实践中制约审判质效的突出问题时，只有实行简案快审、繁案精审的原则，才能使法官有时间、有精力思考如何与对话对象妥当对话。因此，若简案中当事人提出类案参照诉请，可通过在庭前会议、庭审等程序中进行口头或书面的释明和答复。

2．符合类案强制检索范围的案件

《类案检索意见》第二条明确强制检索的四类案件：拟提交专业（主审）法官会议或者审判委员会讨论的，缺乏明确裁判规则或者尚未形成统一裁判规则的，院长、庭长根据审判监督管理权限要求进行类案检索的，以及其他需要进行类案检索的案件。在这四类案件中，法官本身就负有提交类案检索报告的任务，应穷尽检索方式后阐明有无类案、类案的裁判要点、效力等级等信息，并充分论证是否参照类案裁判。在当事人提出类案后，法官的开示类案检索报告义务由内部转向外部，由在专业法官会议或审委会报告中说明转为在裁判文书中说明，这并不会增加法官的工作负担，反而是促进和监督法官进行类案检索的有效途径（见图5）。同时，根据最高人民法院《关于完善人民法院司法责任制的若干意见》《关于健全完善人民法院审判委员会工作机制的意见》《关于完善人民法院专业法官会议工作机制的指导意见》等规定，拟提交专业（主审）法官会议或者审判委员会讨论的，院长、庭长具有

㉘ 参见凌斌：《法官如何说理：中国经验与普遍原理》，载《中国法学》2015年第5期。

㉙ 详见《最高人民法院关于加强和规范裁判文书释法说理的指导意见》（法发〔2018〕10号）第九条。

审判监督管理权限的案件多为重大、疑难、复杂、敏感的“四类案件”，故在此类案件中增加法官对类案参照诉求的回应义务，能进一步促进法律适用的统一，实现司法的公平正义。部分地方高院出台的类案检索规范性文件将当事人提交案例以支持其诉辩意见的案件也纳入强制类案检索的范围，[30] 这一规定过多增加了法官的负担，也并非统一法律适用之必需。

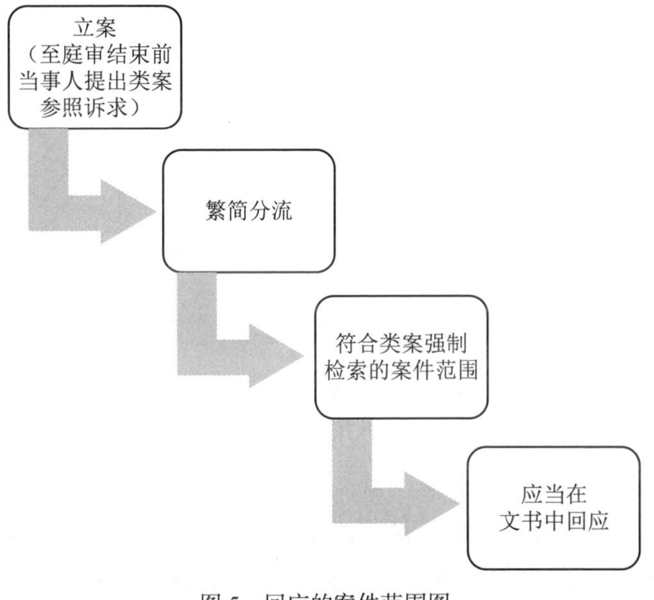

图 5　回应的案件范围图

（二）回应的步骤和要点

在回应的步骤上，应分为列明意见、查明效力、是否相似和是否同判四个阶段，并在回应要点上可细化为列明类案参照诉求、列明对方抗辩意见、查明类案效力及层级、列明类案与本案的关键事实与争议焦点、比对类案与本案的相同点不同点并判断相关相似性、提炼和评析类案裁判规则、通过类案裁判规则得出本案裁判结论这七个步骤（见图 6），法官可根据上述要点的争议性、重要性等合理安排说理论证的详略篇幅。

㉚ 如《湖南省高级人民法院关于类案检索的实施意见（试行）》（湘高法〔2020〕29 号）第四条第一款第六项、《江苏省高级人民法院关于建立类案强制检索报告制度的规定（试行）》第二条第一款第五项。

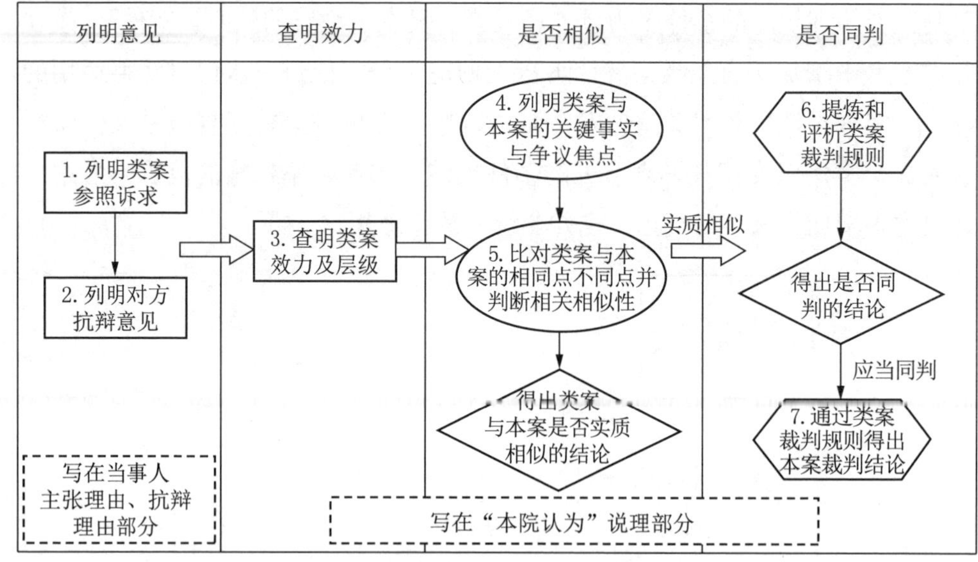

图6　回应类案参照诉求“四阶七步”流程图

1. 列明类案参照诉求及抗辩意见

摘录、提炼当事人的类案参照诉求及对方当事人的抗辩意见，为法官在裁判文书中回应的起点。通过上文所述，输入“类案”等关键字检索出颇多数量的文书，可见司法实务中一般均能将当事人的这一诉求和意见纳入文书中。但应在文书中的哪一部分列明却有较大差异，因多数当事人将类案作为证据提出，故多数文书也机械地将类案列入当事人提出的证据中，而将对方的抗辩意见列入证据质证意见。但此时的类案并非免证事实等证据种类，而为处理相似争点的可参考或参照的裁判规则，故应在裁判文书事实部分中的当事人主张理由和当事人的抗辩理由中分别予以列明，后续法院的回应内容都应在文书说理部分载明。需要注意的是，应通过引导、释明等方式让当事人提供具体的类案信息，发表针对类案效力、与本案相似性等核心问题的抗辩意见。

2. 查明类案的效力及层级

当指导性案例作为类案被提出时，这一步骤法官通常予以省略，因为指导性案例的效力是毋庸置疑的，除非存在案例援引的法律或者司法解释废止、与新颁布的法律或者司法解释冲突、被新发布的指导性案例取代等失效情形，如指导案例第9号、第20号就因与《民法典》冲突而失效。[31] 但涉及其他类案，

---

[31] 《最高人民法院关于部分指导性案例不再参照的通知》。

除了上述原因外，还可能存在原审裁判被二审、再审改判、发回重审或尚未生效等情形，如有裁判文书回应道“张某某所主张的（2020）闽0203民初23356号及（2021）闽0203民初3452号民事判决书均未生效，本就不具有作为同类案件参照适用的资格”。[32]由于部分当事人对司法审级制度缺乏了解，也欠缺查询案件是否生效的途径，故在回应中应首先对被提出的类案效力及效力层级进行说明，若类案未生效或已失效，则无须进行后续的相似性判断。

3．比对、识别是否为实质类案

“案例指导制度尽管栖居于我国成文法的特定背景之下，但其司法适用在一定程度上须从判例法中汲取营养。其中，在以下这个至关重要的点上它们是共通的，即援引或参照案例的核心环节是判断相似性。”[33]相似性的识别和比对，作为法官回应的核心内容，需解决的是检索到的案例与待决案例是否构成类案这一根本性问题。

首先，应列明类案与本案的关键事实和争议焦点，作为识别的比较点。《类案检索意见》提出比较点应选择基本事实、争议焦点和法律适用这三大要素，然而这三大要素在内涵上有所交叠，在理论和实践层面都难以实质区分，建议将比较点进一步聚焦，限缩在关键性事实和争议焦点上，这两者共同构成案件事实论证的核心内容。[34]与争议问题直接相连的是案件的重要事实，这些重要事实是判断类似案件所需要的“关键性事实”，或称“必要事实”。同时在提炼关键性事实时要考虑先例中的判决理由。[35]故此时应先列明类案和待决案件的关键事实、争议焦点情况，为后续的识别和比对奠定基础。

其次，应列明类案与待决案件的相同点和不同点并判断相关相似性。通过固定关键性事实、区分案件的相同点和不同点以及判断相关相似性，逐步将比较点聚焦于关键性事实蕴含的相关相同点和不同点，并由此获得案件形式相似性的初步判断，然后通过赋予相同点和不同点何者压倒性的分量进入

㉜ 参见（2021）闽02民终8143号张某某、厦门浅深酒店管理有限公司劳动争议民事二审民事判决书。

㉝ 孙海波：《案例指导制度下的类案参照方法论》，载《现代法学》2020年第5期。

㉞ 参见孙海波：《重新发现“同案”：构建案件相似性的判断标准》，载《中国法学》2020年第6期。

㉟ 参见张骐：《论类似案件的判断》，载《中外法学》2014年第2期。

相似性的实质性判断，从而得出两案是否相似的终局结论。㊱

4. 论证是否应当同判

当判定待决案件与类案实质性相似后，将进而进入“同判”判断，即是否应当参照类案裁判以及如何同判。一方面，需要细致展示制定法规范与类案裁判要点融合构建裁判规则的过程；另一方面，需要详细论述类案辅助法律规则涵摄待决案件的过程。㊲

首先，应提炼类案裁判所形成的个案规则，并着眼于形成裁判规则所适用的裁判方法进行评析。如果查找到的实质相似的类案为指导性案例，后面的这些步骤则应省略而直接同判，因为指导性案例具有“应当参照”的准法源地位。但若比对识别后属于实质类案的为其他案例，则应评析是否有案例规则存在缺陷的情形，此时应当设法避开对该案例的参照并结合待决案件的具体情况作出差异化的裁判。㊳在提炼和评析的过程中也应结合类案的裁判理由，因为裁判理由为“解答当事人或法官在待决案件诉讼中遇到的法律适用疑问的实质依据”。㊴整合类案的争议焦点、裁判理由和裁判结果，提炼出构成类案的裁判规则，并可从形成裁判规则所运用的裁判方法来对类案规则进行评析，从而得出是否参照类案裁判的结论。若拟得出否定结论的，应根据《最高人民法院司法责任制实施意见（试行）》第四十条㊵等规定呈报专业法官会议或审判委员会讨论。

其次，在得出应当参照类案裁判的结论后，应完整呈现类案辅助法律规

㊱ 参见孙海波：《重新发现“同案”：构建案件相似性的判断标准》，载《中国法学》2020年第6期。

㊲ 参见贾建军：《论裁判文书参照指导性案例的规范方式》，载《法律方法》（第27卷）第184页。

㊳ 参见于同志：《认真对待案例——基于法院审判的认知与思考》，载《法律适用》2021年第1期。

㊴ 冯文生：《审判案例指导中的“参照”问题研究》，载《清华法学》2011年第3期。

㊵《最高人民法院司法责任制实施意见（试行）》第四十条的主要内容是：（1）在办理新类型案件中，拟作出的裁判结果将形成新的裁判尺度的，应当提交专业法官会议讨论，由院庭长决定或建议提交审判委员会讨论；（2）拟作出的裁判结果将改变本院同类生效案件裁判尺度的，应当报请庭长召集专业法官会议研究，就相关法律适用问题进行梳理后，呈报院长提交审判委员会讨论；（3）发现本院同类生效案件裁判尺度存在重大差异的，报请庭长研究后通报审判管理办公室，由审判管理办公室配合相关审判业务庭室对法律适用问题进行梳理后，呈报院长提交审判委员会讨论。

则涵摄待决案件形成裁判结论的过程。类案的功能主要体现在发挥特定抽象法律规则与具体案件事实之间的桥梁作用，帮助法官在相关法律条文与具体案件事实之间进行有效沟通，从而实现法律规则对具体案件的涵摄规制。说理过程要以在制定法框架下的类案裁判规则为推理大前提，以待决案件的具体事实为推理小前提，进而用裁判规则涵摄本案具体事实形成裁判结论。

表 4 即以（2022）京 02 民终 2433 号案件为例，完整呈现“回应七步法”的撰写要点与应用方法。

表 4　裁判文书“回应七步法”的撰写要点与示例

步　骤	撰写要点	正确示例	错误示例
1. 列明类案参照诉请	应列明提出的类案案号等基本信息，并明确针对本案何一争点应参照类案中的何一裁判理由裁判	关于合同中的“最低价承诺”条款，即使构成格式条款，也并不当然无效。如类似案件（2016）湘民终 150 号北京格瑞莱科技发展有限公司与三一集团有限公司、三一重型装备有限公司买卖合同纠纷一案，该案经湖南省高级人民法院二审、最高人民法院再审，现已生效，该案即认定“最低价承诺”条款有效。	不写明类案的具体案号、当事人等可供检索和查询的信息，如：北京市第二中级人民法院近年来裁判过较多同类案件，本案应依照“同案同判”原则裁判。
2. 列明对方抗辩意见	应针对类案的效力、与本案的相似性、类案裁判规则是否妥当等问题表明意见	卓越公司提交的类案中双方当事人的交易模式与本案双方当事人的交易模式不同，且两案中证明卖方提供的价格违反价格约定的证据种类也不同，故该案对本案裁判结果不具有参考性。	不针对类案发表观点，而是只重复对本案的抗辩意见，如：卓越公司要求香河誉聚公司对卓越公司所售产品价格低于同行业其他供应商销售的产品价格，过分加重了香河誉聚公司责任、限制香河誉聚公司关于制定价格的主要权利，应属无效。
3. 查明类案的效力及层级	应阐明类案的审理过程、效力状态及效力层级	前述（2016）湘民终 150 号民事判决书，经最高院再审，案号为（2018）最高法民再 178 号，已驳回格瑞莱公司的再审申请，故该裁判为生效状态。该案属于已生效的其他案件，非最高院指导性案例、其他省份参考性案例、典型案例等。	仅查询类案是否为指导性案例，若非指导性案例则直接否定其效力，如：（2016）湘民终 150 号民事判决书不属于最高人民法院指导性案例，于本案不具有参照效力。

续表

步　骤	撰写要点	正确示例	错误示例
4. 列明类案与本案的关键事实与争议焦点	应列明类案与本案的关键事实和争议焦点	**本案的关键事实：**卓越公司提供的格式合同中约定最低价的认定标准为“卓越公司咨询其他任意供货商价格标准确定或市场询价”。依据该条，卓越公司可不考虑影响汽车配件价格的因素，仅以己方单方询价结果作为“同行业最低价格”的认定标准。卓越公司称通过其抽查，抽查的配件价格比自行采购的价格高出了30%，而香河誉聚公司解释称同一名称的汽车配件存在不同生产厂商、不同生产批次、不同型号等差异，均会影响价格。 **本案的争议焦点：**关于“同行业最低价”的承诺是否有效。 **类案的关键事实：**双方签订的合同中均约定了最低价格承诺条款，即格瑞莱公司应向三一集团公司提供厂家授权销售资格证明、产品出厂及销售价格表，如实告知产品的成本和利润，承诺给予买方市场同期最低价，并配合买方进行市场调查、核价，同意按照买方要求根据成本下降等因素相应调整协议价款。格瑞莱公司出售给三一重装公司的价格高于其进口完税价格或者三一重装公司向生产厂商以及其他供应商询价的含税价格2—3倍以上，且格瑞莱公司既未按照合同的约定向三一重装公司告知其产品成本和利润组成，配合三一重装公司进行市场调查、核价，又未提供证据证明其所称的上述因素对价格所应产生的具体影响，亦未对巨额差价产生的原因作出合理解释。 **类案的争议焦点：**格瑞莱公司是否违反了最低价格承诺条款，应否向三一重装公司返还货款并承担违约责任。	仅比较争议焦点判断是否为类案，如：本案的争议焦点为关于“同行业最低价”的承诺是否有效，类案的争议焦点为格瑞莱公司是否违反了最低价格承诺条款，应否向三一重装公司返还货款并承担违约责任。

续表

步　骤	撰写要点	正确示例	错误示例
5. 比对类案与本案的相同点、不同点并判断相关相似性后，得出两案是否实质相似的结论	应列明类案与待决案件的相同点和不同点并判断相关相似性	**相同点：**（1）双方签订的合同中均包含卖方承诺最低价条款；（2）卖方的价格均高于市场同期最低价。 **不同点：**（1）两案所涉及的争议合同条款性质不同。前案中当事人没有提供证据证明争议条款为格式条款；而本案中争议条款为格式条款。（2）两案中卖方价格高出市场同期最低价的幅度不同，且卖方对价格较高是否有合理解释不同。 **相关相似性：**本案的不同点，即条款的性质和高出市场同期价格的幅度、合理性更重要，故不同点更为相关。 **结论：**两案实质不相似，不属于类案。	仅通过列明相同点来判断相似性，如：本案与类案的争议焦点均涉及最低价承诺条款是否有效，争议焦点相同，故两案属于相似案件。
6. 提炼类案裁判规则评析类案裁判方法，得出是否应当同判的结论	整合类案的争议焦点、裁判理由和裁判结果，提炼出构成类案的裁判规则，并可从形成裁判规则所运用的裁判方法来对类案规则进行评析	若经过以上判断，两案为实质相似，则继续下述步骤： **类案的裁判规则：**买卖双方签订的非格式合同中包含最低价承诺条款，且买方提出证据证明卖方售价高于市场同期最低价，要求卖方承担违约责任的，应结合卖方售价与同一商品市场同期价格的上升幅度、卖方是否按照合同约定如实告知产品成本和利润组成、配合买方进行市场调查、核价等高售价的合理性因素综合考虑卖方是否违背最低价承诺条款。 **相关法条：**《民法典》第一百四十二条第一款："有相对人的意思表示的解释应当按照所使用的词句，结合相关条款、行为的性质和目的、习惯以及诚信原则，确定意思表示的含义。" **裁判方法评析：**本案对"最低价承诺条款"的解释符合法律规定，综合考虑条款对卖家设定的义务、商业市场的运行习惯及实质结果是否符合最低价合同的目的等因素作出合同条款的解释。 **结论：**应当同判。	作出两案实质相似的判断后，跳过此步骤，直接适用类案裁判规则进行"同判"，造成不当裁判方法负面效应的扩大或个案实质不正义的结果。

续表

步　骤	撰写要点	正确示例	错误示例
7. 若应当同判，则通过类案裁判规则得出本案裁判结论	应完整呈现类案辅助法律规则涵摄待决案件具体事实形成裁判结论的过程	**类案的裁判结果：**并无完全相同或相近的参照产品用以确定市场同期合理价格，故以变频器裸机价格为基础，综合考虑格瑞莱公司应获得的合理利润以及交易时间、付款方式以及相关增值服务等对价格产生影响等因素，酌情确定涉案变频器的合理价格。 **本案的裁判结果：**以汽车配件成本价格为基础，综合考虑香河誉聚应获得的合理利润以及交易时间、付款方式以及相关增值服务等对价格产生影响等因素，酌情确定汽车配件的合理价格，判令香河誉聚公司返还卓越公司多支付的货款。	同判时，未提炼类案裁判规则的内容、未详细论证类案裁判规涵摄本案的过程。

（三）配套制度保障的设立

1．当事人可将不回应、不参照或错误参照类案作为上诉、再审理由

类案裁判制度应当明确规定，司法裁判若对当事人提出的类案、特别是指导性案例不予回应、不予参照或参照不当，当事人可以此为理由提起上诉或者再审，上级法院也可以将其作为二审、再审改判或发回重审的理由，推翻原判决。对此，日本《裁判所构成法》第四十九条规定："下级法院必须遵循上级法院的判例"，且日本将违反判例作为上诉的绝对理由，从而使得最高法院及上级法院在先判例拥有实际约束力。[41] 司法实践中，也有生效裁判认可这一观点，"对于再审申请人提出本案与最高人民法院颁布的第24号指导案例案件基本事实、争议焦点及法律适用具有高度相似性，应同案同判的理由，原一、二审法院未予论述说理，应参照《类案检索意见》重新予以审理"。[42]

[41] 参见刘树德、胡继先：《关于类案检索制度相关问题的若干思考》，载《法律适用》2020年第18期。

[42] 详见（2021）辽民申5273号刘某某、牟某某等机动车交通事故责任纠纷民事申请再审审查民事裁定书。

2. 未检索、未回应或错误回应造成案件瑕疵或错案的将承担审判责任

如果对法官参照类案或者偏离类案导致的裁决不当进行追责，将严重挫伤法官的积极性，应当明确此类情形的法官责任豁免制度。[43] 建议在类案裁判制度中规定，法官应当检索类案而未检索、应当回应类案参照诉求而未回应或回应错误，并造成不合格案件或者错案的，才应依照审判监督程序追究相应的审判责任。[44]

3. 建立以类案裁判说理水平为重要标准的考核与激励机制

可将类案裁判的说理情况纳入院庭长、审委会审判监督管理的重点内容及案件质量评查、法官审判绩效考核的重要指标，重点考核案件是否依规启动类案检索程序，是否在文书中回应参照类案诉求，类案裁判的说理是否规范、充分；另外，可以考虑将类案检索、类案回应等裁判说理作为申报优秀裁判文书的加分项，通过发挥优秀裁判文书的辐射效应，引导实务中形成规范、理性、充分的类案裁判说理风格。[45] 同时也可通过推进类案检索报告公开机制，促进类案检索水平的提升和成果的共享。

六、结语

“任何制度的设计，不仅需要有制度运作的程序安排，也需要有娴熟的法律方法训练，更需要有成熟的理念沉淀，才能真正实现制度创新的目标和价值。”[46] 通过法官与当事人、律师等在裁判文书中的不断沟通和对话，可促进法律职业共同体对于类案裁判制度形成共识。通过增加特定类型案件中法官对参照类案诉求的回应义务，也可矫正实践中类案裁判制度的“软运行”现象，并培养、强化司法审判人员的判例思维和类比推理水平，以实现“类判同判”原则所承载的统一法律适用、实现司法公正之目标。

（责任编辑：董　燕）

---

[43] 参见何春芽、管俊兵、陈国平：《类案强制检索结果的司法适用规则研究——基于从类案到类判的功能主义视角》，载《法律适用》2020 年第 18 期。

[44] 参见王雨田、何伦波：《司法裁判回应类案参照诉求的审视与完善》，载《山东法官培训学院学报》2022 年第 2 期。

[45] 参见赵朝琴、邵新：《裁判文书说理制度体系的构建与完善——法发〔2018〕10 号引发的思考》，载《法律适用》2018 年第 21 期。

[46] 彭中礼：《司法判决中的指导性案例》，载《中国法学》2017 年第 6 期，第 129 页。

回应型司法：热点案件司法应对的限度、规则与路径

——以全国近二十年话题讨论度超过 1 亿的热点案件为例

江　帆　罗晓楠*

随着网络的便捷化和自由度越来越高，越来越多的司法案件进入公众视野，在当事人、媒体等“炒作”下，催生出越来越多的热点案件。虽然热点案件生命周期不长，持续的时间也较短，甚至会随着后续的不跟进或新热点案件的发生而被淡忘，但并不意味着热点案件就可以听之任之。社会关注度高的案件，如果每每都得不到回应，一方面，会使社会大众对司法产生怀疑，最终削弱的是司法公信力；另一方面，也会加剧司法与社会的脱节，越发影响社会公众对司法的评价。另外，热点案件虽在司法中占一小部分，但其背后往往反映了社会当下最尖锐的矛盾。因此，对热点案件的处理，其意义远超案件本身。笔者通过考察近二十年话题讨论度超过 1 亿的热点案件，以“回应型司法”为视角，探析热点案件回应之限度和范围，并构建回应之路径。

一、检视：热点案件之实践画像

通过“北大法宝”检索近二十年热点案件，在此基础上，进一步借助“新浪微博”话题参与讨论筛选出讨论次数共计在 1 亿以上的热点案件共 53

* 江帆，法学硕士，上海市浦东新区人民法院审判监督庭审判员。罗晓楠，法学硕士，上海市浦东新区人民法院审判监督庭法官助理。

件。① 通过样本的分析，热点案件呈现以下特点。

（一）类型：热点案件中刑事案件占比较高

根据样本统计分析，刑事类型的热点案件占比较高。主要原因在于：

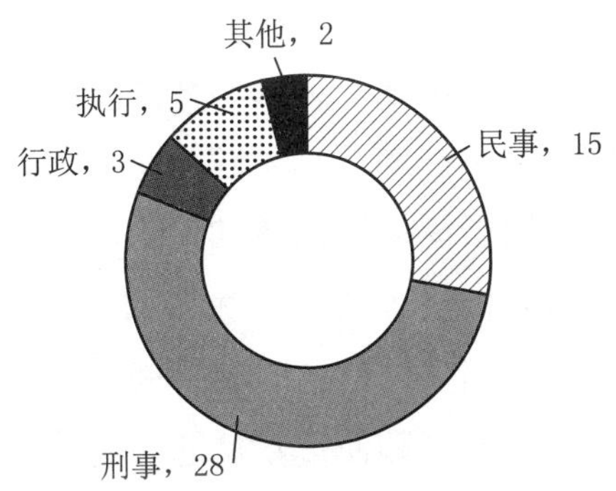

图1　53件热点案件数量分布情况

第一，从公民自身角度来看，民商事案件的诉求往往是赔偿、返还等，很多案件往往以达成调解为结案方式；行政案件虽然是民告官案件，具有足够的话题度，但该类案件有些是以隐形调解方式结案，有些因为涉及个人隐私等原因，不易公开。刑事案件往往涉及限制人身自由，甚至是剥夺生命，直接关乎个人的切身利益，决定了其会获得较高的关注度。

第二，从媒体宣传角度来看，刑事案件涉及利益较为重大，借助互联网、自媒体等可以快速传播，其宣传更能获得视角冲击和心灵震撼，从而能为媒体获得点击量，带来热度，媒体也更喜欢对该类案件进行宣传，甚至炒作。

第三，从司法结构角度来看，不同于双方地位平等的民事主体，刑事案件一方的诉讼主体是代表国家行使权力的公诉机关，这种结构的不平等，更加剧了刑事案件被关注的程度。

① 笔者以“北大法宝”数据库的“热点案例”库中所收录的热点案件为基础，筛选出热点案件近2700条，借助“新浪微博”话题参与讨论人次，由于同一案件可能存在不同的话题词条，如“于欢案”的话题词条有“山东辱母杀人案”“讨债人向于欢索赔20万”“于欢家人非法吸储”“于欢案出警干警失职”等共计43个，将其所有词条讨论数量相加，筛选出讨论热度超过1亿的案件共计53件。

（二）时间：热点案件即时效应显著但长尾效应不足

热点案件，由于其足够的冲击力，一经发生便引起公众的关注与转发。再加上自媒体对热点的追逐，争相做热点案件的独家或者首家报道，在媒体的“包装”下热点案件迅速成为爆点，登顶微博热搜榜单。

但由于互联网的即时性、迅速性，人们在某一新闻上停留关注的时长却越来越短暂，注定了话题的生命周期越来越短，热点案件的热度更像是龙卷风，来得快去得也快。借助微博阅读次数和讨论次数等指标统计分析，热点案件持续热度的时间平均为2.5—6天。② 大多数案件经过一段时间的酝酿流量达到顶峰，之后热度渐渐褪去，但此时案件尚未作出处理，待案件作出处理，并不能引起较大关注，或者即使重新掀起一定的话题讨论，但热度也达不到之前的高度。以“江歌案”为例，案件在进入法院前，话题词条共计13个，阅读次数共计31亿，讨论次数共计7.9亿次，而案件在宣判时，话题词条共计7个，阅读次数共计18亿，讨论次数共计3.1亿次。

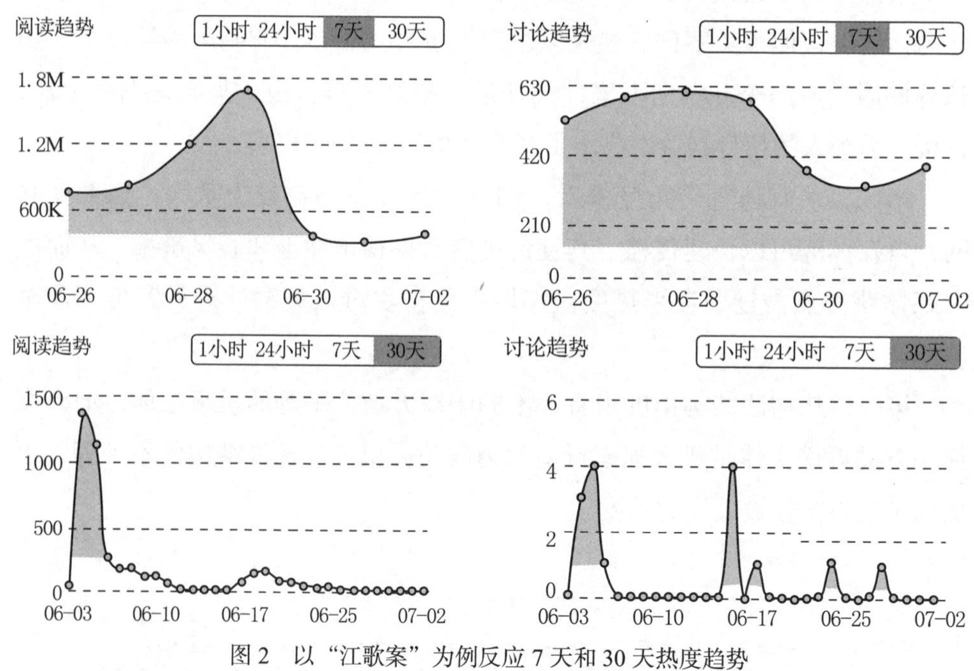

图2 以“江歌案”为例反应7天和30天热度趋势

② 通过对53件热点案件持续时间的统计，计算得出平均数。

（三）内容：社会关注焦点分散且易偏离实质

热点案件能够迅速掀起热度，肯定少不了民众的关注和评论，大量的关注确实能为案件带来热度从而引起重视，但同时也在关注中慢慢变了味道。

一是关注焦点较为分散且多元。一方面是关注主体的分散。通过各种媒介热点案件得以迅速传播，但由于接收信息的主体来自不同地区，处于不同年龄段，拥有不同的生活习惯或语言，甚至不同种族的人都可能成为案件信息的受众，主体的分散性决定了其在参与热点案件时意见表达的杂乱性、无序性。③另一方面是关注内容较为分散。由于受众个体间文化背景、知识储备的差异以及社会参与领域的不同，各主体在参与热点案件讨论时，往往以自身利益或兴趣为出发，注定了其发表意见的多元化。

二是关注及诉求往往偏离案件本身。不同于一般的热点事件，热点案件因为案件本身属于司法范畴，应从法律角度来评价。但热点案件在网络引发热度之后，其讨论的方向往往被其他非属于司法范畴的因素带离既定轨道。如早些年的“药家鑫案”，司法评价的焦点应是肇事行为及实施杀人行为；而由于媒体的引导等因素，社会的关注点却落在“富二代”“官二代”身份、贫富阶层的对立上。且这种冲突经互联网的放大或个别媒体的“带节奏”，导致公众的讨论往往集中于其他要素而非案件本身。这也导致无论法院最后判决如何，都无法使案件得到真正的平息，也使司法受到不必要的质疑。

（四）结果：裁判结果易具不确定性

近些年来，热点案件数量越来越多，一方面得益于民众不断增强的法治意识搭上便捷的互联网，还有一方面是对热点案件的高度关注，可以引起结果的反转。每年几乎都有司法热点案件在舆论的发酵影响下改判的情形。如2016年“天津大妈赵春华案”，一审被判处有期徒刑三年六个月，在巨大的舆论关注下，二审改判有期徒刑三年，缓刑三年。2006年的“许霆案”，由于社会的高度关注，刑期由原来的无期徒刑直接改为有期徒刑五年。如此反

③ 季金华、蒋飞、徐骏：《网络民意的司法回应之实证研究》，载《金陵法律评论》2014年春季卷。

转的结果，除了让民众对法律产生怀疑之外，也损害了司法公信力。越来越多人开始利用网络的力量，对案件进行推波助澜的炒作报道，企图利用巨大的关注度向司法施压来改变司法的结果。

表 1　热点案件结果的变化

	一审	二审
天津赵春华案	有期徒刑三年六个月	有期徒刑三年
许霆案	无期徒刑	有期徒刑五年
于欢案	无期徒刑	有期徒刑五年

热点案件虽然在司法案件中占比很小，但却能够引起社会的高度关注，公众对司法的认识和了解也恰恰来源于这占比很小的热点案件。但司法结果在社会高度关注中反复变化，甚至受到舆论绑架，严重冲击司法的权威性和公信力。

二、反思：热点案件产生之原因及司法回应之必要性

热点法治案件虽是个案，但其作为一个触点，透视司法正义与社会正义的错位，其背后所代表的种种冲突与对峙都通过一个个热点案件得以具体化。④

（一）热点案件产生之原因

1．转型社会结构问题复杂性与法律单一性之间的矛盾

热点案件虽是个案，且有时看似都是小案，但其背后映射出来的却往往是社会深层次的结构性问题，一个热点案件可能囊括的不仅仅只是法律问题，可能还天然内含道德问题、社会价值问题、伦理甚至是体制制度等问题，如，“山东高考冒名顶替案”，其反映的不仅仅是教育权被剥夺问题，还有教育管理过程中存在的问题；“柴某诉上海大学学位案”除了反映学校违反程序侵犯学生获得学位的权利，也引发了对现行教育背景下高校以论文数量作为学

④　侯明明：《司法正义与社会正义的错位：类型、因素与启示》，载《学术论坛》2017 年第 6 期。

术评价的合理性问题的讨论。社会转型过程中，官民冲突、贫富阶层的撕裂、城乡差异等这些社会深层次问题都透过一个个热点案件折射出来。

但法律却是有限的、单一的，以简约的法律来应对复杂的社会，它所能解决的也仅是法律层面的问题，对于不属于法律范畴的其他社会问题，法律无法也不能作出评价。虽然法律可以通过个案的判决对社会价值起到引导和规范作用，但其范围是有限的，无法触及深层次的结构问题。所以司法裁判的结果无法彻底平息热点案件的热度。如“柴某诉上海大学学位案”，法院通过判决确认学校作出不授予柴某学位的程序违法，但学校按照规范程序作出相同结果，仍以论文数量不够认为柴某无法达到博士毕业的学术标准。而对于以论文作为学术评价标准是否合理问题，法律无法作出评价。

2．公众的过多期待与司法自身回应能力不足的矛盾

该种矛盾的实质在于民众对司法的需求是无限的，但司法的供给却是有限的。

公众的过多期待主要在于：其一，随着信息化的发展，司法案件可以第一时间让所有人知晓和讨论，也得益于信息化，所有人都可以借助网络发表意见，提出诉求，互联网的便捷性畅通了诉求的表达，也使得公众对司法赋予过多期待。其二，伴随着社会的发展，群众法治意识和权利意识也显著增强，公众的权利诉求也呈现激增的状态，休息权、采光权、胚胎继承权等一系列新型权利的涌现，急需司法的确认或祛除。其三，社会变革的发展，传统文明向现代法治转变的过程中，价值理念、精神观念等存在一定的撕裂，急需法律弥合两者的鸿沟，构建规则边界，塑造法治意识，从而为公众行为提供指引。

但面对公众的过多期待，司法明显回应不足。司法的被动性决定了司法不会主动回应社会的呼声。虽然普法也是司法的延伸职能之一，但普法是对公民法律常识的普及，是对公民自身问题的解答，很少会对社会热点案件进行回应。司法的回应仅限于案件裁判后，向社会公众公开相应的判决，有时承办法官会在宣判之后接受采访，对判决进一步释义。但该种事后性的回应，相对于公众的过多期待是远远不够的。且司法没有积极回应的传统和机制，司法回应能力明显不足。

3．抽象类案形式公平与具体个案实质公平的矛盾

对个体而言，一方面，社会大众在个案中追求的社会正义，往往是实质的正义，为了实质正义甚至可以牺牲程序正义，更不会考虑该案的判决对社会主流价值是否会有冲突，是否会对社会行为规范作出不好的指引。如丈夫将其财产无偿赠予病重时照顾自己的第三者，如若简单地迎合民意的呼声，判决该赠予有效，是否会对维护家庭和谐、保护正常夫妻关系的社会主流价值观作出不好的引导，这些都是社会大众不会考虑的。另一方面，社会大众习惯将问题道德化，看待某个问题时，习惯用好人坏人来界分，以道德观念、情理常识、社会风俗等因素作为评判案件公平正义的尺度，但该尺度并不具有一贯性，其道义可根据不同案件交替使用。如同样的盗窃行为，针对富人就是劫富济贫，而针对穷人就成了“罪不容诛”，这显然也违反人人平等的适用法律原则。

对法官而言，无论是从类案的适法统一，还是从其自身职业晋升角度，法官为了稳妥起见，会选择以法律作为单一的考量标准进行裁判，依照法律的判决符合形式的公平，但相对于个体所追求的实质公平而言，注定两者之间会产生不可调和的冲突。同时，司法改革使法官这个职业越来越专业化、职业化，这就使得法官越来越注重以法律技术为裁判方法，以更加理性的思维来作出判断。法律知识在其知识结构中占据主导地位，必然与道德、情理、社会经验为主的普通大众产生隔阂，决定了两者之间对峙的局面。

4．媒体的积极主动性与司法的消极被动性之间的矛盾

面对热点案件，媒体平台往往是积极、主动报道案件本身，争相做案件的独家或首发，甚至费尽心力挖掘案件背后的故事，以增加案件的曝光度。对媒体而言，所有与案件相关的报道与挖掘都可以获取更多的关注和热度，对其而言，流量是首要的，是否与案件相关并不重要。甚至有些媒体为了获得点击量，对案件进行裁剪，或者为了获得首发，不对新闻事实真实性进行核实，导致作出失真报道。社会公众对于首先接收的案件情况往往会产生先入为主的偏向，从而诱发错误的舆论关注。但当案件事实进一步发酵，客观事实渐渐浮出水面，往往产生反转的结局。

和媒体的积极主动相比，司法明显是消极和被动的。一方面，司法本身就是被动的，司法始终秉持“不告不理”的原则，不主动干预社会管理，不

逾越公权力的界限。另一方面，司法也是消极的。司法机关代表国家行使司法权，其所传达的每一个声音都应该是经查证属实，案件未裁判前，所有的事实在法律上都是存有疑问，属于待质证真伪的。同时，法院作为中立的裁判者，不能偏向任何一方，也决定了其发言的谨慎性。基于种种原因，司法从不会主动迎合社会的呼声，即使面对社会热点案件，在裁判前也不会对其作过多的回应。

媒体与司法之间，主动与被动，积极与消极的矛盾就注定了案件报道事实与法律事实存在一定的时间差，甚至存在真假反转的结局。而这一时间差某种程度上却消耗了社会公众对司法的耐心。

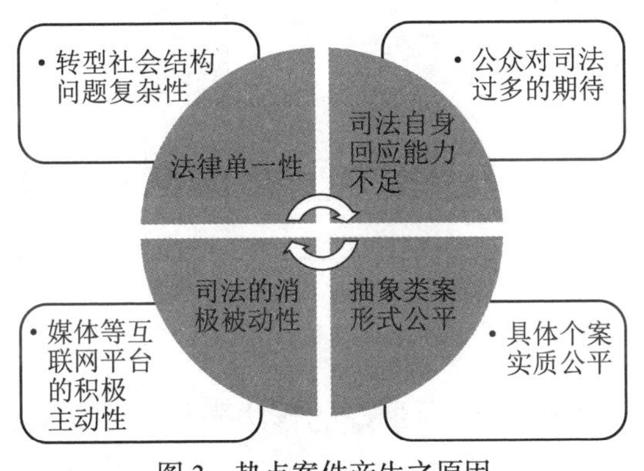

图 3　热点案件产生之原因

（二）司法回应热点案件之必要性

热点案件虽然只占法院案件的一小部分，但却恰恰反映了社会发展过程中最根本、最尖锐的问题。通过热点案件倾听背后所传递的声音，关注并解决社会问题才是实现让人民群众在每一个案件中感受到公平正义的关键。虽然我国司法没有直接回应的传统，但我国司法变革的历程表明了我国司法一直在尝试通过各种方式和途径间接回应社会之关切，如中国传统社会的“卡迪司法”，陕甘宁边区实践的“马锡五审判方式”，以及现在大力推行的“互联网庭审”“裁判文书公开”制度，都是司法间接回应的代表。司法需要回应社会之关注，既是自身职责的要求，也是社会之希冀。

1．外部原因

（1）需求导向：社会公众对司法的需求与日俱增。主要体现在，一是全国各地法院诉讼数量都呈增长趋势（见图 4），社会大众越来越趋于选择通过法律程序来解决纠纷，社会整体的权利意识和法治观念普遍增强，其对司法的需求和期待也随之提升；二是社会变革过程中，传统观念与现代法治文明存在一定的隔阂，社会价值的多元化，需要借助司法促进价值共识的构建；三是个体意识不断增强，公众的权利诉求也显著提高，也涌现了一些新型的权利，如采光权、休息权等，急需得到司法的确认或否决。

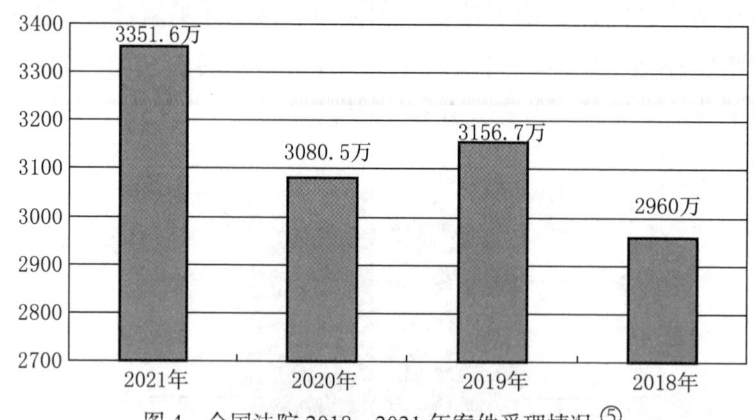

图 4　全国法院 2018—2021 年案件受理情况 ⑤

（2）作用推力：热点案件是最好的普法平台。法条的抽象概括与个案具体具象之间存在一定的张力。世上没有两个完全相同的案件，即使类似的案件也各有自身的特殊之处，所以复杂具象的案件有时无法直接在简练概括的法条中找到答案，需要司法通过个案予以具体化，以弥补两者隔阂。热点案件虽主体仅限于双方当事人，但所传达的法治精神和理念却可以直抵每个人心中，其所达到的普法效果也是以往脱离群众生活式普法或简单以法条方式普法宣传所远远不能及的。

2．内部原因

（1）基准定位：司法角色之定位。《最高人民法院第五个五年改革纲要》对我国法院未来五年改革方向作了规划，即“加强诉讼服务体系建设，深化多元化纠纷解决机制改革，推动把非诉讼纠纷解决机制挺在前面，构建以人民为中心的诉讼服务制度体系，回应当前中国社会转型时期人民的多样性司

⑤ 数据来源于每年的《最高人民法院工作报告》，数据不含最高人民法院受理的案件。2020 年受疫情影响，数量有所下降。

法诉求”。在当前的社会治理中，法院是基层治理体系和治理能力现代化的参与者、实践者和法制保障者，法院参与社会治理，以社会现实需求为起点，借助司法审判针对社会中的突出问题予以回应，通过个案发挥其塑造规则意识和引领社会风向的作用。

（2）价值功能：司法功能之实现。法院的功能包括基本司法功能和延伸性司法功能两部分。“纠纷解决、定分止争”即基本的司法功能，基本功能的发挥主要通过个案得以实现，“维护法律权威、进行权力制约”等是其延伸性司法功能。诉讼背后透视的往往是社会深层次的结构问题，主体也不仅局限于纠纷双方，而是与社会每个个体息息相关。如农村婚姻家庭的现状是中国城市化进程中的缩影，背后不仅是法律问题，更包括人文道德、风俗习惯、社会变革等因素。需要司法发挥其延伸性功能，通过回应社会之不确定性，来确认善良风俗的价值，指引社会大众积极向善。

（3）属性要求：司法公信力与司法权威之要求。法律的目的不是用来滋生法学概念，而是要切实解决社会问题，司法也是在应对社会各种复杂局面中丰富发展起来。⑥虽然热点案件生命周期不长，热度持续的时间也较短，会随着后续的不跟进或者新的热点案件的发生而被淡忘，但并不意味着热点案件就可以听之任之过去。社会关注度高的案件，如果每每都得不到回应，一方面，会让社会大众对司法产生怀疑，削弱的是司法的公信力；另一方面也会加剧司法与社会的脱节，越发影响社会公众对司法的评价。同时，司法的判决本身也需要社会的理解和支持，当事人能够从内心认可并接受判决，有利于判决真正落到实处，而不是沦为“一堆废纸”，损害司法的权威。

三、破局：热点案件司法回应的限度及重点场域

在这个“全民司法官”的时代，“有限主义司法”如何在无限的诉求中实现与民众的平衡与互动，其关键在于确立回应的限度、范围及规则。

（一）热点案件司法回应的限度

司法对热点案件的回应，不是对公众诉求无条件的顺从，也不是无限度

⑥ 强世功：《法律社会学的困境与出路》，载侯猛编：《法学研究的格局流变》，法律出版社2017年版，第30页。

的妥协，而是要在司法限度内予以回应。司法回应的限度主要体现在以下三个方面。

1．一准乎法：热点案件司法回应的合法性限度

司法的核心仍是以事实为基础、以法律为准绳，因此，司法对热点案件的回应首先应遵循合法性限度，即按照法律规定的程序，以法律许可的方法，在法律规定的范围内予以回应。

一是对个体的回应，在热点案件中，个体的诉求往往是案件的当事人或诉讼参与者，其诉求往往通过诉讼予以提出，相应的司法也应通过诉讼程序予以回应。根据“被动性”“中立性”“不告不理”等原则，依据个体的主张和提交的证据进行判断与回应。二是对社会公众的回应。社会大众对热点的关注和诉求主要借助网络，由于网络的便利化、匿名化，社会大众对热点的诉求复杂多样。因此，对其回应首先要识别出需要回应的诉求，并巧用对话的技巧，通过回应还原事实真相，破除网络谣言和不良言论，树立良好的司法形象。

2．二准乎理：热点案件司法回应的合理性限度

热点案件中，要区分好合理诉求和民愤。互联网匿名性与表达的畅通性，使得热点案件成为一部分人发泄不满的借口，由于其仅是个人情绪的宣泄，缺乏合理的诉求基础，所以不需司法予以回应。

对合理性限度的把握主要在于以下三点：一是合乎目的性，即其所表达的诉求之目的或出发点。有些民意的表达只是为了博人眼球，增加关注量，并不是真的提出诉求，其动机不纯，因此对于该类诉求不需浪费司法资源回应。二是合乎道德性，社会大众往往欠缺专业的法律知识，其对热点案件的评论往往基于自身道德观念、风俗习惯，如果法律规定与社会习俗产生冲突，此时需要司法予以回应，从而塑造法治理念，指引人民作出符合规范的行为。⑦

3．三准乎序：热点案件司法回应的程序性限度

公众对个案公平的追求是实质公平，为了实现实质的公平甚至不惜牺牲程序正义，但司法勿因为社会的关注或顺应社会的诉求，忽略程序的价值，以实现实质公平。热点案件是最好的普法平台，更应遵守法律实体和程序的规定，以此向社会普及程序对于案件之价值。

---

⑦ 尹奎杰：《司法回应民意的限度与途径》，载《长白学刊》2016年第2期。

把握程序性限度，一方面是所有的程序要符合法律的规定，如不能因为热点案件的高度重视，就特事特办，缩短举证、答辩期限，侵害当事人依法享有的辩护权，更不能因为民众之诉求而突破“不告不理”之原则等。另一方面是发挥好司法监督功能，越是热点案件，越要正确行使司法的自由裁量权，切实保障实体公正之实现。

（二）热点案件司法回应的重点场域

审判首先是司法活动的重心，其次才是参与社会治理，人民法院没有精力也没有时间对所有的热点法治案件一一进行回应。司法的“有限主义”也表明司法对于社会的呼声并非一一都能满足，其只能是有条件、有选择地在力所能及范围内进行回应。⑧因此，首先应框定司法回应的范围。实践中，对于以下四类案件的处理尤需作好司法回应：

类型一：原有规则不合理带来的不公平需要司法回应予以弥合的案件。⑨在价值多元化的今天，思想的与日俱进也会促进司法理念的变化，依照原有规则裁判可能导致不合理结果的产生，此时就需要司法及时作出回应，塑造行为规则，提供行动指引。如2017年“电梯劝烟猝死案”，司法摆脱原有的只要有人遭受损害，无论行为人是否有过错，基于公平角度，都应作出补偿的处理规则，创新思维，用司法的声音坚定的支持和鼓励社会大众维护自身合法利益，每个人都应当遵守法律和公序良俗，任何人不得借助法律在悖于善良风俗的行为中受益。2020年“偷鸡蛋被拦猝死案”，司法的声音再一次对新时代主流价值作出确认，弥合原有规则的不合理。

类型二：对社会大众日常交往模式会产生重大影响的案件。⑩⑪该种类型可能基于法治理念的变化，导致原来大众交往方式是否适宜发生变化，或者是社会大众日常交往模式一直存在，但对于该问题司法一直未有明确的态度。由于该类型案件的裁判结果将对社会大众交往模式产生影响，因此司法回应应审慎应对，以个案为契机，但勿拘泥于个案，应综合全局考虑。如“共同饮酒责任案”。酒文化一直是中国的传统文化之一，推杯换盏也一

⑧ 孙笑侠：《论司法多元功能的逻辑关系》，载《清华法学》2016年第6期。

⑨⑩ 金民珍、徐婷姿：《回应型司法的理论与实践》，载《人民法院报》2012年11月21日第8版。

直被视为酒桌上增进感情的方式之一，但最近几年越来越多因劝酒、共同饮酒产生的纠纷，司法通过热点个案，回应了共同饮酒人的责任界限，共同饮酒人、组织者等各自在何种情况下承担法律上的责任与义务，其规则的确立对社会大众交往模式将产生重大影响。司法的判决既是针对个案，也是通过个案，合理界定人际交往的尺度，规范人际交往行为的边界，并形成规范的共识。

类型三：新的社会现象引发的社会矛盾。社会的发展必将引发新问题的产生，但法律的滞后性决定了其在应对社会新问题时难免会捉襟见肘。对于该类型案件，司法应开拓眼界，透过新的社会现象审查其本质，界定属于新问题，还是掩盖在新社会现象下的旧问题。如“代孕所生孩子归属问题”。代孕是随着医学技术不断进步产生的新型生育方式，随着代孕技术的不断发展，代孕现象也越来越多，我国法律禁止代孕，但通过某些途径在国外代孕之后产生的法律纠纷，司法却不能仅凭我国禁止代孕的规定而不予处理，尤其是对于代孕所生孩子归属问题，一直是代孕所要面临的伦理和法律困境。该类案件也很容易因其新颖性成为热点案件，司法在予以回应时，应开阔眼界，更要尊重伦理道德。

类型四：法理情理如何在热点案件中达到平衡。[11] 法律职业发展的趋势是精英化和专业化，法律人的理性认知与社会公众的朴素认知在底层逻辑、推演路径上有显著区分，但并不意味着法律将成为小部分人相互理解和沟通的工具。2018 年最高人民法院颁布《关于加强和规范裁判文书释法说理的指导意见》，2021 年颁布《关于深入推进社会主义核心价值观融入裁判文书释法说理的指导意见》，可以看出司法改革的方向也是试图在案件中实现法理与情理的融合，依法裁判的同时，也能得到社会大众的理解和支持，使得法律不再只是少数法律人交流的工具，应成为社会的共同语言。这点在婚姻家庭、邻里纠纷中尤为明显。对于该类案件，司法不再仅仅是依据冰冷的法律条文机械裁判，而是从生活或公序良俗的角度，用大众能理解和常用的词句解释

⑪ 金民珍、徐婷姿：《回应型司法的理论与实践》，载《人民法院报》2012 年 11 月 21 日第 8 版。

裁判的依据，在法律力度之外寻求司法的温度。⑫ 融情于法，在法理上于法律契合，在情理上与大众共鸣。

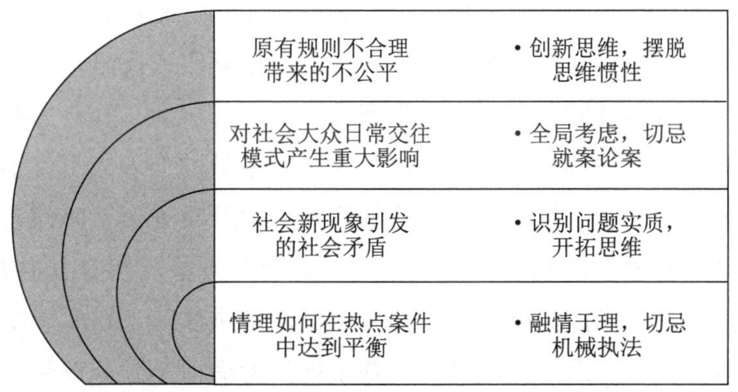

图 5　司法回应的范围及规则

四、构建：热点案件司法回应之路径优解

"回应型司法"作为司法发展的终极模式，⑬ 应积极发挥司法的主动作用去回应社会之需要。但做好司法回应除了应在司法理念等实体内容上有所构建，也要从发现收集、甄别、整合、反馈等程序方面进行合理设计，提升司法回应的规范化和制度化，实现通过司法回应参与社会治理的功能。

（一）广开言路：发现与收集

问题的挖掘和确认比问题的解决更为重要。⑭ 目前社会对司法负面评价偏多，很大一部分原因在于社会大众对热点案件的意见或疑问无法通过司法正式的渠道反馈。借助信息化各地法院都开设了微博、微信公众号等账号平台，但由于种种原因，对外平台并未发挥其反馈意见的作用，多半沦为法院展示工作成果或普法的单向传输工具。其微博、微信评论要么处于关闭状态，要么开启精选留言功能。因此，落实司法回应的前提，首先应是社会大众能够通过允许的途径，使自己的意见或疑问能够被法院看到、听到，法院也才有收集整合的基础。途径构建主要包括线上和线下两部分。

⑫ （2016）苏 1283 民初 3912 号，被称为"史上最美离婚判决书"。

⑬ 苏丽、裴玉生：《司法如何面对正当性的追问》，载《河北法学》2014 年第 10 期。

⑭ 王传宏、李燕凌：《公共政策行为》，中国国际广播出版社 2002 年版，第 175 页。

1．线下途径——“请进来”

法院在实现社会治理功能时，制定了一些举措制度使得人民参与到司法社会治理中来，这些举措制度也可成为法院收集热点案件意见的途径。如人民陪审员制度，尤其是热点案件的审理，应严格落实人民陪审员制度，尽可能地吸收人民陪审员的参与。人民陪审员来自人民群众，其在思考或看待问题的角度上代表了一部分人民的思维，人民陪审员的加入，不仅丰富了对案件判断的角度，也利于发现收集民众的意见；召开听证会、座谈会，对于涉及民生且具有普遍性的热点案件，召开听证会聆听关于切身利益者的声音；开放社会公众日、案件旁听渠道，让更多民众走进法院，切实感受司法，尤其是热点案件，不能因为关注度高，基于稳妥考虑而不公开审理，甚至牺牲司法程序。社会大众通过司法程序的体验，对案件的流程多一点了解，也就多一分理解，减少不必要的猜想。

2．线上途径——“摆出来”

当前，法院非常重视网络宣传，几乎各个法院都开设微信公众号、微博等官方平台作为展示法院工作的窗口，但这种宣传大多是单向的输出。司法为民、公正司法应是双向的，官方平台不仅是其展示工作的窗口，也应是社会大众了解司法的主要途径。因此，应充分开放网络空间，以开放包容的姿态开放评论留言区，案件的质疑、情绪的宣泄、意见的表达都应当有纾解的窗口；法院的官方网站设立相应的栏目，并分成不同的模块，专门负责收集相关意见；设立网络收集平台和收集人员，根据内容的不同设立对法院日常事务、具体案件等的网络留言板块，并由专人负责收集、梳理。

（二）化零为整：识别和整合

正式的制度应当通过设置科学的辨识与筛选程序，使其成为正式公共领域意见的合法化过滤器。⑮ 通过前述收集的意见大多是杂乱无章、真假掺杂的，因此需要构建一套对民意的识别和整合机制。

1．识别机制——“初步过滤”

对热点案件的讨论往往庞杂无序，单靠人为甄别无论是在时间上还是人

⑮ 吴建国：《中国回应型司法的理论逻辑与制度构建》，东南大学博士学位论文 2014 年。

力成本上都是难以实现的。因此，首先，借助信息化技术，通过设定某些关键词，利用大数据进行初步抓取，实现信息的第一次过滤；其次，通过人力进行二次过滤，去除掉那些不是针对热点案件的意见或假借热点案件讨论表达不满的意见。关键词的设定是识别的核心，因此设定应尽可能全面且具有概括性。

2．整合机制——“分类归纳”

经两次过滤后的意见虽具初步雏形，但仍杂乱无序，司法不能直接予以吸纳或反馈，需对意见进一步整合。首先，对意见进行分类。如根据意见的内容，分为对案件本身的意见或对法院审理过程的意见，对案件实体内容的意见或程序的意见，对罪名的意见或量刑的意见。其次，在分类的基础上对意见进行归纳。所收集的意见往往重复或繁琐，司法在吸纳前，必然需要对其归纳，通过整合总结提炼出其共识之处，归纳热议的焦点，也利于后续司法回应有针对性地展开。

（三）择善而引：引导和反馈

司法虽多数是被动，但对于“找上门”的民意，司法不能置之不理，更不能被牵着鼻子走，司法需要发挥其主观能动性，进行积极引导和适时反馈。

1．引导——“顺势而为”

引导是为了增强社会大众的理性，也利于后续司法发挥积极影响作用。因此，法院在对热点案件的引导上，应注意三点：一是引导的内容。司法在不违背原则的情况下，通过宣传或及时更新案件事实情况，保证大众的知情权，并在此基础上使大众保持清醒的鉴别真假能力，引导社会大众形成有序规范的讨论方向，提出确实有用的意见。但是在案件审理过程中，所有事实都可能被推翻，因此司法在回应时应把握好尺度，所回应的事实应当经过查证属实，且在裁判前，法官不得发表任何带有倾向性的言论，这也是作为其中立地位的要求。二是引导的时机。有时司法也可以走在民意之前，通过相关案例来引导大众对该问题的思考。[16] 如 2016 年热点案件“于欢案”让“正当防卫”这个司法概念在社会大众生活里得到普及，而 2018 年的热点案件

[16] 王庆廷：《司法对民意的分类回应》，苏州大学博士学位论文 2018 年。

“昆山反杀案”在进入公众视野时，法院可以通过2016年的“于欢案”使大众对“正当防卫”进行更深层次的思考，而不是聚焦在被害人家庭背景等与案件无关的因素上。普法的同时，也引导了讨论方向。三是引导的方式。可以借用“意见领袖”，虽然民意杂乱无序，但每一个热点案件，都有几个对该案件发言活跃的“大V”，其在某种程度上影响甚至主导着公众对该案件认识的程度和讨论的方向，因此司法可以借助这些“意见领袖”的力量，通过与其沟通，借助“大V”进行发声，汇集意见。

2．反馈——“双向对话”

反馈是司法回应的关键。民意反馈是司法坦诚面向社会、真诚面向公众的最有力说明，不仅有利于得到社会的支持和配合，也促使司法获得长效发展的动力和支撑。⑰ 针对杂乱无章的意见，司法反馈可从“两层面、三阶段”切入。

两层面：一是微观层面的反馈。对于涉及某个热点案件具体“点”上的民意。该种民意多存在于案件的当事人之间，可以通过审理过程中沟通谈话、判后裁判文书的释法说理等途径予以反馈。二是宏观层面的反馈。对于涉及重大事项的案件，或者反映意见者较多，涉及社会共性的某条“线”上的民意。该种民意多反应在社会公众对热点案件的关注和讨论，法院可以通过在官方平台发布定期通报、召开新闻发布会、法官接受新闻媒体采访或者座谈会、对共性问题发布白皮书等方式对案件的逻辑思路作以说明。涉及重大事项的案件，背后反映的不仅仅只是法律层面问题，还可能包括社会结构、制度等层面问题，对于不属于法律范围的问题，法律恪守准则，不能擅自越权处理，对此可以通过发送司法建议等措施向相关部门进行沟通。如“高考冒名顶替案”，其中涉及的教育制度内部问题可以向相关职能部门发送司法建议。

三阶段：一是案件进入法院前。有些案件在案件进入诉讼程序前已经在社会上引起较大关注，如“江歌案”“于欢案”，案件在进入法院之前已经在社会上引起轩然大波，对此法院应当未雨绸缪，一方面对该案进入诉讼程序

---

⑰ 王信芳、刘力、李江英：《深化司法民主与完善民意沟通机制研究——以上海法院的实践为样本》，载《上海法学研究》2012年第2期。

之后可能带来的问题作好预案，另一方面可以通过对类似案例的宣传，或者巧用“意见领袖”来提前引导社会公众向案件实质问题进行讨论。二是案件审理过程中。实践中，很多热点案件的发生是由于双方当事人利用网络进行炒作，博取社会大众的同情和支持，以此向法院施压，或达到自己目的。在这个阶段，由于案件尚在审理过程中，法官一般不会对外发表看法。因此，这个阶段的反馈主要通过司法公开、审判透明方式予以回应质疑。如热点案件审理尽可能使用人民陪审员，除涉及国家秘密和个人隐私等不适合公开审理的案件，一律公开审理，并借助网络进行同步直播，如2013年济南市中级人民法院通过官方微博直播了“薄熙来案”的审理过程，引来569599人参与观看，不仅回应了公众对司法公正的质疑，也让公众有了庭审的参与感，获得了公众对司法的敬畏感。三是案件审结后。当事人等对裁判结果不满意，通过媒体或者借助网络媒体对案件炒作。该类案件由于已经审结，具有确定性，法官可以通过对裁判文书的释法说理工作，让社会大众理解判决的结果，也可以通过接受媒体的采访或召开座谈会等方式向大众说明。

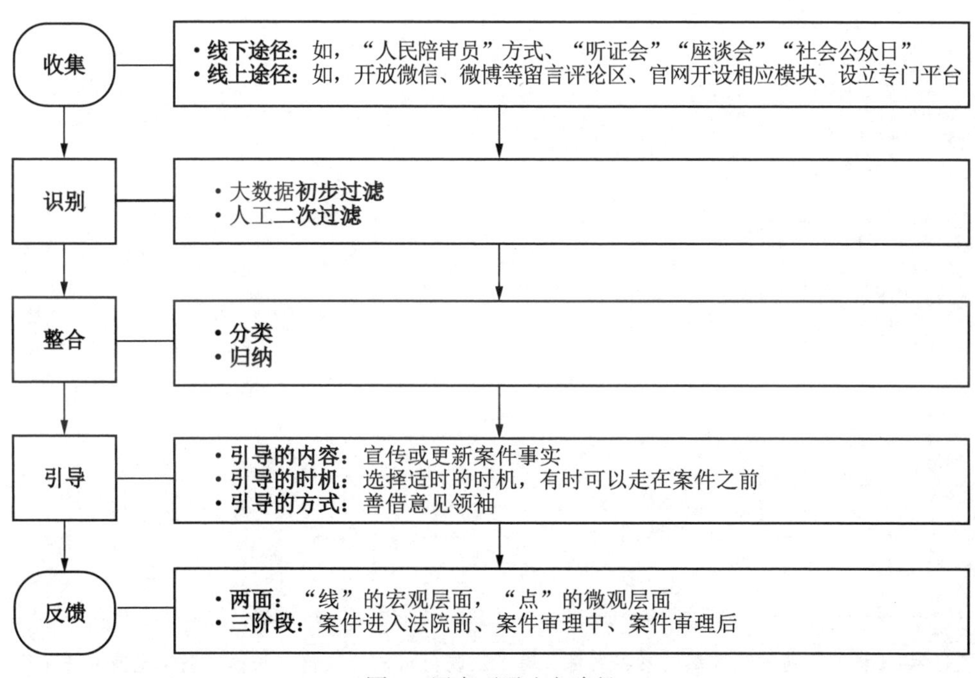

图6　回应型司法之路径

五、结语

热点案件是法治进程中必然出现的事物，不仅是公众法治意识和权利意识增强的体现，也是司法参与基层治理、实现其功能价值的要求，但法律的决策，向后是伦理、秩序、道德、情感、法理的纠葛，向前是行动的指南、社会的标杆、价值的引领，司法是对个案的判决，但有时又不能局限于个案，尤其是集社会万千关注的热点案件，其裁判所带来的价值已远超于个案本身。司法要跳出热点案件，追求具象公平的同时，也应兼顾抽象的公平。笔者主要聚焦程序价值的探讨，通过构建一套完整的回应路径，确保司法能够及时接收到社会的关注并及时予以反馈。但回应社会关注是一项系统性工程，它可能需要立法、司法、执法、甚至行政等共同发力，[18]需要裁判文书说理、纠纷多元化解、诉源治理等实质方面的综合配套改革举措相配合。中国司法的回应还有很长的路要走，但程序是其起点，通过完备的程序构建，司法才会离民众近一点，民众才会离质疑远一点。

（责任编辑：董　燕）

⑱ 如《我不是药神》改编的真实案件，除了反映出司法阶段情与法的冲突，也有立法不周延的问题。2015 年法院准予检察院撤回对“药神”原型陆勇的起诉，2019 年《药品管理法》对假药作了重新界定，立法与司法通过各自的方式共同回应了公众的呼声。

“四类案件”全流程监督管理机制的完善路径分析

顾　全　潘　静　李文苑*

在健全新型审判监督管理机制的改革中，对“四类案件”实现科学有效的监管，是院庭长履行“四责协同”和依法行使审判监督管理职权的有力抓手，也是法院防范化解重大风险的关键之举。经过全国多地法院的实践探索，反映出院庭长监管“四类案件”工作机制在操作层面上尚未充分激发出理想监管效果的现状。笔者拟在对监管机制运行现状审视的基础上，梳理“四类案件”全流程监督管理机制的困境，并从监管机制的“人”“案”“事”核心需求出发，以全流程思维为导向，提出完善“四类案件”监督管理机制的路径。

一、“四类案件”全流程监督管理机制的现状审视

（一）理论遵循：“四类案件”全流程监管机制的制度梳理

“五五改革纲要”明确提出，健全以司法责任制为核心的审判权力运行体系，而司法责任制改革的核心，是正确处理审判权力运行机制中充分放权与有效监管的关系。从审判权“去行政化”的历史沿革来看，审判权的独立行使并不意味着“去监管”，审判监督管理权从属于审判权，其运行目的在于确保审判权合法公正高效行使。在当前的司法体制改革背景下建立完善新型审

* 顾全，法学博士，上海市嘉定区人民法院党组书记、院长。潘静，法学硕士，上海市嘉定区人民法院审判监督庭庭长。李文苑，法律（法学）硕士，上海市嘉定区人民法院审判监督庭法官助理。

判监督管理机制，已成为全面落实司法责任制的关键。[①]可以说，"四类案件"监管是放权与控权平衡下的当然路径选择，其相关规定主要体现在最高人民法院印发的五个文件中。

表1 "四类案件"监管相关规定梳理

发布时间	文件名称	规定内容
2015年9月	《关于完善人民法院司法责任制的若干意见》	建立起院庭长对"四类案件"的个案监督管理模式，院庭长有权要求独任法官或合议庭报告案件进展和评议结果，视情将案件提交专业法官会议、审判委员会讨论，并进行全程留痕。
2017年4月	《关于落实司法责任制完善审判监督管理机制的意见（试行）》	明确承办审判组织主动向院庭长报告符合"四类案件"个案监督情形案件的义务。
2018年12月	《关于进一步全面落实司法责任制的实施意见》	要求进一步完善"四类案件"识别监管制度，要求细化"四类案件"的监管范围、发现机制、启动程序和监管方式，并探索自动化识别、智能化监管。
2020年7月	《关于深化司法责任制综合配套改革的实施意见》	要求建立统一的"四类案件"自动识别监测系统，并将院庭长履行审判监督管理职责情况、分管领域审判质效总体情况作为综合考核评价的重要内容。
2021年11月	《关于进一步完善"四类案件"监督管理工作机制的指导意见》	适当优化调整"四类案件"的范围并细化完善认定标准，提出健全对"四类案件"的全过程识别标注、全流程监督管理、全平台技术保障机制。

综上，我国对于"四类案件"监管机制的认识是一个从无到有、逐步深化的过程，同时在纵深推进监管机制的发展路径上，为了有效处理好放权

① 参见赵瑞罡：《关于院庭长审判监督管理机制重构的思考》，载《人民法院报》2016年7月20日第8版；孙养统：《健全审判监督管理机制 纵深落实司法责任制》，载《人民法院报》2018年5月23日第8版；山东省青岛市中级人民法院课题组：《四权分离模式下院庭长审判监督管理机制改革探索》，载《人民司法》2020年第16期；赵雪雁、周晓：《放权之后院庭长的审判监督管理角色定位》，载《人民司法》2020年第13期。

与监督的关系，针对院庭长监管的现实需求和难点问题，在不同阶段突出“限定监管方式”→“主动报告义务”→“扩大识别主体”→“挂钩考核评价”→“界定监管范围”的特点，并贯穿法院信息化建设的相关要求。

（二）实践样态：“四类案件”全流程监管机制的运行概况

“四类案件”的相关规定出台后，全国多地法院展开了积极的实践探索。笔者选取分布于不同地域较具代表性的8个高级人民法院、3个中级人民法院、1个基层人民法院共12家法院的相关实践情况作为研究样本，从监管规则、平台、责任三个方面进行分析，以反映“四类案件”监管工作机制的运行效果。

1．细化监管规则，强化院庭长监督管理职责

样本法院均制定出台“四类案件”监管实施细则，细化了“四类案件”的案件范围、识别主体、监管措施等内容。如Z省高级人民法院将“四类案件”细分为四大类39种案件，明确院庭长可以采取督促案件办理进度、要求汇报案件进展、提供办理思路、推送类案裁判、提交专业法官会议或审委会讨论等监管方式；J省高级人民法院在“四类案件”基础上增加“超长期未结案件”“重点信访督办案件”，将增加后的“六类案件”细化为24项内容，将立案庭、监察局、承办法官、院庭长等均列为识别标注主体；T市H区人民法院将“四类案件”具体细化为“七类21项”，实现告申庭、承办法官、院庭长、监察部门等多主体多环节监督管理。②

2．打造监管平台，推动全流程智能监督管理

样本法院积极探索“四类案件”自动化识别、智能化监管，结合各院工作实际需求，提升“四类案件”审判监督管理的信息化水平。如S省Y市中级人民法院建立“四类·重大敏感案件”监管系统，实现了“四类·重大敏感”案件的自动识别、层进预警以及院庭长监管的节点控制、全程留痕等功能；③J省S市中级人民法院研发“风险评估与监管e平台”，支持风险案件的

② 参见《天津市河北区人民法院：完善“四类案件”全流程监督管理机制提升案件质效》，载“最高人民法院”微信公众号，2022年6月30日访问。

③ 参见《四川宜宾：从制度变革到技术支撑——“四类案件”是如何实现精准监管的?》，载“智慧法院进行时”微信公众号，2022年6月30日访问。

个性化定制，并将案件风险评定为一般、较大、重大三个风险等级，同时支持监管统计数据可视化；④H省W市中级人民法院上线“四类案件”监管平台，并建设院庭长监管平台，自动监督案件办理。⑤

3．落实监管责任，强化事后评价问责机制

样本法院推动健全责任机制和绩效考核机制，明确“四类案件”发现报告和监督管理权责的划分以及正向激励机制。如B市高级人民法院修订《案件评查工作办法》，建立案件评查人员库，采取双向评查机制，对发改案件、再审改判案件、重大信访案件予以重点评查，并将评查结果作为法官绩效考核、职级调整的重要依据。H省X市中级人民法院利用“三评查”发挥专业法官会议事后监督作用、完善法官审判业绩考核制度，激发监管效能；⑥J省N市中级人民法院通过理清职责清单、加强日常通报、完善绩效考核等方式促使院庭长履行监管职责。⑦

二、“四类案件”全流程监督管理机制的困境梳理

“四类案件”全流程监管重点在于解决放权与控权的平衡、监管和干预的区隔，故“监管什么”“由谁监管”“如何监管”是“四类案件”监管的核心问题。纵观《关于进一步完善“四类案件”监督管理工作机制的指导意见》(以下简称《指导意见》)以及各地“四类案件”监管实践，主要存在以下困境亟需破解。

（一）识别标注的精准度问题

精准识别和及时标注“四类案件”是有效监管的前提，既要防止标注范围过大，变相恢复案件审批制，又要防止监管缺位，重点不聚焦，导致审判

④ 参见《江西上饶中院：全面推广“案件风险评估与监管e平台”着力破解司改后院庭长案件监管难题》，载“智慧法院进行时”微信公众号，2022年6月30日访问。

⑤ 参见《湖北武汉中院：以信息化为支撑，构建高质量发展新格局》，载“智慧法院进行时”微信公众号，2022年6月30日访问。

⑥ 参见《河南信阳：严把案件质量，构建“五位一体”监督管理体》，载“最高人民法院”微信公众号，2022年6月30日访问。

⑦ 参见林红月：《江西南昌中院：“管理+技术”全速提升“四类案件”监管质效》，载“智慧法院进行时”微信公众号，2022年6月30日访问。

风险难控，无法实现“三个效果”统一。然实践中识别标注主要面临识别标准统一难、平台自动识别难、标注主体两极分化等问题，致使识别标注的精准度受限。

1．识别标准统一难

鉴于各级法院人案规模、案件类型、审级职能差异较大，《指导意见》第二至六条用穷尽式列举的方式概括“四类案件”的范围和应予考虑的因素，同时在第七条以“列举 + 兜底”形式规定参照适用“四类案件”监管措施的案件范围。但因其具有高度概括性，且诸如“重大、疑难、复杂、敏感”“涉及社会公共利益”“存在激化社会矛盾风险”等表述具有主观性，不同主体理解不同，具体判断标准难以统一，导致“四类案件”识别标注存在较大差异，或是不当扩张监管范围走回“司法行政化”老路，或是需要加强监管的案件成为“漏网之鱼”逃脱监管。

2．平台自动识别难

《指导意见》第十三条规定各高级人民法院要在辖区内完善统一的“四类案件”识别监测系统，探索构建由案由、罪名、涉案主体、涉案领域、程序类型、社会关注程度等要素组成的识别指引体系。但一方面因识别标准主观性强，平台自动识别空间有限，另一方面因不同平台系统存在数据壁垒，无法实现平台数据资源共享和自动导入识别功能，导致仍有很多案件无法实现平台自动识别，未能有效提升识别标注和有效监管效率。

3．标注主体两极分化

《指导意见》第八条将标注主体限于立案部门和承办审判组织，然而立案部门处于识别前端，囿于案件信息有限，其所识别的“四类案件”一般需有可量化的客观标准，与平台自动识别的范围大多重合，数量有限。而承办审判组织主观上对“四类案件”标注的态度呈两极分化，有的认为监管可能影响审判效率，既徒增汇报落实等工作量，又干扰其正常办案，故标注积极性不高，有逃避监管之嫌；有的则认为标注“四类案件”，将案件纳入监管，可将审判难点和风险上交院庭长决定，故倾向标注从而逃避司法责任，有异化监管之嫌。就客观而言，“四类案件”的识别弹性大一定程度上给了承办审判组织标注或不标注较大的自由裁量权，致使“四类案件”识别标注的精准度大打折扣。

（二）监管主体的适格度问题

“监管”意指审判监督和审判管理，审判监督既包括上级法院、纪检督察部门、院庭长等法院内部主体的监督，也包括党政机关、新闻媒体、社会公众等法院外部主体的监督。不同主体因对审判活动的参与程度不同，监管的重点和范围也不尽相同。因“四类案件”监管强调对案件本身的全流程监管，故侧重法院内部监管，监管职责纵向集中在院庭长，横向分散在审判管理、审务督察、信访等部门，不同监管主体权限边界的高度重叠，案件办理流程中多主体介入监管，职责不明、分工边界不清，易导致目标措施不一、权责交叉不清、信息沟通不畅等问题，从而影响审判监督管理的整体效果。⑧

1. 多元参与主体的职责不明

《指导意见》第八条要求各级人民法院建立覆盖审判工作全过程的“四类案件”识别标注、及时报告、推送提醒、预警提示机制，并分阶段明确了立案部门、承办审判组织、院庭长和审判管理、审务督察、新闻宣传等职能部门的识别责任、报告义务和标注机制。因对“四类案件”的监管侧重案件监管和过程监管，而所有参与主体中，院庭长对审判活动的监管最密切、最便捷、最有效，所以《指导意见》将院庭长作为监管主体，即便如此，监管主体不等于职责专属，不能仅把“四类案件”监管视为院庭长的职责，因院庭长可能面临精力有限激励不足而不想管、监管和干预界限不明而不敢管、监管措施多元而不会管等问题，也可能存在以监管之名行干预之实的风险，故需构建多主体参与、全过程覆盖的“四类案件”监管制约体系，且不同参与主体的角色分工和职责定位亟需明确，以确保监管主体适格和监管效能释放。

2. 院庭长监管分工边界不清

《指导意见》将院庭长作为监管主体，并于第十四条将“院庭长”界定为进入法官员额的院长、副院长、审委会专职委员、庭长、副庭长和其他依法承担监督管理职责的审判（执行）部门负责人。《指导意见》并未明确院长、庭长监管的层级和内容问题，实践中，要求院长、庭长对监管范围内的“四类案件”

⑧ 参见孙辙、张奕：《审判监督管理结构与过程双闭环体系之建构》，载《人民司法》2021年第28期。

给予同样监管实属不易，且面临职责区分问题：其一，院长、庭长监管系自下而上的层报关系抑或非此即彼的选择关系；其二，院长的监管层级是否高于庭长监管的层级；其三，院长内部或庭长内部是否另有监管层级或分工问题。

（三）监管模式的匹配度问题

“四类案件”所指向的监管目标和监管重点具有较大差异，而监管措施的笼统规定未明确不同情形“四类案件”的差异化监管方式、未明确监管措施和监管节点的适配问题、未明确监管行权方式和效用问题，易导致监管与干预手段之间的界限模糊，从而影响监管实效发挥。

1．监管措施的适用范围和行使条件问题

《指导意见》第十条以“列举＋兜底”形式规定了院庭长可以采取的监管措施，院庭长可以按照分管领域、职务权限，紧密结合“四类案件”审理过程中需要关注和解决的问题，有针对性地使用一种或几种监管措施。而不同“四类案件”所指向的监管目标和监管重点不同，如“重大、疑难、复杂、敏感”的案件，其监管重点在于事实认定是否清楚、法律适用是否准确、案件处理是否妥当等内容，而“涉及群体性纠纷或者引发社会广泛关注，可能影响社会稳定”的案件，其监管重点在于规则示范、舆论引导、社会面维稳等情况。因未明确不同监管措施的适用范围和行使条件，对案件类型和监管措施的关联性缺少制约，会影响职权行使合理性的判断，易导致监管手势差异和监管失灵。此外，《指导意见》第十条的监管措施更多适用于审理案件，与执行案件的适配性仍有龃龉，仍需优化。

2．监管措施和监管节点的适配问题

《指导意见》第十条未明确不同监管措施采取的时间节点，而监管措施的落实节点却关乎监管效果，确保监管资源投入与案件重大、疑难、复杂、敏感等程度相适应。例如“审阅案件庭审提纲”这一监管措施应置于开庭前落实，有助于庭审围绕焦点和难点展开，确保审理重点突出，提高庭审效率。而“决定将案件提交专业法官会议讨论”则在庭审后裁判文书审签前更具可行性和实效性。

3．监管的行权方式和效用问题

“四类案件”监管行权既要平衡好依法加强监督管理与尊重审判组织办案

主体地位之间的关系，防止变相恢复案件审批制；又要有效区分依法监督管理与违规过问干预的界限，避免不当干扰正常办案。《指导意见》第十条明确了院庭长在分管领域、职务权限范围内，按工作程序采取上述监督管理措施，不属于违反规定干预过问案件。第十一条重申了院庭长对“四类案件”履行监督管理职责时全程留痕、组织化行权的要求。目前“四类案件”监管的行权方式更多是过程监管，即院庭长通过采取程序性监管措施和把控案件审理流程节点，而非直接影响案件实体处理。如何让院庭长放下顾虑依法依规监管，如何规范行权方式，如何让过程监管最终体现在案件实体处理三个效果统一，从而真正发挥监管效用亟需研究。

三、“四类案件”全流程监督管理机制的需求探析和完善路径

“四类案件”全流程监管机制发挥实效的核心需求在于通过细化认定监管范围、确定赋权监管主体、精准配套监管措施等实现人、案、事协同监管，权、责、利匹配挂钩，推动“四类案件”事前、事中、事后全流程有效监管。

（一）案：清单化管理和多元化推送

“四类案件”全流程监管中的“案”主要解决案件范围问题，实现识别标注“精准性”和“及时性”目标。“精准性”就是既要避免不当扩大“四类案件”范围，误入“变相恢复案件审批制”的歧途，也要防止识别漏洞致使监管缺位，做到“应标尽标”。而“及时性”则是精准性的更高要求，不仅要求标注精准，还要求“恰逢其时”。故细化识别指引，完善发现机制、赋权动态调整、规范争议处理是解决“四类案件”识别标注困境的重要路径。

1. 细化识别指引

《指导意见》虽已进一步明确了“四类案件”的案件范围，但要做到精准识别“四类案件”仍然存在较大难度。最高人民法院在《指导意见》的理解与适用中明确指出“只做优化，不再扩大”，同时明确“重点围绕‘四类案件’范围细化”。故对于需要监管的“四类案件”，为了统一监管范围的认定和监管弹性的把握，一方面，应立足司法规律，按照“抽象——具体——类型化”的需求逻辑，探索从“四类案件”的具体案情和案件特征中抽取出可客观量化的识别指引，采用“界定范围＋识别指引”的方式细化“四类案

件”范围，通过清单化的识别指引，为标注主体识别、筛选、判断、标注提供相对客观具有可操作性的参考依据，明确监督权行使客体范围的边界，可有效防止监督权实际运行中异化扩张，也可避免院庭长因权限不明而不敢监督。⑨另一方面，结合案件所涉情形、复杂程度等因素确定识别指引清单中不同情形的参考等级，根据清单所列情形与“四类案件”匹配精确度区分高、中、低三个等级，并赋予不同等级的标注提示和监管规则（例如参考等级为“高等级”的，三个工作日应予标注，未标注且未说明原因的，期限届满平台自动标志为“四类案件”），可最大限度提升标注主体识别标注“四类案件”的精度和效率。

2．完善发现机制

识别指引清单可解决标注主体无法识别和不善识别的问题，却无法很好地解决标注主体不想标注的问题，因此只有丰富发现推送渠道，健全平台和人工识别相结合、多主体协同的发现推送机制，才能压缩标注主体规避监管的空间和可能。因为将可能的“四类案件”推送到参考库的待标注列表，由标注主体选择标注抑或不标注，一方面因提供了客观理性人的参考标准从而限缩了标注主体的自由裁量空间，另一方面因标注主体“标注”或“不标注”的操作将全程留痕，赋予责任追溯的可能性和可行性，上述双重压力可倒逼标注主体更为理性精准地判断和标注。基于此，立案部门在立案阶段识别出“四类案件”的，应当进行标注，并将分案等信息推送给相关院庭长；承办审判组织在案件审理阶段识别出“四类案件”的，应当主动进行标注，并将审理进展情况等信息推送给相关院庭长；院庭长发现分管领域内“四类案件”的，应当进行推送，并提醒承办审判组织及时标注，落实相关监管要求；审判管理、纪检监察、审务督察、新闻宣传、人大代表联络、信访、12368诉讼服务平台管理等职能部门在日常工作中发现案件可能属于“四类案件”的，应当及时进行推送，并提示承办审判组织及相关院庭长。此外，梳理立案、信访、审判、执行、审监、审务督查等部门日常管理中与案件关联的管控节

⑨ 参见卢祖新：《院庭长监督特定类型案件的路径转型与程序优化》，载《人民司法》2021年第1期。

点，建立涉任职回避、重点企业等相关主体信息（数据提示）库，根据信息涉密性、敏感性等因素对信息进行分层分级自动推送，自立案时起对命中数据库信息的案件及时推送并预警监管风险点，实现风险防范关口前移。

3．赋权动态调整

识别标注的精准性不仅要“应标尽标”，还需因时因事动态调整修正。这里的动态调整包含两层含义，既指个案识别标注全过程的动态调整，亦指参考库标识指引清单的动态调整。前者动态调整系因诉讼进程推进而影响案件情形和认知判断，但为限缩标注主体调整的随意性，则需履行相应的审批程序，故立案部门或承办审判组织认为案件需变更或撤销标注的，应当发起变更或撤销标注申请并注明原因，按照工作程序报院庭长作出决定。其中，列入“高等级”参考范围由平台标注的案件、院庭长作为承办审判组织成员的案件或院长发现并提醒标注的案件，变更或撤销标注由院长决定。后者动态调整系因“四类案件”的范围会因时事变化、立法日益完善、司法实践需求等因素而变化，故应根据实践情况，适时调整识别指引清单情形和不同情形的参考等级，以尽可能与时俱进满足监管所需，实现监管效用和监管成本的平衡。

4．规范争议处理

是否纳入“四类案件”监管，会影响案件审理过程，或将间接影响案件实体审理，而发现和标注主体的多元化势必会产生争议。当对案件是否属于“四类案件”存在争议时，争议发生在部门内部的，即立案部门、审判部门、职能部门等内部存在争议的，由部门负责人决定。争议发生在立案部门和审判部门之间的，鉴于立案部门处于标注前端掌握的信息有限，而审判部门的分管院长作为直接的监管主体，因此由审判部门的分管院长决定，可兼顾争议处理效率。

（二）人：多主体推进和责权利统一

“四类案件”全流程监管中的“人”主要解决主体适格和能动作为问题，防止主体不想管、不敢管、不会管的问题，因此亟需厘清多元参与主体在“四类案件”全流程监管体系中的职责以及作为监管主体的院庭长的监管重点和权责边界问题，可通过建立多主体协同推进的监管体系、明确院庭长分级监管重点、确定院庭长权责正负清单、细化绩效考核和责任追究机制，形成重点突出、权责清晰、制约监督的监管格局，确保监管主体主动作为且依规监管。

1．建立多主体协同推进的监管体系

作为审判权力运行中的重要监督体系，“四类案件”监管体系以院庭长监管为核心，但不能忽视承办审判组织作为被监管主体、其他职能部门作为参与主体的重要作用，要明确标注主体、推送主体和监管主体三类主体在监管体系中的定位和价值。其一，标注主体的确定以公平和效率为导向，立案部门作为接触案件的第一道关口，可直观了解基本案情及当事人涉诉状态，由其进行初步标注有利于提高识别及时性；承办审判组织作为直接的办案主体，在对案件进行全面审查后可以更为精准地作出是否属于监管案件的判断，由其进行直接标注有利于提升识别精准性。其二，从责权利统一的角度来看，应当充分发挥审判权和审判监督管理权双向制约作用，赋予院庭长、立案（信访）部门、审判管理等职能部门推送权限，确保审判管理和线索来源部门对接顺畅。其三，因对“四类案件”的监管侧重案件监管和过程监管，而所有参与主体中，院庭长对审判活动的监管最密切、最便捷、最有效，所以将院庭长作为监管主体。多主体协同推进“四类案件”监管不仅有利于破解个体价值导向差异以及信息不对称漏洞带来的监管困境，也有利于构建标注的全程动态追踪机制，畅通监管流程。

2．明确院庭长分级监管重点

因院长数量有限，分管部门较多，且对案件的了解程度与案件承办部门庭长相比不尽相同，出于管理效果和效率考量，应根据实际情况，在具体个案中确定院长或庭长作为监管主体，明确院长和庭长的监管层级和监管重点，匹配不同监管责任，符合院庭长工作量不均的实际情况。其一，院庭长未参与案件审理的，案件主要由庭长监管；案件由庭长参与审理的，主要由分管院长监管；案件由分管院长承办的，主要由院长监管；院长发现并提醒标注的案件主要由院长监管。主要监管“四类案件”的院庭长可以根据需要采取《指导意见》及各院细则中规定的监管措施，在平台系统中作为监管主体进行相应操作。而其他参与监管的主体一般不得直接采取上述监管措施，而应以参加专业法官会议、审委会等方式参与监管。其二，应赋予案件主要监管主体根据实际需要申请提级监管或者主动提级监管的权利，以推进审判资源和监管重心精准适配。

3．确定院庭长权责正负清单

为防止审判监督管理权异化为干预案件审判的权力，院庭长监管“四类案件”需进行有力规制，除了在客体角度细化识别指引，压缩主观判断的空间，亦可通过明确院庭长权责清单，由院庭长严格按照法定程序，在清单范围内，进行组织化行权，形成明确的监督管理模式。权责清单既是院庭长行使“四类案件”监管权的依据指引，也是判断院庭长是否违规干预的责任标准，亦可作为“三个规定”记录报告的导入理由，以确保院庭长在尊重保障法官独立行使审判权的基础上，依法合规监管。

4．细化绩效考核和责任追究机制

因院庭长无监管的考核激励却面临监管的责任风险，承办审判组织可能存在怠于标注和过度标注两极分化，其他职能部门或因对监管整体格局认识不到位而被动参与或辅助缺位，故通过建立绩效考核进行正面激励、建立责任追究机制进行负面施压，可促进多主体协同推进“四类案件”监管，也符合责权利相统一的原则。其一，细化绩效考核机制。《指导意见》指出，院庭长履行监督管理“四类案件”职责的情况，应当计入工作量，纳入绩效考核评价。除担任审判长外，院庭长履行“四类案件”监督管理职责进行的相关工作（包括但不限于参加专业法官会议或审委会讨论等）和实施的有效监管措施，可根据实际情况予以不同系数的加权，例如参与专业法官会议、审委会的，可根据被监管案件实际权重的15%—20%计算工作量。此外，因“四类案件”监管是多主体协同推进，对于办理“四类案件”的承办审判组织，增加20%以上的案件权重系数，以激发其主动标注、依法履职、落实监管的积极性。其他职能部门在工作中发现“四类案件”予以人工推送的，亦可结合其职责范围并参考被监管案件实际权重的5%作为工作量予以鼓励。其二，细化评查和责任追究机制。建立“四类案件”专项分析通报和质量评查机制，建立“评价—反馈”双向互动和相互制约机制，同时将评查工作作为发现监管问题和线索来源的有效渠道，导入司法责任评定程序。例如“四类案件”监督管理中，存在应当识别标注而未识别标注、报告案件进展和评议结果而未报告、提交类案裁判文书或检索报告而未提交、提交专业法官会议或审委会而未提交等情形的，应予以通报；导致案件出现瑕疵或差错并造成严重后果的，对责任人按照有关规定从重处理。承办审判组织发现案件属于“四类案件”，故意隐瞒不报或者不服从监督管理，导致裁判错误并造成严重后果的，依法承担违法审判责任。院庭长因故意或者重大过失，怠于或者不当行使监督管理职责，承担相应监督管理责任。

（三）事：精细化管理和动态化监管

“四类案件”全流程监管中的“事”主要解决监管措施适配问题，立足“精细化”和“动态化”监管，发挥“四类案件”监管的最大效用，可通过预设监管措施指引、配置监管措施等级、强化过程监管作用、适配监管措施与预警节点、推进信息化全程留痕等进路，推动“四类案件”监督制约全程可视可控。

1．预设监管措施指引

《指导意见》赋予了院庭长选择监管措施的裁量权，除了要求承办审判组织报告案件进展等常用共性措施外，事实上针对不同的“四类案件”，监管措施虽各有侧重亦有一定规律可循，[⑩]且“四类案件”监管与组织化行权、专业法官会议、审委会等制度存在讨论范围的制度衔接，故可以根据实践中监管内容及监管需要，将所采取的监管措施按照办案流程规律和机制衔接关系为每类案件量身定制监管方案指引，并预设至平台系统，当标注某种情形的“四类案件”时，平台系统自动显示监管方案指引，为院庭长监管行权提供参考，院庭长可在此基础上根据案情进行微调，使监管内容与监管措施精准适配，从而平衡好依法加强监督管理与尊重承办审判组织办案主体地位的关系，亦解决院庭长因监管措施多元而不会管等问题。

2．配置监管措施等级

根据不同案件类型与监管手段匹配的强弱程度，为每类案件量身定制监管方案，建立分级监管模式，设置三类具有不同监管强制力的监管措施，即

⑩ 例如“具有普遍法律适用指导意义的案件”需提交专业法官会议和审委会讨论以便适法统一；又如“有关单位或者个人反映法官有违法审判行为的”且已经初步查明的，因涉及案件是否公正审理则可采取按权限调整分案或调整承办法官等措施；再如“可能或者已经引发社会广泛关注，存在激化社会矛盾风险的案件”，除了《指导意见》第十条所列举的监管措施外，则需新增发起舆情监测更为妥当。

必须采取的监管措施、建议采取的监管措施、视情况采取的监管措施。⑪结合上述三种不同监管强度的监管措施，探索建立智能“防火墙”预警拦截机制，对于必须采取的监管措施，若被监管主体未落实则平台系统将拦截案件进程；对于建议采取的监管措施，若被监管主体未采取需说明理由并报监管主体审批，未审批通过则触发拦截功能；对于视情况采取的监管措施，不作拦截，仅具跟踪预警等功能。通过赋予监管措施拦截、跟踪、预警等不同强制力，倒逼被监管主体落实监管，以实现监管成本与监管效能的平衡。

3．强化过程监管作用

院庭长对于“四类案件”所行使的审判监督管理权，是一种程序决定权而非实体处分权，其更多指向审判权运行合理性、保障案件审判质效、防范重大风险等服务和制约型的功能定位，但并非因此全盘否定院庭长对案件的实体监督。其一，以过程监管促进实体处理。院庭长可以根据实际情况选择一项或多项监管措施进行监管，平台系统中建立监管措施落实双向反馈互动机制，承办审判组织可根据落实监管措施的具体情况在平台系统中逐条落实回复，完成全部监管措施的落实回复后，提交院庭长按权限审核监管措施是否均已落实，未完成落实回复则触发平台系统的拦截功能，院庭长可以通过程序审判权、程序决定权等职权，从程序上影响案件审判，通过规范审批程序推动公正审判。值得注意的是这里的院庭长审核并非对案件实体处理的审批，而是对监管措施是否落实到位的审核，以确保程序监管到位。其二，实体监管需经特定程序导入。正如前文所述，院庭长对“四类案件”的监管既要处理好依法加强监督管理与尊重审判组织办案主体地位之间的关系，又要处理好依法监督管理与违规过问干预的关系。其核心在于是否违反规定程序作用于案件实体处理，对于“四类案件”的监管，院庭长在分管领域、职务权限范围内，按工作程序采取相应的监督管理措施，不属于违反规定干预过问案件，例如对实体裁判结果有异议的，可视情建议复议，也可按照工作程序将案件提交专业法官会议并通过参加专业法官会议发表实体处理意见；而对于院庭长超越分管领域、职务权限范围进行监管，非经法定程序直接改变合议庭意见，除审委会讨论决定的案件以外，审核签发其未直接参与审理案

⑪ 其中，同时符合多个类型的案件，应完成建议的所有监管措施。

件的实体性裁判文书以及其他干扰承办审判组织依法独立办理案件的行为，均属于监管“负面清单”，从而解决院庭长因监管和干预界限不明而不敢管的问题。

4．适配监管措施与预警节点

其一，打造开庭、排期、文书签发、电子签章和结案五大预警拦截节点，监管主体可根据监管实际情况自行匹配监管措施与预警拦截节点，将默认拦截节点落实于裁判文书申请电子签章前，不落实监管措施则无法进行电子签章，从而影响案件结案进度。通过权限和节点控制，确保被监管主体监管措施落到实处。其二，赋予动态调整监管措施的权限，一方面监管主体可主动调整监管措施，另一方面因承办审判组织是最为了解案件情况和进展的主体，赋予承办审判组织申请变更监管措施的权利，可有效平衡监管资源配置和监管成本的问题。

5．推进信息化全程留痕

院庭长对“四类案件”履行监督管理职责时，应采取公开化、流程化的表达方式，在办案平台全程留痕，并形成电子文件自动归入电子卷宗。承办审判组织在处理监管要求时，亦应在监管平台中留痕。非经监管平台提出的监管要求，承办审判组织可拒绝履行。依托信息化平台，通过将监管主体、监管措施、落实回复、监管流程、时间节点等信息实时自动形成监管日志并随案保存，实现监管全流程、各环节记录公开透明化，做到监管可查询、可追溯、可倒查。

综上，“四类案件”全流程监督管理机制，应在推动“人”“案”“事”协同监管的核心需求上从信息技术层面进一步完善。通过树立全流程监管的思维导向，着力优化识别精准度、标注及时性、主体多元性、监管适配性等问题，推动监督管理重心从事后向事前、事中转移，使之成为院庭长行使审判监督管理权的主要平台和抓手，同时通过研发运行信息平台系统打造节点管控和智能辅助管理系统，围绕“立案分案”“案件审理”“案件报结”等审判工作流程中的关键节点，建立“推送—标注—监管—落实监管—监管确认”的全流程信息化监管闭环，推进审判权力制约监督智能化建设。

随着全流程网上办案体系建设的不断深化，应加大系统集成，将“四类案件”监管平台系统对接重大敏感案件舆情监测、廉政风险监督提示、涉诉信访管理、审判监督管理等信息平台的各类数据资源，实现数据联通、资源共享、信息协同，解决信息不对称导致的监管盲区，实现监督管理可视化。同时，应发挥数字赋能作用，一方面通过“四类案件”信息化监管实践，完善统一的“四类案件”识别监测系统，探索构建由案由、罪名、涉案主体、涉案领域、程序类型、社会关注程度等要素组成的识别指引体系，另一方面加大对监管留痕信息的数据采集、分析和运用，逐步实现“四类案件”的自动识别、精准标注、实时提醒、智能监督管理。

（责任编辑：俞小海）

民事案件提级管辖机制的实践检视与路径优化

——以基层法院“下交上”报请提级路径为切入点

俞 硒 赵 瑾*

2021年8月，全国人大常委会授权最高人民法院开展为期两年的四级法院审级职能定位改革试点。同年9月，最高人民法院印发《关于完善四级法院审级职能定位改革试点的实施办法》(以下简称《实施办法》)，标志着试点工作正式拉开序幕。其中，完善提级管辖机制是本次改革中优化各级法院案件结构、实现上下级法院良性互动的重要环节。试点以来，各地法院积极探索，制定实施细则，纷纷提级部分代表性案件，取得了一定成效。但是，提级适用仍显动能不足，机制运行尚未达到理想效果。笔者以基层法院“下交上”民事案件报请提级路径为切入点，通过考察提级管辖的运行实践，解构机制运行的制度价值，剖析阻碍机制运行的现实因素，以此寻求优化运行的路径方法，以期最大限度激活机制效能。

一、提级管辖机制运行的实践考察

实践效果是检验改革成效的最佳标准。考察试点法院提级管辖的实施规则及运行实况，总结机制发展沿革与规律，可以直观并客观地反映出改革成效。

（一）制度规则的文本考察

《实施办法》第四至第十条在《中华人民共和国民事诉讼法》(以下简称《民事诉讼法》)的框架下，进一步明确了提级管辖机制中“特殊类型案件”

* 俞硒，法学硕士，上海市浦东新区人民法院审判监督庭（审管办、研究室）副庭长。赵瑾，法学硕士，上海市浦东新区人民法院审判监督庭（审管办、研究室）司法行政人员。

的识别标准和自下而上流转的操作流程。[①] 各地法院进行了有益探索，制定相应规则。[②]

1．规则文本的表现形式

大部分试点法院制定了相关规则，有试点法院制定了提级管辖专项指导性文件，有针对性地推动机制规范化运行；也有试点法院未采用专项文件形式，而是将之作为四级法院审级职能定位改革整体实施方案的组成部分（见表1）。

表1　提级管辖实施细则文本表现形式

文本形式	具体类型
未单独制定提级管辖机制实施细则	有试点法院承袭《实施办法》的形式，将完善提级管辖机制内嵌在四级法院审级职能定位改革框架之内。
制定提级管辖机制专项指导性文件	有试点法院（如重庆、天津、安徽、福建、辽宁、湖南、江苏、上海、浙江等地高院）单独制定案件提级管辖工作规则，明确“特殊类型案件”判断标准，细化提级审理标准和流程。

2．“特殊类型案件”的识别标准

《实施办法》将“特殊类型案件”划分为五种情形，规定较为原则化，具体判定存在较大主观性，有试点法院对此进行了个性化解读与细化，也有试点法院扩大了适用标准的兜底范围（见表2）。

表2　“特殊类型案件”识别标准的解读模式

类型模式	具体情形
细化规定案件范围	有试点法院（如上海高院）对五种情形如何理解把握，作了进一步具体说明。
扩大兜底条款适用范围	有试点法院将级别管辖调整后大标的额案件、长期未结案件也纳入报请案件范围。

3．提级管辖的报请流程

《实施办法》对报请时间限定在“至迟应当于案件法定审理期限届满三十

① 参见刘峥、何帆：《〈关于完善四级法院审级职能定位改革试点的实施办法〉的理解与适用》，载《人民司法》2021年第31期。

② 因试点法院甚少在互联网全文公开细则内容，笔者以网络检索到的相关新闻报道作为样本，分析提级管辖机制差异化模式。

日前”，重庆、湖南等法院进行了不同程度的再限制。另外，《实施办法》规定“下交上”案件须经本院院长批准，涉法律统一适用问题的，应经审委会讨论决定，上海、四川等法院对此进行再度细化（见表3）。

表3　提级管辖的报请流程规定

报请时间	具体要求
报请时间规定	有试点法院（如重庆、湖南高院）将报请时间限定在审理时间未超过法定审限的二分之一。
	有试点法院要求原则上在庭审前报请。
报请次数规定	有试点法院（如四川高院）规定提级管辖一次为限制度。
	有试点法院（如上海高院）规定中级法院“二次”报请。
报请流程规定	有试点法院（如四川高院）建立案件提级管辖协调机制，要求案件提级管辖提前沟通，协调确定拟报请提级管辖案件类型。
	有试点法院（如重庆、上海高院）要求是否提级管辖案件应提交专业法官会议或审委会讨论决定。
	有试点法院（如四川高院）规定报请提级管辖应同步报送书面请示、院长审批意见、事实证明材料。

4．提级管辖的当事人权益保障

提级管辖对当事人的诉讼成本和诉讼权益有较大影响，各地法院均重视当事人权益保障。上海、四川等法院在不同环节或流程加以强调，浙江、重庆等法院探索当事人申请提级管辖机制（见表4）。

表4　涉当事人权益保障相关内容

环　节	具体情形
庭审要求	有试点法院（如上海高院）明确原受诉法院和上一级法院均应书面通知当事人提级情况，对上一级法院提级管辖案件均要求开庭审理，依法听取当事人质证和辩论意见。
释明工作	有试点法院（如四川高院）强化案件提级管辖后对当事人的释明工作。
当事人申请提级管辖	有试点法院（如重庆、北京、宁夏高院）探索建立当事人申请提级管辖机制，细化明确提级申请的时限、具体形式及法院的审查处理方式。
	有试点法院（如内蒙古高院）发挥律师群体发现提级管辖案件线索功能。
	有试点法院（如浙江萧山法院）对不同意当事人申请提级管辖的决定，赋予当事人申请复议的决定。

5．提级管辖案件的监督管理

各试点法院要求加强对提级管辖案件的审判监管，纳入“四类案件”监管范畴，重视提级管辖案件质效把控。重庆、四川等法院从不同角度对提级管辖案件的质量予以监管（见表5）。

表5　提级管辖案件的监管模式

监管模式	具体情形
院庭长审判监督管理	大部分试点法院将提级管辖案件纳入“四类案件”监管范畴加以标记、监督和管理。
审判组织限定	有试点法院（如重庆高院）规定提级管辖案件必须由庭长、副庭长担任审判长或承办法官审理。
结合多项机制进行监管	有试点法院（如四川高院）通过风险防控、案件评查、审务督察等方式监管案件质量。

（二）实践运行的动态考察

试点以来，试点法院均表现出积极的改革姿态，提级部分具有代表性的案件。笔者以2021年10月1日作为样本分析的时间界限，对比考察试点前[③]后[④]半年期间提级管辖机制的实践运行情况。经归纳，实践运行具有以下特点：

1．提级管辖案件整体数量仍然偏低

2021年第四季度全国法院提级管辖案件131件，2022年第一季度为106件。尽管试点后提级管辖案件数量较试点前有较大提升，但置于全国日益增加的案件数量[⑤]中，在同期一审案件中所占比重较低，提级管辖机制改革效

③ 试点前数据采集区间为2021年4月至9月，来源于中国裁判文书网。因本次提级管辖机制改革未突破民事诉讼法范围，试点前文书样本的统计数据涵盖全国法院。笔者于2022年6月23日通过中国裁判文书网进行检索，检索条件为：A.“全文检索：本案由本院审理”；B.“裁判日期：2021-04-01 TO 2021-09-30”；C.“文书类型：裁定书”；D.“案件类型：管辖案件”。进一步筛查，剔除掉“没有管辖权报请提级”“指定管辖”“管辖上诉”“移送管辖”等案件。经检索，试点前，符合条件的提级管辖文书42篇。

④ 试点后的数据来源于最高人民法院《四级法院审级职能定位改革试点工作情况季报（2021年10月至2022年3月）》，数据涵盖全国法院。

⑤ 经中国裁判文书网检索，同期半年的一审民事案件裁判文书数量就有268万余篇。

应有待提升。

2．“下交上”案件为提级管辖的主要方式

试点后，依下级法院报请决定提级的案件数量增幅显著，在提级管辖案件中占比高达62.45%，意味着“下交上”案件在提级管辖中发挥了“主力军”作用，也体现出基层法院在主动识别“特殊类型案件”、推进机制运行方面具有重要地位（见表6）。

表6　试点前后提级管辖案件数量对比

统计区间	提级管辖案件数量	提级形式	案件数量
试点前	42	上提下	28
		下交上	14
试点后	237	上提下	89
		下交上	148

3．“下交上”案件被决定提级的比率不高

试点以来至2022年3月底，报请提级案件412件，但决定提级的148件，占比仅35.92%。上一级法院认为半数以上报请提级的案件无提级必要，一定程度上反映出存在“不当报请”和“上交矛盾”的情况。此外，2022年第一季度，报请提级案件268件，决定提级83件，决定提级率30.97%，与2021年第四季度的决定提级率45.14%相比下降明显，侧面反映了上级法院对“下交上”案件提级动能不足，改革推进略显乏力。

4．“下交上”案件提级事由使用规范有待加强

试点前，因关联案件而提级的占比21.43%，未明确具体事由而仅依据《民事诉讼法》第三十八条规定提级的占比高达50%。可见，提级主要集中于关联案件解决及个案平衡，未能发挥规则治理功能；适用事由模糊，机制运行欠缺规范性。试点后，依据《实施办法》第一、二、三种情形提级的案件占比共计52.17%（见图1），事由适用的规范化程度较试点前有较大幅度提升。但是，仍有47.83%的案件未明确具体提级情形，一定程度上反映了上下级法院无法精准识别“特殊类型案件”，识别标准有待进一步细化与统一。

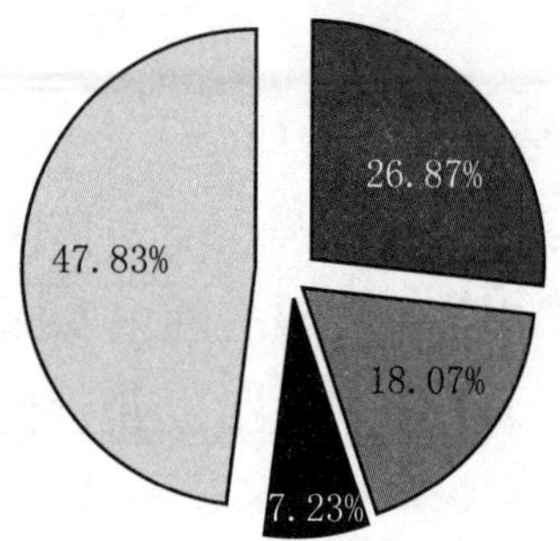

图1　试点后“下交上”案件提级管辖事由分布

（三）历史沿革的纵深考察

民事案件提级管辖是民事诉讼管辖权转移机制的组成部分，最高人民法院自《人民法院第二个五年改革纲要（2004—2008）》（以下简称《二五纲要》）开始启动提级管辖机制改革，此后《人民法院第四个五年改革纲要（2014—2018）》（以下简称《四五纲要》）《关于深化人民法院司法体制综合配套改革的意见——人民法院第五个五年改革纲要（2019—2023）》（以下简称《五五纲要》）均加以强调。2010年，最高人民法院《关于规范上下级人民法院审判业务关系的若干意见》对提级管辖机制适用案件范围予以细化明确。2018年《中华人民共和国人民法院组织法》（以下简称《组织法》）通过修改高、中级人民法院审理案件范围，对提级管辖机制进行了规定（见表7）。

表7　民事提级管辖机制的历史演进

时　间	规范名称	具体内容
1951年	《人民法院暂行组织条例》	**第十三条**　县级人民法院对于其所受理的刑事、民事案件，认为案情重大，宜由省级人民法院审判者，应向省级人民法院申请移送审判。 **第二十条**　……市人民法院有必要时，得报请上级人民法院将其所管辖的某种第一审案件，划归区人民法院管辖……
1982年	《民事诉讼法（试行）》	**第三十四条**　……下级人民法院对它所管辖的第一审民事案件，认为需要由上级人民法院审判的，可以报请上级人民法院审判。

续表

时　间	规范名称	具体内容
1991 年	《民事诉讼法》	**第三十九条**　……下级人民法院对它所管辖的第一审民事案件，认为需要由上级人民法院审理的，可以报请上级人民法院审理。
2005 年	《人民法院第二个五年改革纲要（2004—2008）》	4. 改革民事案件管辖制度……加强提级管辖、指定管辖等规定的适用…… 12. 改革下级人民法院就法律适用疑难问题向上级人民法院请示的做法。对于具有普遍法律适用意义的案件，下级人民法院用以根据当事人的申请或者依职权报请上级人民法院审理。上级人民法院经审查认为符合条件的，可以直接审理。
2009 年	《人民法院第三个五年改革纲要（2009—2013）》	7. 改革和完善上下级人民法院之间的关系。加强和完善上级人民法院对下级人民法院的监督指导工作机制……构建科学的审级关系……规范下级人民法院向上级人民法院请示报告制度。
2010 年	《最高人民法院关于规范上下级人民法院审判业务关系的若干意见》	**第三条**　基层人民法院和中级人民法院对于已经受理的下列第一审案件，必要时可以根据相关法律规定，书面报请上一级人民法院审理：（一）重大、疑难、复杂案件；（二）新类型案件；（三）具有普遍法律适用意义的案件；（四）有管辖权的人民法院不宜行使审判权的案件。 **第四条**　上级人民法院对下级人民法院提出的移送审理请求，应当及时决定是否由自己审理，并下达同意移送决定书或者不同意移送决定书。
2012 年	《民事诉讼法》	**第三十八条**　……下级人民法院对它所管辖的第一审民事案件，认为需要由上级人民法院审理的，可以报请上级人民法院审理。
2015 年	《人民法院第四个五年改革纲要（2014—2018）》	19. 完善审级制度。进一步改革民商事案件级别管辖制度……完善提级管辖制度，明确一审案件管辖权从下级法院向上级法院转移的条件、范围和程序。
2017 年	《民事诉讼法》	**第三十八条**　……下级人民法院对它所管辖的第一审民事案件，认为需要由上级人民法院审理的，可以报请上级人民法院审理。

续表

时 间	规范名称	具体内容
2018 年	《人民法院组织法》	**第二十一条** 高级人民法院审理下列案件： （二）下级人民法院报请审理的第一审案件； **第二十三条** 中级人民法院审理下列案件： （二）基层人民法院报请审理的第一审案件。
2019 年	《最高人民法院关于深化人民法院司法体制综合配套改革的意见——人民法院第五个五年改革纲要（2019—2023）》	29. 优化四级法院职能定位……健全完善案件移送管辖和提级审理机制，推动将具有普遍法律适用指导意义、关乎社会公共利益的案件交由较高层级法院审理……

经总结，体现如下特点：

一是从发展脉络看，提级管辖机制改革成效不甚明显。《民事诉讼法》历经三次修订，均保留了相关条文。多轮五年改革持续将完善提级管辖机制作为一项改革内容加以推进，但未能出台具有针对性与操作性的强力举措。本轮改革再次启动提级管辖机制改革，也印证了该项改革在实践运行中遭遇的瓶颈始终未能突破，改革尚未取得实质性进展。

二是从框架定位看，提级管辖机制的重要性逐渐提高。《二五纲要》将该项机制置于“改革和完善诉讼程序制度”部分；《四五纲要》将之置于“优化人民法院内部职权配置”部分中的“完善审级制度”；《五五纲要》将之置于“完善人民法院组织体系和机构职能体系”部分中的“优化四级法院职能定位”。可见，该项机制定位从单纯的一项诉讼程序，逐渐上升为法院审级职能定位改革的重要组成部分，与完善级别管辖、再审改革构成三大改革举措，重要地位愈加凸显。

三是从动力方式看，提级管辖机制改革需要依托系统性推动。提级管辖先以法律规定形式呈现，法官在办理案件过程中，自下而上“主动”适用法条从而实现对该项机制的“无意”推动。在最高人民法院将完善提级管辖机制纳入改革纲要后，受“改革出政绩”观念的影响，试点法院自上而下系统性推进包括提级管辖机制在内的各项改革任务，从而实现对该项机制的“有意”推动。

小结：通过静态与动态、横向与纵向多维考察，本次改革是对提级管辖机制的再激活，在试点法院专项推动下，改革实践呈现一定效果，但仍存在制度供给不足、机制运行乏力，尤其是承担主要作用的基层人民法院“下交上”案件，尚未能实现有效过滤、精准提级。

二、民事案件提级管辖机制的内在审视

（一）民事案件提级管辖的制度理性

1．在国家审级制度体系下实现各级法院的应然职能

我国现行四级法院审级呈现出没有严格的价值目标、资源配置和职能分层的“柱形”结构，各级法院依据诉讼标的额或者案件类型均具有初审管辖权，一定程度上偏离了现代国家审级制度的构建原理。现代国家审级制度应呈现“金字塔状”，即“越靠近塔顶的程序在制定政策和服务于公共目的的方面功能越强，越靠近塔基的程序在直接解决纠纷和服务于私人目的方面的功能越强”。⑥《实施办法》通过推进诉讼分流、职能分层和资源配置，实现审判重心下移，强化基层人民法院纠纷解决功能，由基层人民法院管辖大多数一审民事案件，由中级人民法院提级审理疑难复杂、具有法律适用意义等少数一审民事案件。提级管辖机制作为审判重心下移的必要补充，两者互为对应，共同搭建合理的审级职能定位格局。

2．在法院组织结构体系下优化上下级法院的应有关系

在科层理想型政府权力结构模式下，上下级司法机关之间存在严格的等级秩序，实际上有着垂直领导的行政化关系。按照《宪法》《组织法》规定，上下级法院关于审判工作的关系定位于监督与被监督的关系。⑦但是，受上级法院对下级法院以“数据化”形式的监督考核，上级法院对下级法院具有的人事管理决定权，以及下级法院重大事项提前报批等因素影响，这种监督关系逐渐异化为附带半行政化的领导关系。为了在这种变形的关系中，保障各级法院依法履职，将案件标的额作为划分级别管辖的标准，结果导致案件

⑥ 参见傅郁林：《审级制度的建构原理》，载《中国社会科学》2002年第4期。

⑦ 参见何帆：《论上下级法院的职权配置——以四级法院职能定位为视角》，载《法律适用》2012年第8期。

无法在各层级法院之间畅通流转。因此，本次改革将解纷重心下沉，同时确立了“特殊类型案件”提级管辖，以此推动四级法院案件类型结构性调整，理顺上下级法院关系。

3．在民事管辖制度体系下凸显一审的应具地位

学界把管辖权转移分为上调性转移与下放性转移，提级管辖属于前者，是对法定级别管辖的变通与补充。域外立法一般都规定了类似上调性转移机制，如日本《新民事诉讼法》规定地方法院与简易法院可实行管辖权自下而上转移；[⑧] 德国《民事诉讼法》规定“对于州法院的判决，不得以其属于初级法院管辖为理由而不服”。[⑨] 级别管辖的最终目的是保障当事人诉权的实现，通过对一审民事案件分工和权限的合理划定，确保纠纷公平、迅速解决。根据民事诉讼程序安定理论，管辖要遵循恒定原则，让法院与当事人均获得明确预期。然法定管辖的缺陷在于，一般规则在具体场景适用时会显得刻板僵硬，甚至与制度设立的宗旨相抵触，提级管辖对此即起到调整性作用，合理匹配一审法院级别。

（二）民事案件提级管辖的价值解读

1．公正价值：为“特殊类型案件”处理提供审级保障

“在陌生人社会中，基于魅力型权威的消散，人们更看重纠纷解决的妥当、公正，而妥当与公正的保障措施就是相应的各种程序。”[⑩] 一方面，提级后法院层级提高，可以有效减少行政权力、人情因素等对审判的干预，更能保证案件公正妥善处理。赋予少量案件更高层级法院救济的机会，更有利于保障当事人的诉讼权益。另一方面，法院层级越高，相应资源配置更为优化，对于新型或重大疑难复杂案件的处理更具优势，所作出的裁判也更加权威。

2．效率价值：示范性处理有助于加快类案办理速度

对于新型或具有普遍法律适用指导意义的案件，由高层级法院提级审理，确立裁判规则，形成示范性案例，有助于为辖区法院后续类案审理提供指引，加快类案处理速度。此外，基层法官面对繁重的办案压力，更关注办结数量，

⑧ 参见白绿铉编译：《日本新民事诉讼法》，中国法制出版社2000年版，第37—38页。
⑨ 参见李挺：《论管辖权转移制度及其完善》，载《重庆三峡学院学报》2009年第1期。
⑩ 张卫平：《论民事诉讼制度的价值追求》，载《法治现代化研究》2021年第3期。

并不会或无法花费过多精力攻克“特殊类型案件”，反而会因“畏难”情绪而优先处理简易案件，导致此类案件审理周期较长。通过上级法院提级审理，有助于推进诉讼程序，缩短诉讼周期。

3．效益价值：有效推动规则治理与适法统一

法治思想的核心是规则治理。保障法的确定性与安定性，要推进适法统一，实现“同样问题同样处理，不同问题区别对待”。上级法院在个案审理时，发现同类案件亟待解决的问题，通过案件审判统一辖区类案裁判尺度，为下级法院提供业务指导。相较于案件请示“点对点”适用，提级管辖的辐射范围更广。对于“类案不同判”的现象，通过提级管辖可以督促上级法院关注辖区法律适用分歧之处。上级法院因案件下沉后审理的案件减少，相应的司法经验减弱，通过提级管辖，案件类型得以丰富，为规则制定与指导提供实践支撑。

三、民事案件提级管辖机制的现实困境

重启提级管辖改革，更须思考与正视机制运行的现实困境，⑪从而有的放矢提出破解之法，释放机制效能。

（一）背景困境：下沉民事案件未形成审判压力

近几年，最高人民法院高频次、大幅度提高了省市高、中级人民法院受理一审民事案件的标的额，⑫意味着基层人民法院实质性成为民事案件审判重心。下一步，还将逐步调整知产案件、涉外涉港澳台民事案件的级别管辖标准。⑬事实上，“这种通过法院级别来体现对案件管辖不同慎重程度的制度安排，虽然切合我国的实际情况，却也包含了与司法同质性及统一性的预期并

⑪ 参见龙宗智：《审级职能定位改革的主要矛盾及试点建议》，载《中国法律评论》2022年第2期。

⑫ 《最高人民法院关于调整高级人民法院和中级人民法院管辖第一审民事案件标准的通知》（法发〔2019〕14号文）和《最高人民法院关于调整中级人民法院管辖第一审民事案件标准的通知》（法发〔2021〕27号文）。其中，《关于调整中级人民法院管辖第一审民事案件标准的通知》第一条规定，当事人住所地均在或者均不在受理法院所处省级行政辖区的，中院管辖诉讼标的额5亿元以上的第一审民事案件；当事人一方住所地不在受理法院所处省级行政辖区的，中院管辖诉讼标的额1亿元以上的第一审民事案件。

⑬ 参见2021年9月17日周强院长在完善四级法院审级职能定位改革试点工作动员部署视频会议上的讲话。

不十分协调的某种悖论”。⑭ 一方面，下沉的案件体量不大，大部分集中于沿海等经济较发达地区，整体上基层人民法院未出现审判负担异常增大的情形。根据最高人民法院中期报告，试点基层人民法院自试点以来至 2022 年 6 月受理下沉民事案件 9570 件，占同期新收一审民事案件的 0.15%。⑮ 以 S 市案件体量最大的 P 法院为例，本文统计期间共受理下沉民事案件 38 件，仅占同期民事案件的万分之五，对整体民事审判产生的影响有限。另一方面，案件标的额高低与疑难复杂程度之间并不具有必然关联性，法官因职业素养的差别对案件疑难复杂程度的判断也不同。因此，对基层人民法院而言，在审判基本面相对稳定的情况下，报请提级反而造成“增加工作量”的认识偏差，法官会更倾向于将案件在本院层面加以解决。

（二）需求困境：上下级法院提级动因存在错位

现代社会学理论认为，个人行动和社会结构框架之间存在互相构建关系，行动者行为具有双重特质，既受现有社会结构的约束，又呈现行动者工具主义的能动性。⑯ 提级管辖并非一项强制性机制，不同层级法院会基于各自职能定位与实际需求，权衡采取不同的行动策略。下级法院往往选择事实认定困难、社会敏感度高、易矛盾激化等类型案件报请，这类案件处理难度大，但并不一定存在提级的必要。即使符合提级条件，上级法院也不愿接手。另外，低层级法院高质量精品案件出现的几率小于高层级法院，但四级法院在法官级别晋升、审判业务骨干等评选中适用同一标准，因此对于“优质股”案件下级法院通常更愿意自我培育。上级法院显然希望提级具有规则意义，以及有利于打破“诉讼主客场”等类型案件。更何况，在“下交上”案件提级流程中，上级法院对是否提级拥有绝对的决定权，下级法院始终处于被动地位，导致报请提级的动力不足。

（三）实践困境：案件请示制度尚未被废除

案件请示制度是司法体制行政化的产物，1997 年最高人民法院《关于司

⑭ 王亚新：《民事诉讼管辖：原理、结构及程序的动态》，载《当代法学》2016 年第 2 期。

⑮ 参见周强：《最高人民法院关于四级法院审级职能定位改革试点情况的中期报告》，载中华人民共和国最高人民法院网站，2022 年 9 月 2 日访问。

⑯ 参见李友梅：《组织社会学与决策分析》，三联出版社 2019 年版，第 6 页。

法解释工作的若干规定》，变相认可案件请示制度存在的合法性。该制度长期饱受诟病，不仅与司法体制改革相悖，违背“谁审理、谁裁判”的司法原则，还屏蔽了当事人的知情权，变相架空了当事人的上诉权。然而案件请示制度自有其生成语境，在该制度生长的外部环境未得到根本性改变之前，为了防止因直接废除而产生另一项相近制度，《二五纲要》对此提供了诉讼化改造的路径，以提级管辖对案件请示进行功能性替代，其核心构想在于通过裁判认同，消除个案请示的被动性，避免了案件请示制度具有的事先性特点。⑰但是，相较于提级管辖的适用限制，案件请示的适用方式和案件范围更为灵活、多元。特别是审判重心下移，大量疑难复杂案件构成基层人民法院常规案件，基层法官面对考核及错案追究等压力，会更加重视上级法院意见，反而存在助长案件请示行为的可能。因案件请示制度无法立即被取代或废止，势必影响提级管辖功能的发挥。

（四）识别困境：案件识别统一标准缺失

最高人民法院《〈关于完善四级法院审级职能定位改革试点的实施办法〉的理解与适用》对“特殊类型案件”的五种情形作了进一步解读与说明，但相关标准仍存在较大解释空间，可操作性不强。比如，“重大”利益，应结合“相关利益的涉及广度、关联深度、覆盖群体、政策依据、制定部门和案件审理难度等多重因素综合判断”，⑱但这种判断本身具有相当大的伸缩性，可能与案件实际并不相符。⑲上层设计无法穷尽所有情形，识别标准的指导机制缺位，上下级法院对“特殊类型案件”的判定不一，导致处于下级法院不确定能否报、上级法院不确定能否提的尴尬境地。尽管《实施办法》规定报送和审查处理期间不计入审限，但仍计算审理天数，况且“下交上”案件被决定提级比率不高，自然审限“白白消耗”，甚至容易成为长期未结案，致使下级法院对报请提级更持保守态度。

---

⑰ 参见侯学宾：《司法批复衰落的制度竞争逻辑》，载《法商研究》2016年第3期。

⑱ 刘峥、何帆：《〈关于完善四级法院审级职能定位改革试点的实施办法〉的理解与适用》，载《人民司法》2021年第31期。

⑲ 参见宋朝武：《我国四级法院审级职能定位改革的发展方向》，载《政法论丛》2021年第6期。

（五）机制困境：提级流转程序有待完善

基层人民法院受理80%以上纠纷，相较于中级人民法院由上而下发现“特殊类型案件”，基层人民法院自下而上报请是主要路径，但案件流转存在障碍。一是案件报请的时机受限。实践中，案件的疑难复杂程度往往伴随案件审理逐渐显现，案件的影响范围也可能受外界关注而发生转变，这些在受理之初通常只能作初步判断。如果将报请的时间节点一概作“开庭前”“不超过二分之一审限”等条件限缩，一定程度上限制了提级管辖功能的发挥。二是当事人申请提级管辖的路径受限。现行《民事诉讼法》未规定当事人可申请提级管辖，该路径在改革纲要中出现又被取消。[20]本次改革提出“探索建立当事人申请提级管辖机制”，部分法院已经进行了一定的探索。然从全域角度，对当事人申请提级管辖的探索仍持谨慎态度，尤其基层人民法院在高级人民法院未出台较为明确的指导性文件或操作指引之前，并不愿意做“第一个吃螃蟹的人”。三是事先沟通易发生异化。有试点法院规定了提级管辖协商沟通机制，对拟提级案件，下级法院应通过条线提前取得上级业务部门同意后，再进入报请程序。设置协商沟通环节并未脱离上下级法院的行政化关系，纯粹为了完成改革任务，显然有悖改革的根本目的。

四、民事案件提级管辖机制的优化路径

制度逻辑为场域行动者的行动提供指引性共同框架，使场域保持一种“共同的理解”。[21]为实现制度的价值目标，要回归制度逻辑与功能定位本身，优化内在设计，从而形成场域合力。

（一）框架指引：四项基本原则的展开

民事案件提级管辖机制应坚持司法场域化原则、权力制约原则、公正和效率并重原则、当事人权益保障适度原则四项基本原则，具体设计要以基本

[20] 《二五纲要》曾提出下级法院可根据当事人申请报请上级法院提级，《四五纲要》取消了这一提法。

[21] 参见［美］理查德·斯科特：《制度与组织》，姚伟等译，中国人民大学出版社2020年版，第96页。

原则为框架支撑展开（见表 8）。

表 8　四项基本原则

基本原则	具体类型	具体内容
司法场域化原则	契合审级职能定位	基层法院的职能是准确查明事实、实质化解纠纷，管辖大多数一审民商事案件，对“特殊类型案件”应精准识别，良性分流；中级法院的职能是二审有效终审、精准定分止争，审理少数“特殊类型案件”，应精准提级，确立规则；高级法院的职能是再审依法纠错、统一裁判尺度，应加强省域对提级管辖的统筹与指导，推进适法统一。
	契合地方实际	由于地区经济发展、案件类型结构、法官审判素养等方面的差异，不应简单设定“特殊类型案件”识别原则，应建立省域范围内统一识别标准
权力制约原则	流程监管	基层法院应通过专业法官会议、审判委员会等平台，减少“特殊类型案件”识别的主观裁量，对拟下交上案件的流转予以流程管控、院庭长监督等，确保精准报请、上交有效。
	权力限制	基于提级管辖的决定权在上级法院，对上级法院的决定权应加以适当限制与规范，推动案件实现自下而上有效分流。
公正和效率并重原则	公正原则	推进具有规则意义或可能存在“诉讼主客场”现象等案件由上级法院审理，保证案件公正妥当处理。
	效率原则	不应过度放大适用提级管辖的案件审限限制，严格规范提级流程节点，缩短诉讼周期；加快推进提级审理案件形成示范性案例，确立裁判规则，强化指导功能，加快类案办理速度。
当事人权益保障适度原则	突出当事人主体地位	提级管辖与当事人诉讼利益密切相关，应赋予当事人提级管辖申请权，加强释明工作，并尊重当事人知情权和听证权。
	职权主义与当事人主义相协调	合理规范提级管辖中法院职权主义的运用，同时也要限制当事人对提级管辖的上诉权和异议权。

（二）统一标准：“特殊类型案件”范围界定

1．标准制定职能：契合审级职能定位

基于标准统一的必要性，结合地区经济发展、案件类型、审判能力等方面的差异，应制定省域统一标准。基于最高人民法院授权，各高级人民法院

根据地区情况，对差异不大的识别要素予以统一明确。若高级人民法院辖区的实践情况存在较大差异的，则高级人民法院再授权部分中级人民法院作进一步细化完善；对省域内普遍情况相差不大的，应限制中级人民法院对识别标准的制定权限。

2．形成共识之势：发挥上级法院指导作用

高级人民法院对辖区内法院就“特殊类型案件”识别标准进行统一指导，对下级法院的咨询予以权威性解答代替探索性回应，推动上下级法院就识别标准达成共识。一方面，可有效减少“不当报请”和“上交矛盾”，提高报请成功率；另一方面，识别标准的可量化，能有效激发基层法官的适用意愿，激活机制动能。基层人民法院对报请提级中发现的问题要及时梳理、反馈，有助于上级法院及时掌握指导动态，促进识别标准持续完善。

3．细化标准范围：突出可操作性与灵活性

最高人民法院已对“特殊类型案件”五种情形进行了框架性构造，应进一步对识别标准进行具体量化，增强可操作性。需要把握的尺度是，既不宜过于宽泛，也不能过于具体，总体上要有利于实践操作与监督。要避免第五种情形演变为“口袋条款”，应适当限制法官自由裁量权（见表9）。

表9　报请提级管辖民事“特殊类型案件”参考范围

所属类别	标　准	具体参考情形（包括但不限于）
涉及重大国家利益、社会公共利益，不宜由基层人民法院审理的案件	涉及“重大”利益与“不宜由基层人民法院审理”是并列关系；实践中应统筹考虑相关利益的涉及广度、关联深度、覆盖群体、政策依据、政策制定部门和案件审理难度等多重因素，进行综合判断	涉及国防安全案件
		公益诉讼案件
		涉及国际贸易争端、制裁等情形的涉外案件
		重大敏感的涉外涉港澳台案件
		可能对本市营商环境产生重大影响的案件
		可能适用国际公约或外国法且具有较大影响的涉外案件，可能适用外国港澳台地区法律且具有重大影响的案件
		涉及区域重点产业、重大项目、重点企业的案件，或审理结果可能对区域发展、行业经营和群体造成重大影响，引发重大群体性事件的案件

续表

所属类别	标　准	具体参考情形（包括但不限于）
在辖区内属于新类型，且案情疑难复杂的案件	具有首案效应的新类型，且事实复杂、审理难度较大的案件	全国首例、本市首例或上级法院辖区首例案件
具有普遍法律适用指导意义的案件	法律、司法解释规定不明确或者没有规定，需要通过司法裁判明确法律适用的案件	法律法规及规章、司法解释、司法政策性文件规定不明确，或者司法解释、司法政策性文件没有规定，需要通过司法裁判明确法律适用的案件
		司法解释、司法指导性文件制定时所依据的客观情况发生重大变化，继续适用明显有违公平正义的案件
上一级人民法院或者其辖区内同级人民法院之间近三年裁判生效的同类案件存在重大法律适用分歧，截至案件审理时仍未解决的	“上一级人民法院”，是指在审判工作上有直接监督关系的上级人民法院； “近三年”，一般自案件受理之日起计算； “重大法律分歧”，一般指同类案件确定的法律适用原则或标准存在基础性、根本性差异	可能与近三年上一级法院发布的案例、裁判指引等发生冲突，或者与上一级法院的类案生效裁判存在重大法律适用分歧，截至案件审理时仍未解决的案件
		可能与近三年上一级法院辖区内同级人民法院的类案生效裁判存在重大法律适用分歧，截至案件审理时仍未解决的案件
由上级法院一审更有利于公正审理的案件	受地方因素影响较大，或存在“诉讼主客场”现象，下级法院不宜行使管辖权	政法各单位对案件处理存在重大意见分歧的案件
		涉及本地政府决策、投资纠纷案件
		党政机关或领导干部利用职权插手案件审理的案件

（三）把握端口：“特殊类型案件”识别分流

从发现案件的角度，基层人民法院具有上级法院无法比拟的“先发优势”，应充分发挥基层人民法院案件识别第一层端口的重要作用，促进改革目标实现。

1．两条衔接路径：“立案＋智能”与“审判＋人工”相结合

一是“立案＋智能”初识别。立案阶段，依托司法大数据和案件监管平台，实现对“特殊类型案件”的自动识别、精准标识、即时提示。（1）通过对案由、涉案主体、涉案领域、案件来源、程序类型、关系利益等要素构建

"特殊类型案件"的识别指引体系，嵌入办案系统，依托技术识别并标注，同时向审判组织、院庭长发起标注提示。（2）结合最高人民法院《关于进一步完善"四类案件"监督管理工作机制的指导意见》，尽管与"四类案件"运行机理不同，但两者部分识别标准存在一定的重合性，故实践中关于"四类案件"部分识别标准可兹参考。二是"审判＋人工"再识别。经过立案前端判定后，相关案件流转至审判业务部门，由审判组织根据统一识别标准进行二次识别。经审查确属"特殊类型案件"的，进入后续报请流程；若不符合识别标准的，层报庭长、分管院长批准后，撤销"特殊类型案件"标识。三是充分发挥庭前会议作用。通过庭前会议整理争议焦点，了解案件事实，提前识别"特殊类型案件"，减少进入实质庭审环节，[22]提高提级效率。

2．三道并行模式：设定多层主体识别责任

基于案件的私密性和认识能力的局限性等因素，应赋予多层主体识别责任，增加识别的灵活性和动态化。一是独任法官/合议庭识别责任。对于立案阶段系统未识别，随着案件推进，达到"特殊类型案件"识别标准的，审判组织可以主动标注，并启动报请提级程序。二是院庭长识别责任。院庭长在专业法官会议、审委会等平台，或在"四类案件"监管、信访案件办理、新闻媒体等途径，发现符合报请提级条件的民事案件，应充分发挥院庭长审判监督作用，提请召开专业法官会议进行讨论。三是审监、纪检等职能部门识别责任。审监、纪检等部门在履行审务督查、信访接待、线索反映、案件评查等职责过程中，发现属于"特殊类型案件"的，提请院庭长发挥审判监督职能。

（四）畅通流转："下交上"案件报请管辖流程

1．下级法院报请"从严"

一是健全审查程序。在拟报请之前，应强化审查程序，充分发挥专业法官会议的内部机制与咨询平台功能，[23]实现案件有效过滤、精准提级。由于主持

㉒ 参见张亮、黄茂醌：《我国民事审判重心全面下沉的体系性应对》，载《河北法学》2022年第7期。

㉓ 参见刘峥、何帆、马骁：《〈关于完善人民法院专业法官会议工作机制的指导意见〉的理解与适用》，载《人民法院报》2021年1月14日第5版。

人以院庭长为主，负有审查上会申请的职责。（1）独任法官经过初判，或者主审法官经初判后交合议庭评议，认为符合提级事由的，应当提请召开专业法官会议。（2）院庭长审查决定是否召开专业法官会议，决定召开的，进入专业法官会议讨论；对于明显不具有提级必要的，可以决定不召开，应当说明理由并全程留痕。（3）基于第三、四种情形拟报请的案件，因识别案件适法统一的意义与基层法院职能定位不符，可采用二阶审核方式，审判组织提交案件事实认定相关材料及初步类案检索报告，再由专业法官会议讨论系争法律问题是否具有普遍指导意义或存在适法分歧等；基于第一、二、五种情形拟报请的案件，审判组织提交案件情况报告，然后由专业法官会议讨论。（4）探索要素式审查，突出报请理由、关键性要素、相关审查意见等，提升审查效率。

二是优化报请流程。（1）经专业法官会议讨论，多数意见认为不符合提级事由的，报分管院长批准后，撤销“特殊类型案件”标注；多数意见同意提级的，由院长批准报请；涉及法律适用统一问题的，报请审判委员会讨论。（2）无法形成多数意见的，应当提请审委会讨论。（3）审委会讨论后形成多数意见的，决定向上一级法院报请提级。

三是严格限定报请时限。根据不同报请事由作区分：（1）基于第一、二、五种情形拟报请的案件，多在案件进入实体审理之前就能作出大致判断，基于诉讼效率及成本考虑，以开庭审理前报送为原则。确实在庭审后发现有报送必要的，报请时限不应超过三分之二法定审限。（2）基于第三、四种情形拟报请的案件，基于适法统一之意义，原则上不对报请时限作严格限制，以法庭辩论结束前、不超过二分之一法定审限为宜。

2．上级法院决定“从宽”

为实现案件自下而上有效分流，对上级法院的决定权应加以适当限制与规范。对下级法院经严格程序报请的案件，上级法院应以决定提级为原则，不同意提级为例外。不同意提级的，应当经专业法官会议讨论；专业法官会议无法达成一致意见的，应当经审委会讨论决定。若上级法院对报请事由不认同，但又认为案件确属“特殊类型案件”且有提级必要的，也应同意提级管辖。

3．规范提级流程管理

为回归制度本位，应废除报请协商 / 请示环节，减少上级法院职权性干预，规范“下交上”案件报请流程。上下级法院均要健全台账机制，实现提级全程留痕、全程可视。高级人民法院要统一提级管辖的各类文件模板，包括报请提级文书、依报请决定提级文书、不同意提级文书、依职权提级文书等。建立省域范围司改与业务双重备案与共享机制，加强对提级管辖案件报请与决定的指导和约束。基层司改部门应及时掌握本院业务部门报请提级情况，上级司改部门及时掌握本院业务部门收到报请（包括提前沟通）及决定情况。为节约诉讼资源、提升审判效率，对报请提级前已完成的诉讼行为或者已经固定的相关证据，应对其有效性予以认定，做好前后诉讼行为衔接工作（见图 2）。

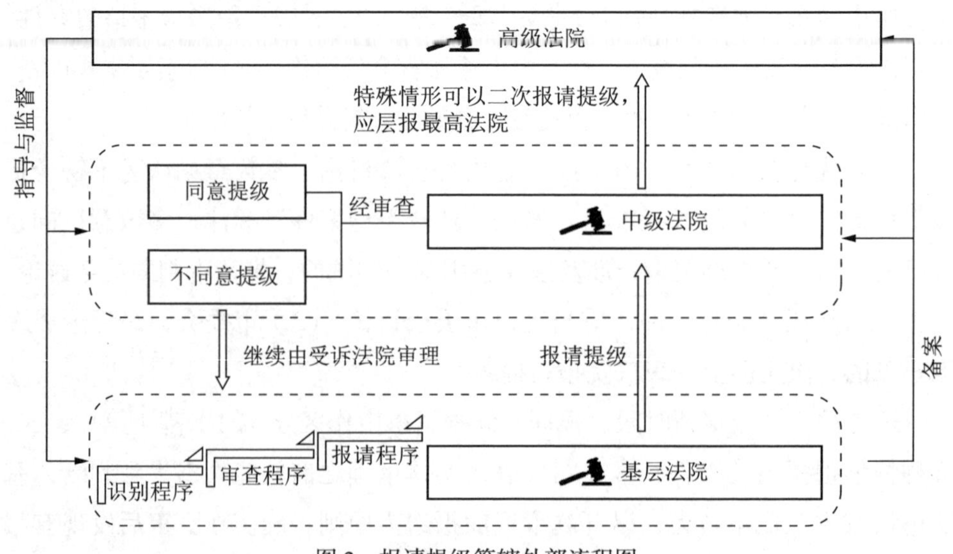

图 2　报请提级管辖外部流程图

4. 设置“止步”与“二级”提级程序

一是个案已进入提级审理，或作出示范性裁判，或成为指导性案例，已经或者即将起到解决分歧、对下指导的作用，则后续类案不宜再适用提级管辖。二是中级法院收到基层法院报请申请后，对于具有规则意义的案件经审查确有必要再报请高级法院提级管辖的，应层报最高人民法院批准。

（五）扩展路径：当事人申请规则建构

多轮改革对于当事人申请提级管辖的反复态度，从侧面体现出该项机制有其存在意义，不仅可以拓宽“特殊类型案件”发现渠道，而且当事人作为经历者对案件事实或相关情况有较深的认知，在诉讼初始阶段提出，对节约司法资源、保障当事人权益以及促进纠纷尽快化解具有积极意义。为兼顾司法程序安定与诉讼成本，同时防止权利滥用，应对当事人申请提级管辖的权利予以限制。（1）当事人起诉后，向受诉法院申请提级管辖，其所依据的事实和理由必须充分、翔实，且有对应材料予以佐证。（2）强化立案告知与法官释明，加强当事人诉权保障。（3）组成合议庭，由庭长（副庭长）担任审判长进行审查，在3日内组织各方当事人举行听证，听取各方意见后，审查决定是否进入报请流程。（4）若上级法院同意提级，对当事人利益保障更为全面、审理更加公正权威，不应赋予当事人对提级管辖决定的上诉权和异议权；若上级法院不同意提级，也未侵害当事人原本具有的诉讼权益，因此也不应赋予上诉权和异议权。

（六）厘清边界：案件请示制度改革

在案件请示制度尚无法立即废止的前提下，通过基层人民法院自下而上逐步改革案件请示制度，限制并规范案件请示适用，减少对民事案件提级管

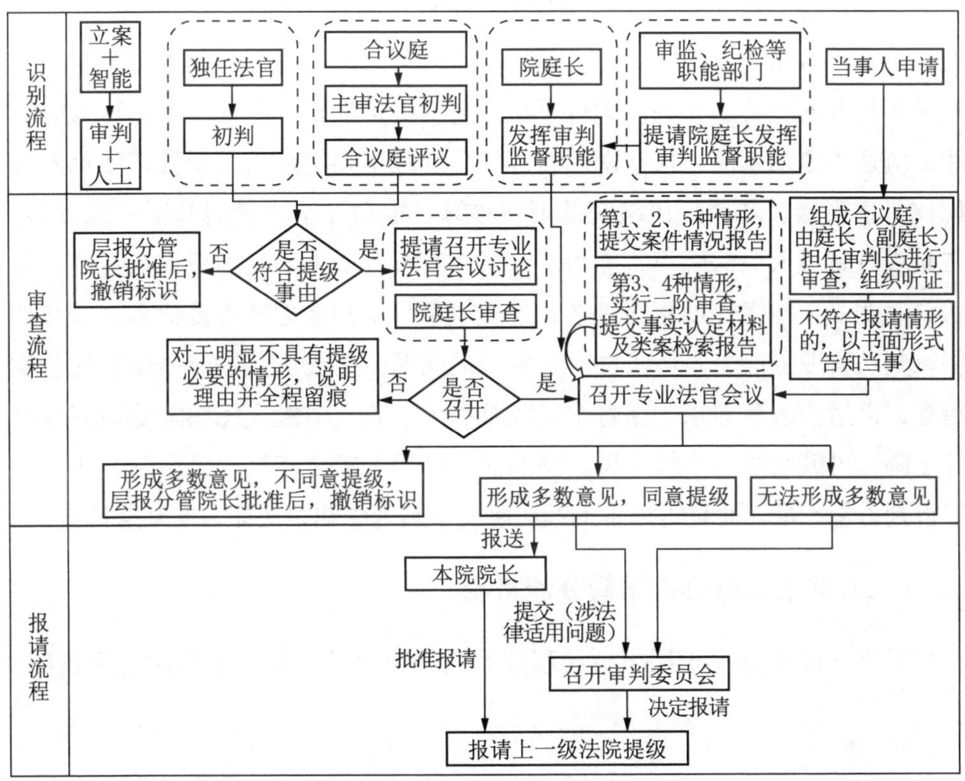

图3　报请提级管辖内部流程图

辖机制的影响。疑难复杂案件可大致归纳为事实查明、法律适用、社会影响、关系干扰等四类情形。建议将案件请示制度的适用严格限定在提级管辖适用的“特殊类型案件”范围之外的，其他法律适用、社会影响和关系干扰三类情形，事实查明困难不得纳入案件请示范围。同时，规范案件请示流程，在有必要的情况下，拟请示案件可经合议庭评议—专业法官会议讨论—审委会讨论。

五、民事案件提级管辖机制的制度集成

制度良性运转离不开制度环境，应与其他相关制度协同配合及互补完善。为了避免民事案件提级管辖机制重陷改革困局，应将其置于整个改革体系中，形成配套制度集群，充分发挥集成效应。

（一）加强基层法院队伍建设

一是加强基层人民法院人员保障。全国以年均10%速度连续增长15年的民事案件数量于2020年首次下降。[24]即便如此，案件积压、审理周期长、人员不足等问题普遍存在。案件下沉一定程度上加剧了基层人民法院人案矛盾，应适当增加基层人民法院法官编制，加强审判辅助人员配置，优化人员配比，适当增加基层人民法院的财政预算，推动办案力量向基层一线倾斜。二是提升基层人民法院审判能力。基层法官审判能力不足的短板在案件下沉后愈发明显，而案件的繁简复杂、处理效果与审判能力有直接关系，提升基层审判法官业务能力是亟需面对并解决的问题。上级法院更应强化审判业务指导，以适应改革需求。随着本轮改革深入，高、中级人民法院受理案件数量下降，可鼓励高、中级人民法院的法官助理入额至基层人民法院，弥补基层审判力量不足，而且可以将上级法院的审判理念和司法能力向基层传递。

（二）健全民事诉讼繁简分流机制

最高人民法院关于民事诉讼程序繁简分流改革，集中于小额诉讼程序、

㉔ 参见周强：《最高人民法院工作报告——2021年3月8日在第十三届全国人民代表大会第四次会议上》，载中华人民共和国最高人民法院网站，2022年6月30日访问。

简易程序和普通程序独任制进行改革试点，尚未建立统一的繁案识别机制，仍需依赖法官经验判断及自行识别。在推进本轮改革的同时，仍应继续完善案件繁简分流机制，尤其是建立多层级繁案识别机制，才能对案件进行有效识别分流，释放四级法院审级效能。

（三）构建科学的考核及激励机制

一是建立提级管辖评估机制。将报请提级、决定提级案件数量、提级案件审理质效，以及案例转化成果等内容，作为提级管辖效果评估重要指标。二是优化审判绩效考核方案。比如，对于因报请提级而成为长期未结案的，在绩效考核时应考虑排除此类因素。完善法官级别晋升、审判业务骨干等评选标准，向基层人民法院及审判一线倾斜。三是建立提级管辖激励机制。将报请提级、决定提级等内容纳入办案工作量统计范围，提高提级案件的权重系数，同时与法官及法院考核挂钩，激发适用提级管辖的动力。高级人民法院司改部门要加大表彰力度，对于提级管辖工作完成情况较好的法院及法官予以表彰奖励，对于提级效果好的合适案例加强宣传推广，并及时向最高人民法院报送。

（四）完善法律适用统一机制

推动上下级法院之间适法统一是四级法院审级职能定位改革的重要内容之一。完善类案检索平台功能，推动法律适用不统一等问题智能识别、主动推送。基层人民法院要依据最高人民法院《关于统一法律适用加强类案检索的指导意见》，充分发挥类案检索机制作用，加强类案检索业务培训，搭建疑难问题交流平台，有效筛选“特殊类型案件”，提高案件报请精准度，减少“不当报请”。

（五）探索提级管辖机制的审级延伸

一是探索二审案件提级管辖。在知识产权领域，对于专利等技术类知产民事与行政诉讼探索建立了“飞跃上诉”机制，最高人民法院集中受理全国该类型的上诉案件，统一解决类案纠纷。在提级管辖试点运行一段时间后，也可以借鉴探索“飞跃提级”路径。经一审后案件争议焦点得以归纳，相关案件事实得以查明。二审法院对于符合“特殊类型案件”的，认为由再上一级法院审理更有利或更有意义的，可以层报提级。二是探索再审案件提级管辖。为了推进提级管辖机制与民事诉讼体系深度融合，可以建立再审案件提级管辖机制，案件类型范围可设定为“具有普遍法律适用指导意义”“最高人民法院或者不同高级人民法院之间近三年裁判生效的同类案件存在重大法律适用分歧，截至案件审理时仍未解决的”“由最高人民法院审理更有利于公正审理”三种情形，探索合议庭、院庭长和当事人等不同途径的识别机制。

（六）推进提级管辖案件的成果转化

具有规则治理意义的“特殊类型案件”，并非一经提级裁判即能发挥适法统一的功能。特别是中级人民法院提级管辖的案件，适法统一作用范围仅限于中级人民法院辖区。实践中存在类案裁判规则与其他中级人民法院辖区不一致的情况。因此，高级人民法院应构建统一平台，及时整理并公布提级管辖案件的相关情况。同时要注重加工培育、提炼总结，转化为典型案例、参考性案例或指导性案例，才能实现“审理一件、指导一片”。实践中，该类案例成果转化往往需要一定时间，在此过程中下级法院对该类案件的审理仍存障碍，同类案件又无法持续提级。因此，提级管辖案件成果转化的时效性显得尤为重要，要注重裁判结果的运用与案例指导制度之间的衔接，发挥更大的辐射效能。

六、结语

“让合适层级的法院审理合适的案件”，实现审判资源、案件结构与四级法院职能定位科学匹配，是四级法院审级职能定位改革的愿景与目标。重启提级管辖机制改革，必须坚持系统思维，审思制度定位与价值目标，检视现实困境与适用障碍是否被破除，从内部与外部两个层面优化流程规则设计，才能充分释放效能。未来一年，是改革试点的收官之年，更是修法的启动之年。在民事审判重心下移的背景下，要充分发挥基层人民法院的天然优势，完善发现甄别机制，优化报请和审查程序，规制权力、辅以保障，实现该项改革措施真正融入中国司法体系与诉讼制度体系。

（责任编辑：俞小海）

“一带一路”倡议下公共秩序保留制度案件情况统计分析

——基于全国 136 件案件的实证分析

姚竞燕　徐文进*

2021 年 5 月，中央政治局就加强我国国际传播能力建设进行集体学习。习近平总书记在主持学习时强调，要下大气力加强国际传播能力建设，形成同我国综合国力和国际地位相匹配的国际话语权。在大国竞争态势日益激烈的当下，作为涉外法律程序“安全阀”的公共秩序保留制度，不仅具有排除外国法适用的防御作用，积极的理念建构功能对阐述和表达中国特色安全观、国际秩序观和全球治理观更具战略意义，是我国法院积极参与对外法治话语体系建构的重要方式。

公共秩序保留，是指一国法院依据冲突规范本应适用外国法时，因该法的适用会与法院地国公共秩序相抵触而有权排除或拒绝的制度。① 由于内容上的可变性、内涵上的政治性和范围上的不确定性，在实践中公共秩序保留制度往往成为任意排除外国法适用的工具而广受诟病。本文试图以对外法治话语体系的构建为研究范式，着眼于“一带一路”倡议下的制度型开放，对公共秩序保留制度的运行实效和优化路径加以考察。

一、数据检视——公共秩序保留制度实践运行效果分析

从广义上来说，公共秩序保留制度在法律适用环节一般包括公共秩序保

* 姚竞燕，法学硕士，上海金融法院综合审判三庭审判员。徐文进，法学硕士，上海市第一中级人民法院办公室副主任。

① 韩德培主编:《国际私法（第三版）》，高等教育出版社、北京大学出版社 2014 年版，第 140 页。公共秩序保留制度的适用程序包括法律适用、外国裁判承认与执行、国际司法协助等环节，本文仅以法律适用中的适用为研究对象。

留、直接适用的法、法律规避三种制度。2011 年 4 月施行的《中华人民共和国涉外民事关系法律适用法》(以下简称《法律适用法》)及其司法解释明确了公共秩序保留制度的上述三种基本架构(见表 1)。本文以中国裁判文书网中所有涉公共秩序保留共计 136 件案件进行定量分析,② 以期析得公共秩序保留制度的实际运行效果。

表 1　广义公共秩序保留制度的法律规定

公共秩序保留	《中华人民共和国涉外民事关系法律适用法》第五条	外国法律的适用将损害中华人民共和国社会公共利益的,适用中华人民共和国法律。
直接适用的法	《中华人民共和国涉外民事关系法律适用法》第四条	中华人民共和国法律对涉外民事关系有强制性规定的,直接适用该强制性规定。
	《最高人民法院关于适用〈中华人民共和国涉外民事关系法律适用法〉若干问题的解释(一)》第十条	有下列情形之一,涉及中华人民共和国社会公共利益、当事人不能通过约定排除适用、无需通过冲突规范指引而直接适用于涉外民事关系的法律、行政法规的规定,人民法院应当认定为涉外民事关系法律适用法第四条规定的强制性规定: (一)涉及劳动者权益保护的; (二)涉及食品或公共卫生安全的; (三)涉及环境安全的; (四)涉及外汇管制等金融安全的; (五)涉及反垄断、反倾销的; (六)应当认定为强制性规定的其他情形。
法律规避	《最高人民法院关于适用〈中华人民共和国涉外民事关系法律适用法〉若干问题的解释(一)》第十一条	一方当事人故意制造涉外民事关系的连结点,规避中华人民共和国法律、行政法规的强制性规定的,人民法院应认定为不发生适用外国法律的效力。

(一)法律概念界定不一,影响公共秩序的理念表达

我国公共秩序在法律中的概念用语是"社会公共利益",在多个概念体系之间并未加以充分区分和厘定,其概念混乱来自三个方面:一是概念内涵上,社会公共利益在我国法律体系中广泛存在,并非公共秩序保留制度中的独有

② 笔者在中国裁判文书网搜索选项中以相关法律条文名称和序号为检索条件,如《** 法》第 * 条。(数据截至 2022 年 10 月 21 日)

概念。法律概念表述的同一性显然无法保证涵摄范围的一致性（见图 1）。二是纵向程序上，公共秩序保留制度的适用程序包括管辖、法律适用、外国判决承认与执行、国际司法协助等环节，相关机制之间缺乏协调性。三是横向界分上，在广义的公共秩序保留制度对保护对象的界分方式方面亦存在较大差异，对于“直接适用的法”保护对象是否限于公共秩序在学界存在较大争议（见图 2）。③

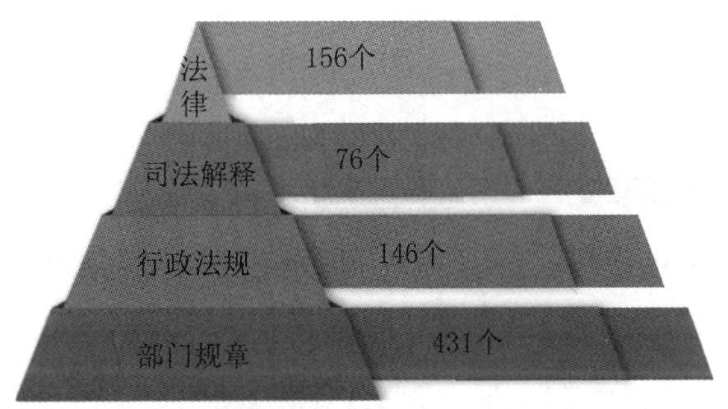

图 1　法律体系中社会公共利益的表述汇总

注：统计数据取自法信网。

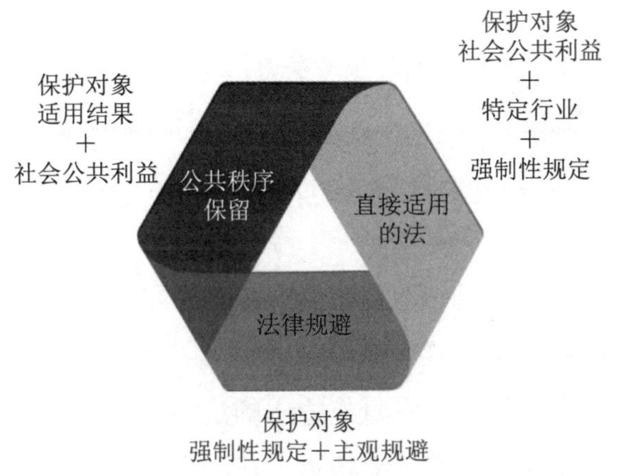

图 2　广义上公共秩序保留制度保护对象的界分

（二）规则适用过于保守，公共秩序概念呈泛化态势

涉及公共秩序保留、直接适用的法、法律规避三种制度的案件共计 136

③ 参见肖永平、龙威狄：《论中国国际私法中的强制性规范》，载《中国社会科学》2012 年第 10 期。

件，各自分别为31件、108件、4件（共有7件为重复引用法条）。④法院最终认定构成公共秩序而排除外国法适用的高达125件，分别占74.19%、90.74%、100%，且在94.4%的案件中当事人均未提出适用而由法院主动审查，法院在具体裁量公共秩序的过程中呈现明显的泛化态势（见图3、图4）。

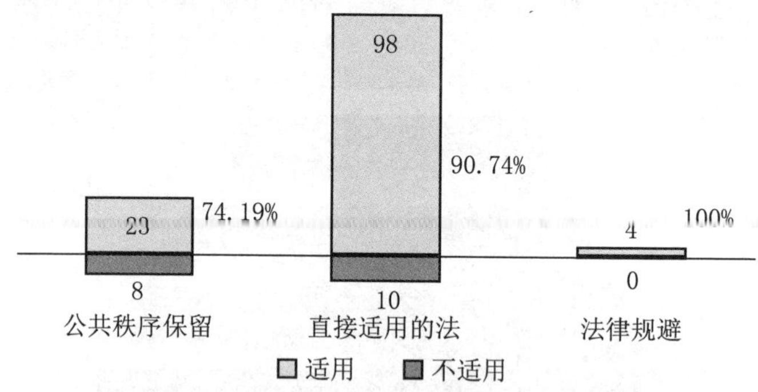

图3　法院适用公共秩序保留排除外国法情形

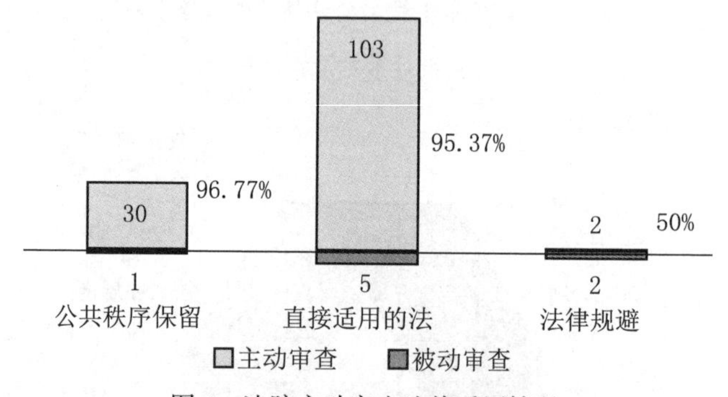

图4　法院主动审查法律适用情况

我国法院在适用公共秩序保留制度上表现出相当强烈的自我保护倾向。如虽在学界尚存极大分歧，但在直接适用的法案件中，对外担保审批和单边冲突规范已成强制性规定所涉主要情形，在对强制性规定展开论述的案件中占59.18%（见图5）。此外，直接适用的法有约81.63%的案件（80件）依据法律规定本无需再对冲突规范进行引用而直接适用我国法律，甚至有约38.78%的案件（38件）同时引用冲突规范论证准据法亦为我国法律——这两项数据恰恰说明强势引用直接适用的法实非必要。从案由上来看，公共秩

④　已将检索样本中法条书写错误、引用错误等情形予以剔除。

序保留制度适用上的泛化颇为明显，58% 的案件属于意思自治的商事领域，21% 的案件属于劳动劳务领域（见图 6）。

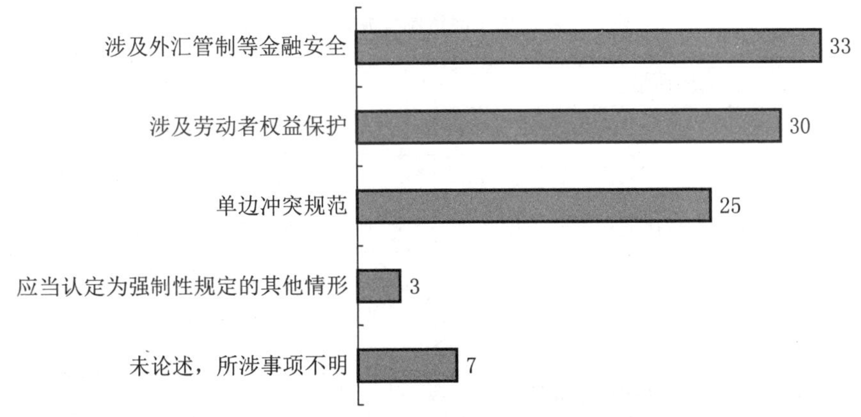

图 5　直接适用的法案件所涉强制性规定分布

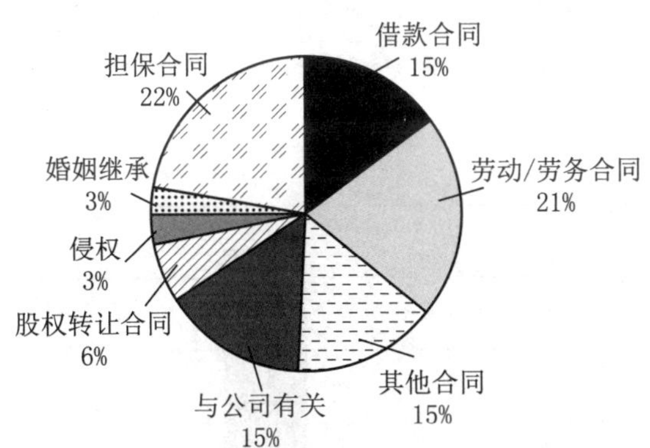

图 6　公共秩序保留制度相关案例所涉法律关系

（三）机制间协调性不够，影响公共秩序的逻辑自洽

公共秩序保留三种制度的适用逻辑和次序缺乏规则化指引，部分案件的裁判出现规则错用和混用的情形。其中 7 件案件明显发生两项制度的混用，更有大量公共秩序保留、直接适用的法案件中，法院“额外”认定当事人“规避”了强制性规定，亦有案件错误沿用《法律适用法》出台之前的做法，未适用直接适用的法而错用法律规避制度等⑤（见表 2）。既然公共秩序保留

⑤（2013）粤高法民四终字第 53 号。

下规定了三种制度，这三种制度在理论上和逻辑上均应具有相当的排他性，规则混用必然会影响制度的自洽性和周延性。

表2　公共秩序保留制度并用案件列表

混用情形	案　号
公共秩序保留与直接适用的法混用	（2017）粤0391民初443号
	（2016）粤0391民初611号
	（2016）粤0391民初1534号
	（2018）粤03民终591号
	（2019）粤0391民初4973号
直接适用的法与法律规避混用	（2019）京0113民初8955号
	（2017）皖08民终466号

直接适用的法制度不仅概念上更为宽泛、外延上更为弹性，无需对外国法的适用结果进行实质判断，更无需对规避的主观意图进行审查，使得适用案件数远远超过其他两类制度（见图7）。

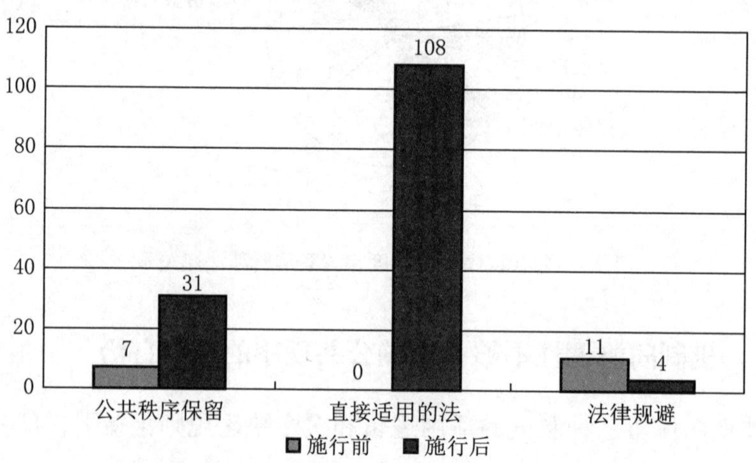

图7《法律适用法》施行前后公共秩序保留制度适用对比

（四）裁判政治站位不够，公共秩序缺乏足够的体系张力

公共秩序不仅仅是一个法律概念，更是一个政治概念。由于公共秩序的审查法院主要为基层人民法院和中级人民法院（见图8），一线法官宏观视野和全局意识的欠缺，往往使得在很多案件中将当事人的个人利益、行业利益

或地区利益上升为公共秩序。在深圳前海的两个案件中，当事人通过股权并购取得目标公司的粤港两地汽车牌照，法院认为“当事人规避了相关职能部门对于粤港两地车牌的管理”而认为适用香港法律损害了公共秩序。⑥

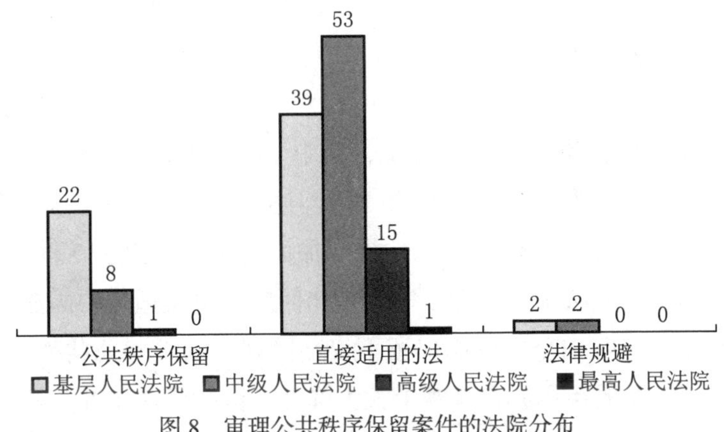

图 8　审理公共秩序保留案件的法院分布

目前在公共秩序保留案件中，所涉公共秩序事项主要是外汇金融政策和赌博禁令，而在直接适用的法案件中，所涉公共秩序事项则主要是涉及外汇金融政策和特定合同单边冲突规范（参见图 5、图 9）。目前尚未有裁判将国家统一、政治安全、生态安全等概念凝炼总结为公共秩序。

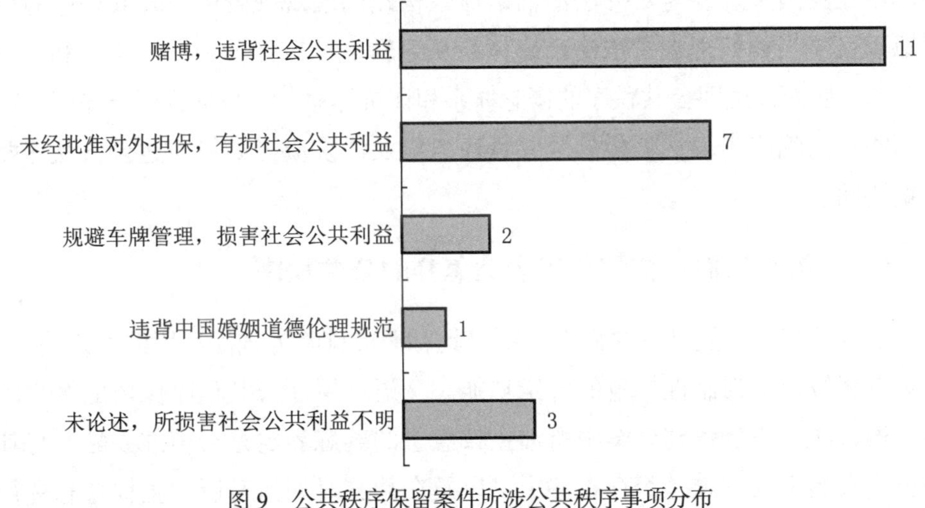

图 9　公共秩序保留案件所涉公共秩序事项分布

⑥ （2018）粤 0391 民初 257 号、（2020）粤 0391 民初 3333 号。

（五）裁判文书说理不够，公共秩序叙事未能有效传播

在108件直接适用的法案件中无一对“社会公共利益”进行论证，对“强制性规定”进行论证的也仅有24件，其余案件直接表述“依据……条规定”，径直得出适用中国法的结论。在31件以“社会公共利益”作为核心评判要素的公共秩序保留案件中，仅有16件对是否构成“社会公共利益”进行论证。即使展开论证也缺乏概念凝炼，其中14件案件的论述字数都不足20个字。在4件法律规避案件中，仅有1件阐述适用理由，但仅对当事人规避恶意进行审查，而无一案件对强制性规定加以论证。甚至在7件案件中，当事人提出适用主张但法院在说理中完全未作回应，直接适用中国法作出裁判。

显而易见，实践中公共秩序保留不仅在微观上缺乏对公共秩序的精准阐释和宣介，成体系的滥用亦在客观上大大降低了国际私法中冲突规范的价值，阻滞了我国对外法治话语体系的传播力和影响力。下文将对公共秩序保留制度的实践运用呈现极端态势的原因进行分析，同时为当前“一带一路”建设的时代背景下，以何种逻辑范式优化提升进行阐述。

二、解构探讨——对外法治话语体系中公共秩序的构建原理

站在我国法院参与对外法治话语体系构建的宏观视野中，公共秩序的构建原理又应当如何把握？法治话语体系从逻辑上可以区分为“语义”和“语用”两个层面，也即公共秩序的概念体系和评价体系⑦，以此为区分逻辑，需要回答：法院应当表达怎样的公共秩序，以及法院应当如何表达公共秩序两个重要问题。

（一）语义层面：法院应当表达怎样的公共秩序

公共秩序的功能具有两面性，不仅具有消极排除外国法适用的否定功能，还具有积极建构强制性规范的肯定功能。⑧语义层面公共秩序保留的概念体系建构，涉及法院裁判个案中所涉主权意志的凝炼界定是否精准妥帖，与其他更宏大的主权意志是否存在冲突，以及在冲突时如何对所涉主权意志进行

⑦ 陈金钊：《体系语用的法思考》，载《东方法学》2021年第1期。

⑧ 韩德培主编：《国际私法》，高等教育出版社、人民大学出版社2014年版，第140页。

优先排序的问题。

1. 身为"一带一路"倡议者的引领需要——公共秩序应当开放化

"一带一路"倡议是习近平总书记提出的具有划时代意义的战略布局，是中国提升地缘政治影响力、参与全球治理的重要平台。截至2021年6月，已有140多个国家与我国签订了共建"一带一路"合作协议。⑨在"一带一路"的建设过程中，中国作为倡议者应负起道义上和组织上的责任和义务，更进一步推动"共商、共享、共建"等核心理念的深化和发展。尤其在国际格局、国际体系激烈碰撞的今天，中国作为"一带一路"的倡议者，更应当以开放共享的心态推动形成具有"一带一路"特色的国家安全观、公共秩序观。

我国作为发展中国家的自我认知往往容易导致立法理念和司法实践的保守倾向，这突出表现在公共秩序保留相关规则措辞的模糊性和适用对象的宽泛性。这其实也是公共秩序保护过程中的"边际效应"——在个案裁判上对公共秩序极端维护，当数量累积到一定规模时，可能出现边际效应递减的问题，在客观上这种维护可能已不必然符合公共秩序、主权意志。正如习近平总书记所强调的，从"本国优先"的角度看，世界是狭小拥挤的，时时都是"激烈竞争"。因为从严格意义上来讲，所有法律都是统治阶级的意志转化，任何与法院地法规定不相一致的情形，在某种程度上都构成对公共秩序的挑战，但我们显然不可能以这样的尺度去界定强制性规范和公共秩序。

我们需要站在更高的政治视野上，以更广阔的胸怀来对公共秩序、主权意志进行优先性排序。很显然，相较于个案中对法律秩序的轻微碰撞，更需要整体上考量开放共享秩序的构建对于中国作为"一带一路"倡议者的重要意义。更多时候需要融入规则、包容分歧，而非单纯地排斥国际规则、排除他国法律适用，不能任由"目光短浅的现代民族主义"继续发酵。在部署推进全方位高水平对外开放的过程中，如果一国总是希望别国选择"合作"而本国却选择"背弃"，总是希望别国适用本国法律，而本国却滥用公共秩序保留而排除别国法律的适用，最终的结果必然是"相互背弃"。⑩

⑨ 参见《习近平向"一带一路"亚太区域国际合作高级别会议发表书面致辞》，载https://www.yidaiyilu.gov.cn/xwzx/xgcdt/178059.htm，2021年8月26日访问。

⑩ 王吉文、郭伟民：《公共秩序保留制度的式微》，载《江西财经大学学报》2006年第2期。

2．人类命运共同体价值观的时代需要——公共秩序应当国际化

瑞士学者布鲁歇从萨维尼理论出发，明确将公共秩序分为两大类：一类是国内公共秩序，对本国境内的本国人具有强制力的规范；另一类是国际公共秩序，对本国境内的外国人均有强制力的规范。所谓国际公共秩序，是指有关整个国际社会或人类生存、和平与发展的共同利益或根本利益所在，也即并非所有国内法上的强制性规定都构成国际私法上的公共秩序。⑪ 有学者认为通过概念分析和效力分层的方式，国际公共秩序理论在客观上的确能降低公共秩序保留制度的启动概率。⑫ 然而从我国的法律规定及司法裁判来看，立法机关和司法机关显然并未对"公共秩序"的范畴作任何区分，这就引发关于是否应当建构起国际公共秩序概念的思考。

人类命运共同体价值观包含相互依存的国际权力观、共同利益观、可持续发展观和全球治理观。习近平总书记更明确指出，我国日益走近世界舞台中央，有能力也有责任在全球事务中发挥更大作用，同各国一道为解决全人类问题作出更大贡献。人类命运共同体建设更呼唤对国际社会普遍关心的议题进行回应。中国作为当前经济体量世界第二的国家，已经成长为国际政治活动中不可或缺的重要参与力量。

无论是综合国力还是国际局势发展的需要，我国都应该更多地关注国际公共秩序的构建，应当充分发挥创制国际私法规则的话语权，要引导国际社会共同塑造更加公正合理的国际新秩序，建设新型国际关系。公共秩序的边际应当从国内法及国际法两个层面进行界定。不仅需要更多关注国际普世价值的构建，在禁止数据霸权、禁止虐待移民等方面树立普世的价值观，同时在对外交往过程中也应更注重将自身的中国概念、中国故事凝炼为国际公共秩序。

作为人类命运共同体的重要一员，我国有责任、更有义务来更多地关注国际公共秩序。因此，应当将国内公共秩序与国际公共秩序进行适当的区隔，防止将国内治理规则不当扩大至跨境治理规则。关注国际公共秩序的构建和发展，将有助于对公共秩序进行审慎精准的界定，更有助于人类命运共同体价值观的凝聚，也将有助于提升我国参与全球治理的国际话语权。

---

⑪ 李双元、欧永福主编：《国际私法（第五版）》，北京大学出版社2018年版，第141页。

⑫ 王艺：《外国判决承认中公共秩序保留的怪圈与突围》，载《法商研究》2018年第1期。

3．对外法治话语体系表达的现实需要——公共秩序应当规则化

对外法治话语体系的有效运转需要表达内涵概念的规则化、具象化，需要在法治话语体系构建过程中坚持建构主义——这也是法治话语体系对外表达的逻辑基础。概念体系规则化的过程实际上就是主权意志外化表达的过程，也是意识形态、社会核心价值观的塑造过程。概念体系的规则化通常表现为立法表达和司法表达的规则化两个方面。立法表达是静态的界定规则，司法表达是动态的阐释规则——两者相辅相成，正是用理论阐释实践，用实践升华理论的过程。概念规则化的过程正是打造具有中国特色新概念、新范畴、新表述的过程。

对于公共秩序的立法表达，即使在成文法国家，如同我国这样表达简略的亦不多见。如法律未对公共秩序的侵害程度作出限定，未对公共秩序的概念进行基本描述，未对公共秩序的涵摄范畴进行基本界定。正是由于对公共秩序的表达过于简略，在客观上加剧了该制度的宽泛化适用。因为这恰恰使得一线法官变得无所适从，法官个体从政治安全的角度必然往公共秩序概念阐释保守化的方向倾斜，在具体裁判中更惮于对公共秩序进行任何概念凝炼。

概念体系的规则化需要在保持概念开放性的同时体现概念的具象化。公共秩序的语义界定要以总体国家安全观为出发点，全方位涵盖国家主权、安全和发展利益。同时，规则化必然伴随着叙事方式的体系化、理论化，不仅需要从立法表达上明确公共秩序的外延和边界，更需要从司法表达上对界分方式进行成体系的解构和阐释，尤其需要结合法律理论、法律逻辑，从主权意志的角度对公共秩序进行全方位的宣介。

（二）语用层面：法院应当如何表达公共秩序

从对外法治话语体系而言，语义层面是公共秩序的静态表达和应然状态，语用层面则是公共秩序的动态表达和实然状态。不仅需要从静态上对公共秩序的概念体系加以明确，还需要从评价体系上对公共秩序保留案件的裁判生成机制加以优化——包括从体系自洽上检视三种机制的逻辑关系、从司法权的中央事权属性出发检视评价体系的内控机制。

1．评价体系机制冲突的协调——基于体系自洽的考察

法律未对公共秩序保留相关制度的适用逻辑予以明确，直接导致理论和实践中均存在极大分歧：有学者主张应从制度的内在逻辑出发依次适用直接

适用的法、法律规避、公共秩序保留；⑬ 有学者认为从司法效率和效果来看，应最先适用直接适用的法；⑭ 也有学者主张将法律规避作为公共秩序保留的特别类型，强调三者适用的协调与衔接。⑮ 显而易见，评价体系之间干扰和冲突的本质在于评价体系的历史背景、理论依据、保护对象均存在显著差异。实现评价体系的逻辑自洽需要回答两个问题——三种评价体系是否均有必要，以及三种评价体系之间应当如何衔接。

（1）三种评价体系是否均有必要

对于三种评价体系的必要性，可以从制度的流变趋势、宪制统一的位阶要求、司法实践的客观需要三个方面进行审查。

从当前制度流变的趋势来看，当前关于法律适用的国际私法条约中绝大部分都只规定了公共秩序保留、直接适用的法，而未对法律规避制度予以规定（见表3）。世界立法潮流中法律规避制度已逐渐式微，同时规定三种制度的国家仅有比利时、阿塞拜疆、哈萨克斯坦等极少数国家。在大多数国家中仅规定了公共秩序保留和法律适用两种制度。⑯ 国际私法学界普遍认为，法律规避制度作为冲突法体系的侵入者，背离了冲突法演进的世界潮流。⑰

表3 法律适用国际私法条约对公共秩序保护方式的区分

国际私法条约	公共秩序保留	直接适用的法	法律规避
1978年《海牙代理法律适用公约》	√	√	×
1980年《欧洲共同体关于合同债务的法律适用公约》	√	√	×
1985年《海牙关于信托的法律适用及其承认的公约》	√	√	×
1994年《美洲国家间关于国际合同法律适用的公约》	√	√	×
2008年《关于合同之债法律适用的第593/2008号（欧共体）条例》	√	√	×

⑬ 参见肖永平、龙威狄：《论中国国际私法中的强制性规范》，载《中国社会科学》2012年第10期。

⑭ 许庆坤：《我国冲突法中的法律规避制度：流变、适用及趋向》，载《华东政法大学学报》2014年第4期。

⑮ 许光耀：《略论国际私法上的法律规避制度》，载《法学评论》2012年第6期。

⑯ 参见郭玉军：《中国国际私法的立法反思及完善》，载《清华法学》2011年第5期。

⑰ 许庆坤：《国际私法中的法律规避制度：再生还是消亡》，载《法学研究》2013年第5期。

从宪制统一的位阶要求来看，公共秩序保留和直接适用的法均在《法律适用法》中有明确规定，但法律规避在该法出台前后都仅为司法解释所确认。在法律体系尚不健全的情况下，以司法解释的方式进行查缺补漏在客观上确有必要，但历经《法律适用法》制定过程中的全方位讨论，最高权力机关依然未采纳吸收法律规避制度。党的十八届四中全会已明确提出要维护法律权威和宪制统一的情况下，最高人民法院在《法律适用法》出台仅一年后，即在司法解释中再次“复活”法律规避制度，其在法律体系上的合理定位值得探讨。(见表4)

表4　公共秩序保留制度相关法律条文沿革

<table>
<tr><th></th><th>《法律适用法》施行前</th><th>《法律适用法》旅行后</th></tr>
<tr><td rowspan="2">公共秩序保留</td><td>《中华人民共和国民法通则》第一百五十条</td><td rowspan="2">《中华人民共和国涉外民事关系法律适用法》第五条</td></tr>
<tr><td>《最高人民法院关于审理涉外民事或商事合同纠纷案件法律适用若干问题的规定》第七条</td></tr>
<tr><td rowspan="2">直接适用的法</td><td rowspan="2">无</td><td>《中华人民共和国涉外民事关系法律适用法》第四条</td></tr>
<tr><td>《最高人民法院关于适用〈中华人民共和国涉外民事关系法律适用法〉若干问题的解释（一）》第十条</td></tr>
<tr><td rowspan="2">法律规避</td><td>《最高人民法院关于贯彻执行〈中华人民共和国民法通则〉若干问题的意见（试行）》第一百九十四条</td><td rowspan="2">《最高人民法院关于适用〈中华人民共和国涉外民事关系法律适用法〉若干问题的解释（一）》第十一条</td></tr>
<tr><td>《最高人民法院关于审理涉外民事或商事合同纠纷案件法律适用若干问题的规定》第六条</td></tr>
</table>

从司法实践的客观需要来看，涉外法律关系当事人自然会对连接点作出理性选择，以实现对不利法律的“规避”适用，再加上心怀规避恶意的当事人往往不会主动袒露心迹，需要法官逐案判断当事人的规避意图，[18] 使得在没有当事人自认的情形下对当事人规避故意进行区分判断极为困难。这也直接

⑱ 许庆坤：《我国冲突法中的法律规避制度：流变、适用及趋向》，载《华东政法大学学报》2014年第4期。

导致《法律适用法》施行后实践中引用法律规避的案件极少，该项制度形同虚设——依据现有裁判资料来看，4 件案件中仅有 1 件形式上符合法律规定的构成要件（见表 5）。

表 5　法律规避案件裁判的表面分析

案　　号	法律争议	裁判观点	一般处理路径
（2017）皖 08 民终 466 号	劳动关系	涉及劳动者权益保护的，故本案应当适用中华人民共和国法律。	不适用法律规避，适用冲突规范或直接适用的法。
（2018）粤 03 民初 2316 号	遗嘱效力	当事人提出适用主张，但法院未对法律规避进行审查和论述。	应对法律规避进行说理论述。
（2018）粤 1391 民初 917 号	股东责任	创造涉外连接点，为国内债权人主张权利设置涉外因素及法律适用的障碍。	
（2019）京 0113 民初 8955 号	劳动关系	当事人提出适用主张，但法院未就法律规避进行审查和论述。	不适用法律规避，适用冲突规范或直接适用的法。

（2）评价体系之间应当如何衔接

当假定法律规避制度应当被摒弃时，应当考虑如何厘定公共秩序保留和直接适用的法各自的效力边界，以及如何协调两种制度在适用上的优先性和逻辑次序。这需要以构建对外法治话语体系为视角，全面考察两种制度保护对象的可替代性、保护机制的刚性附带损害。

一是保护对象的可替代性。对外法治话语体系的构建不能使得公共秩序面临保护缺失的风险，因此需要思考两种制度保护对象的周延性和可替代性。直接适用的法起源于对“警察法”等强制性法律的当然适用，因此从《最高人民法院关于适用〈中华人民共和国涉外民事关系法律适用法〉若干问题的解释（一）》第十条来看，并非所有强制性规定都属于直接适用的法的保护对象，而是特指涉及特定法律关系、涉及公共秩序的强制性规定。⑲然而公共秩序保留的适用范围并无此项限制，其更侧重从结果上考察外国法的适用是否侵害法院地国的公共秩序。从这个意义上来说，公共秩序保留的保护对

⑲ 张春良：《直接适用的法与相关制度的体系平衡》，载《法学研究》2018 年第 3 期。

象是涵盖直接适用的法的保护对象的。换言之，公共秩序保留的优先适用并不会使公共秩序存在被侵害之虞。

二是保护机制的刚性附带损害。对外法治话语体系在保证评价机制必要体系张力的同时，应尽量避免过度刚性导致其他位阶的主权意志受到不当侵害。直接适用的法与公共秩序保留在制度价值追求上存在显著差异——直接适用的法坚持法律选择的单边主义，借助属地效力的优势将国内某些重要法律规则优先适用以保护国内特定利益；公共秩序保留则为法律选择的多边主义留下空间，在表达愿意适用外国法诚意的同时，还能确保国内的公共秩序不受破坏。[20] 实践中对于强制性规定的宽泛化解释，极大地扩张了直接适用的法的效力边界，客观上对开放包容的对外法治话语体系构建造成负面影响。

因此，就公共秩序保留和直接适用的法的逻辑次序而言，尤其在当前“一带一路”倡议下构建对外法治话语体系的语境下，更应当一以贯之地坚持公共秩序保护中的审慎尺度。需要将结果主义的公共秩序保留优先适用，当尚不构成公共秩序而难以排除外国法适用的，再考虑运用更直观高效的直接适用的法对主权意志的管制权力进行保护。

2．评价体系内控机制的优化——基于中央事权属性的考察

公共秩序保留在立法概念表达上的简略性，使得话语体系的建构主力只能是散落的中级、基层人民法院个案裁判。因此公共秩序在法治话语体系的对外表达上，先天存在叙事内容的碎片化和叙事机关的地域化，这与公共秩序本身语义的宏大性产生极大反差——这直接影响到公共秩序表达的统一性和权威性——毕竟话语体系的权威性来自话语叙事的公信力。为此，建议仿照量刑承诺、仲裁司法审查建立公共秩序保留案件的层报制度。无论法院认为案件是否构成对我国公共秩序的严重侵害，对于案件中公共秩序的叙事表达都应层报最高人民法院核准。这样不仅符合公共秩序表达的内在逻辑，也符合司法权作为中央事权的司法规律。

从叙事内容上来说，公共秩序所涵摄的利益牵涉主权意志的表达，而主权不仅具有对内的最高性还具有对外的独立性、唯一性。[21] 尤其对于单一制

[20] 沈涓：《强行性规定适用制度再认识》，载《国际法研究》2020年第6期。

[21] 王虎华主编：《国际公法学（第四版）》，北京大学出版社2015年版，第52页。

的宪制体系而言，公共秩序必然要求在全国范围内具有相当的共性。公共秩序语义的宏大性使得地区利益、行业利益并不构成公共秩序的表达。裁判的个案特殊性需要与公共秩序叙事的公共性相结合，这就使得裁判机关对于公共秩序的司法表达不仅能够在个案裁判中定分止争，更需要所凝炼的公共秩序叙事内容具有宏大的全国视野和国际视野。因此，从公共秩序的叙事内容来说，需要将裁判机关个案中的碎片化说理，在全国层面进行协调提升为国家主权、安全和发展利益的体系化表达。

从叙事主体上来说，司法权在权力属性上没有中央司法权和地方司法权之分。习近平总书记曾指出，“司法权从根本上说是中央事权。各地法院不是地方的法院，而是国家设在地方代表国家行使审判权的法院”。换言之，我国法院是作为一个整体代表国家意志行使审判权，任一裁判在全国范围内都具有法律效力。因此全国任一基层法院在任一涉外案件中对公共秩序的阐述和表达，客观上都会具有中国政权机关对外主权宣示的当然效力。地方法院判决对公共秩序的碎片化表达已经在客观上参与国际秩序规则、全球治理规则的构建——这显然与地方法院在国家治理体系中的职权配置和治理能力产生相当程度的偏差。

不难看出，公共秩序的评价体系在立法表达过于粗略时需要依赖司法的概念建构。当前各地司法机关的能力和水平尚有较大差异，在中央集权的单一制宪制体系下，为有效确保司法机关参与全球治理、构建话语体系的协调性和正当性，建立公共秩序案件叙事的层报制度实有必要。

三、对策建议——对外法治话语体系中公共秩序保留制度的优化路径

前文从对外法治话语体系的“语义”和“语用”两个层面，对公共秩序的构建原理进行了解析。下文将以我国法院参与对外法治话语体系构建为视角，尤其站位于“一带一路”建设的时代背景下，进一步考量如何从体系上全面优化公共秩序保留的制度运行。

（一）理顺概念内涵，协调公共秩序的保护体系

在顶层制度设计时要坚持公共秩序既不能滥用也不能在必要时不用的原

则。要将国内法意义上的公共秩序与涉外民商事审判中的国际公共秩序加以适当界分。统一涉外民商事审判程序中公共秩序的语义范畴，确保概念术语的一致性，协调在管辖、法律适用、外国判决承认与执行、国际司法协助环节的程序适用，协调公共秩序保护体系的统一性，防止因程序不同对公共秩序的保护出现不必要的制度差异。

（二）明确语义表述，宣示公共秩序的概念构成

坚持国际秩序的建构主义，宜以司法解释的方式明确公共秩序以及相关强制性规定完整的概念表达。要以总体国家安全观为出发点，全方位涵盖国家主权、安全和发展利益。以国际公共秩序为语义建构的逻辑出发点，全面阐述我国的发展观、文明观、安全观、人权观、生态观、国际秩序观和全球治理观。[22] 只有裁判法院和当事人能从语义表述上获知概念的基本逻辑构成，方才能对公共秩序保留制度全面准确地适用。

（三）厘清适用理念，健全公共秩序的叙事表达

在法律规范中明确规定必须在“紧迫到必须援引”的情况方才适用公共秩序保留制度。对公共秩序保留的适用范围加以限制，尽可能地缩小法院的自由裁量。将公共秩序保留制度的启动条件由“损害”提升至“严重损害”或“明显违背”——尽管依然是一个模糊且弹性的概念，但已能较为客观地反映出限制适用公共秩序保留制度的态度。[23] 在直接适用的法适用过程中，在继续坚持适用领域的限制外，还应当对强制性和禁止性规定加以区分，明确将直接适用的法的强制性规定限缩为禁止性规定。

（四）强化体系思维，理顺公共秩序的评价机制

横向上，要摒弃粗暴的法律规避制度，注重从结果上校验公共秩序是否受到严重侵害，优先适用公共秩序保留制度，以直接适用的法为补充，构建

㉒ 参见《习近平主持中共中央政治局第三十次集体学习并讲话》，载 http://www.gov.cn/xinwen/2021-06/01/content_5614684.htm，2021 年 8 月 26 日访问。

㉓ 任际：《国际私法中公共秩序保留的综合要素及适用趋势》，载《武汉大学学报（哲学社会科学版）》2013 年第 6 期。

起公共秩序协调保护的评价机制。纵向上，将涉外公共秩序类案件纳入重点案件管控，尤其是侧重专业法官会议、审判委员会层面的智力支持和审判监督管理，用更宏大的叙事理念来认识和理解案件中公共秩序的界分。涉外民商事案件中的公共秩序叙事表达应层报至最高人民法院核准，在防止对公共秩序无序的扩张性解释外，更能确保公共秩序叙事和阐释的科学性。

（五）完善叙事场景，提升公共秩序的传播效能

在公共秩序叙事体系的构建过程中，裁判文书是推进中国故事和中国声音全球化表达和分众化表达的主要载体，也是国内外受众喜闻乐见的、具备高度传播亲和力的生动形式。要高度重视裁判文书对公共秩序相关概念的语义凝炼和语用表达，注重将具有“首案效应”的典型案例翻译成外语提升中国叙事的穿透力。[24]加强“一带一路”建设中的外国法查明的制度建设，尽量避免由于外国法无法查明，一线法官跳过本应对外国法适用结果的审查而直接适用国内法律。

四、结语

当今世界正面临百年未有之大变局，构建与我国综合国力和国际地位相匹配的对外法治话语体系，已成为人民法院当前面临的重大时代命题。公共秩序叙事体系不仅关涉国家主权、安全和发展利益的对外表达，而且成为用中国理论阐释中国司法实践、用中国司法实践升华中国理论的重要方式。公共秩序在立法表达上先天的简略性和开放性，赋予新时代人民法院更大的责任和使命——在公共秩序的司法阐述和叙事中打造中国特色的新概念、新范畴、新表述，宣介和传播中国精神、中国价值、中国力量，在加强国际传播能力建设过程中大力推动人类命运共同体建设。

（责任编辑：张　俊）

[24] 何帆:《提升法治中国建设国际传播力和话语权的五个维度》，载《人民法院报》2021年6月3日第2版。

第三人代为履行与债务加入的辨别

——徐某等诉董某等债务加入纠纷案

费　鸣　徐丹阳*

【裁判要旨】

第三人代为履行与债务加入均系除债权人、债务人之外的第三人与债权债务产生关联的方式。第三人与债务具有合法利益，系第三人代为履行成立的要件之一，并非债务加入成立的要件。第三人本人或债务人以此为由否认债务加入成立的，人民法院不予支持。在无特别约定的情况下，第三人加入债务成为连带债务人并向债权人实际履行债务后，不具有向原债务人追偿的权利。原债务人明确表示赋予第三人追偿权的，人民法院予以确认。

【案情】

原告（被上诉人）：徐某、张某

被告（上诉人）：董某、朱某

被告：杨某、李某

第三人：中国银行股份有限公司上海市虹口支行

当事人徐某、张某、董某、朱某均系聋哑人。徐某、张某系夫妻关系。董某、朱某系夫妻关系。董某系杨某的生母，朱某系杨某继父，李某系杨某表哥。徐某、张某原系A房屋产权人。

2010年，徐某、张某与杨某签订房屋买卖合同，将A房屋以97万元价格出售，其中67万元通过抵押贷款支付。同年，房屋过户到杨某名下，但仍

* 费鸣，法学硕士，上海市第二中级人民法院审委会委员，民事审判庭庭长。徐丹阳，法学硕士，上海市虹口区人民法院民事审判庭审判员。

由徐某、张某使用。中国银行股份有限公司上海市虹口支行（以下简称银行）放贷后，徐某及张某、杨某、李某均分得部分款项。

2011 年，因杨某不再偿还贷款，银行向上海市虹口区人民法院（以下简称虹口法院）起诉。2012 年，虹口法院作出（2012）虹民二（商）初字第 820 号判决：杨某偿还贷款本金、利息、逾期利息和罚息，若杨某未履行，银行可行使抵押权优先受偿。

2012 年，徐某、张某向上海市嘉定区人民法院（以下简称嘉定法院）起诉，要求确认房屋买卖合同无效，并主张杨某涤除抵押权后恢复房产登记等。2013 年，嘉定法院作出（2012）嘉民三（民）初字第 704 号判决（以下简称 704 号判决）：确认房屋买卖合同无效，判令杨某涤除抵押权、李某对此负连带责任，并明确对于尚未支付的银行利息、罚息、恢复登记税费，由徐某及张某、杨某、李某按过错比例负担。其后，徐某、张某通过嘉定法院代管款账户支付了 104868.93 元，该款项已经发放给银行。杨某、李某未履行其义务。

2019 年，董某与徐某、张某签订《还款协议》，约定董某替杨某承担银行抵押款 75 万元偿还给徐某、张某，每月还 1500 元，直至还清为止。

2020 年 3 月，徐某、张某通过嘉定法院代管款账户向银行实际清偿了本应由杨某、李某依 704 号判决而履行的连带债务计 743705.02 元。

2020 年 7 月，董某、朱某向徐某、张某出具《欠条》，载明董某、朱某同意帮杨某偿还 50 万元。2020 年 8 月底前还 20 万元，2020 年 9 月底至 2021 年 2 月底间每月还 5 万元。

2020 年年末，徐某、张某向嘉定法院提起本案诉讼。经法院核算，徐某、张某于 2020 年 3 月偿还的 743705.02 元中有 7240 元系二人应因 704 号判决而自行承担的债务。

原告徐某、张某诉称：董某、朱某出具《欠条》后，并未履行还款义务。徐某、张某垫付的涤除抵押权的费用本应由杨某承担，董某、朱某在其承诺范围内承担连带责任。另据 704 号判决，李某也应承担连带责任。故请求法院判令：（1）杨某支付徐某、张某欠款 743705.02 元；（2）杨某支付徐某、张某欠款的利息，以 743705.02 元为基数，自 2020 年 3 月 1 日起按同期全国银行间同业拆借中心公布的贷款市场报价利率计算至实际付清之日止；（3）董某对欠款 743705.02 元及利息承担连带责任；（4）朱某对欠款 500000

元及利息承担连带责任；（5）李某对第1、2项诉请承担连带责任。

被告董某、朱某辩称：董某、朱某对案涉债务不具有合法利益，不能加入债务成为连带债务人。董某、朱某未取得银行贷款，且签署《还款协议》时徐某、张某尚未向银行实际清偿杨某的债务。此外，董某、朱某签署《还款协议》并出具《欠条》系因救子心切，实则无力偿还数万元债务。

被告杨某、李某辩称：董某、朱某未取得银行贷款，且没有偿还能力，不应承担责任。但若法院认定董某、朱某应当承担连带责任，且董某、朱某实际清偿，则同意董某、朱某嗣后向其追偿。

第三人银行述称：已收到徐某、张某款项743705.02元，A房屋上的抵押权已经涤除。

【审判】

一审法院经审理认为，两原告为实现其合法利益，代杨某向银行履行了还款义务，代为涤除了涉案房屋上的抵押权。在银行接受两原告的付款后，其对杨某的债权已转让给两原告，两原告有权向杨某进行追偿。被告董某与两原告签订的还款协议、被告董某、朱某出具的《欠条》具有与杨某共同承担债务的意思表示，均构成债务的加入，董某、朱某应在其各自愿意承担的范围内和杨某承担连带责任。根据《还款协议》《欠条》的具体内容，董某应在75万元范围内对于杨某欠两原告的款项承担连带责任，朱某应在50万元范围内对于杨某欠两原告的款项承担连带责任。上述连带责任仅针对欠款本金而不包括利息。故判决：一、杨某应于判决生效之日起支付徐某、张某736465.02元；二、杨某应于判决生效之日起赔偿徐某、张某利息损失，以736465.02元为基数，按同期全国银行间同业拆借中心公布的贷款市场报价利率（LPR）计付，从2020年3月4日支付至实际付清之日止；三、董某对于杨某上述第一项付款义务承担连带责任；四、朱某对于杨某上述第一项付款义务，在50万元的范围内承担连带责任；五、李某应于判决生效之日起十日内支付徐某、张某5569.23元；六、李某应于判决生效之日起十日内支付徐某、张某利息损失，以5569.23元为基数，按同期全国银行间同业拆借中心公布的贷款市场报价利率（LPR）计付，从2020年3月4日支付至实际付清之日止；七、李某对于杨某上述第一项付款义务在732566.56元范围内承担连带责任；八、李某对于杨某上述第二项付款义务在以本金732566.56元为基数所产生的利息范围内承担连带责任。

董某、朱某不服一审判决提起上诉，要求撤销一审判决，改判驳回徐某、张某一审全部诉讼请求。

二审法院经审理认为，关于董某、朱某是否具备加入债务的前提条件。首先，第三人代为履行与债务加入系不同法律概念。根据法律规定，若债务人无力清偿债务，而第三人对该笔债务具有合法利益，第三人可代债务人向债权人履行债务。其后，第三人取代债权人的地位，享有债权人的权利。本案中，徐某、张某系涉案房屋原产权人，其向银行清偿杨某欠付贷款，系为涤除抵押权，具有合法利益。其次，《中华人民共和国民法典》（以下简称《民法典》）仅就“合法利益”之要求于第三人代为履行中予以规定，并未将其作为债务加入的成立条件。根据法律规定，于债权债务关系合法、有效存在且债务性质并非不可让与的前提之下，第三人可以两种方式加入债务，与债务人一并就债务向债权人承担连带责任：（1）与债务人达成合意并通知债权人；（2）向债权人表示加入债务且债权人未在合理期限内明确予以拒绝。本案属于第（2）种方式加入债务，即在徐某、张某完成第三人代为清偿之后，徐某、张某与杨某、李某之间已经成立合法、有效的金钱之债。此后，董某、朱某向徐某、张某表示加入债务，且徐某、张某未在合理期限内拒绝，故董某、朱某已加入债务。董某、朱某以其与涉案债务不具有合法利益为由否认债务加入成立，于法无据。

关于《还款协议》《欠条》是否均应履行。《还款协议》《欠条》系真实意思表示、无违法背俗之处，均属合法有效。其中董某、朱某表明加入债务的意思。《还款协议》与《欠条》相比较，其一，《欠条》形成于《还款协议》之后，亦形成于徐某、张某向银行实际履行债务之后。其二，《欠条》中的还款时间有所减少，还款额度有所降低，利于债权人及早实现债权。其三，《欠条》新增朱某作为连带债务人，提高实现债权的可能性。综上，因《欠条》变更了《还款协议》的内容，故董某、朱某只需按《欠条》的约定承担还款义务。据此，一审法院判决董某按照《还款协议》约定，就杨某的全部债务承担连带责任欠妥。董某、朱某均应在50万元债务范围内承担连带责任。

此外，债务加入之后，原债务人与新债务人之间形成连带债务，债权人可向各连带债务人主张权利。各连带债务人之间如有内部约定，可以在对外承担连带责任之后相互追偿。现杨某、李某应当承担责任的范围已经确定，二人均同意若董某、朱某向徐某、张某承担债务，则可向二人追偿，法院予以确认。

二审法院据此判决：一、维持一审判决第四、五、六、七、八项。二、变更一审判决第一项为“杨某应于本判决生效之日十日内起支付徐某、张某736465.02 元”。三、变更一审判决第二项为“杨某应于本判决生效之日起十日内赔偿徐某、张某利息损失，以 736465.02 元为基数，按同期全国银行间同业拆借中心公布的贷款市场报价利率（LPR）计付，从 2020 年 3 月 4 日支付至实际付清之日止”。四、变更一审判决第三项为“董某对于杨某应于本判决生效之日十日内起支付徐某、张某 736465.02 元的付款义务在 50 万元的范围内承担连带责任”。

【评析】

本案所涉债权债务关系的主体，在各方当事人之间随时间推移发生多次变化。本案所涉法律关系，有第三人代为履行和债务加入两项《民法典》新增规定。两者形式上有所近似，容易产生混淆。学界对第三人代为履行与债务转移之间的区别多有研究，对连带责任保证与债务加入之间的区别亦有著述，但对第三人代为履行与债务加入之间区别的研究似乎尚付阙如。笔者通过分析两者的前提条件、形成要素和法律后果，藉此阐释两者的主要区别。

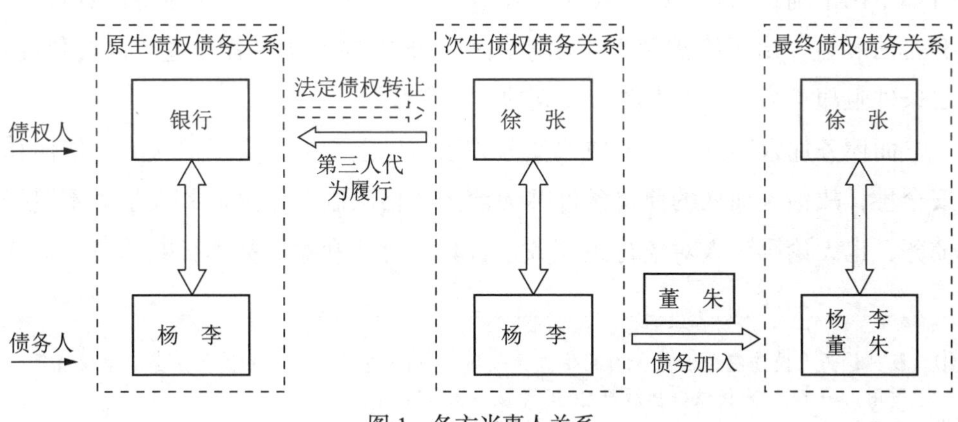

图 1　各方当事人关系

一、前提条件："合法利益"仅约束第三人代为履行

（一）前提条件相同之处——第三人介入与债务承受主体非特定

原生的债权债务关系仅约束债权人和债务人双方，第三人以代为履行或者债务加入的方式成为债权债务关系的一方主体之后，原生债权债务关系被改变。也即，两种法律关系之下的"第三人"均非原生债权债务关系的一方当事人，亦非已由原生债权债务关系所衍生的其他法律关系的主体。最高人民法院对此表述为，此处"第二人"均不能是原生债权债务关系中的债权人或债务人，也不能是基于其他原因而负担债务的连带债务人、保证人、物上担保人、担保物之第三取得人、后次序之担保权人以及共有人。①

除此之外，根据《民法典》第五百二十四条之规定，第三人代为履行需要满足一个消极条件，即根据债务性质、按照当事人约定或者依照法律规定并非只能由债务人履行。而《民法典》第五百五十二条虽未就债务加入的前提条件作过多限制，但理论界学者大抵认为，债务加入需具备"债务可转移性"之前提，即该债务须为可由债务人以外的第三人实现的债务。② 以此观点比之于前述第三人代为履行的消极条件，可知两者的成立在债务性质方面需满足的前提条件基本相同。

（二）前提条件相同之处——第三人代为履行的其他限制条件

根据《民法典》第五百二十四条之规定，成立第三人代为履行还需要具备如下两个前提条件：（1）债务人不履行债务；（2）第三人对履行该债务具有合法利益。出于维护及平衡当事人利益的需要，立法者通过"合法利益"之条件阻却了第三人代为履行成立的"任意性"。

而债务加入则是在原生债权债务关系基础上增加了实现债权的可能性和安全性，故债务加入的前提条件并无前述严格限制，无论债务人是否不履行债务，也无论第三人对履行该债务是否具有合法利益，都不影响第三人债务

① 参见最高人民法院民法典贯彻实施工作领导小组：《中华人民共和国民法典合同编理解与适用［一］》，人民法院出版社2020年版，第421页。

② 参见韩世远：《合同法总论》，法律出版社2018年版，第634页。

加入的成立。

（三）本案中的第三人代为履行和债务加入均符合前提条件

本案中，根据生效判决，杨某应涤除银行设定在徐某、张某房屋上的抵押权，李某对此负担连带责任。抵押权的涤除需以杨某、李某偿还其欠付银行的抵押贷款为前提，即原生的债权债务关系是银行为债权人，杨某、李某为债务人。因杨某、李某迟未按照生效判决涤除该抵押权，故杨某、李某的债务并未履行。而杨某、李某的债务并非法定或约定专属其一人的债务，且徐某、张某与履行该债务显然具有合法利益，故二人以第三人的身份替代杨某、李某履行债务，符合第三人代为履行的全部前提条件。

在随后形成的次生债权债务关系中，徐某、张某成为债权人，杨某、李某仍为债务人。而董某、朱某为替子偿债，主动与徐某、张某签订《还款协议》并出具《欠条》。从上述二份文件的内容看，董某、朱某已经向债权人明确做出加入债务的意思表示，此金钱债务具备“可转移性”。前文已述，于债务加入而言，第三人不需要对履行债务具有合法利益。因此，董某、朱某二人的行为符合债务加入的全部前提条件。

二、形成要素：二种“拒绝权”的法律依据、行使方式及其作用

（一）二种“拒绝权”的区别

在符合前提条件之后，第三人即可替代债务人向债权人直接履行债务，不需要征得债权人的同意。③ 对于是否需要征得债务人的同意，最高人民法院认为，虽然第三人代为履行的行为对债务人有利无害，但债务人可能出于人情因素或其他原因，不愿他人替代自己履行债务，故此时债务人应拥有提

③ 有学者认为，当第三人与履行债务没有法律上的利害关系时，债权人可以拒绝第三人的代为履行。笔者认为，第三人代为履行的前提条件包括第三人对履行债务具有合法利益，故若第三人与履行债务没有法律上的利害关系，则不成立第三人代为清偿，与债权人是否拒绝没有关联。因此，笔者仍表述为第三人代为履行不需要征得债权人的同意。有关不需要债权人同意的观点参见王利明、杨立新、王轶、程啸：《民法学（下）》，法律出版社 2020 年版，第 670 页。

出异议和拒绝的权利。④ 笔者认同此观点，但须进一步明确该权利的行使须受除斥期间的限制，不应使第三人代为履行的效力长时间存在归于消灭的可能性。

此为第三人代为履行中债务人的“拒绝权”。在第三人债务加入中，债权人在特定情形下享有另一种“拒绝权”。根据《民法典》第五百五十二条之规定，第三人加入债务的方式有两种：其一，与债务人达成合意并通知债权人；其二，向债权人表示加入债务且债权人未在合理期限内明确予以拒绝。债权人的“拒绝权”即体现在后一种债务加入的方式中。

（二）行使“拒绝权”对第三人代为履行及债务加入的影响

第三人代为履行实则系第三人在并非原生债权债务关系一方主体的前提下自愿替代债务人向债权人履行债务，侧重于代为履行的事实，而不是当事人之间的合意。故在第三人代为履行中，当第三人完成替代债务人履行的行为之后，第三人代为履行即已经成立并且生效，债务人在除斥期间内行使提出异议或者拒绝的权利，实质上是债务人试图去消灭已经形成的法律关系。

而债务加入则更侧重于当事人之间的合意，此合意的达成意味着原有的合同主体和合同内容的变更，并不代表需要立即履行债务。故在债务加入的第二种情形之下，当第三人向债权人表示其要加入债务时，债务加入关系尚未成立；在“合理期限”经过后，若债权人并未拒绝，则视为合意达成，各方开始受到已经成立并生效的债务加入合意的约束。

（三）本案中无人行使“拒绝权”

本案中，在徐某、张某通过第三人代为履行而替代杨某、李某向银行履行债务之后，杨某、李某均有在除斥期间之内提出异议或者拒绝的权利。但二人均从未行使该权利，故徐某、张某已经成为新的债权人。

此后，董某、朱某通过《还款协议》和《欠条》加入徐某、张某与杨某、李某之间债权债务关系的行为，虽与前述债务加入的两种方式并不严格吻合，

④ 参见最高人民法院民法典贯彻实施工作领导小组：《中华人民共和国民法典合同编理解与适用（一）》，人民法院出版社2020年版，第425—426页。

但可以视作董某、朱某二人已经通过签署《还款协议》和提供《欠条》向作为债权人的徐某、张某表示加入债务，而徐某、张某二人也已经通过签署《还款协议》及接受《欠条》放弃了在合理期限内拒绝的权利。故此，董某、朱某已经通过前述第二种方式加入债务。

三、法律后果：分别成为“新债权人”和“新连带债务人”

（一）第三人代为履行后取代原债权人的法律地位

《民法典》将第三人代为履行的有关规定列在合同编第四章“合同的履行”之下，而结合《民法典》第五百五十七条之规定，债务履行系债权债务终止的情形之一。故此，第三人代为履行带来的法律后果与合同履行的法律后果相同，即原生债权债务关系终止。此后，第三人与债务人之间形成新的债权债务关系，第三人因法定债权转让而在其代为履行债务的范围内取代原债权人的地位，除非第三人与债务人之间另有关于赠与、免除债务的约定。⑤也即，在无特别约定的情况下，第三人代为履行之后当然取代原债权人的地位，享有后者的主债权和担保权，且债务人对原债权人所享有的抗辩权亦得对新债权人主张。

（二）加入债务的第三人系“无追偿权”的连带债务人

第三人加入债务之后带来的法律后果是，债权人对第三人取得债权，第三人与原债务人负担同一内容的债务，原债务人的债务并不因此免除。⑥同时，债务人与第三人共同向债权人承担连带债务，成为连带债务人。⑦至于原债务人与第三人之间是否成立不真正连带责任，即第三人向债权人履行债务之后是否当然享有向原债务人追偿的权利，有学者持肯定观点。⑧笔者认为，此种观点虽有合理之处，然因我国法律并无明确规定，故仍应以第三人不享有追偿权为原则，以如下情形为例外：若原债务人与第三人对此另有约

⑤ 参见郑玉波：《民法债编总论》，中国政法大学出版社 2004 年版，第 475—476 页。

⑥ 参见韩世远：《合同法总论》，法律出版社 2018 年版，第 635 页。

⑦ 参见王利明：《合同法研究》，中国人民大学出版社 2003 年版，第 254 页。

⑧ 参见陈兆顺：《论债务加入与连带责任保证的区分——以〈民法典〉第 552 条为分析对象》，载《中国应用法学》2021 年第 6 期。

定，则尊重当事人意思自治；若在案件审理过程中，原债务人明确表示赋予履行债务的第三人以追偿的权利，则人民法院予以确认。

（三）本案中询问原债务人是否赋予追偿权

本案中，徐某、张某取代银行的债权人地位之后，可以向债务人杨某、李某主张债权。而董某、朱某加入债务，成为与杨某、李某并列的连带债务人之后，徐某、张某可以向杨某、李某、董某、朱某主张债权。此时，若董某、朱某向徐某、张某全部或者部分履行债务，则虽然导致徐某、张某与杨某、李某、董某、朱某之间的全部或部分债权债务归于消灭，但原则上董某、朱某并不就其已履行部分享有向杨某、李某追偿的权利。

但一方面，由于董某、朱某系出于为子偿债的考虑，为避免杨某承受过多"牢狱之灾"而加入债务，并未就自身经济状况作过多思忖。另一方面，董某、朱某均系聋哑人且年事已高，其经济来源本不稳定，其子杨某又已身陷囹圄，导致董某、朱某二人晚年养老存在困难。故在本案审理过程中，二审法院在考虑以上因素后，特别向杨某、李某询问：若董某、朱某履行了前述债务，杨某、李某是否愿意赋予董某、朱某二人以追偿权。二人均明确表示同意。故而，二审法院在裁判文书说理部分对此予以确认，借此保护董某、朱某的利益，以求本案处理后取得政治效果、社会效果、法律效果的有机统一。

（责任编辑：张　俊）

公司法视角下合同权利行使的规则适用

——B 公司诉 Q 公司委托合同纠纷案

郑天衣　沈俊翔*

【裁判要旨】

在法律适用过程中，当法律行为同时具备公司法与合同法的双重属性，应平衡合同法与公司法之间的适法冲突，通过识别合同权利内容是否涉及公司法中的组织属性，作为合同权利实施边界认定的主要依据。合同权利内容涉及组织属性的，该合同权利的行使应当受到公司法约束；合同权利内容不涉及组织属性的，则直接适用合同法相关规定。裁判过程中应注重保护各方当事人实体权益不因法律适用的路径选择而受到不当损害。

【案情】

原告（上诉人）：B 公司

被告（被上诉人）：Q 公司

2014 年 4 月 17 日，B 公司作为有限合伙人与 Q 公司作为基金管理人签订《W 有限合伙计划之有限合伙协议》（以下简称涉案协议），约定：该协议为一项依照基金管理人与全体合伙人分别签署的 W 公司项目投资协议，该项目旨在集合次级合伙人及优先级合伙人交付的有限合伙资金受让 W 公司股权，以形成对 W 公司的股权投资。该项目的受益权份额数量预计为 2000 万份，其中优先级受益权份额 1800 万份（以实际募集金额为准），次级受益权类份额 200 万份，项目预定存续期限为 5 年。其中，投资本金≥ 100 万元，

* 郑天衣，法学硕士，上海市高级人民法院研究室主任。沈俊翔，法学硕士，上海市第一中级人民法院研究室法官助理。

年化预期收益率15%。另约定，W公司如果没有实现投资后4年内合格上市，Q公司有权要求W公司在提出回购申请后的6个月内回购Q公司所持有的股份，并支付投资协议里约定的利息。协议载明，B公司认购其中100万份优先级收益权，100万元投资款已于2014年4月16日支付于Q公司。

2014年4月25日，Q公司向W公司支付共计1000万元的投资款，并就上述款项投资与W公司签署了增资协议。2014年4月28日，Q公司被工商部门登记为W公司股东。另外，Q公司于2019年5月19日出具回售通知，要求W公司大股东对其持有的股份进行回购。

2020年9月30日，Q公司收到本案一审起诉状副本。

B公司诉称，其与Q公司签订了涉案协议，约定协议存续期间为5年，年化预期收益率为15%，并且每年核算并分配相关收益。现合伙日期届满，但Q公司从未向B公司进行利益分配，且在管理中存在严重失职，未尽到忠诚、谨慎的义务，故请求解除双方之间涉案协议，Q公司向B公司返还投资款100万元。

Q公司辩称，双方之间并无成立合伙企业的约定，其已经按照涉案协议的约定，取得W公司的相应股权，项目投资风险应由投资人自行承担，故其不应返还相应投资款。另外，涉案协议原预定期限届满，根据协议约定进入延长期，目前正在争取变现中。

【审判】

一审法院判决：B公司与Q公司2014年4月17日签订的涉案协议于2020年9月30日解除；驳回原告B公司的其余诉讼请求。

B公司不服一审判决，提起上诉，称一审法院未对涉案投资款进行一并处理，违反司法效能原则。

二审法院经审理后认为，本案双方之间的法律关系是委托合同关系，而非基金管理关系或有限合伙关系，从涉案协议的内容来看，双方并无成立合伙企业的合意，且与严格意义上的基金行为有所区别，而是约定Q公司作为管理人将B公司的投资款用于对W公司进行的股权投资，并将相关收益向B公司进行分配。现涉案协议已经生效并实际履行。虽然B公司作为委托人享有任意解除权，但Q公司已经将B公司投资款100万元作为企业增资款用于对 W 公司股权投资，并经公司章程修改及工商变更登记后，其股东身份、缴付数额、股权比例及公司注册资本均已对外公示，该投资款已经转化为 W 公司资本。B 公司要求 Q 公司将其投资款直接返还的主张，实质上等同于股东未经法定程序任意抽回出资，将造成 W 公司资产的不当减少，直接影响公司的经营能力和债权人利益。根据《公司法》的规定，该协议的解除并不当然发生股东退出、公司资本变更、股东出资返还的效果。因此，对 B 公司要求直接返还投资款的主张，不予支持。但 B 公司作为涉案投资款的实际投资人，对本案所涉 100 万元投资权益可另行主张。故判决驳回上诉，维持原判。

【评析】

本案争议焦点在于：B 公司作为委托人有任意解除权，在其已经要求解除涉案委托合同后，B 公司是否能直接要求受托人 Q 公司，将已经转化为 W 公司注册资本的涉案投资款予以返还。即委托合同解除后，能否产生合同法上恢复原状、返还涉案投资款的法律效果。司法实践中，此类公司法视角下当事人合同权利行使的规则适用尚待明确。

一、适法分歧：合同法与公司法适用的路径冲突

在审判实践中，对于此类案件主要分别以合同法与公司法作为不同法律适用的路径，形成两种不同的裁判思路与法律观点，具体如下。

（一）主要观点

一种观点认为，应适用合同法的处理路径，具体理由：本案双方当事人之间系委托合同纠纷，应适用《民法典》第九百三十三条中任意解除权的规定，委托人和受托人均可以随时解除委托合同，且该条款并未就特定情况予以限制或设置其他兜底规定。在委托人 B 公司提出解除合同的诉讼状副本送达受托人 Q 公司后，双方之间的委托合同解除，B 公司有权要求按照《民法典》第五百六十六条之规定恢复原状，Q 公司应向其返还涉案投资款，此亦为 B 公司在本案中的核心诉讼请求。

另一种观点认为，应适用公司法的处理路径，具体理由：B 公司的涉案投资款已明确以 Q 公司的名义，通过股权投资的方式投入 W 公司，并经公

司章程修改及工商变更登记后，转化为该公司注册资本。因此，B公司要求返还涉案投资款的行为实质上涉及公司减资行为，出于资本维持原则及股东不得抽逃出资等因素考量，依据公司法规定，Q公司不得向B公司返还涉案投资款。①

（二）主要矛盾

两种观点矛盾的本质在于，当事人实施某一特定行为的权利基础与行为结果并非出于同一法律渊源，属于不同法律规范适用的交叉领域，且两者就案件处理的结果存在难以调和的矛盾，法院如何衡量裁判路径的选择与平衡当事人的实体权利应当予以明确。

具体到本案，B公司要求返还涉案投资款的法律依据来源于合同任意解除权，其行使该项权利的目的或结果涉及公司资本变更、返还股东出资。从处理结果上来说，两种裁判路径与处理结果存在严重冲突，在司法裁判中如何平衡和把握合同法与公司法之间的适法冲突与衔接是本案审理的主要适法难题，即公司法视角下合同权利行使的司法审查与平衡路径。

（三）路径借鉴

在本案处理中，采取了兼顾合同法与公司法的处理路径。首先，确认双方之间法律关系与合同状态。双方之间委托关系为当事人之间的内部关系，不具有对外性，且不涉及其他法律规范的强制性规定，应采取合同法的处理路径，从而认定涉案委托合同解除。其次，识别出涉案合同权利的行使是否具有组织属性。B公司基于委托合同解除而请求涉案投资款的返还，由于该款项已经明确投入W公司并转化为该公司资本，该合同解除行为的对象与效果不再限于当事人内部，还可能涉及公司法的强制性规定。因此，该合同权利的行使具有对外性和组织属性，应认定该合同解除权的实现受限于公司法的约束。再次，明确涉案合同权利行使的具体边界与处理结果。公司法对减资行为有法定的适用条件与程序，未经上述程序而将公司资本抽走的行为，可能对该公司及其他第三人的利益造成非法侵害，不符合公司法规定。因此，

---

① 庞闻淙、程勇跃：《协议解除，3000多万增资款为何要不回？｜案例精选》，载“上海市第一中级人民法院”微信公众号，2022年8月16日访问。

在W公司未履行相应的减资退股程序之前，B公司不能要求Q公司返还已转化为公司资本的涉案投资款。最后，平衡各方当事人之间的实体利益。委托合同解除后，B公司不能再依据合同解除权要求Q公司返还涉案投资款，出于维护当事人的合法权益，应在判决中明确B公司的实际投资人地位，确定当事人内部对涉案投资款的具体权属，以保护B公司的实体权益不受损害，便于其后续可能采取申请股东身份显名或要求公司股东回购其持有股份等其他方式，维护自身的投资权益。

二、理论研究：公司法视角下合同权利受限的逻辑论证

本案中，B公司通过行使合同解除权，以实现其要求Q公司返还涉案投资款的诉求，因该合同权利的实现涉及变更注册资本等公司法行为，同时具有合同属性和组织属性。因此，厘清合同法与公司法之间的逻辑冲突、权利边界是构建此类案件审查规则的重要前提。

（一）合同法与公司法之间合约性的逻辑矛盾

近年以来，公司契约论在学界的兴起在理论上一定程度冲击了公司法的组织属性，即公司性质并非是如法人实在说或者法人拟制说所述的法人，而仅是股东之间的契约，与民法意义上的契约并无本质区别。[②]但是，目前我国仍将公司法视为组织法之一，公司章程也并非仅是股东契约。因此，与合同法中合约逻辑以“契约自由”为代表不同，由于公司法上的契约行为多为“组织性契约”，而该类行为本质上属于“私法上的公共契约”，其中个人的意思表示与行为自由多受限于团体性意志等组织属性的影响，故行为的主要特征为“契约不自由”。这意味着，当法律行为同时具备公司法与合同法的双重属性，从法律行为合约逻辑而言，该权利行使的适用路径可能存在严重冲突。

（二）公司法限制合同权利行使的正当性

普通民事领域中合同契约行为多具有内部性特征，权利实现多数限于合同主体内部，且一般不与国家宏观经济政策与市场稳定等直接关联，私法属

② 张民安：《公司契约理论研究》，载《现代法学》2003年第2期。

性尤为突出。相较而言，组织性契约行为具有明显的团体性、关联性、长期性等特性，其合同权利行使的影响范围，对内可能涉及公司其他内部股东的权利，对外可能涉及公司外部债权人、合作公司等主体的权益，在权利行使上必然会有更多的要求，且上述法律行为可能与国家宏观经济政策、法律强制性规定等相关，具有一定的公共属性。因此，当事人之间约定的合同权利多数仅具有内部属性与私法属性，若合同权利的行使明确涉及公司法意义上的组织属性与公共属性，则不应直接对抗公司法上的相关要求，在涉及强制性规定时应尤为慎重。

（三）合同法与公司法权利边界的认定依据

如上文所述，在公司法领域内，区别于一般民事范畴内合同权利的实现，公司法限制合同权利行使的根本原因在于该权利内容具有组织属性。理论上，当某一合同行为的组织属性逐步加强，对应的“公司法内容”将会逐步增多，则该行为实施的“合同法空间”会相应减少。③ 因此，合同权利行使的“合同法空间”与“组织法空间”的边界认定与其行为的组织属性强弱有直接关系。组织属性越强则“合同法空间”越少，该权利行为行使的合约逻辑亦由“契约自由”逐步转向“契约不自由”。应当说明的是，若当事人之间合同权利的行使不涉及公司法上的组织属性，例如一般商业合同行为，则不属于公司法与合同法的竞合与冲突，法官在审判过程中不应过多考虑公司法的相应规定，一般适用合同法的相关规定即可。

三、裁判路径：公司法视角下合同权利行使的规则适用

审判实践中，参照法律适用的逻辑路径，在审理此类案件时主要分为三个步骤：一是案件识别，借助适用或参考识别要素，精准判断涉案合同权利的行使是否具有组织属性；二是规则适用，以组织属性的影响范围作为条件，判断合同法与公司法权利行使的边界，从而准确适用法律规则；三是衡平路径，法律适用中应注重当事人之间的权利平衡，尽量避免“善意当事人”因

③ 参照蒋大兴：《公司法中的合同空间——从契约法到组织法的逻辑》，载《法学》2017年第7期。

主张权益的路径选择，导致其实体权利遭受不当损害。

（一）案件识别：组织属性的识别方法

为统一法律适用，应将与合同行为组织属性强弱相关的识别要素予以列明与阐释，在司法实践中为法官提供借鉴。主要因素有：一是当事人的主体地位与资格，例如一方或双方当事人为公司股东、实际控制人、董事高管等与公司组织属性密切相关的特殊主体；二是当事人之间的法律关系与合同状态，当事人之间的法律关系与合同状态系合同权利实施的主要法律依据，也是考量合同行为组织属性的前提条件，同时该合同行为的实施是否存在团体性、长期性等情况应一并予以考量；三是合同的签署是否经过相关程序，例如股东大会、董事会等决议程序，是区别该合同行为是否为个人契约行为或者公司契约行为的重要因素；四是合同权利实现的目标对象或影响范围，若合同行为的实施后果仅由当事人内部自行承担，上述权利的行使一般不涉及组织属性。反之，若该合同权利的行使涉及公司资本抽逃等外部因素，则可以认定该合同行为具有组织属性。需要补充说明的是，对上述要素进行适用或参考时，应当结合案件的关键事实、诉讼请求、辩论意见、法律依据等其他要素予以一并考量，防范对本项规则的机械化适用。

（二）规则适用：合同权利行使边界的确定与适用

在识别涉案合同行为具有组织属性，认定该合同权利的实现受限于公司法制约的前提下，如何确定组织属性的影响范围，确定合同法和公司法的权利边界是此类案件法律适用的主要难题。实践中，可以从合同权利内外部关系的角度进行分段式衡量。

1．合同内部权利的实现

对于当事人内部权利的实现，多数仅是涉及各方当事人以个体身份在其内部之间的权利分配，属于合同法中个人契约的范畴，而非公司契约行为，行为内容一般不具有组织属性，应适用合同法的处理路径。以本案为例，虽然B公司解除合同的目的是为了涉案投资款的返还，对外涉及W公司减资的后果。但是，B公司与Q公司之间的委托关系解除效力仅限于其内部，不具有对外性与组织属性，不属于公司法约束的范畴，应依照合同法的处理路径予以处理。

2．合同外部权利的实现

相较于内部权利实现一般适用合同法的处理路径，外部合同权利实现的法律适用规则较为复杂。总体而言，若该合同权利经识别具有组织属性，且该权利的内部关系不具有组织属性，则组织属性肯定蕴含于外部权利关系之中。但是需要特别注意的是，不能仅仅据此就认为其他所有具有对外性的合同权利内容应一概适用公司法路径。如果根据当事人的诉讼请求，其合同权利中具有对外性的不同内容可以分别实现，且相互之间不存在矛盾或干扰。则虽然部分合同权利内容因具有组织属性而受到公司法的约束，但不影响其他外部性合同权利内容依据合同法路径予以实现。

以本案为例，若B公司与Q公司的委托合同中约定120万元的投资协议，而Q公司仅与W公司达成了100万元的股权投资协议，并仅实际投入100万元。若B公司以委托合同解除为由主张投资款返还，而Q公司主张该合同权利具有对外性，要求统一以公司法的路径进行处理。对此，应当指出，协议明确约定的投资对象并非本案当事人，该权利行使的对象具有对外性，且其中100万元不能依据合同解除而返还。但是对于多出的20万元而言，Q公司未就该部分投资与W公司达成股权投资协议，亦未实际投入W公司，难以认定这部分的权利行使具有组织属性，故不应适用公司法的路径。

（三）衡平路径：平衡各方当事人的实体权益

需要注意的是，公司法与合同法之间权利边界的认定并非一直是较为清晰的，且若仅适用公司法的处理路径，而完全忽视合同法领域内一方当事人实体权益的保护，则裁判结果可能会出现双方当事人权利实现的显著失衡，严重违背一方当事人对合同权利行使的合理期待，引发“善良冲突的悲剧”。例如本案中，B公司行使合同解除权的根本目的在于涉案投资款的返还，该权利行为的行使与诉讼目的的实现符合合同法中的合约逻辑，并且符合一般当事人的合理预期。虽然从法律适用的角度而言，该合同权利的实现因具有组织属性而受限于公司法的约束，但是B公司对投资权益的主张仍具有一定程度的正当性与合理性，其投资权益不应因其法律路径的选择而遭受不当损害。

在本案处理中，法官充分考虑到在判决解除涉案委托合同后，B公司与涉案投资款之间仍存在实际投资人的法律关系，并在判决中对 B 公司实际投资人的地位予以明确和释明，有助于其在后续程序中维护自身的投资权益，也能提高 B 公司对于判决结果的接受程度。因此，对于此类公司法与合同法适法冲突较为严重的案件，在明确合同权利受到公司法约束的情况下，应充分考虑到双方当事人之间的权利平衡、其他救济路径的可行性以及法律适用的社会效果等情况，避免仅依据公司法的处理路径一判了之。

（责任编辑：董　燕）

公序良俗规则下影视行业“高薪”条款的效力认定
——Y公司诉K公司等服务合同纠纷案

吴慧琼　陆俊伟*

【裁判要旨】

相关监管部门和行业组织以规范性文件的形式规定关于演员片酬配置的比例，明确了相关细则，虽然上述文件并非法律法规，但“限薪令”意在维护市场秩序、促进社会公平、推动行业发展及体现良好的道德风尚，符合公序良俗所包含的公共秩序与善良风俗的涵义，体现社会主义核心价值观。经纪公司、文化公司、演员等相关行业及从业人员理应切实执行文件要求，回归正确的职业定位。影视行业“高薪”条款因违背社会主义核心价值观的内容而有违公序良俗从而导致超出限制比例部分无效。

【案情】

原告：Y公司

被告：K公司

第三人：陈某某

2018年6月，Y公司与K公司共同签订《服务合同》，约定Y公司向K公司提供《服务合同》约定的策划创意及表演服务，K公司根据《服务合同》约定分四个阶段向Y公司支付合同报酬。2018年10月15日，Y公司全部合同义务已履行完毕，但是K公司仅将四个阶段合同报酬中的前两个阶段的款项结清，剩余4000万元款项尚未支付。根据合同约定，K公司未按照约定履

* 吴慧琼，法学硕士，上海市第一中级人民法院审判员。陆俊伟，法学硕士，上海市第一中级人民法院法官助理。

行义务的，应当根据《服务合同》的约定向Y公司支付相应的违约金，并赔偿Y公司因主张权利所产生的律师费及保全费。故Y公司诉请至法院，请求判如所请。

K公司辩称，不同意Y公司全部诉讼请求，应予驳回。一是K公司共计已支付4300万元。二是因合同履行过程中国家影视行业政策发生变化，《服务合同》第四条片酬条款违反了影视行业“限薪令”相关要求，超过“限薪令”部分的片酬应属无效，故不同意支付剩余款项。

第三人陈某某述称，作为表演者，只对表演负责，其遵守国家政策。

【审判】

本案审理过程中，Y公司于2021年12月10日申请撤回起诉。

一审法院认为，本案的关键在于“限薪令”对合同效力的影响。本案中，双方争议的影视行业“限薪令”系由相关监管部门及行业组织出台的规范特定主体薪酬的一系列文件的总称。相关监管部门和行业组织以规范性文件的形式规定了关于电视剧网络剧制作成本、演员片酬配置的比例，明确了相关细则并不断重申有关要求。尽管有关监管部门及行业组织发布的规范性文件在位阶上并非法律法规，但“限薪令”意在促进广播电视与网络视听节目健康有序的发展，积极营造繁荣发展社会主义文艺事业的良好行业生态，发布的初衷在于弘扬和践行社会主义核心价值观。社会主义核心价值观中，“文明”集中体现着社会主义先进文化的前进方向和社会主义精神文明的价值追求；“和谐”体现了建立社会主义和谐社会的本质要求，其中，维系人与社会之间的和谐关系，就要求社会各方面的利益关系得到妥善协调，并确立遵纪守法、遵守公德、维护秩序的思想和观念。包括影视作品在内的文化产品的生产创作理应受社会主义文明观、和谐观的指导，进而影响、塑造广大人民的精神世界和价值观念，发挥社会主义核心价值观春风化雨的引导作用。公序良俗原则是社会主义核心价值观在法律中的重要体现，“限薪令”在以下方面体现了公序良俗。首先，“限薪令”能够将创作优秀作品作为中心环节，使高素质文艺人才回归主流。关于制作成本和演员片酬配置比例要求的出台旨在解决一些文艺节目出现的影视明星高价片酬、追星炒星、泛娱乐化等问题，避免推高制作成本、破坏行业秩序生态。相关通知要求的出台，以及行业从业者对上述要求的遵守实行，有利于建立和完善科学合理的电视剧投入、分配机制，有利于充分尊重和鼓励原创，在投入和分配上体现创意和知识的价值，有利于推动从业者敬业精神。其次，“限薪令”能够促进影视产业良性健康发展，规范市场秩序。演员片酬是一个资源分配的过程，片酬过高则会带来分配不公的问题。“限薪令”即是调整资源分配的不公平，使市场回归合理与规范。再次，“限薪令”能够防止滋长盲目追星、拜金主义、一夜成名等错误价值观念，有利于帮助树立全社会正确的价值导向。作为公众人物的演员，是众多青少年学生崇拜的偶像，承担着影响甚至引领青少年的社会责任，应向青少年传递向上向善的价值观。最后，“限薪令”要求演员承担起相应的社会责任，不仅要讲品位、讲格调、讲责任，也要育新人、兴文化、展形象。综上，“限薪令”致力于维护市场秩序、促进社会公平、推动行业发展以及体现良好的道德风尚，符合公序良俗所包含的公共秩序与善良风俗的涵义。

本案中，《服务合同》的签订及履行恰逢前述规范性文件陆续发布之时，双方理应切实执行文件要求，以符合社会公序良俗的原则。在本案审理过程中，经法院向当事人释明相关文件的精神及立意，Y公司对相关行业从业人员应自觉践行社会主义核心价值观不持异议，并自愿撤回本案起诉。法院认为，Y公司在本案审理期间提出撤回起诉的请求，与法无悖，予以准许。

【评析】

影视行业“限薪令”，为一系列行政规范性文件及行业自律规则的总称（见表1），通过限定演员片酬于剧作成本中的具体比例，以期规范行业形态及规则。诚然，从效力位阶层面看，“限薪令”系列规范确非法律、行政法规强制性规定，其出台似乎一定程度上限制了影视娱乐行业“市场化”价值选择，有以政策性文件对合同自由突然进行干预之虞。本案最直观的体现即在无明确法律规定可直接评价违反政策的合同行为情形下，以“限薪令”为代表的公共政策效益与特定合同自由价值的冲突挑战。考验法官如何恰当进行利益冲突平衡，并在现有法律框架下，准确适用法律，作出合理认定，以实现司法、社会实效的统一。

表1　影视行业“限薪令”有关规定

时　间	出台部门	文件名称	文件性质
2017.06.26	国家新闻出版广电总局（现为国家广播电视总局）、国家发展和改革委员会、财务部、商务部、人力资源和社会保障部	《关于支持电视剧繁荣发展若干政策的通知》（新广电发〔2017〕191号）	部委联合通知
2017.09.22	中国广播电影电视社会组织联合会电视制片委员会、中国广播电影电视社会组织联合会演员委员会、中国电视剧制作协会、中国网络视听节目服务协会联合	《关于电视剧网络剧制作成本配置比例的意见》	行业协会意见
2018.10.31	国家广播电视总局	《关于进一步加强广播电视和网络视听文艺节目的通知》（广电发〔2018〕60号）	部门通知
2019.04.19	中国广播电影电视社会组织联合会电视制片委员会	《关于严格执行电视剧网络剧制作成本配置比例规定的通知》	行业协会通知
2020.02.06	国家广播电视总局	《关于进一步加强电视剧网络剧创作生产管理有关工作的通知》（广电发〔2020〕10号）	部门通知
2022.04.22	中国广播电视社会组织联合会、中国网络视听节目服务协会	《电视剧网络剧摄制组生产运行规范（试行）》	行业协会通知

一、规范路径：强制性规定与公序良俗规则的体系衔接

《民法典》第一百五十三条[①]系关于民事法律行为效力的重要规定。该条从内容上将“违法”无效及“悖俗”无效分列两款，与原《合同法》第五十二条立法体例显著不同，体现了《民法典》视域下的公序良俗规则规范

① 本案虽然案涉合同签订及履行时间均发生于《民法典》生效之前，原则上理应适用旧法，但鉴于本案最终是以准许原告撤回起诉结案，考虑到《民法典》颁布实施后相关问题的事实影响仍有进一步讨论空间，故笔者将以《民法典》视域下的立法精神、法律原则、法律规定以及社会主义核心价值观进行判断、权衡和选择，确定适用于个案的价值取向。

适用路径。

（一）公序良俗规则的体系标定——兜底条款

1999年《合同法》第五十二条将“损害社会公共利益”“违反法律、行政法规的强制性规定”分列于第四、五项。《民法总则》第一百五十三条未再出现“损害社会公共利益”的表述，而系首次于立法中引入“公序良俗”的表达，将“法律、行政法规的强制性规定”与“公序良俗”并列，作为判断民事法律行为的两大标准而由《民法典》第一百五十三条所继受。由于《民法典》颁布、实施后，旧法同时废止，故对具体合同效力判断的法律依据便由原《合同法》第五十二条变为《民法典》第一百五十三条。这种法律依据变化的直接影响是，由于《合同法》第五十二条第四、五项为并列体系，且“损害社会公共利益”规定在前，故一般认为，该项规定并没有把公序良俗条款规定为兜底条款，并主张对该项规定进行目的性限缩，以便发挥强制性规范的特别法作用。而《民法典》第一百五十三条第二款将公序良俗条款规定为兜底条款，提升了其在法律行为效力认定上的地位，对原《合同法》第五十二条的规定进行了实质的变革，对于认定民事法律行为效力具有重要意义。② 换言之，公序良俗规则在认定合同行为效力的过程中作用更为突出，内涵更为丰富，且作为兜底条款必须加以检视。

（二）公序良俗规则的适用顺位——对“违法”无效条款的补充

在适用强制性规定的情形下，基于“规范目的保留”原则，公序良俗规则通常并无适用空间。就适用顺位而言，只有在《民法典》第一百五十三条第一款非但书条款中强制性规范不存在的情形下，公序良俗规则才能适用，故具有价值填补功能。而此时的适用又包含两个层面，一是存在《民法典》第一百五十三条第一款但书条款的强制性规范，二是不存在任何强制性规范的情形。由此可知，适用公序良俗规则的前提是准确识别并认定《民法典》第一百五十三条第一款的强制性规范类型。值得一提的是，有学者认为，对

② 参见崔文星：《民法典视野下强制性规范和公序良俗条款的适用规则》，载《法学杂志》2022年第4期。

强制性规范还有是否可以“类推适用”的评价过程，[③] 对此笔者予以赞同，但类推适用仍属解释论上的对“违法”无效的适用，而非“悖俗”无效的适用。综上，《民法典》第一百五十三条规制下正确的合同效力评价路径应为：[④]

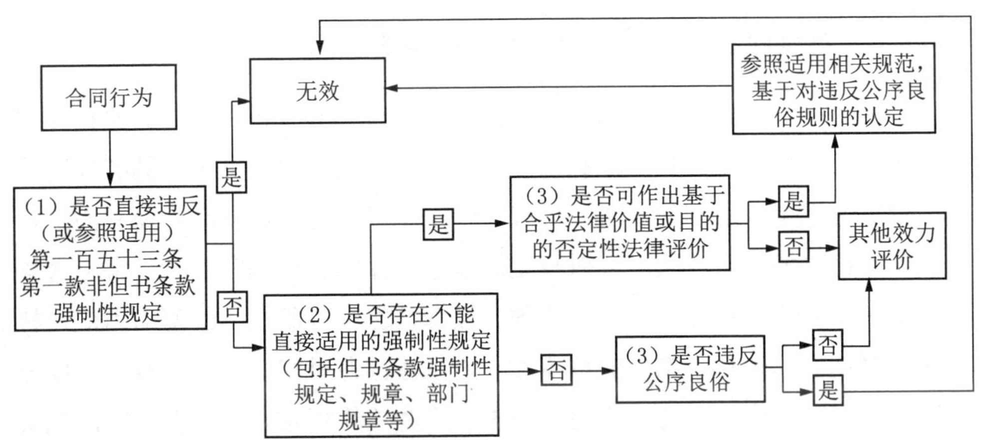

图 1 《民法典》第一百五十三条下合同效力评价路径

由图 1 可知，从第（2）项开始即已是具体运用公序良俗规则进行法律评价的过程，基于本案“限薪令”政策的客观存在，故对合同效力的评价即属于第（2）项“是”的情形下的具体规则适用。

二、适用路径：公序良俗的评价标准及要件

关于公序良俗规则的适用，一方面法院应注意主动检视，不能虚化或闲置公序良俗条款，另一方面，也要注意审慎适用，避免该规则沦为法官个人价值判断的借力工具。在以损害社会公共利益或者违反公序良俗为由认定合同无效时，仍应十分谨慎，否则，就可能变相扩大违法无效的范围，从而导致民事立法以及相关司法解释严格限制违法无效范围的目的落空。[⑤] 讨论“限薪令”是否适用公序良俗规则的前提是挖掘并发现“限薪令”所体现的价值

③ 参见王吉中：《公序良俗条款的适用方法——以法内评价的规则续造为核心》，载《甘肃政法大学学报》2021 年第 1 期。

④ 图 1 中“参照适用相关规范”参见最高人民法院（2008）民提字第 61 号民事判决书：“在法律、行政法规没有规定，而相关行政主管部门制定的行政规章涉及社会公共利益保护的情况下，可参照适用其规定。”

⑤ 参见刘贵祥、吴光荣：《关于合同效力的几个问题》，载《中国应用法学》2021 年第 6 期。

意义和导向，在于探讨这些文件所体现的价值是否达到“公共秩序”和“善良风俗”的高度，这种“高度”既包括价值上社会广泛认同，也包括要素式的形式要件，主要体现在：

（一）对象因素——基于影视行业特殊影响力

本案项下“限薪令”，规制的对象为影视娱乐行业及演员群体，直接作用对象为“天价片酬”的具有暴利因素的行为。我国法律体系中，既有以对特定职业进行规定、限制的立法，也有对特定民事行为因可能涉及暴利而进行的否定性评价的司法政策。⑥ 对特定职业进行立法，除法官、检察官、警察等可能涉及公权力主体外，还有律师、教师、医师等职业，价值动因便是特殊职业对社会基础秩序维护的重要性。所以法律在对相应主体权益进行保障的同时，也需要将基本的职业道德要求上升为法律规定。从现有法律法规层面看，虽然对演员职业道德的要求尚未上升至专门职业立法层面，但由于演员广泛的社会关注度和影响力，其行为所引发的价值导向也值得进一步关注。而“限薪令”的出发点及作用点便在于对演员行为合理限制，从而整治“天价片酬”现象，给社会树立正确的价值导向。因此，从对象因素看，对影视行业、演员这一特定主体特定范围（片酬）缔约自由的限制背后，折射的是更高层面的价值导向。同时，域外司法实践中对特定商事营业行为纳入公序良俗规制范畴的实践 ⑦ 也为对上述情形适用公序良俗制度提供了比较参考。

（二）时间因素——区别情势变更规则的适用

本案中，虽然有关国家机关及行业组织发布的关于限制电视剧作中演员片酬的配置比例相关通知在位阶上并非法律法规，且关于违反演员总片酬比例（超过制作总成本 40%）未备案将受行政处罚的相关规定出台时间也晚于系争合同签订时间。然而，早在 2017 年，相关行业协会即根据有关国家部委

⑥ 如《最高人民法院关于审理民间借贷案件适用法律若干问题的规定》第二十六条对超过年利率 36% 部分利息约定认定为无效。

⑦ 如日本代表性的“我妻荣型”公序良俗类型中，对“营业自由的限制行为”分类；德国民法中对于如销售暴利等“暴利行为”归于违反公序良俗的行为分类。参见最高人民法院民法典贯彻实施工作领导小组主编：《中华人民共和国民法典总则编理解与适用（上）》，人民法院出版社 2020 年版，第 761—762 页。

等机构通知要求以规范性文件的形式规定了关于电视剧网络剧制作成本配置比例的意见，而相关制作成本、演员片酬配置比例也在之后的相关国家机关、行业组织通知文件中不断重申并进一步明确细则。可见，对于上述制作成本、演员片酬配置比例的要求并非于案涉合同签订之后才行规定，而是与合同签订前的行业组织相关通知规定一脉相承，循序细化，故以违反公序良俗规则对本案缔约行为进行评价并非规范的“溯及既往”。如果在案涉合同签订之后限薪令的相关规定才自始并逐步出台，那么本案则不能适用公序良俗规则而应考虑适用情势变更规则。

（三）客观条件——违反政策与客观“悖俗”

行为违反公序良俗，仍需满足一定的客观不法性，这也是公序良俗作为一种法的评价的应有之义。这种客观不法性至少可以体现在具有宪法性价值或人伦道德等公知性法益，一般情况下与公共政策相关联。考察特定合同签订行为对“限薪令”的违反是否构成违反公序良俗，是否具有客观不法性，就不得不回归“限薪令”的本质。“限薪令”本身即行政机关为实施公共管理制定，由行业组织自律性规范配套落实的系列规范性文件，属政策范畴，具有监管目的。通常认为，违反政策，尤其是高层级政策，本身就带有违反公序良俗的天然属性。有学者就司法裁判中运用政策所作的判决进行实证研究得出结论，一般意义上的法律适用中的解释，涉及公共政策的运用已通过公序良俗原则等途径实现，⑧亦体现出政策与公序良俗规则的天然关联。从比较法的参考上，也有学者分析得出英美国家中，很大程度上公序良俗的内容与政策的指向不谋而合。⑨当然，本案中涉及的价值考量并非仅因合同行为违反限薪令当然违反公序良俗而无效（将于后文展开），而是在于说明政策的层级效力对是否符合公序良俗规则的影响因素。

（四）主观条件——行为的主观可苛责性

本案中涉案合同签订之时，国家有关主管机关已出台电视剧成本配置比

⑧ 参见李有根：《司法裁判中政策运用的调查报告——基于含“政策”字样裁判文书的整理》，载《南京大学学报（哲学人文社科版）》2011年第1期。

⑨ 参见陈林林、严崴：《公序良俗的法理分析：性质、类型与适用》，载《南京社会科学》2021年第2期。

例指导意见，虽然彼时具体政策规范及惩处措施未进一步明确，但结合当时现实背景及行业特性，相关问题一经出台便已引发一定社会和行业关注。因此，考察当事人相关缔约行为是否具有可苛责性不仅仅在于当事人是否具有主观上的故意，而是在当时背景下，作为行业主体至少对相关政策规定有所注意并进行正向反馈。由此，双方“忽视”有关规定继续签约具有一定程度上的可苛责性。

三、再证成：社会主义核心价值观与公序良俗原则的有机融合

公序良俗是社会主义核心价值观在法律中的重要体现，因此社会主义核心价值观的内容有助于丰富法律规定的公序良俗内涵。

（一）社会主义核心价值观的法源基础

核心价值观是国家的共同价值，是法治建设的道德基础。“国家倡导社会主义核心价值观”写入《宪法》第二十四条，标志着社会主义核心价值观成为宪法规范，具有最高法律效力。同时，这也是社会主义核心价值观融入法律政策的根本法源。[⑩] 需要特别注意的是，虽然社会主义核心价值观作为法源，但其在民法中并非体现为法律原则，而系立法宗旨。从体系解释角度看，公序良俗原则作为基本原则规定于《民法典》第八条，当然是作为规定于第一条立法宗旨的社会主义核心价值观的重要体现。因此，法官在涉及具体价值判断和利益衡量时，需以社会主义核心价值观为基本价值标尺进行审慎检视，从而进一步确定需适用的具体法律规则或法律原则。从该种意义上，公序良俗原则亦是社会主义核心价值观作为法源的重要法律表达及评价方式之一。

（二）社会主义核心价值观对“限薪令”与公序良俗的桥接

结合前述对违反“限薪令”合同行为客观不法性的分析，笔者认为，其并非因违反高层级的政策而当然违反公序良俗。而是在政策和监管背后，体

⑩ 最高人民法院民法典贯彻实施工作领导小组主编：《中华人民共和国民法典总则编理解与适用（上）》，人民法院出版社2020年版，第19页。

现的价值是否足以使法律对“本无明确禁止性规范否定的行为”进行否定。这一价值衡量过程即应深入分析监管目的，进而回答何以仅在当事人之间发生效力的协议会对公共利益或者公共秩序构成冲击。⑪“限薪令”有利于改变建立和完善科学合理的电视剧投入、分配机制，有利于充分尊重和鼓励原创，在投入和分配上体现创意和知识的价值，优化市场合理资源分配机制，同时，也有利于帮助树立青少年正确价值观和全社会正确的价值导向，尤其是关于青少年正确价值观和社会正确价值导向的形成。而在社会主义核心价值观中，“文明”集中体现着社会主义先进文化的前进方向和社会主义精神文明的价值追求；“和谐”体现了建立社会主义和谐社会的本质要求，其中，维系人与社会之间的和谐关系，就要求社会各方面的利益关系得到妥善协调，并确立遵纪守法、遵守公德、维护秩序的思想和观念。包括影视作品在内的文化产品的生产创作理应受社会主义文明观、和谐观的指导，进而影响、塑造广大人民的精神世界和价值观念，发挥社会主义核心价值观春风化雨的引导作用。可见，“限薪令”的遵守执行影响的是对社会发展具有基础性、全局性的价值实现。同时，“限薪令”的出台也侧面印证了仅仅通过道德约束及市场自律，难以直接实现公共利益的保护。因此，对应的违反“限薪令”的合同行为，在法律适用上，因违背社会主义核心价值观，从而违反公知性法益，故应认定为违反公序良俗规则而被司法进行否定性评价为宜。

（责任编辑：徐　川）

⑪ 参见刘贵祥、吴光荣：《关于合同效力的几个问题》，载《中国应用法学》2021年第6期。

饲养人与管理人分离情况下饲养动物致人损害的责任承担

——陶甲等诉曾某等饲养动物损害责任纠纷案

王　聪*

【裁判要旨】

因饲养动物损害产生的赔偿责任，饲养人、管理人及直接看管人应承担按份责任。受害人的特殊体质原则上不应作为减轻侵权责任的事由。

【案情】

原告：陶甲、陶乙、高某、陶丙

被告：曾某、周某、傅某

2020年，被告曾某救助了一只重60斤左右的白色萨摩耶犬，并为其注射过两针疫苗，未办理养犬登记证。2021年2月曾某将萨摩耶犬交由领养人金姐收养。因金姐没有时间陪伴萨摩耶犬，2021年3月2日曾某将萨摩耶犬领回，并在当晚将萨摩耶犬送至周某处，周某让傅某帮忙照顾，二人无雇佣或劳动关系。4月4日15时许，被害人陶丁从村委老年活动室出来准备过马路时，傅某牵狗经过，狗突然抬起前爪向前扑，陶丁受惊吓后仰倒地，被送往青浦中山医院抢救，住院21天后死亡。四原告为陶丁的近亲属。

陶甲、陶乙、高某、陶丙诉称，陶丁从村委老年活动室出来准备过马路回家，被告傅某牵狗经过，狗突然扑向陶丁，其受惊吓后仰倒地，头部和胸部重重着地受伤，住院抢救无效后死亡。曾某作为饲养人，无证饲养；周某

* 王聪，法律硕士，上海市青浦区人民法院朱家角法庭法官助理。

受曾某委托进行管理且提供居所；傅某又受周某的委托对狗进行日常管理，故三人均应对陶丁的死亡承担责任，要求三被告共同赔偿原告各项损失人民币577342.50元。

曾某辩称，萨摩耶犬是其救助的，并曾将犬交给金姐收养，因金姐不愿继续养，经人介绍，周某同意领养，曾某从金姐处将萨摩耶犬领回当天就送往周某指定的地址，由傅某交接并照管。故而，曾某系救助人，周某系领养人，傅某是实际饲养人、管理人。事发时，曾某不是饲养人，也不是管理人，不应该承担责任。

周某辩称，其本来不认识曾某，经人介绍同意替曾某代养萨摩耶犬，并喂养在单位的空房间内。周某从未喂养或管理过萨摩耶犬，都是委托朋友傅某管理动物的，事发时也是由傅某牵着狗，周某并不在现场，傅某并非周某的员工。事发后周某告知曾某情况，曾某将狗领走。因此狗的饲养人是曾某，实际管理人是傅某，应由他二人承担责任。根据事发的视频显示，萨摩耶犬与死者无任何直接接触，死者是在萨摩耶犬接近时慌乱避让才导致摔倒，而非萨摩耶犬直接伤害死者。死者本人已经83岁，本身患有高血压、肾功能不全等多种疾病，故曾某和傅某也不应当承担全部的赔偿责任，应依据过错程度适当减轻责任。

傅某辩称，曾某系萨摩耶犬的饲养人，交由周某代养，其受周某委托帮忙照顾，其本身不具有管理动物而获得利益的主观意思，只是临时管理人，事发时牵了狗绳，尽到了管理义务。狗与死者没有发生接触，故没有构成直接伤害，是避让时死者自己摔倒，死者有一些基础疾病，其自身原有疾病与事发当日的摔倒事件无关，出于人道主义，愿意承担10%的责任。

【审判】

上海市青浦区人民法院审理后认为：关于萨摩耶犬与三被告的关系，通过查明的事实和证据，法院认定曾某为饲养人，周某为管理人，傅某系受周某委托照顾萨摩耶犬。关于本案的损失范围，根据现场的视频显示，陶丁在正常行走的过程中，傅某牵引的无证萨摩耶犬突然站起前扑，距离陶丁较近，陶丁因受惊吓当场倒地，陶丁对自身损害发生并不存在过错，故侵权人应承担全部赔偿责任。经计算各项损失共计562861.23元，应由侵权人承担责任。

关于承担责任的主体及范围。饲养的动物造成他人损害的，动物饲养人或者管理人应当承担侵权责任。本案中，原告要求三被告共同承担赔偿责任。根据庭审查明的事实，曾某作为动物的饲养人，无证饲养犬只，该萨摩耶犬造成陶丁损害，曾某作为饲养人应当承担赔偿责任。周某受曾某委托管理犬只，虽该犬不由其实际照管，但犬只的居住场所等均由周某提供，犬只的管理事宜亦由周某与曾某微信沟通，故其作为管理人也应承担责任。傅某受周某委托照顾犬只，日常饲养由其负责，且事发时由傅某牵引犬只。综合考虑，对原告的损失，法院酌定曾某、周某、傅某各承担 50%、30%、20% 的赔偿责任，在计算曾某的赔偿金额时应扣除其已支付的 1 万元。故判决：曾某、周某、傅某各赔偿四原告 271430.62 元、168858.37 元、112572.24 元。

一审宣判后，三被告提出上诉，二审法院审理后判决驳回上诉，维持原判。

【评析】

一、饲养动物损害责任适用法律规定及概念的厘清

（一）饲养动物损害责任的相关法律规定

饲养动物损害责任规定在《中华人民共和国民法典》（以下简称《民法典》）第七编第九章，共七个条文。其中第一千二百四十五条规定：“饲养的动物造成他人损害的，动物饲养人或者管理人应当承担侵权责任；但是，能够证明损害是因被侵权人故意或者重大过失造成的，可以不承担或者减轻责任。”该条被认为是饲养动物致害责任的一般规定（在没有其后六个条文的特殊情形时，适用该条规定），明确了饲养动物损害责任的无过错责任原则，受害人只需对侵权事实、损害后果及因果关系承担举证责任，无需证明侵权人有过错。此外，该条还规定了侵权人的免责或减轻责任事由。第一千二百四十六条之后，分别规定了违反规定未对动物采取安全措施致害责任，禁止饲养的危险动物致害责任，动物园的动物致害责任，遗弃、逃逸的动物致害责任，因第三人的过错致使动物致害责任等五种特殊情形，当符合该特殊规定时就不再适用第一千二百四十五条的规定。

（二）饲养动物损害责任相关概念的厘清

动物致害责任与一般的侵权行为不同，导致损害的行为不是“人”的有意识的身体动静，而是饲养的动物的行为，其承担责任的主体是饲养人或管理人，相关概念的厘清是责任认定的前提。

“饲养的动物”指由饲养人为其提供一定的饮食和住所并能够对其进行控制的动物，包括家养的、宠物店饲养的、动物园饲养的等。与之相对的是“野生动物”“流浪动物”，对于有人投喂，但没有为其提供住所，且未形成稳定的饲养关系的动物，不能认定为饲养的动物。“饲养人”在中文语境中是喂养人的意思，其表面含义是给动物提供饮食、住所的人，但“饲养人”的法律含义却远非如此，其立法原意应是直接或间接控制着动物的所有权人。“管理人”是指依据一定的法律关系对动物实际管理控制的人，其法律关系可分为租赁关系、借用关系、保管关系、委托关系等，可以是有偿的，也可以是无偿的。当饲养人与管理人为同一人时，认定为饲养人更加合理，无须评价为管理人。当所有权人通过一定的法律关系间接占有动物，而动物由他人直接占有控制时，动物的所有权人应认定为饲养人，直接占有人应认定为管理人。

本案中，萨摩耶犬原本是一只流浪狗，是无主物，不属于饲养的动物。曾某作为救助人，为萨摩耶犬提供了住所和饮食，曾某基于先占取得了动物的所有权，已经转化为萨摩耶犬的饲养人。曾某将萨摩耶犬交由金姐饲养时，所有权关系发生变动，但曾某将萨摩耶犬领回后又恢复了饲养人的身份。之后曾某委托周某代养，周某是萨摩耶犬的管理人，为萨摩耶犬提供饮食和住所，相关事宜也是周某与曾某联系。傅某与周某是朋友关系，平时由傅某直接照顾萨摩耶犬，帮忙喂食和遛狗，傅某是直接管理人。

二、饲养动物损害责任的承担责任主体及责任划分

动物致害责任与一般的侵权行为不同，动物本身无财产也无法承担责任，因此基于一定的牵连关系，法律规定饲养动物损害责任的侵权责任主体是饲养人或管理人。但两者承担责任的方式如何，法律没有明确或细化的规定，饲养人和管理人是单独承担责任还是共同承担责任？如果共同承担责任是承

担连带责任、按份责任抑或不真正连带责任？

（一）饲养人或管理人承担责任需考虑利益归属和风险控制因素

杨立新教授采用保有人的方法进行解释，即饲养人和管理人都是保有人。将饲养人解释为所有人，将管理人解释为负有管理职责的其他动物保有人，在法律适用上更为明确，更为便捷。① 对于饲养动物损害责任的承担主体主要应考虑谁享有该动物带来的利益（包括物质利益和精神利益），谁最有可能控制动物危险以防止损害的发生。

饲养人作为动物的所有人，是动物所带来的物质利益和精神利益的享有者，其基于所有权应该对动物导致的损害负责。饲养人是引起危险发生的人，因动物本身就有一定的危险性，饲养人从决定饲养动物时起就开启了一定的危险。管理人基于一定的法律关系也可能享有动物带来的利益，亲自饲养动物的饲养人以及管理人对该动物危险负有监督型的作为义务，其最有可能控制风险，如果不能防范和避免损害的发生，应该承担的是不作为的侵权责任。

（二）单独责任与共同责任的划分

本案中，原告要求三被告共同承担责任，但经法院释明后仍未明确承担责任的类型或法律依据。本案中，三被告应该承担的是单独责任抑或共同责任？单独责任有其成立的空间，当仅存在饲养人时，由饲养人承担单独责任是毋庸置疑的。当饲养人与管理人分离时，也存在单独承担责任的可能，一般情况下，饲养人是动物致害的第一责任人，除非其能证明将动物的利益转移给他人享有，并由他人控制支配动物，此时可能由管理人承担责任，但饲养人能否据此免责，还要看其脱离程度。例如甲将自家的耕牛借给乙耕地，在乙使用期间因为没有拴牢，绳子脱落致使牛将邻居的财物损害。由于事故发生前后，乙是耕牛的利益享有者和管理控制人，最有可能控制风险，且确实因为其疏于管理导致损害的发生，因此应由管理人乙单独承担责任。

共同责任并不是与连带责任、按份责任直接对应的关系，而是两者的上位概念。民事责任根据责任主体人数的多寡，分为单独责任和共同责任，共

① 杨立新：《饲养动物损害责任一般条款的理解与适用》，载《法学》2013年第7期。

同责任根据二人以上承担责任方式的不同又分为连带责任、按份责任和不真正连带责任。很多侵权案件中，当事人往往将与案件有关的所有人都诉至法院，不管请求权基础为何，均要求数名被告共同承担责任，这确实提高了诉讼效率，避免遗漏当事人，但却增加了法院的审查难度，对法官工作提出了更高的要求，法院判决时需明确被告承担的是按份责任、连带责任还是补充责任。

（三）饲养人和管理人应按照对损害后果的原因力大小承担按份责任

有人认为《民法典》第一千二百四十五条规定的侵权责任承担主体是动物饲养人“或者”管理人，也就是对外责任的承担只能二者选其一，要么饲养人承担责任，要么管理人承担责任。这种想法过于片面，法律中的“和”是缺一不可的关系，“或者”是二者之一或二者共同的意思。因此从文义解释的角度，不排除饲养人和管理人承担连带责任或按份责任的可能性，也正因为该条款没有规定责任类型，使得不同情形下饲养动物责任的认定有了灵活的空间，有利于法官根据不同的情形，作出相应的判断。

关于连带责任，连带责任需要法律的明文规定，在侵权法领域，《民法典》侵权责任编一般规定中共有四个条文规定了连带责任，分别是第一千一百六十八条的共同侵权的连带责任，第一千一百六十九条教唆、帮助他人侵权的连带责任，第一千一百七十条的共同危险行为人不能确定具体侵权人时的连带责任，第一千一百七十一条的分别实施充足原因行为的连带责任。其余承担连带责任的侵权行为需要在特殊侵权类型中明确规定，本案中只有一个动物致害，且饲养人与管理人不存在特殊关系，也没有意思联络，不存在共同侵权的可能，因此本案中三被告不能承担连带责任。

关于不真正连带责任，《民法典》侵权责任编一般条款中没有关于不真正连带责任的规定，在特殊侵权中的不真正连带责任的条文具有两大特征：一是都使用了“可以向……请求赔偿，也可以向……请求赔偿”的表述，比如产品责任，可以向生产者请求赔偿，也可以向销售者请求赔偿；二是都存在最终的责任人，非终局责任人只承担垫付责任，其承担责任后可以向最终承担责任者追偿，这有利于对受害人的保护。饲养动物致人损害中，根据《民法典》第一千二百五十条的规定，如果损害系第三人的原因造成的，第三人的责任与动物饲养人或管理人的责任构成不真正连带责任，② 第三人是终局的责任人。本案中饲养动物致人损害不是第三人造成的，适用的法条为《民法典》第一千二百四十五条，该法条表述与不真正连带责任不同，且难以判定谁应该承担终局的责任，各被告不应该承担不真正连带责任。补充责任与不真正连带责任相似，都是为了对被害人的充分救济，补充责任中也是由最终责任人承担责任，当其能力不足时，由其他依据一定法律关系负有义务的人承担，例如第三人侵权情况下的安保义务人的补充责任，本案也不属于该情形，不能适用补充责任。

关于按份责任，《民法典》第一百七十七条规定了按份责任的承担方式："二人以上依法承担按份责任，能够确定责任大小的，各自承担相应的责任；难以确定责任大小的，平均承担责任。"第一，从法条规定来看，本案符合分别侵权按份责任的规定。侵权责任编第一千一百七十二条规定了二人以上分别实施侵权行为造成同一损害的按份责任。本案中，曾某是通过救助动物成为动物的饲养人，其爱心行为是值得肯定的。作为饲养人曾某虽然没有获得物质利益但却从中获得了精神利益，其作为所有权人，应该对动物的行为负责。在曾某将动物委托周某照顾时就将部分支配控制的权利转移给周某，曾某每个星期都带食物来探望，一直关心者萨摩耶犬的状况，并试图给萨摩耶犬寻找新的领养人，可见曾某并没有完全脱离对萨摩耶犬的管理，因此其对萨摩耶犬造成的损害应该承担部分责任。周某只是受委托且无偿管理动物，没有获得物质利益，且周某无暇自己管理，并与曾某协商为狗找领养人的事宜，可见周某并没有长期养狗的意愿，不能证明狗给周某带来精神利益。周某受曾某委托为提供住所和食物，并对萨摩耶犬进行管理，周某作为管理人负有监管动物的职责，其直接控制支配动物，能防范和控制风险，应该承担部分责任。傅某受周某委托帮忙喂狗和遛狗，并没有从中获益，但傅某最直接支配控制萨摩耶犬，却因没有控制住，导致萨摩耶犬前扑致他人摔倒，其对事故的发生具有过错，也应该承担部分责任。第二，从因果关系角度分析，

② 贺光辉：《〈民法典〉侵权责任编中的"相应的责任"——以〈民法典〉第1169条为例》，载《湖南人文科技学院学报》2021年1月14日。

本案应该属于共同因果关系，应适用按份责任。共同性因果关系是指两个或者两个以上的原因相互结合而导致结果的发生，但是其中任何一个原因都不足以造成这种结果。根据《最高人民法院关于审理人身损害赔偿案件适用法律若干问题的解释》第三条规定："二人以上没有共同故意或者过失，但其分别实施的数个行为间接结合发生同一损害后果的，应当根据过失大小或者原因力比例各自承担相应的赔偿责任。"本案侵权人主观上并无侵权故意，亦无共同过失，三人的侵权行为并不在同一时空条件下发生，具有相互继起、各自独立，但互为中介的特征，符合无意思联络数人侵权的法律规定，三人应该按照各自对结果发生的原因力大小，依法应当承担按份责任。第三，从公平原则出发，三被告承担按份责任符合公平理念。民事主体从事民事活动，应当遵循公平原则，合理地确定各方的权利义务，并依法承担相应的责任。公平原则不仅是民事主体进行民事活动要遵循的，也是人民法院裁判案件要遵循的原则，公平原则也是检验一个裁判是否正当的标准之一。本案中曾某通过救助萨摩耶犬成为饲养人，其不但没有获得物质利益，反而付出了很多成本，周某和傅某虽是管理人，但都是无偿的，没有从中获得利益，如果由任何一方单独承担责任或承担终局责任，都有违公平原则，不符合诚实、公平、和谐的社会主义核心价值观，本案根据三被告的过错程度和对结果的原因力大小让三被告承担按份责任，更加符合公平原则和社会主义核心价值观。

三、饲养动物致人损害的抗辩事由

（一）《民法典》第一千一百七十三条的过失相抵与第一千二百四十五条的特殊免责事由的关系

无过错责任的侵权责任也可以适用过失相抵。《民法典》之前，侵权责任法规定受害人"也有过错"的过失相抵，从文义解释角度需侵权人有过错，无过错责任能否适用过失相抵尚存在争议，但民法典改变了这一表述，使得这一争议得以解决。《民法典》第一千一百七十三条规定了过失相抵：被侵权人对同一损害的发生或者扩大有过错的，可以减轻侵权人的责任。第一千一百七十四条规定了受害人故意：损害是因受害人故意造成的，行为人不承担责任。此两条可认为是受害人过错情况下减轻和免除责任的一般规定，具有总则性质，此时的受害人过错，包括一般过失、重大过失和故意，主要考察被害人对损害发生的因果关系和原因力。在无过错责任下，为了救济被害人，减轻其证明责任，不需要证明侵权人的过错，但在划分责任比例时，仍要考虑双方过错程度和对损害发生的原因力大小。

第一千二百四十五条的规定相对于第一千一百七十三条更加明确，但只规定了故意和重大过失情形下的减、免责事由，当受害人仅具有一般过失时，能否适用第一千一百七十三条的过失相抵？根据“特别规定优于普通规定”的原则，应优先适用特别规定，也即此时应排除第一千一百七十三条的规定而优先适用第一千二百四十五条的规定。③ 从体系解释的角度，侵权责任编有些无过错责任没有区分过错程度，有些区分了过错程度，其程度不同主要体现在免除或减轻责任的规定上。第一千二百四十五条是饲养动物损害责任的一般条款，规定了较轻的无过错原则，规定因被侵权人故意或者重大过失造成的，可以不承担或者减轻责任。第一千二百四十六条是在第一千二百四十五条的基础上确定了违反管理规定，未对动物采取安全措施造成他人损害的更为严格的无过错责任原则，其没有免除责任的事由，只规定了侵权人能证明损害是因被侵权人故意造成的，可以减轻责任。第一千二百四十七条规定了最严格的无过错责任，其没有减轻或免除责任的事由，即使被害人故意或重大过失，也不能减轻侵权人的责任。可见，饲养动物损害责任在免责事由的使用上不能引用第一千一百七十三条，否则在更严格的第一千二百四十七条可以引用第一千一百七十三条过失相抵时反而比第一千二百四十五条本身规定的免责事由更加宽松，有违法律的本意。

本案中原告方未举证证明三被告有违反管理规定的行为，也未要求三被告根据第一千二百四十六条承担更为严格的责任，因此本案适用的法条是第一千二百四十五条。其中第一千二百四十五条中的抗辩事由中究竟什么时候免除责任，什么时候减轻责任？一种观点认为被害人故意是免除责任的事由，被害人重大过失则是减轻责任的事由。笔者认为此种观点过于绝对，而且如果如此解释就没有规定的必要，只要引用第一千一百七十四条就可以解决此

③ 贺光辉：《〈民法典〉侵权责任编中的“相应的责任”——以〈民法典〉第1169条为例》，载《湖南人文科技学院学报》2021年1月14日。

问题。被害人过错是免除责任或减轻责任应该审查故意或重大过失对损害后果的贡献值，当故意或重大过失是损害后果发生的唯一原因力时，侵权人可以免除责任，当故意或重大过失对损害后果的发生仅提供部分原因力时，侵权人不能完全免责，可以考虑减轻责任。

（二）被害人特殊体质对饲养动物损害责任的影响

被害人特殊体质指被害人的体质较一般人微弱，同样的侵害行为，对受害人造成的损害要重于一般人，该特殊体质既包括先天不足也包括后天年老体弱、患病、怀孕等。英国最早关于特殊体质的案例是“蛋壳脑袋”，该案确立了特殊体质不影响侵权责任的承担，即不得因为被害人的特殊体质免除或减轻责任。我国关于特殊体质问题没有法律的明文规定。被害人的特殊体质对侵权责任的影响一般可从两个角度加以阐释，一是从受害人过错的角度，二是从因果关系的角度。

从受害人过错角度分析，特殊体质虽然对结果的发生产生一定影响，但特殊体质属于被害人本身的特性，是客观存在的，与主观上的故意和过失无关，不能归责于被害人。因此，特殊体质不属于被害人过错，不能适用过失相抵规则，对于饲养动物致人损害责任自然也不能适用第一千二百四十五条的被害人故意或重大过失的抗辩事由。

从因果关系的角度分析，我国主流观点采用相当因果关系说，如果侵权行为轻微，被害人特殊体质对损害结果的发生起到了关键的作用，被害人特殊体质作为客观条件因素中断了侵权行为与结果的因果关系，此时特殊体质可作为减轻或免除责任的事由。但若特殊体质并不能中断侵权行与损害后果之间的因果关系，侵权行为直接导致损害结果的发生，或者即使将特殊体质作为介入因素，该介入因素也是由侵权行为诱发，一般来讲被害人特殊体质都不能作为减轻侵权责任的事由。

本案中，从被害人是否有过错的角度分析，被害人是在正常行走过程中，并没有实施从事超出自身能力的危险行为，已经尽到对自己的注意义务，主观上没有过错。从责任成立的因果关系角度，傅某牵引的萨摩耶犬体型较大，重约 60 斤，其向前扑向老人导致老人摔倒，这是本起事故发生的直接原因，虽然老人已经年过八旬，年老体弱，身体有一些基础疾病，但其身体的客观状况与摔倒受伤没有的因果关系。从责任范围的因果关系角度，老人从受伤到死亡之间，即使特殊体质对死亡结果有一定的参与度，但该因素并不异常，且是侵权行为诱发疾病发作，特殊体质不能中断侵权行为对死亡结果之间的因果关系，故不应基于被害人的特殊体质减轻侵权人的责任。从可预见性的角度看，萨摩耶犬向前扑致老人后仰倒地头部受伤，最终导致死亡结果，是社会一般理性人可以预见的，并不超出一般人的预测可能性。综上，本案中被害人的特殊体质不能作为减轻侵权人责任的法定事由。

（责任编辑：张心全）

竞业限制纠纷中竞争关系审查的形式标准检视与实质标准归位

——王某诉万得信息技术股份有限公司竞业限制纠纷案

王　茜　钟嫣然*

【裁判要旨】

企业营业执照记载的经营范围系工商行政部门按照既定分类就企业具体经营事项的概括框定，且实践中存在企业登记经营事项与实际不相一致或变更登记滞后等情形，故人民法院审理竞业限制纠纷时对于劳动者自营或入职公司与原用人单位是否形成竞争关系的认定，不应拘泥于登记的营业范围，而应从企业实际经营内容、服务对象或产品受众、对应市场是否重合等多角度进行审查。在劳动者能够举证证明两家企业实际经营内容、对应市场、产品受众等并不相同的前提下，如原用人单位仅以工商登记材料为证主张两家公司存有竞争关系，人民法院应认定其尚未完成举证义务，对其相关主张不予支持。

【案情】

原告（上诉人）：王某

被告（被上诉人）：万得信息技术股份有限公司（以下简称万得公司）

王某于2018年7月2日进入万得公司工作，担任智能数据分析岗位工作。2019年7月23日，双方签订《竞业限制协议》，就王某竞业限制期限、

* 王茜，法律硕士，上海市第一中级人民法院立案庭副庭长。钟嫣然，法律硕士，上海市第一中级人民法院民事审判庭法官助理。

竞业限制补偿金及违反竞业限制违约金等进行约定。2020年7月27日，王某以个人原因为由解除与万得公司的劳动合同，并于同年8月6日入职B公司。

2020年8月5日，万得公司向王某发出《关于竞业限制的提醒函》，要求其遵守竞业限制协议，公司将向其支付竞业限制补偿金，其需提供新单位的劳动合同及社保记录。同年10月12日，万得公司再次向王某发函要求其履行竞业限制义务。

万得公司的经营范围包括：计算机软硬件的开发、销售，计算机专业技术领域及产品的技术开发、技术转让、技术咨询、技术服务。B公司的经营范围包括：从事信息科技、计算机软硬件、网络科技领域内的技术开发、技术转让、技术咨询、技术服务等。

2020年11月13日，万得公司向某区劳动人事争议仲裁委员会申请仲裁，要求王某履行竞业限制义务、返还已受领的竞业限制补偿金并支付竞业限制违约金。仲裁委员会裁决王某继续履行竞业限制义务，王某返还万得公司竞业限制补偿金6796元，支付万得公司竞业限制违约金200万元。王某不服，诉至法院。

【审判】

一审法院认为，根据万得公司与B公司的经营范围来看，两家公司均从事计算机软硬件相关技术开发、技术转让、技术咨询、技术服务，经营范围存在重合，属于竞争企业。王某在两家公司处所从事的均系计算机领域内相关岗位，存在利用其在万得公司处掌握的商业秘密侵害其竞争优势的潜在可能。故王某自万得公司处离职后与B公司建立劳动关系，有违竞业限制协议的约定。一审法院据此判决王某继续履行竞业限制义务、返还竞业限制补偿金并支付违反竞业限制违约金。

一审判决后，王某以万得公司与B公司不存在竞争关系，其并未违反竞业限制义务为由提起上诉，请求撤销一审判决，改判其无需继续履行竞业限制义务、无需支付竞业限制违约金或返还竞业限制经济补偿金。

二审法院认为，根据王某举证的万得公司在其手机终端上及万得公司官网的介绍可见万得公司目前的经营模式主要是提供金融信息服务，主要受众为相关金融机构或金融学术研究机构。而B公司众所周知主营业务是文化社区和视频平台，即提供网络空间供用户上传视频、进行交流。两者不论是在经营模式、对应市场还是受众，都存在显著差距。即使普通百姓，也能轻易判断两者之差异。虽然B公司还涉猎游戏、音乐、影视等领域，但尚无证据显示其与万得公司经营的金融信息服务存在重合之处。在此前提下，万得公司仅以双方所登记的经营范围存在重合即主张两家企业形成竞争关系，尚未完成其举证义务。一审法院仅以两家公司经营范围存在重合即认定王某违反竞业限制协议的约定，有欠妥当。故二审法院改判王某无需支付竞业限制违约金、无需返还竞业限制补偿金。

【评析】

人才是企业核心竞争优势，是推动社会科技创新、技术创新的第一资源。推动社会创新发展，需打通人才便捷流动、优化配置的通道。但人才流动必然给企业商业秘密等利益保护带来风险，而保护企业的竞争优势的竞业限制制度又限制了劳动者的择业自由和人才流动，故竞业限制纠纷案件的审理应注重对社会人才流动秩序、企业商业秘密和劳动者劳动权三者之间的平衡保护。

一、竞业限制的范围：合理性审查之必要性

（一）竞业限制制度的立法本意

竞业限制是指用人单位与知悉本单位的商业秘密或其他对本单位经营有重大影响的劳动者约定在劳动合同终止或解除后一定期限内，劳动者不得到生产与本单位同类产品或经营同类业务且有竞争关系的其他用人单位任职或与之发生业务关系，也不得自己生产与原单位有竞争关系的同类产品或经营同类业务。①

竞业限制制度的立法目的在于防范离职员工利用在原用人单位处所掌握的商业秘密或有运用的潜在可能而不正当地抢占原用人单位的市场份额，侵

① 参见叶静漪、任学敏：《我国竞业限制制度的构建》，载《法学杂志》2006年第4期。

害原用人单位的竞争优势。其本质是由法律予以规范并由当事人协商适用的一种利益协调机制，其侧重点在于保护用人单位相关商业秘密所蕴含的竞争利益，通过有限地限制劳动者择业自由以降低利用用人单位商业秘密进行不正当竞争的可能性，并对劳动者因此所遭受的损失提供经济补偿，从而实现劳动者与用人单位之间的利益平衡。可以说，劳动法领域的竞业限制制度与商业秘密保护法、反不正当竞争法共同构建了从内至外的企业竞争优势保护体系。

（二）竞业限制范围的不当扩张

实践中，因劳动者在劳动合同订立过程中缔约能力较弱，越来越多的用人单位基于自身利益利用缔约强势地位，扩大化适用竞业限制制度，具体表现为：一是竞业限制主体泛化，竞业限制主体有从高级管理人员至基层工作人员下沉之势，应届生、实习生离职被竞业限制的案例亦越来越普遍；二是竞业限制行业及竞业企业的泛化，通常表现在一些处于快速上升期的互联网公司，例如电商、游戏、在线教育等，[②]因考虑到自身后期迅速扩大规模或引入新业务转型的需要，为防止员工流入竞争对手，用人单位或在自身所涉行业之外对劳动者进行竞业限制；三是竞业限制地域泛化，在竞业限制协议中约定远超实际经营地区的竞业限制地域范围。

（三）竞业限制范围的合理限度

竞业限制被滥用，微观上不利于保护劳动者劳动就业权，宏观上也不利于市场人才流动，阻碍人力资源的优化配置。因此，对竞业限制范围的合理性审查具有在保护企业商业秘密与竞争优势的同时兼顾劳动者基本生存权和择业自由的现实意义。

竞业限制范围的合理限度，一是体现在竞业期限的限制。竞业限制的期限应严格遵循法律规定，不得超过两年。二是竞业限制主体需限于必要范围。根据《劳动合同法》第二十四条之规定，竞业限制的人员限于用人单位的高级管理人员、高级技术人员和其他负有保密义务的人员。关于高级管理人员

② 参见沈方伟：《竞业协议下沉时代》，载“晚点 LatePost”微信公众号。

的认定，可以借鉴公司法的相关规定；对高级技术人员的认定，可参照劳动者的职称、在用人单位担任的职务及工作内容进行综合判定；对于其他负有保密义务的认定，则可审查其在工作过程中有无接触用人单位商业秘密的可能性。③三是对劳动者就业限制需仅及于原用人单位的竞争企业，即与原单位生产或经营同类产品、从事同类业务。该限制仅应限于企业的核心竞争领域，而不能扩大到劳动者熟悉的整个专业领域，否则将无异于剥夺劳动者的生计。

二、竞争关系的认定：揭开登记经营范围之“面纱”

考量劳动者是否违反竞业限制协议，最为核心的是应评判原用人单位与劳动者自营或者入职的单位之间是否形成竞争关系。而相较于竞业限制主体、竞业限制期限等，就竞争关系的认定，《劳动合同法》第二十四条所确定的“同类产品 / 业务”的标准如何界定，司法适用中存在较大的弹性空间。

（一）两种司法审查标准的分野

目前，对于劳动者前后入职的两家用人单位之间是否属于经营“同类业务”，司法实践中存在两种标准：

一是宽松审查标准，又称形式审查标准，即对于同业竞争关系的认定以用人单位营业执照登记的经营范围为依据，若两家企业登记的经营范围存在重合即认定两者存在同业竞争关系。因该种审查标准仅需比对两家企业工商登记材料，在案多人少矛盾日益凸显的司法形势之下，其优势在于能够在有相应依据的基础上快速认定案件事实，大幅提升裁判效率，故在审判实践中被广泛采用。

二是严格审查标准，亦即实质审查标准，即对两家企业间是否构成同业经营的审查不拘泥于营业执照，也要揭开登记经营范围的“面纱”分析用人单位实际经营业务，借以判断前后用人单位之间是否存在实质竞争关系。相较于宽松式审查标准，严格审查标准对裁判者对事实的认定、对证据的把握提出更高的要求，但因其更趋于实现实质正义，故亦被部分裁判者所坚持。

③ 参见黄祥青主编：《类案裁判方法精要》，人民法院出版社 2020 年版，第 186 页。

（二）形式化审查标准的检视

法律适用正当性的标准不仅仅是形式的，而且还是实质的；不仅要进行形式判断，还要进行实质判断。④形式审查标准与实质审查标准相较而言，前者易造成“竞争关系”范围的扩张，在不必要的范围内限制劳动者择业自由，而后者则是将竞业限制范围限定在最小比例合理限度，有利于实现双方利益的实质性平衡。具体理由如下：

1．企业登记经营范围的规范意义已逐步减弱

1999年以前，依据《民法通则》《企业法人登记管理条例》等相关规定，企业超出登记经营范围进行经营的，企业与法定代表人或面临行政处罚，甚至可作为追究法定代表人刑事责任的事由之一。实践中行政机关依法严格审批、核准公司经营范围，人民法院则在诉讼中将超越经营范围的合同认定为无效合同。⑤直至1999年的合同法及相应司法解释颁布，明确当事人超越经营范围订立合同，人民法院不因此认定合同无效。后2005年修订的公司法对经营范围进一步“松绑”，明确公司经营范围由公司章程规定并依法登记，且公司可修改章程，改变经营范围，并办理变更登记。《民法典》亦不再将经营范围纳入规范范围。由此，在性质上，登记经营范围的规范意义逐步弱化。其已不属于法定资格，而是处理企业内部关系的准则，主要在于限制法人机关的权利，明确法人机关的内部责任，实现出资者对自己投资的有效控制。⑥随着登记经营范围完成上述功能更新，仅以此为据认定用人单位经营业务的审理思路也应随之适时转变。

2．登记经营范围与实际经营范围不存在必然对应关系

根据2015年国家工商行政管理总局公布的《企业经营范围登记管理规定》，企业可参照《国民经济行业分类》中的大类、中类或小类自主选择经营范围表述用语，企业对经营范围的表达享有更多的灵活性和自主性。⑦以大

④ 参见孙良国：《从形式主义到实质主义——现代合同法方法论的演进》，载《华东政法大学学报》2007年第5期。

⑤ 参见郝爱军：《论我国公司目的立法之完善》，载《法商研究》2005年第5期。

⑥ 蔡立东：《论法人行为能力制度的更生》，载《中外法学》2014年第6期。

⑦ 林欧：《约定竞业限制范围的合理性分析》，载《法律适用》2017年第15期。

类“批发业”为例，其包括“医疗及医疗器材批发”“食品、饮料及烟草制品批发”等9项中类，而其中“食品、饮料及烟草制品批发”又包括“米、面制品及食用油批发”“盐及调味品批发”等9小类。⑧而随着智能化登记系统的普遍应用，企业登记经营范围从“填空题”变为“选择题”，企业登记注册更为便利。据此，企业概括性地以大类或中类宽泛界定自身经营范围成为常态。另外，为了减少此后再行变更登记的成本，企业往往亦将将来可能开展的经营业务或与自身经营业务相关联的业务均一并予以登记，故实践中登记经营事项和实际经营事项不一致的情形屡见不鲜。在此情况下，营业执照所登记的经营范围难以客观地反映企业真实的经营状态。

回归到本案，万得公司与B公司的营业执照所载经营范围均包括计算机软硬件的开发及相应技术开发、技术转让、技术咨询，但互联网企业往往在注册登记时都会将此纳入经营范围，如仅以此就直接认定为竞争关系，势必会对互联网就业人员尤其是软件工程师再就业造成极大障碍，对社会人力资源造成极大浪费，也有悖于竞业限制制度立法本意。有基于此，对于劳动者前后就职的用人单位是否存在同业竞争关系的审查，不应拘泥于营业执照所登记的经营范围，而应回归到两家企业实际经营情况本身。

三、实质审查的归位：举证责任与认定标准

对两家企业的经营业务进行实质审查，可从所经营内容、服务对象或者所生产产品受众、对应的市场是否重合等多角度进行审查，以还原事实之真相，从而兼顾用人单位和劳动者的利益，实现最终的利益平衡。

（一）举证责任的分配

从举证责任分配的角度而言，因是用人单位提起诉讼主张劳动者违反竞业限制义务，根据谁主张谁举证原则，应由用人单位对此进行举证。实践中，用人单位往往会提供两家企业的工商登记材料，以两者经营范围存在高度重合为由予以证明，但这仅完成初步举证义务。此时，劳动者主张两家企业实际不存在竞争关系的，则应作为揭开登记经营范围之“面纱”的一方，就两

---

⑧ 参见《国民经济行业分类》F51批发业。

家企业的实际经营内容承担举证责任。劳动者若能举证证明两家企业实际经营内容、对应市场、产品受众等并不相同，使得法官形成一定内心确信的，则举证责任又回归到用人单位。此时用人单位需要就两者实际经营内容或生产经营产品相同或类似、对应市场、产品受众相同等进一步进行举证，若举证不能，则应承担相应不利后果。如此，双方在“一来一回，一证一反”之间进行博弈，法院最终根据双方举证质证情况对两家企业是否构成实质性竞争关系进行综合评定，从而判定劳动者是否违反竞业限制义务。需注意的是，用人单位的行业知名度或可影响对双方举证责任强弱的分配，若业内普通从业者甚至一般群众显而易见就能判断两家企业经营业务并不相同，此时则需课以用人单位更高的举证义务以证明两者存在同业竞争关系，反之亦然。

本案中，万得公司提供了其公司以及B公司的工商登记信息，以此来证明两家公司经营范围重合，劳动者违反竞业限制义务。王某则提供了万得公司Wind金融手机终端截图、两家公司App截图、官网截图等证据，以证明两者实际经营内容并不相同。法院最终认为王某所举证据能够证明两家企业的经营模式、对应市场及受众均存在显著差异，即使是普通大众也能轻易判断，在此情况下，万得公司仅以工商登记材料为据主张两家企业存在竞争关系，尚未完成举证义务，应承担不利后果。

（二）实质审查的标准

审判实践中对两家企业是否构成同业竞争关系的认定，具体可以参考以下几项因素予以综合判断：

1．服务的内容／生产的产品

对企业实际经营内容是否相同或相近进行判断，最直接的即看其所提供的服务内容或所生产的产品是否相同或相近，这需要法官对双方所举证据进行准确甄别、充分认证，根据盖然性标准并结合经验法则对企业实际所提供的服务内容或所生产的产品进行综合认定。一般而言，可通过官方渠道的企业简介、企业对外的宣传资料、专利登记信息、商标注册信息等予以判断。对于两家企业实际服务内容及产品是否符合同类标准进而足以构成竞争关系，可参照商标权侵权纠纷中所常适用的《类似商品与服务区分表》予以判断。

2．服务的对象／产品的受众

劳动者往往可能直接利用在原用人单位获取的客户信息或积累的客户资源开展业务。企业所提供服务的服务对象或所生产产品的受众能够反映其指向的客户群体，若两家企业的服务或产品相似，而客户群体又存在重合，一定程度上可以表明两者所提供的服务或所生产产品在市场上处于紧张的竞争关系，或构成同业竞争。

3．对应的市场

竞业限制制度意在保护企业基于商业秘密所构建的竞争优势，防止劳动者自营或入职的用人单位利用该优势抢占原用人单位的市场份额。因此，处于同一市场是判断两家企业竞争关系的前提。对应市场可通过所处行业及所在地域两个维度予以判断。前者可通过企业所加入的行业协会、所参与的行业活动等予以判断。后者则需在经营地址的基础上结合企业业务开展模式及客户群体进行认定。而用人单位与劳动者签订的竞业限制协议中所附录的竞业限制重点企业名单，亦可侧面反映企业自身的市场定位。如本案中万得公司在竞业限制协议中所附录的重点限制企业即均为金融信息行业，足以表明其公司自己也认为其竞争对手主要分布金融信息服务领域。

本案中，就所服务内容，万得公司在其 Wind 金融手机终端上宣称 Wind 金融终端是数十万金融专业人士的选择、最佳的中国金融业生产工具和平台。结合其公司官网介绍，可见其目前主要是提供金融信息服务，而 B 公司众所周知主营业务是文化社区和视频平台，即提供网络空间供用户上传视频、进行交流。虽确如万得公司所称 B 公司平台上也会有相应金融领域视频博主分享金融信息，但就其客户群体而言，万得公司主要服务的对象为相关金融机构或金融学术研究机构、金融专业从业人员。而 B 公司受众更广，视频提供者涵盖影视、科技、饮食、教育等各领域自媒体从业人员，而基于其综合娱乐性定位，其知识普及类视频的受众也往往针对非相关专业领域内用户。据此，鉴于两家企业服务内容及对应受众不存在重合，故难谓两者之间存有同业竞争关系。

（责任编辑：程小勇）

知识产权被许可人诉权的理论基础及其行使

——五铢钱网络科技有限公司与金洁亮环保科技有限公司侵害商标权及不正当竞争纠纷案

凌宗亮　邵望蕴*

【裁判要旨】

虽然商标许可使用合同的被许可人有权针对侵害注册商标专用权的行为提起诉讼，但并不意味着商标权人和被许可人可以分别独立提起诉讼。商标被许可人享有诉权的基础仍然是商标注册人享有的商标权。在商标权人已经针对特定侵权行为提起诉讼的情况下，被许可人不得再次就同样的侵权行为另行起诉。

【案情】

原告（上诉人）：五铢钱网络科技有限公司（以下简称五铢钱公司）

被告（被上诉人）：金洁亮环保科技有限公司（以下简称金洁亮公司）

被告：寻梦信息技术有限公司（以下简称寻梦公司）

河北纳利鑫洗化有限公司（以下简称纳利鑫公司）系“好太太”系列商标的注册人。原告五铢钱公司经纳利鑫公司授权取得涉案三商标的许可使用权，授权期限为 2017 年 1 月 1 日至 2021 年 12 月 31 日，许可使用期内有权以自己的名义对侵犯“好太太”商标专用权或相关知识产权权利的行为进行调查取证和提起司法诉讼。

被告金洁亮公司在寻梦公司经营的“拼多多”网络平台开设有名为“欢

* 凌宗亮，上海知识产权法院知识产权综合审判二庭审判员。邵望蕴，上海知识产权法院知识产权综合审判二庭法官助理。

喜奶爸洗化用品”的店铺（以下简称涉案店铺）。2021 年 3 月，纳利鑫公司就侵害商标权纠纷向安徽省淮北市中级人民法院提起诉讼。该案中纳利鑫公司提交的侵权公证书载明，纳利鑫公司主张构成侵权的是涉案店铺内出售的名称为“［2 千克］好太太正品，持久留香家庭装，网红洗衣液，天然薰衣草”的商品，公证购买时间为 2020 年 10 月 13 日。后纳利鑫公司与金洁亮公司于 2021 年 3 月 23 日达成和解，金洁亮公司支付 30000 元，并承诺不再生产、销售侵犯纳利鑫公司注册商标专用权的产品。

五铢钱公司提交的（2020）鲁莱西证经字第 551 号公证书载明，五铢钱公司主张侵权的是涉案店铺内销售的名称为“［正品洗衣液券后价特优惠］天然温和洁净清闲超强去污熏香洗衣液”的商品（以下简称被诉侵权商品），公证购买的时间为 2020 年 8 月 19 日。

原告五铢钱公司诉称，金洁亮公司作为控制产销渠道的生产性企业，系侵权行为的发起者，其擅自生产、销售被控侵权产品并使之大量流入国内市场，获取了巨额不正当经济利益，应依法承担责任。

被告金洁亮公司未作答辩。

【审判】

上海市徐汇区人民法院一审认为，五铢钱公司未提供商标许可使用合同，但根据两份补充确认书的内容，可以确认该许可应为普通使用许可，故应由纳利鑫公司明确授权才能提起诉讼。而两份补充确认书虽赋予五铢钱公司以自己的名义调查取证和提起诉讼的权利，但均系概括性授权，具体到本案中来看，纳利鑫公司已经就金洁亮公司的线上侵权行为提起诉讼并与金洁亮公司达成和解，该行为实际排斥了五铢钱公司就同一侵权行为提起诉讼的权利，故判决驳回五铢钱公司的全部诉讼请求。五铢钱公司不服一审判决，提起上诉。

上海知识产权法院经审理认为，虽然商标许可使用合同的被许可人有权针对侵害注册商标专用权的行为提起诉讼，但并不意味着商标权人和被许可人可以分别独立提起诉讼。商标被许可人享有诉权的基础仍然是商标注册人享有的商标权。在商标权人已经针对特定侵权行为提起诉讼的情况下，被许可人不得再次就同一侵权行为另行起诉。本案中，一方面，作为商标普通被许可人，五铢钱公司并无证据证明其提起本案诉讼获得了商标权人的明确授权。虽然五铢钱公司提交的补充确认书赋予五铢钱公司以自己的名义调查取证和提起诉讼的权利，但这属于事先的概括性授权，五铢钱公司对于起诉的具体侵权行为仍应向商标权人告知并征得商标权人的同意，否则并不满足“明确授权”的条件。另一方面，根据现有证据，涉案商标的商标权人纳利鑫公司已经针对2020年10月的公证取证向金洁亮公司提起诉讼，并与2021年3月23日达成和解。涉案的公证取证行为发生在2020年8月，属于上述和解协议的范围。五铢钱公司作为被许可人原则上不得就商标权人已经起诉并达成和解的事实再次提起诉讼。综上，五铢钱公司的上诉意见，均无事实和法律依据，相关上诉请求应予驳回；一审法院认定事实清楚，适用法律正确，应予维持，故判决驳回上诉，维持原判。

【评析】

根据《最高人民法院关于审理商标民事纠纷案件适用法律若干问题的解释》第四条的规定，在发生注册商标专用权被侵害时，独占使用许可合同的被许可人可以向人民法院提起诉讼；排他使用许可合同的被许可人可以和商标注册人共同起诉，也可以在商标注册人不起诉的情况下，自行提起诉讼；普通使用许可合同的被许可人经商标注册人明确授权，可以提起诉讼。由此明确了知识产权被许可人有权针对侵权行为单独或者与权利人共同起诉，但被许可人获得的诉权与原权利人的诉权是何种关系，特别是在权利人已经提起诉讼或者与侵权人达成和解的情况下，被许可人能否再次针对同一侵权行为起诉，司法实践仍存在一定的争议。争议的根源在于对被许可人获得诉权的理论基础尚未形成统一的认识，进而影响了权利人或者被许可人有序开展诉讼维权活动。

一、赋予被许可人诉权的理论观点争鸣

（一）债权说语境下的解读

该观点认为知识产权许可使用权是被许可人通过许可使用合同获得的，在现有的法律框架下，这种基于合同取得的使用权不可能上升为一种类似于

用益物权的权利，只能是一种债权。现行法律允许被许可人向侵权人提起侵权之诉并不是基于许可使用权，而是基于被许可人根据许可使用合同应当享有的利益。在许可范围内发生第三人侵权时，侵权人必然侵占了被许可人的市场份额，导致被许可人市场份额的减少，竞争优势的丧失。在绝大部分情况下，还直接表现为被许可人的经济收入积极减少。因此，第三人侵权时，被许可人的利益直接受损，是直接利害关系人。① 此外，还有观点用“债权不可侵性”来解释被许可人的诉权问题，即被许可人通过与许可人签订合同获得了债权，第三人对该债权也必须予以尊重，不可随意侵害。②

（二）绝对权说语境下的解读

该观点认为知识产权许可使用权的性质属于用益性知识产权，类似于物权中的用益物权。债权说与许可使用权的特征不符。许可使用权属于支配权，其可以通过自己直接实施该专利而行使权利，其权利的实现无需经过他人的行为，并且独占被许可人在许可范围内取得相当于原权利人的地位，可以对抗任何第三人。即使普通许可使用权也不例外。③ 而且，在发生专利侵权时，受专利侵权之害最重的是被许可人，侵权人侵害的是被许可人的市场，而不是至少不完全是专利权人的市场，况且专利权人已经通过专利许可费用得到部分回报。④ 为此，第三人实施的侵权行为不仅侵犯了许可人的知识产权，还侵犯了被许可人的许可使用权，被许可人之所以可以提起侵权之诉，是因为其本身享有许可使用权这一实体权利。

（三）区分说语境下的解读

该观点认为知识产权被许可人诉权的来源各不相同：独占被许可人、排他被许可人基于实体权利而成为适格的当事人。由于独占、排他被许可人诉讼实施权源于其实体权利，因而，独占、排他被许可人不能请求侵权人赔偿

① 董美根：《论专利被许可人的诉权》，载《科技与法律》2008 年第 4 期。

② 郑春玉：《知识产权用益权初探》，载《知识产权》2006 年第 6 期。

③ 林广海、邱永清：《专利权、专利许可使用权与专利许可合同——以物权法原理借鉴为视点》，载《法律适用》2008 年第 6 期。

④ 林秀芹、刘铁光：《论专利许可使用权的性质——兼评〈专利法事实条例修订草案〉第 15 条与第 99 条》，载《电子知识产权》2010 年第 1 期。

因侵权行为给权利人造成的损失。普通被许可人本不具备直接起诉的资格，然而，由于其在特定的地域范围内实施该权利，对该地域内侵权行为有更为清晰的了解，对证据收集也更为便捷，因此，普通被许可人是基于任意诉讼担当制度而成为适格当事人。当然，这种情况下侵权诉讼的赔偿额应以权利人的损失，而不是普通被许可人的损失来计算。⑤

二、赋予被许可人诉权的理论观点评析

在现有的法律框架下，知识产权许可使用合同不同于转让合同，被许可人获得的仅仅是合同项下的使用权能，其享有的也只是针对合同相对方的债权。而债权说语境下对被许可人诉权的论证亦经不起推敲。

（一）许可使用权为相对权，而非绝对权

绝对权说隐含的前提是许可使用权为绝对权，区分说亦认为独占许可使用权和排他许可使用权为绝对权，但许可使用权为绝对权的观点既缺乏法律依据，也没有理论支撑。

首先，许可使用权为绝对权的观点缺乏法律依据。知识产权作为一种绝对权，应遵循权利法定原则。知识产权各法及相关的司法解释虽然都对使用许可合同进行了规定，但对许可使用权的性质及内容并没有明确的界定，“许可使用权”仅仅是被许可人依据合同享有的权利，而非法律明确规定的权利类型。即使是独占许可使用权，其“独占”的属性并不是基于法律的规定，而是基于合同的约定，其约束力指向的是合同的另一方当事人，而非不特定第三人。而且最高人民法院制定的《民事案件案由规定》中也没有侵犯许可使用权或者侵犯独占许可使用权的规定。

其次，许可使用权为绝对权的观点缺乏理论支撑。一方面，许可使用合同并不需要进行登记公示，而公示制度是绝对权获得对世效力的正当性基础，也是绝对权和相对权的本质区别，无公示即无排他。虽然《商标法》等规定知识产权许可使用合同需要进行备案，但此处的备案并不是强制性的对权利

⑤ 肖建国、黄忠顺：《任意诉讼担当的类型化分析》，载《北京科技大学学报（社会科学版）》2009年第1期。

变动的公示，而仅仅是为了满足行政管理机关管理知识产权的需要，以便于了解和掌握知识产权许可领域的信息和总体状况，为管理决策提供信息支持。另一方面，许可使用权不具有处分力，被许可人不能自行为分许可或者转许可等处分行为。合同法上的专利许可乃是一种协议，是“一种允许被许可人使用专利，而不是专利权人转让专利上的任何权利的协议”，而且“许可合同要求被许可人亲自利用其商业手段及技巧实施专利，正是因为被许可人的实施或商业化专利的个人能力才是许可人选择将其作为被许可人进而授权的原因，并且这一原因是非常明显的”。⑥

（二）债权说语境下的解读经不起推敲

当然，承认许可使用权的法律性质为债权，并不意味着债权说语境下对被许可人享有诉权的正当性解释就是站得住脚的。

首先，认为被许可人的诉权是基于许可使用合同而享有利益的观点并不可取。《布莱克法律词典》对权利的解释是：“权利常常包括有形财产或无形财产上的权益、请求和所有权。”在无相反约定的情况下，知识产权人表面上授予被许可人以权利，然而这一授权的真正对象却是特定知识产权之下的利益，并不包括请求。不包含请求权的法益享有人自然无法提起诉讼。

其次，债权不可侵性理论同样不具有理论解释的自洽性。所谓不特定人不得侵犯债权，实际上是不特定人不得侵犯债权人的人身自由权。所谓第三人侵犯了债权，实际上是第三人妨碍了债权人依法支配自己的人身以行使债权的行动，所侵犯的不是债权，而是人身自由权。⑦即使承认债权具有不可侵性，由于债权无公示，要求善意妨碍人承担侵权责任不公平，因此，第三人只有在恶意时才应对妨碍债权承担侵权责任。而这与侵犯知识产权行为不要求具有主观过错相矛盾；而且债权不可侵性理论也无法解释为什么普通被许可人必须经许可人授权才可以起诉。

⑥ 109 US 75，27 L ed 862，3 S Ct 61. 转引自董美根：《论专利被许可使用权之债权属性》，载《电子知识产权》2008 年第 8 期。

⑦ 李锡鹤：《对债权不可侵性和债权物权化的思考——兼论物权与债权之区别》，载《华东政法学院学报》2003 年第 3 期。

三、被许可人提起侵权之诉的正当基础

（一）赋予被许可人诉权的理论基础为诉讼担当

所谓诉讼担当，是指实体法上的权利主体以外的第三人，以自己的名义，为了他自己的利益或代表他人的利益，以正当当事人的地位提起诉讼，主张一项他人享有的权利或诉求解决他人间法律关系所生之争议，法律判决的效力及于原来的权利主体。原来不是民事权利主体或法律关系主体的第三人是诉讼担当人，原来的权利主体则是被担当人。⑧ 按照诉讼担当人诉权来源的不同，诉讼担当可以分为法定的诉讼担当和任意的诉讼担当。前者是指基于实体法或者诉讼法上的规定，第三人对他人的权利可以以自己的名义进行诉讼。任意的诉讼担当是权利主体通过自己的意思表示，赋予他人诉讼实施权。诉讼担当在德国获得了比较广泛的承认。罗森贝克甚至主张，只要有权利人的授权就足以构成诉讼担当。但为防止因广泛地承认任意诉讼担当而给被告造成诉讼上的不利，后来，任意诉讼担当的适用范围适当缩小，认为诉讼担当人必须就所实施的诉讼有法律上的利益，从而缩小了任意诉讼担当的适用范围。日本的民事诉讼法认为只要担当者有自己的固有利益，并被授予诉讼实施权，就可以为他人利益担当诉讼。⑨

就侵犯知识产权法律关系而言，第三人侵犯的仍然是著作权、商标专用权、专利权等实体权利，法律关系的主体仍然是侵权人和知识产权许可人，作为侵权法律关系以外的被许可人，由于其对受到侵犯的知识产权享有使用、收益的权利，对制止侵权行为享有"法律上的利益"或"自己的固有利益"，在权利人不起诉的情况下，可以担当权利人以其自己的名义起诉，因此，被许可人享有侵权之诉诉权的理论基础应为诉讼担当。具体言之，现有法律规定下，独占被许可人、排他被许可人的诉权是基于法定的诉讼担当，普通被许可人的诉权是基于任意诉讼担当。

⑧ 王甲乙：《当事人适格之扩张与界限》，载《法学丛刊》1995 年第 1 期。

⑨ ［日］福有永利：《任意诉讼担当之容许性》，载《民事诉讼的理论（上）》。转引自肖建华：《诉权与实体权利主体相分离的类型化分析》，载《法学评论》2002 年第 1 期。

（二）诉讼担当制度符合民事诉讼的发展趋势

首先，从当事人理论的演变看，被许可人可以作为适格的当事人参加诉讼。传统的当事人理论认为，当事人必须是直接利害关系人。但对“直接利害关系”的狭窄理解，导致理论和实务上存在许多的困惑。由此学者将当事人的概念扩大到权利保护人，对直接利害关系进行扩大解释，即认为民事诉讼中无论是保护自己的权利还是保护他人权利的人，只要以自己的名义进行诉讼，引起民事诉讼程序发生、变更或消灭，都是民事诉讼的当事人。⑩为此，虽然被许可人并非实体法上的权利或者法律关系的主体，但基于对被侵犯的知识产权享有利益，也可以成为正当的当事人。在德国，通常将被许可人享有的诉权称为“程序的诉讼权能”。无论实体的诉讼权能还是程序的诉讼权能，在诉讼法上均属于诉讼实施权，具有这两种权能之一的，都是适格当事人。⑪英美法学者承认，依法管理自己财产的人和管理他人财产（如使用权、受信托的财产权）、依人身关系管理他人财产（如监护权）的人、代位权人等，都属于真正有利害关系之人。⑫我国《商标法》《专利法》等也对“直接利害关系”进行了扩大解释。例如《商标法》第五十三条规定：“有本法第五十二条所列侵犯注册商标专用权行为之一，引起纠纷，由当事人协商解决；不愿协商或者协商不成的，商标注册人或者利害关系人可以向人民法院起诉……”

其次，从诉讼契约的发展看，诉讼担当是私法自治在民事诉讼中的自然延伸。民事诉讼的契约化是转型后民事诉讼制度再建构过程中必须植入的一种“基本元素”，如果没有这种“基本元素”，民事诉讼法就不可能成为与市场经济相契合的现代民事诉讼法，因为诉讼契约化内在地反映了市场经济的基本要素——契约自由与私法自治。⑬从宪政的角度视之，尽管诉权是宪法

⑩ 柴发邦主编：《民事诉讼法学新编》，法律出版社 1992 年版，第 167 页。

⑪ ［日］雉本郎造：《民事诉讼法的诸问题》，转引自李龙：《民事诉讼当事人适格刍论》，载《现代法学》2000 年第 4 期。

⑫ 肖建华：《中国民事诉讼法判解与法理——当事人问题研析》，中国法制出版社 2001 年版，第 88 页。

⑬ 张卫平：《论民事诉讼的契约化——完善我国民事诉讼法的基本作业》，载《中国法学》2004 年第 3 期。

性权利，而且民事诉讼法是公法，但在不违反法律强制禁止之情形下，当事人原则上对其权利行使与否，有处分之自由，法律并无任意干涉之必要。只要当事人之间具体约定的内容、目的不违背民事诉讼制度原有的机能和目的，即使其约定法无明文，也无解释为法律必然禁止之必要。[14] 因此，在不会给对方当事人造成不必要负担的情况下，知识产权权利人将特定的诉权授予被许可人行使符合诉讼契约的理念，是私法自治在民事诉讼中的自然延伸。

四、结语：诉讼担当理论下被许可诉权的行使

基于诉讼担当理论重新审视被许可人的诉权，无论是独占被许可人或者排他被许可人的自行起诉，还是普通被许可人经授权的起诉，其获得诉权的基础都是知识产权权利人原本享有的诉权，或者说是权利人将自己的诉权让渡于被许可人行使，被许可人并不因许可使用合同而获得新的针对侵权行为的诉权。对于特定的侵权行为，无论是权利人起诉，还是被许可人起诉，诉权仅可以行使一次。如果权利人已经针对侵权行为提起诉讼或者与侵权人达成和解，此时针对该侵权行为的诉权已经行使完毕，被许可人无权再次提起诉讼，否则即构成重复诉讼。

（责任编辑：王　静）

⑭ 陈荣宗：《民事程序法与诉讼标的理论》，台湾大学法学丛书编辑委员会1984年版，第267页。转引自张嘉军：《民事诉讼契约研究》，法律出版社2010年版，第31页。

机动车辆损失险保险人向非机动车驾驶人行使代位求偿权问题研究
——某保险公司与张某保险人代位求偿权纠纷案

王　鑫　余甬帆*

【裁判要旨】

法院在审理非机动车与机动车之间的交通事故引发的保险代位求偿权纠纷案件中，保险人以非机动车驾驶人对于保险事故发生存在过错为由，要求非机动车驾驶人承担赔偿责任的，应综合考量《中华人民共和国民法典》、2009年《中华人民共和国侵权责任法》以及《中华人民共和国道路交通安全法》的特别规定，公平合理地判定非机动车驾驶人的民事赔偿责任。在非机动车驾驶人对于保险事故发生存在过错的情况下，除非机动车驾驶人存在主观故意，保险人不得向其行使代位求偿权。

【案情】

原告（上诉人）：某保险公司

被告（被上诉人）：张某

案外人吴某所有的雷克萨斯车辆在某保险公司处投保交强险和机动车辆损失险（以下简称车损险），保险期限为2018年10月26日起至2019年10月26日止。2019年1月28日，吴某驾驶上述车辆在上海市某路口处向右转弯，与逆向行驶电动自行车的张某发生碰撞，双方车辆均有不同程度损坏，

* 王鑫，法学硕士，上海金融法院综合审判第三庭庭长。余甬帆，法学硕士，上海金融法院综合审判第三庭审判员。

张某腿部受轻微伤。经交警队认定，吴某、张某在事故中负有同等责任。

事故发生后，吴某就其机动车损失在车损险范围内向某保险公司索赔，保险公司支付理赔款 12090 元。吴某遂向保险公司出具权益转让书，将其对张某的赔偿请求权转让给某保险公司。

此后，某保险公司向一审法院起诉请求：判令张某支付赔款 6045 元及逾期利息。

【审判】

一审法院认为，本案系《中华人民共和国民法典》(以下简称《民法典》)施行前的法律事实而引起的民事纠纷，应适用当时的法律、司法解释的规定。本案系因交通事故引起，根据 2009 年《中华人民共和国侵权责任法》(以下简称《侵权责任法》）第四十八条之规定，机动车发生交通事故造成损害的，依照道路交通安全法的有关规定承担赔偿责任。《中华人民共和国道路交通安全法》(以下简称《道路交通安全法》）第七十六条第一款及第二项未规定对于机动车一方的损失，非机动车一方应当进行赔偿，而是以减轻机动车一方责任的方式，实现对非机动车一方的过错评价，非机动车一方并非该条规定的赔偿义务主体；同时其中反映出人身权优于财产权的法律价值，亦可督促机动车一方更加严格遵守交通法规和谨慎驾驶，避免不必要的人身伤亡。另外，从“优者危险负担”原则的角度来看，机动车一方相对于非机动车一方而言，对于他人的危险性远远高于非机动车一方，其应承担更大的注意义务和更高的避险义务，且机动车一方往往因购买了责任保险而降低了自身承担责任的风险，如按责任比例承担损失，则有可能出现非机动车一方得不到赔偿或倒赔机动车的极端情况，造成双方利益严重失衡的后果。故，在法律未明确规定非机动车一方对机动车一方的损失承担赔偿责任的前提下，结合本案实际情况，保险人亦不能通过行使代位求偿权向非机动车一方追偿财产损失，并据此判决驳回某保险公司的诉讼请求。

某保险公司不服一审判决，上诉称，根据《中华人民共和国保险法》(以下简称《保险法》）第六十条规定，某保险公司依法获得代位求偿权，有权向张某追偿。根据案涉道路交通事故认定书认定，张某作为非机动车一方在交通事故中负同等责任，一审法院判决张某不承担责任，于理不合。根据《侵权责任法》第六条规定，张某作为非机动车一方存在过错且造成机动车一方权益受损，应当承担侵权责任。此外，根据《道路交通安全法》第七十六条规定，一审法院判决也未减轻机动车一方的赔偿责任，亦属不当。

二审法院认为：（1）保险人行使本案中的代位求偿权应以相应基础法律关系中的民事赔偿责任成立为前提。《保险法》第六十条第一款规定，保险人代位求偿权的取得是以被保险人具有对第三者请求赔偿的权利为前提，且该权利的范围受限于保险人的赔偿金额范围。本案中，某保险公司对张某是否享有保险人代位求偿权，应以案涉交通事故中作为吴某对张某的损害赔偿请求权成立为前提。（2）交通事故中非机动车一方是否承担机动车一方损失赔偿责任的法律规定。关于交通事故中非机动车一方是否应根据其过错向机动车一方承担赔偿责任的问题，《道路交通安全法》并未作出明确规定，不能排除适用《侵权责任法》中关于侵权责任一般规定。但在具体适用中，应当充分考量《侵权责任法》及《道路交通安全法》对于交通事故民事赔偿作出的特别安排，遵循上述法律确立的立法目的和原则，公平合理地确定民事赔偿责任。（3）本案中作为非机动车一方的张某是否应向机动车一方承担赔偿责任。从双方行为与导致损害发生的原因力来看，非机动车一方造成机动车一方损失的因果关系更小、原因力更弱。从当事人的过错来看，由于机动车所有人或驾驶人是该高速运输工具便利利益的拥有者及“高速危险”结果的控制者，故应是该侵害发生的行为主体及责任主体。综合上述情况，结合本案的事故原因、保险情况等，尽管交警队认定张某与吴某负事故同等责任，但在张某不存在主观故意，张某的损失又未获得赔偿的情况下，不宜支持吴某向张某的损害赔偿请求权。本案中，某保险公司作为分散风险功能的主体，亦不能据此对非机动车一方行使保险人代位求偿权。二审法院遂判决驳回上诉，维持原判。

【评析】

随着我国机动车保有量的大幅上升，机动车与非机动车之间的交通事故发生频率较高，在上述背景下，如何处理好机动车一方与非机动一车方因交通事故造成的纠纷，公平界定各方民事赔偿责任，又如何处理好保险公司对非机动车一方的代位求偿权，鼓励保险公司继续提升理赔服务的同时，保障对非机动车一方赔偿责任及赔偿比例处理的统一性，不仅关系个案的处理公正，而且对类案的司法裁判有着示范指引效果。

一、法律适用：法条的规定与理解

（一）保险人代位求偿权纠纷的法律适用

1．保险人代位求偿权的功能与属性

保险代位求偿制度是代位权制度与保险理赔制度相结合的产物，是保险法中损失填补原则所派生的代位原则的核心，在各国保险法中均占有重要地位。[①]保险人代位求偿权，具体是指在损害填补保险中，保险人赔偿被保险人的损失后所取得的，原由被保险人享有的，依法向负有民事赔偿责任的第三者请求赔偿的权利。该项权利不仅具有减少保险人理赔损失的功能，而且能够避免侵权人在被保险人获得保险金的情况下逃脱责任。上述功能亦是保险人代位求偿权产生、发展的原因所在。为此，《保险法》第六十条第一款规定应运而生，该条在确立上述功能的同时，又明确了保险人代位求偿权请求权法定转让的属性，[②]即在保险人向被保险人理赔保险金后，该请求权依法转让给保险人，不因被保险人意志而阻却。

2．保险人代位求偿权的范围与限制

保险人在依法取得被保险人的相应请求权后，其代位求偿权的范围并非无限，《保险法》第六十一条第一款对此予以明确限制，即保险人行使代位求偿权的范围，以被保险人对第三者的损害赔偿请求权为前提，且请求的范围不超过保险人的赔偿金额范围。由此，非机动车驾驶人负有赔偿机动车车损的责任是保险人行使代位求偿权的前提之一。

（二）机动车交通事故责任纠纷的法律适用

审判实践中，对《道路交通安全法》第七十六条规定存在两种不同的理解。一种观点认为，该条仅规定了机动车方的民事赔偿责任，并未规定此种

① 上海市高级人民法院课题组：《保险人代位求偿权纠纷案件的法律适用问题研究》，载《法律适用》2011年第5期。

② 参见沈志先主编：《金融商事审判精要》，法律出版社2012年版，第344页。

情形下非机动车驾驶人对机动车的民事赔偿责任，因此，对于非机动车驾驶人的民事赔偿责任，应当适用《侵权责任法》第六条第一款或《民法典》第一千一百六十五条第一款规定的一般侵权行为的归责原则，即过错责任原则进行处理，非机动车驾驶人只要对交通事故存在过错，就应当承担和过错相应的赔偿责任。另一种观点认为，根据《侵权责任法》第四十八条或《民法典》第一千二百零八条规定，就立法技术而言，上述法律规定是准用性规范，将机动车道路交通事故损害赔偿责任的法律适用指向《道路交通安全法》，具体而言就是《道路交通安全法》第七十六条规定，但该条规定仅明确了机动车一方的民事赔偿责任，并未明确非机动车驾驶人的民事赔偿责任，因此，机动车方要求非机动车驾驶人赔偿车损，缺乏法律依据。

笔者认为，根据《侵权责任法》第六条第一款、第四十八条规定，或者《民法典》第一千一百六十五条第一款、第一千二百零八条规定及特别法优于一般法的法律适用原则，《道路交通安全法》对该类案件有特别规定的，应该优先适用特别规定；反之，则应适用《侵权责任法》或《民法典》中侵权责任编的一般规定。需要特别强调的是，基于上述法律规定价值取向的一致性，并不能因为适用了《侵权责任法》或《民法典》中侵权责任编的规定，就当然地认为其法律后果一定有悖于适用《道路交通安全法》的相关规定。具体理由如下：

（1）从《道路交通安全法》第七十六条的立法目的看，在机动车与非机动车发生交通事故时，对交通事故中处于相对弱势地位的非机动车予以倾斜保护。该倾斜保护的逻辑基础在于，因为机动车的危险性远高于非机动车，机动车在控制危险、避免和降低危险的能力上也远胜于非机动车，故非机动车一般不承担损害赔偿责任。但在实践中，机动车与非机动车在交通事故中孰弱孰强，其实是一个动态的过程，并不能绝对，因此根据《道路交通安全法》第七十六条的立法目的，一般情况下，非机动车一方不负有民事赔偿责任，但也应具体问题具体分析，如在非机动车一方存在故意等情况下，应适用《侵权责任法》第六条第一款或《民法典》第一千一百六十五条第一款规定。

（2）从《道路交通安全法》第七十六条的立法技术看，《道路交通安全法》自2003年实施以来，历经三次修正，故该条未明确规定非机动车驾驶人的民事赔偿责任，显然并非因疏忽遗漏而存在法律漏洞，反倒是立法者基于现实情况的复杂性考虑，并不明确非机动车一方是否负有向机动车一方的民事赔偿责任，以便于司法者结合具体案情进行具体分析判断，从而使立法更有弹性。

（3）从《道路交通安全法》第七十六条的文意理解看，《道路交通安全法》第七十六条规定的“由机动车一方承担责任”“减轻机动车一方的责任”以及“机动车一方不承担责任”，所针对的有权获得赔偿的主体均限于非机动车一方，这与该条所侧重保护非机动车一方的立法目的相一致，充分体现了人高于车辆的现代文明准则。[③]《侵权责任法》第四十八条或《民法典》第一千二百零八条亦对《道路交通安全法》的上述特殊赔偿责任分配方式予以肯定。

（4）从根据公平原则适用《道路交通安全法》第七十六条的角度看，因为公平原则不仅是民法的一项基本原则，也是民事法律的解释和适用原则。[④]因此，在该类案件的法律适用中，也应该根据案件的具体情况，结合特别法优于一般法的法律适用原则，不排除《侵权责任法》或《民法典》侵权责任编中关于侵权责任一般规定的适用。

二、要件分析：基于侵权责任构成标准的判断

首先，从过错角度看，机动车发生交通事故造成损害时，由于机动车所有人或驾驶人是该高速运输工具便利利益的拥有者及高速危险的控制者，故应是该侵害发生的行为主体及责任主体。但如存在非机动车一方故意碰撞机动车造成的情形，由于此时机动车所有人或驾驶人丧失了对“高速危险”结果的控制权，无论在归责原则上适用过错责任原则还是无过错责任原则，其责任当然由利用了该“高速危险”的非机动车一方承担，机动车所有人或驾驶人此时仅为该侵害行为的行为主体而非责任主体，应由非机动车一方承担机动车交通事故造成损失的赔偿责任。本案中，某保险公司不能证明张某在

③ 参见邓建华：《非机动车和行人非故意时不赔偿肇事机动车损》，载《人民司法（案例）》2016年第5期。

④ 赵转：《民事法律公平原则的思考》，载《河南省政法管理干部学院》1999年第2期。

事故中存在故意碰撞机动车的情形，也不足以证明张某在此次机动车交通事故中的行为符合上述侵权责任的构成要件，应承担举证不利后果。

其次，从因果关系角度看，因非机动车质量、速度、体积等危险性明显低于机动车，一般而言，非机动车造成机动车车损因果关系更小，原因力更弱。本案中，吴某驾驶机动车在某路口处与张某骑行的电动自行车发生碰撞，双方车辆均有不同程度损坏，张某腿部受轻微伤。虽然张某存在逆行的过错，但相关损失的主要原因系吴某驾驶机动车的行为所具有的“高速危险”造成。

最后，从损害角度看，通常在机动车与非机动车相撞的交通事故中，由于机动车的防护性更好，机动车一方多为财产损失，而非机动车一方多为人身伤害，且由于非机动车本身防护性较差，人身损伤的程度往往较高。本案中，作为非机动车一方的张某除电动自行车受损外，本人也受伤，而机动车一方的吴某仅系机动车受损。

由此，在本案交通事故中，张某对吴某的车损并不符合侵权责任的构成要件，张某不需要向吴某承担车损的赔偿责任。

三、利益衡量：基于公平原则的考量

在审理非机动车一方是否需要赔付机动车一方车损争议时，还需要从该问题解决的普遍性角度，结合个案情况进行分析。

首先，从注意义务程度方面，由于机动车一方在“高速危险”和该种危险的回避能力方面具有优势，因此其对非机动车一方的安全负有更大的注意义务。

其次，从分散风险的成本和可能性方面，机动车一方必须依法购买交强险，且普遍购买车损商业保险，通过保险制度有效分散了车辆损毁的风险；而非机动车一方并无专门的强制保险制度以分散风险。

再次，从赔偿概率和损失填平方面，机动车一方由于购买了保险，因此通过保险获赔，全额或部分填补损失的情况高于非机动车一方。

最后，在司法政策执行上，2015 年《最高人民法院关于当前民事审判工作中的若干具体问题》指出：“要贯彻道路交通安全法的价值判断。在机动车与行人、非机动车的交通事故责任纠纷中，应根据该法第七十六条规定，通过减轻机动车一方的责任实现对行人、非机动车一方的过错评价。同时，注意不应支持机动车一方请求行人、非机动车方赔偿的诉讼主张。”虽然该文件统一了交通事故责任纠纷的裁判尺度，但从保持法院民商事审判裁判尺度统一的角度而言，在金融审判领域，亦应当与之保持一致。

（责任编辑：沙　洵）

私募基金托管人的法律地位和责任边界探讨
——蒋某风诉海通证券股份有限公司等财产损害赔偿纠纷案

谢琴铮　程潇淑*

【裁判要旨】

基金管理人、托管人系依法或依约分别受托履行不同职责，与投资人之间不构成信托法意义上的委托人与"共同受托人"关系，其权利义务不应按照对管理人之监管义务进行判断，而应依据合同约定确定。

【案情】

原告：蒋某风

被告：海通证券股份有限公司（以下简称海通证券）

第三人：联投财富（上海）资产管理有限公司（以下简称联投财富）

原告蒋某风与管理人联投财富、托管人国泰君安证券股份有限公司签订《永联聚鑫—金管家1号私募证券投资基金私募基金合同》(以下简称"金管家1号")一份，约定：私募基金的存续期限为3年；基金份额的赎回遵循"先进先出"原则，即按照基金投资者认购、申购和红利再投资所得份额的先后次序进行赎回。蒋某风于2018年3月22日转账支付投资款100万元，后于2019年6月14日申请提前赎回涉案"金管家1号"基金份额100万。第三人联投财富函复原告，称因该产品目前底层资产为联投长宏进取一号私募基金、智谷环球私募投资基金，由于市场行情不佳致产品缺少流动性，故涉

* 谢琴铮，法学硕士，上海市黄浦区人民法院金融审判庭副庭长。程潇淑，法学学士，上海市黄浦区人民法院金融审判庭法官助理。

案基金难以直接赎回。经查，联投长宏进取一号私募基金、智谷环球私募投资基金的管理人均为本案第三人联投财富，本案被告海通证券为智谷环球私募投资基金的托管人。

蒋某风为此诉至法院，要求被告海通证券赔偿本金损失100万元及利息损失，以及因此支付的差旅费和律师费。其主张理由为：（1）"金管家1号"基金成立后，以基金财产认购了同为联投财富管理的联投长宏进取一号私募基金、智谷环球私募投资基金，并通过上述两只基金购买了新三板公司（具体为元潮科技）的股票导致无法赎回。海通证券作为基金托管人，明知原告认购的"金管家1号"以及自身托管的联投长宏进取一号私募基金、智谷环球私募投资基金作为私募证券投资基金，均不得投资新三板公司股票，对联投财富将基金财产用于购买新三板公司股票的交易指令并未进行拒绝，违反基金托管人的基本注意义务和监管义务，也违反相关法律法规、部委规章和规范性文件。（2）联投财富将智谷环球私募投资基金投向联投财富的关联方元潮科技，属于关联交易，且关联交易价格不合理，属于利用关联交易进行利益输送，作为托管人的海通证券亦未进行识别并有效制止。基于以上两点，海通证券应对原告的损失承担赔偿责任。

经法院查明，2018年8月9日，基金管理人联投财富、投资管理人环球时刻（北京）投资有限公司、基金托管人海通证券签订《智谷环球私募投资基金基金合同》。该基金合同《风险揭示书》第二条"风险揭示"第（二）款"一般风险揭示"第5项"投资标的的投资风险"就新三板股票投资风险详细约定了流动性不足的风险和净值波幅较大的风险两个方面。另外对基金的投资目标和投资范围约定："本基金的投资范围包括沪深交易所上市交易的股票、债券（包括银行间债券、交易所债券、可转换债券、可交换债券）、优先股、证券回购、存款、公开募集证券投资基金（不包括非货币类ETF基金一级市场申购、赎回）、FOF基金、期货、期权、权证、资产支持证券、收益互换、证券公司收益凭证、证券公司（含证券公司子公司）资产管理计划、期货公司（含期货子公司）资产管理计划、全国中小企业股份转让系统挂牌的品种（包括股票、可转换公司债券及其他证券品种）、在基金业协会登记的私募证券投资基金管理人发行的契约式私募投资基金、银行理财产品。"

该基金合同第八部分"当事人及权利义务"就基金托管人的义务详细约

定了十六项义务，例如：对所托管的不同基金财产分别设置账户；按规定开设和注销基金的托管资金专门账户、证券账户、期货账户等账户；按照本合同的约定，根据基金管理人的投资指令，及时办理清算、交割事宜，根据法律法规及本合同的规定监督基金管理人的投资运作，基金托管人发现管理人的投资指令违反法律、行政法规和其他有关规定，或者违反本合同约定的，应当拒绝执行，立即通知管理人；基金托管人发现管理人依据交易程序已经生效的投资指令违反法律、行政法规和其他有关规定，或者违反本合同约定的，应当立即通知管理人等。

被告海通证券提交智谷环球私募投资基金《证券投资基金估值表》，显示其投资方向包括元潮科技，该公司为目前新三板公司湖北元潮科技股份有限公司。针对原告所称的关联交易：（1）第三人联投财富的执行董事兼法定代表人童某持有上海金宫投资管理有限公司 90% 股权，上海金宫投资管理有限公司曾投资上海孚天资产管理有限公司。而上海孚天资产管理有限公司系湖北元潮科技股份有限公司 100% 控股子公司。（2）上海眸曦医疗科技有限公司持有元潮科技 41% 股份，该公司执行董事姜某辰同时担任国钲（上海）企业信息服务有限公司执行董事。国钲（上海）企业信息服务有限公司系轩东（上海）科技有限公司 100% 控股子公司，第三人联投财富执行董事兼法定代表人童某曾持有轩东（上海）科技有限公司 50% 股权。法院查明，上海金宫投资管理有限公司、上海联投股权投资基金管理有限公司于 2016 年 12 月 21 日将其在上海孚天资产管理有限公司转让予浙江欧泉科技股份有限公司（元潮科技曾用名）。童某于 2018 年 1 月将其在轩东（上海）科技有限公司的股权转让。

被告海通证券辩称，法律法规对证券投资基金投向新三板股票并无禁止性规定；原告向被告请求赔偿责任的请求权基础不明；原告所主张的实际损失在本案中无法查明，原告在“金管家 1 号”基金中的损失和被告托管的智谷环球基金投资运营无关，不存在因果关系。

第三人联投财富述称，同意被告的答辩意见。第三人将“金管家 1 号”投资于联投长宏进取一号和智谷环球基金具有合同依据。根据联投长宏进取一号基金合同的约定，通过 FOF 的形式一部分投向智谷环球基金也是合法的，智谷环球基金投资于股票期货新三板等范围也是符合合同约定的。不认可原告所称无法赎回的原因是投资新三板导致，新三板只是不能赎回的原因之一。

【审判】

上海市黄浦区人民法院经审理后认为，原告系“金管家1号”基金的投资者，该基金投资于智谷环球私募投资基金和联投长宏进取一号私募投资基金，基金管理人均为第三人联投财富，被告海通证券担任智谷环球私募投资基金的托管人。本案的争议焦点在于被告海通证券是否应承担侵权责任。原告称《关于私募投资基金“业务类型/基金类型”和“产品类型”的说明》中对于私募证券投资基金的定义为主要投资于公开交易的股份有限公司股票、债券、期货、期权、基金份额以及中国证监会规定的其他证券及其衍生品种。原告认为新三板不属于证券投资基金产品所应当投资的标的。被告作为管理人接受第三人发出的错误指令，未履行托管人监督义务，导致资金流向新三板。对此，法院认为，法律法规并没有禁止私募证券投资基金投向新三板，且《智谷环球私募投资基金合同》约定的投资范围包含全国中小企业股份转让系统挂牌的品种（包括股票、可转换公司债券及其他证券品种），故对原告该项主张不予支持。

原告另主张，智谷环球私募投资基金的管理人联投财富将该基金投向联投财富的关联方元潮科技，且关联交易价格不合理，属于利用关联交易进行利益输送，被告海通证券作为托管人亦负有监管义务。经查明，上海金宫投资管理有限公司、上海联投股权投资基金管理有限公司退出元潮科技的时间为2016年12月21日，童某退出轩东（上海）科技有限公司的时间为2018年1月，而被告作为托管人的《智谷环球私募投资基金基金合同》的签订日期为2018年8月9日，原告购买“金管家1号”的时间为2018年3月，即原告购买基金、被告签订托管合同时，已不存在原告所称的元潮科技的关联关系，故对原告的该主张亦不予支持。

据此，一审法院判决驳回原告全部诉讼请求。判决后，各方当事人均未提起上诉。

【评析】

本案的主要争议焦点在于，私募基金托管人对于基金的投资方向是否有审慎监管义务，如果有此义务，该义务之范围应如何界定，是与基金管理人承担连带责任，抑或仅限于基金合同之约定。笔者拟在探讨托管人职能定位基础上，确定私募基金托管人的法律地位，以明确基金托管人的责任边界，尤其是在基金管理人频繁违规的大背景下，如何平衡、最大限度地保护投资人利益与基金托管人的职责范围。

一、私募基金托管人之法律地位和功能定位

（一）契约型私募基金的基本结构：一元制和二元制

信托关系是证券投资基金建构的法律基础，按信托关系的数量不同，可以分为二元制和一元制。在二元制模式下，基金份额持有人、基金管理人、基金保管人并没有统一在一个契约法律关系中，因基金份额持有人并非保管契约的当事人之一，故与基金保管人并无直接的法律关系。德国是二元制证券投资基金模式的典型代表，德国证券投资基金是由基金管理人和基金份额持有人之间的信托契约，和基金管理人与基金保管人之间的保管契约这两个契约建构起来的。

一元制是以一个信托契约为基础建构证券投资基金，按各当事人法律地位的差异，又可以分为日本模式和英国模式。在日本为代表的一元模式中，一个信托契约建构三位一体的格局，基金份额持有人是受益人，享有受益权证上载明的收益权，基于对基金管理人的信任，将资产交付基金管理人运作；基金管理人以委托人的身份，指示运作基金财产；基金保管人为受托人，仅在名义上拥有基金财产的所有权，并负责保管基金财产、监督基金管理人投资运作行为。日本一元制证券投资基金模式中，基金保管人并不积极地参与基金财产的经营，只是消极地保管资产和执行指令。英国为代表的一元制模式则采取共同受托人的方式，基金份额持有人取得受益权证即获得委托人地位，基金托管人和经理人分担受托人的职责，托管人处于“托管受托人”的地位，经理人处于“管理受托人”的地位，共同受托人之间承担连带责任。

（二）托管人的在基金治理结构中的功能定位：信用支持与权利制衡

契约型基金的出现和流行，契合了资产管理专业化的社会趋势，但像一切所有权与经营权相分离的经济结构面临的“委托—代理”问题一样，投资者希望通过管理人的专业服务获得高额投资收益，管理人从中获得管理费和

自身效益的最大化，二者之间不仅存在“非对称信息”，更可能因目标不一致引发利益冲突。处于信息和专业弱势地位的投资者存在担心管理人滋生道德风险并实施欺诈的隐忧，托管人的角色有利于平衡这种天然的困境。“托管人作为专业第三人，监督基金管理人的投资行为，避免投资者的利益因信息不对称或专业知识不足而受到侵害。从这一角度来看，资产托管业务的内涵其实是信用补充与专业服务。”①

托管人的引入，一方面运用风险（物理）隔离原理，由良好信用的托管人持有基金资产并予以安全保管，从而将基金资产的所有、保管、执行与处分相分离，有助于消减投资者担心管理人滋生道德风险侵吞基金资产的担忧，起到弥补管理人信用短板的作用；另一方面托管人具有一定的监督职能，起到预防管理人利用信息不对称借助专业技能实施欺诈的可能，起到约束管理人权利滥用的效果。在功能上，托管人通过安全保管基金资产，同步监督管理人的日常投资活动，也即提供信用补充和权利制衡服务，能够较好地缓解投资者与管理人之间的“委托—代理”问题。也因此，内嵌于契约型基金结构的托管人被誉为“基金安全的守护神”，甚至上升到“托管人治理”的高度，被视为“基金投资者权益的代表”。②

（三）我国私募基金托管人的法律地位和立法沿革

我国契约型基金通过借鉴海外经验并结合国内实践，创造出具有中国特色的“一元信托”法律结构。2004年《基金法》取消了1997年《证券投资基金管理暂行办法》(以下简称《暂行办法》) 中由基金发起人设立基金的规定，将基金当事人限于投资者、管理人和托管人三方并统一于一个信托契约中：由管理人发售基金份额，募集证券投资基金，投资者作为委托人和受益人持有基金份额，之后由管理人管理，托管人托管，为基金份额持有人的利益，以资产组合方式进行证券投资活动（第二条）；管理人、托管人和基金份额持有人的权利、义务，依照基金法在基金合同中约定。管理人、托管人依照基金法和基金合同的约定，履行受托职责（第三条第一款）。《基金法》

① 杨洪、方铭辉编著：《崛起的资产托管业务》，中信出版社2018年版，第30页。

② 刘燊：《论投资基金托管人制度的完善》，载《政治与法律》2009年第7期。

在后续修改中坚守并固化了这一法律结构。

相比海外做法，一方面我国以资金所有权人——投资者为委托人，修正日本“一元信托”型中基金管理公司不是资产所有权人，却以委托人身份设立信托的法理缺陷；另一方面我国将管理人和托管人统合于一个信托法律关系下，与投资者建立直接法律关系，克服德国“二元契约”型下投资者与托管银行欠缺直接法律关系，无法督促其履职及追究渎职的结构缺陷。同时为更好地建立托管人和管理人之间的协作和制衡关系，《基金法》吸收“二元契约”型下的保管契约设计，要求管理人和托管人在基金合同之外再签订托管协议，对基金合同进行补充和细化。③

自《暂行办法》引入商业银行作为托管人托管基金资产以来，托管制度逐渐成为保障受托资金安全、制衡管理人滥权、保护投资者合法权益的法定机制，2004 年《基金法》再次确认这一机制，但仅适用于公募证券投资基金。2012 年《基金法》作重大修订，托管制度适用范围拓展至私募基金，托管人也从银行拓展到取得基金托管资格的其他金融机构，④本案中担任托管人的即为证券公司。

二、私募基金托管人与管理人承担连带责任之争

我国契约型基金的“一元信托”结构使投资者与基金管理人、基金托管人同时置于一个信托法律关系之下。⑤近年来，私募基金频频暴雷，⑥投资人遭受巨大损失，往往通过提起诉讼或申请仲裁追究基金管理人责任，但由于多数基金管理人固有资产较少，或失联和失去管理能力，缺乏实际向投资人承担民事赔偿责任的能力，而担任托管人的一般为大型商业银行和证券公司，

③ 吴弘、徐振：《投资基金的法理基础辨析》，载《政治与法律》2009 年第 7 期。

④ 《基金法》第三十三条规定，“基金托管人由依法设立的商业银行或者其他金融机构担任”；第八十九条规定，“除基金合同另有约定外，非公开募集基金应当由基金托管人托管”。《基金法》于 2015 年修订后，上述条款变为第三十二条第一款、第八十八条。

⑤ 洪艳蓉：《论基金托管人的治理功能与独立责任》，载《中国法学》2019 年第 6 期。

⑥ 截至 2022 年 3 月 1 日，中国证券投资基金业协会已公告 1531 家疑似失联私募基金机构。参见中国证券投资基金业协会：《关于失联私募机构最新情况及公示第四十四批疑似失联私募机构的公告》，https://www.amac.org.cn/businessservices_2025/privatefundbusiness/selfdisciplinemanagenment/lostassociation/lostassociationpn/202203/t20220311_13363.html，2022 年 10 月 4 日访问。

赔偿能力通常比较强，因此实践中有投资人进而寻求对托管人追究责任，在起诉或申请仲裁时将托管人作为共同被告或被申请人追究连带责任，或者如本案原告单独诉请托管人追究侵权责任。

对此，实务界和理论界分歧较大。有观点认为，我国《基金法》第三条第二款规定，“基金管理人、基金托管人依照本法和基金合同的约定，履行受托职责”。《信托法》第三十一条第一、二款规定，“同一信托的受托人有两个以上的，为共同受托人”。因此，我国证券投资基金采取共同受托的一元制模式。证券投资基金属于自益信托，基金份额持有人既是委托人又是受益人，委托基金管理人管理基金财产，委托基金托管人保管基金财产，管理人与托管人为《信托法》上的共同受托人，⑦则根据信托法应承担连带责任。

相反观点则认为，托管人不属于共同受托人，其责任不能依据信托法上共同受托人连带责任进行认定。⑧理由如下：（1）信托财产归属不同。信托财产归属于共同受托人所有是信托法上的普遍规则，而各国的投资基金法普遍将基金财产的名义所有权赋予基金托管人，而非基金管理人和基金托管人共有。在我国实践中，基金托管人也仅是作为基金财产的名义所有人，以自己的名义在金融机构为基金财产开设单独账户，管理人只是作为“实质所有人”负责基金的实际运作。（2）处理信托事务的方式不同。在信托事务处理上，各国普遍采用以共同受托人共同行动为基本原则、分别行动为例外的模式。而基于信托财产的执行和保管相分离原则，为维护投资人利益，各国证券投资基金法均规定基金管理人和托管人分工协作、相互监督的立法模式，基金管理人负责基金的投资决策和实施步骤，托管人负责执行基金财产的保管和对基金管理人的监督。（3）责任承担方式不同。各国信托法普遍规定共同受托人对违反信托义务的行为承担连带责任。但对证券投资基金而言，无论采取一元模式的国家，还是二元模式的国家，都普遍规定基金管理人和托管人对各自的违反信托义务或托管协议的行为承担责任，除非是他们共同实

⑦ 闫海、刘顺利：《独立与制衡：证券投资基金托管人法律地位的重构》，载《浙江金融》2012年第6期。

⑧ 郭峰、陈夏：《证券投资基金法导论》，法律出版社2008年版，第205页；王猛、焦笑蓉：《私募基金托管人的法律地位和责任边界——以投资人诉托管人侵权案为例》，载《中国证券期货》2019年第2期。

施了违反信托的行为。

笔者赞同后一种观点。因基金管理人、托管人依法或依约分别受托履行不同职责，故与投资人之间不构成信托法意义上的委托人与“共同受托人”关系，其权利义务依据合同约定确定。

三、回归合同视角的托管人责任认定

基于上述分析，针对原告所提出的，托管人应对涉案基金的投资方向负有审慎监管的义务，以及对于关联交易应具有识别的义务，应遵循的审判原则是，基于合同约定进行判断，而非按照对管理人之监管义务进行判断。

首先，原告主张“金管家1号”无法赎回原因是其投向了新三板企业，新三板不属于证券投资基金产品所应当投资的标的，被告海通证券作为托管人接受第三人联投财富发出的错误指令，未履行托管人监督义务，导致资金流向新三板，造成原告的损失。关于投资方向的选择，对基金管理人而言是体现其专业性的重要方面，因投资方向的选择直接关乎基金净值的浮动，是关乎投资人资金安全、资产保值增值的最重要内容。投资方向的重要依据是基金合同之约定，经法院查明，涉案《关于私募投资基金“业务类型/基金类型”和“产品类型”的说明》中对于私募证券投资基金的定义为主要投资于公开交易的股份有限公司股票、债券、期货、期权、基金份额以及中国证监会规定的其他证券及其衍生品种。

基于上述事实，在法律法规并没有私募证券投资基金投向新三板的禁止性规定的前提下，《智谷环球私募投资基金合同》明确约定投资范围可包含全国中小企业股份转让系统挂牌的品种（包括股票、可转换公司债券及其他证券品种），涉案基金的投资方向并未违反合同规定。作为托管人，其合同义务为根据基金管理人的投资指令划付资金，在基金管理人做决定的投资方向不违反合同约定的前提下，托管人海通证券依照合同约定履行划付资金义务，是其遵守合同、履行其作为托管人合同义务的应有之义。

其次，原告另主张，智谷环球私募投资基金的管理人联投财富将该基金投向联投财富的关联方元潮科技，且关联交易价格不合理，属于利用关联交易进行利益输送，被告海通证券作为托管人亦负有监管义务。诚然，如有损害投资者利益的关联交易行为，于基金管理人而言，或失于专业水准，或违反诚信原则，应对投资者承担相应的责任。但对于托管人海通证券而言，其是否有识别关联交易之义务，仍应以合同约定为准。纵观涉案合同关于托管人义务之约定，并没有此类要求，且从约定义务之内容看，托管人对于交易对象仅仅是依据管理人要求进行资金划付，并无对交易的实质进行审查的权利和义务。在此前提下，加之法院又查明原告购买基金、被告签订托管合同时，已不存在原告所称的元潮科技的关联关系，故原告该项主张亦不能成立。

综上所述，在我国现行私募基金“一元信托”信托结构模式下，基金管理人、基金托管人依法或依约分别履行不同职责，与投资者之间不构成共同受托人关系，也即托管人与管理人不当然成立连带责任。在基金逾期不能兑付致投资者遭受损失时，托管人责任应当在具体监管法规之下，仅围绕合同具体约定进行认定，而非苛以管理人地位、职责和义务。

（责任编辑：沙　洵）

行政复议程序中规范性文件附带审查机关的选择

——姚某奇与上海邮局海关、上海海关征税决定及行政复议上诉案

洪元蔚　董礼洁*

【裁判要旨】

《中华人民共和国行政复议法》第二十六条中的“有权处理的行政机关”指的是有权对行政复议程序中申请人要求一并审查的规范性文件进行撤销、修改、废止的行政机关。如果存在两个以上对被审查的规范性文件“有权处理的行政机关”时，一般应尊重复议机关的裁量权，除非存在明显不适宜由复议机关所选择的行政机关进行审查的情形。

【案情】

原告：姚某奇

被告：上海邮局海关

被告：上海海关

2021年7月8日，上海邮局海关收到邮件申报信息，物品名称为“eyewear”，数量1个，价格为822.1元，收件人为姚某奇。经上海邮局海关审核，申报物品的归类编号为27000000，完税价格为822.1元，适用的税率为20%，应征进口税金额为164.42元。2021年7月11日，上海邮局海关制发《旅客行李、个人邮递物品进口税款缴纳证》，向姚某奇征收进口税164.42元（以下简称被诉征税决定）。姚某奇缴纳税款后不服，申请行政复议，并申

* 洪元蔚，华东政法大学宪法学与行政法学研究生。董礼洁，法学博士，上海市高级人民法院行政审判庭副庭长。

请对中华人民共和国海关总署（以下简称海关总署）发布的《关于调整进出境个人邮递物品管理措施有关事宜》(海关总署公告2010年第43号，以下简称43号公告）进行规范性文件附带审查。2021年8月2日，上海海关收到海关总署转送的姚某奇提出的行政复议申请。同月5日，上海海关受理上述行政复议申请，向姚某奇发出行政复议申请受理通知书，向上海邮局海关发出行政复议答复通知书。同月13日，上海海关收到上海邮局海关的答复材料。同月16日，上海海关向海关总署转送规范性文件审查申请。同月17日，上海海关中止行政复议的审理，并告知姚某奇和上海邮局海关。2021年9月8日，上海海关收到海关总署规范性文件合法性审查意见，结论为43号公告符合《中华人民共和国进出口关税条例》(以下简称《进出口关税条例》) 的规定，可以作为具体行政行为的依据。同月10日上海海关恢复案件审理，并告知姚某奇和上海邮局海关。同月27日，上海海关作出行政复议决定（以下简称被诉复议决定），维持上海邮局海关的被诉征税决定。姚某奇不服向一审法院提起行政诉讼，请求确认被诉征税决定违法，撤销被诉复议决定，对43号公告进行规范性文件附带审查。

【审判】

上海市第二中级人民法院一审认为，本案争议焦点在于43号公告的合法性以及海关总署是否有权对43号公告进行审查。关于43号公告的合法性，一审法院认为,《进出口关税条例》第五十七条授权海关总署规定个人进境自用物品免征税的数额，但对于数额的确定方式并未加以限定，海关总署有权根据进口税管理的实际需要作出规定和调整。以固定的物品价值金额确定免税数额抑或以征收的税额确定免税数额，只是确定免征税数额不同的方式，并未超出《进出口关税条例》第五十七条的授权范围。因此，43号公告与《进出口关税条例》并不抵触。此外,《进出口关税条例》并未规定个人进境自用物品征税原则为“免税为原则，征税为例外”，相反，该条例第五十七条的规定恰恰说明，只有在海关总署规定数额内的个人进境自用物品免征进口税，故姚某奇认为43号公告确定了“征税为原则，免税为例外”的原则与上位法精神不符的主张，系对法律条文的误读，一审法院不予采信。

关于海关总署是否有权对43号公告进行审查，一审法院认为，海关总署作为43号公告的制定机关，有权对43号公告进行审查，是其行使职权的应有之义，无需法律专门作出规定。从《立法法》的规定来看，法律规范的制定机关，有权修改和废止其制定的法律规范，毋庸讳言，制定机关当然有权审查其制定的法律规范，否则，无法对法律规范进行修改或者废止。其他的相关规定中也能印证此观点，比如，《国务院办公厅关于加强行政规范性文件制定和监督管理工作的通知》（国办发〔2018〕37号）中规定，各部门对本部门制发行政规范性文件要进行监督检查，各部门对本部门实施的规范性文件要进行自查自纠，有问题的及时改正。如制定机关无权审查其制定的规范性文件，上述工作则无法开展。姚某奇所述的国务院有权改变或者撤销各部、各委员会发布的不适当的命令、指示和规定系关于国务院对各部、各委员会监督权的规定，并不能以此否定海关总署对43号公告的审查权。综上，被诉征税决定认定事实清楚，适用法律正确。上海海关在行政复议中将43号公告转送海关总署进行合法性审查，符合法律规定，被诉行政复议决定程序合法。43号公告经合法性审查，不存在违反法律规定之处。一审法院据此判决驳回姚某奇的诉讼请求。

姚某奇不服，向上海市高级人民法院提起上诉，认为一审法院在对海关总署是否有权对自己制定的规范性文件进行行政复议附带审查的问题上适用法律错误。根据《法规规章备案条例》第九条的规定，规范性文件制定机关没有自审自查的权力，国务院才具有备案审查权限；行政复议程序是上级行政机关对下级行政机关的行政行为进行审查的层级监督制度，附带审查作为行政复议的组成部分，也应当遵循这一原则；一审法院混淆了修改、废止与审查的含义。原审判决适用法律错误，故请求二审法院维持原审判决驳回其请求确认被诉征税决定违法的判决内容，撤销原审判决驳回其请求撤销被诉复议决定的判决内容，改判确认被诉复议决定违法。

上海市高级人民法院二审认为，在二审审理中，姚某奇与上海邮局海关、上海海关对于被诉征税决定的合法性均没有异议，一审法院对此予以认定，并无不当，二审法院亦予认可不再赘述。本案的争议焦点在于复议程序中复议机关选择的规范性文件附带审查主体是否符合法律规定。具体而言，姚某奇认为上海海关应当将43号公告提交国务院进行审查；而上海海关认为海关总署作为43号公告的制定机关有权对该文件的合法性进行审查。

针对上述争议焦点，二审法院认为，《行政复议法》第二十六条规定，申请人在申请行政复议时，一并提出对该法第七条所列有关规定的审查申请的，行政复议机关对该规定有权处理的，应当在三十日内依法处理；无权处理的，应当在七日内按照法定程序转送有权处理的行政机关依法处理，有权处理的行政机关应当在六十日内依法处理。双方当事人对上述规定中的“有权处理的行政机关”的理解有争议。二审法院认为，“有权处理的行政机关”指的是有权对被审查的规范性文件进行撤销、修改、废止的行政机关。就本案而言，国务院及海关总署均属于上述规定中的“有权处理的行政机关”。姚某奇认为根据《法规规章备案条例》第九条的规定，应当由国务院进行审查。对此，二审法院认为，《法规规章备案条例》规制的是地方性法规、自治条例、单行条例、部门规章和地方政府规章的备案与审查，并不适用于本案所涉的规范性文件的备案与审查；且《法规规章备案条例》第九条规定针对的是国家机关、社会团体、企业事业组织、公民认为地方性法规同行政法规相抵触的，或者认为规章以及国务院各部门、省、自治区、直辖市和较大的市的人民政府发布的其他具有普遍约束力的行政决定、命令同法律、行政法规相抵触的，向国务院书面提出审查建议的情形，而非本案所涉行政复议申请人在行政复议程序中的对规范性文件提出一并审查的情形。姚某奇据此认为43号公告应当由国务院进行审查的主张不能成立。

在行政复议程序中，存在两个以上对被审查的文件“有权处理的行政机关”时，一般应当尊重复议机关的裁量权，除非存在明显不适宜由复议机关所选择的行政机关进行审查的情形。就本案而言，43号公告的制定机关是海关总署，属于国务院的直属机构。《国务院办公厅关于全面推行行政规范性文件合法性审核机制的指导意见》(国办发〔2018〕115号)中规定，国务院部门制定的规范性文件，由本部门审核机构进行审核。被上诉人上海海关将43号公告提交海关总署进行审查，并无不当。

被上诉人上海海关具有作出被诉复议决定的职权，除上述争议焦点以外，双方当事人对被诉复议决定事实认定、适用法律、作出程序均无异议，一审法院对此亦予以认定，二审法院予以认可并不再赘述。综上，姚某奇的上诉理由不能成立，二审法院判决驳回上诉，维持原判。

【评析】

一、在上诉人于二审期间认可规范性文件合法性的前提下，附带审查行为是否还应当接受司法审查

在二审审理期间，上诉人姚某奇对43号公告的合法性不再持异议，而是认为复议机关选择海关总署作为规范性文件附带审查的机关不合法。姚某奇的上诉请求也作了相应的变更，其要求维持原审判决驳回其请求确认被诉征税决定违法的诉请的部分，撤销原审判决驳回其请求撤销被诉复议决定诉请的部分，改判确认被诉复议决定违法。对此，被上诉人上海海关提出答辩意见，认为上诉人已经认可了43号公告的合法性，已无权请求对该规范性文件进行合法性审查。对此，二审法院认为，对于经过行政复议的行政行为，如果当事人提起行政诉讼，法院应当就原行政行为和复议行为的合法性进行审查。在一审审理中，双方当事人的争议焦点在于43号公告的合法性以及复议机关将43号公告转送海关总署进行审查的合法性问题。但是，经过一审法院审理后，姚某奇对第一个争议焦点已经不存异议，认可了行政机关和一审法院的观点，但是其仍然对第二个争议焦点存有异议，并据此提起上诉，应当属于二审法院审理的范围。上海海关的复议行为也是本案行政诉讼审理对象，选择适合的规范性文件审查机关是被诉复议行为合法性的组成部分，应当属于行政诉讼的审理范围，不能因上诉人在二审期间对43号公告的合法性予以认可，就将规范性文件附带审查排除在行政诉讼二审审理范围之外。

二、复议机关对规范性文件的合法性审查

（一）应当由复议机关进行合法审查的情形

《行政复议法》第二十六条对申请人在复议程序中对行政机关的具体行政行为所依据的一定层级的规范性文件提起附带审查程序作出规定，明确规定了对上述规范性文件进行审查的主体。该条规定中对规范性文件附带审查主体的表述是“有权处理的行政机关”。行政复议程序虽然具有准司法性，但其仍然属于行政程序，仍然需要按照行政层级和职权进行。上述规定中的“有权处理的行政机关”指的是有权对被审查的规范性文件进行撤销、修改、废止的行政机关。一般包括规范性文件的制定机关及其上级机关。当复议机关

本身就是有权处理的行政机关时，应当由其对规范性文件的合法性进行审查，一般不宜转送其他有权处理的行政机关，但可以听取其意见。这种情况主要是指被审查的规范性文件是由复议机关、复议机关的下级机关或者组成部门制定的，这里的下级机关和组成部门既包括复议程序中的被申请人也包括复议机关的其他下级机关或者组成部门。在这种情况下，复议机关应当依照《行政复议法》第二十六条的规定，在三十日内依法处理，对被审查的规范性文件的合法性作出判断。

（二）规范性文件合法性审查的标准

无论审查的主体是复议机关还是“有权处理的行政机关”，抑或是人民法院，对规范性文件的合法性审查的标准是基本一致的，主要包括以下两点：

1．制定机关是否具有制定该规范性文件的职权

行政机关有权就其职权范围内或者授权范围内的事项制定规范性文件。根据组织法及相关文件的规定，行政机关有其固有的职权范围，对于其职权范围内的事项，行政机关有权制定规范性文件。此外，行政机关及其部门经法律、法规、规章的授权管理特定事项，法律、法规、规章也会授权该行政机关或者部门就授权事项的执行或者实施制定细则。行政机关及其部门基于其行政职权或者授权制定规范性文件，应当可以认为制定机关具有制定该规范性文件的职权。

2．规范性文件的内容是否合法

审查规范性文件内容的合法性主要在于审查其内容是否违反上位法的规定。这需要结合具体的内容进行分析。就本案而言，《进出口关税条例》作为43号公告的上位法，也是授权依据，确立了对我国准许进出口的货物、进境物品的征税原则，具体而言就是除法律、行政法规另有规定外，我国准许进出口的货物、进境物品应当依照该条例规定征收进出口关税。但是，该条例规定对于一定数额内的个人自用的进境物品免征进口税，具体数额授权由海关总署作出规定。43号公告正是海关总署根据上位法的授权，具体规定了个人自用的进境物品免征进口税的数额，其内容不存在违反上位法规定的情形，可以作为本案征收行为的依据。

三、复议机关对规范性文件的转送

如果复议机关对于规范性文件无权处理，应当在七日内按照法定程序转送有权处理的行政机关依法处理，有权处理的行政机关应当在六十日内依法处理。这种情况主要是被审查的规范性文件不属于复议机关的职权范围或者超出复议机关的管辖范围。这主要包括两种情况：一是规范性文件的制定机关是复议机关的上级机关；二是规范性文件的制定机关是与复议机关没有行政隶属关系的其他行政机关。

（一）规范性文件的制定机关是复议机关的上级机关

复议程序中，申请人请求一并审查规范性文件的，如果该文件的制定机关是复议机关的上级机关，一般情况下应当由复议机关转送其上级机关进行审查。以本案为例，43 号公告是由复议机关上海海关的上级机关海关总署制定的，且海关属于垂直领导的行政机关。上海海关根据《行政复议法》第二十六条的规定，将 43 号公告转送海关总署，符合法律规定和行政惯例。海关总署属于国务院的直属机构。根据《国务院办公厅关于全面推行行政规范性文件合法性审核机制的指导意见》（国办发〔2018〕115 号）的规定，国务院部门制定的规范性文件，由本部门审核机构进行审核。因此，复议机关将 43 号公告转送海关总署审查更为妥当。本案中也不存在不适宜由 43 号公告的制定机关进行审查的情形，复议机关经过裁量决定将 43 号公告转送海关总署而非国务院审查，既不存在合法性问题，也不存在合理性问题，法院应当予以尊重。

（二）规范性文件的制定机关是与复议机关没有行政隶属关系的其他行政机关

复议程序中，申请人请求一并审查规范性文件的，如果该文件的制定机关是与复议机关没有行政隶属关系的其他行政机关，复议机关可以根据具体情况决定转送的对象。如某区政府作为复议机关对该区公安部门的行政行为进行复议，申请人申请一并审查的规范性文件则是由该区所在市公安局制定的，那么复议机关可以根据案件的具体情况决定将该规范性文件转送市公安局或者市政府进行审查。一般情况下，复议机关可以将规范性文件转送制定机关进行审查，除非存在不宜由制定机关审查的情形，如该规范性文件的内容明显超出制定机关的职权范围等。如果存在上述明显超越职权制定规范性文件的情形，复议机关可以将规范性文件转送制定机关的上级机关、上级部门或者与制定机关有行政隶属关系可以对制定机关进行监督管理的行政机关审查。

（责任编辑：林俊华）

行政处罚案件中当事人主观过错的司法审查

——某机械公司诉某区生态环境局行政处罚案

崔胜东　徐美娟*

【裁判要旨】

行政处罚决定认定、记载了整改情况，其即已成为处罚认定事实的一部分，人民法院在后续行政诉讼中应对其展开审查。行政机关认定被处罚人具有逃避改正的主观故意，据此确定处罚金额并作出处罚的，在行政诉讼中应提供充分证据证明。证据不足以证明被处罚人具有前述主观故意的，属认定事实不清，证据不足，人民法院应予撤销。

【案情】

原告：某机械公司

被告：某区生态环境局

原告成立于2019年10月，法定代表人为苏某，住所地为上海市某区肖塘路255弄10号2层。2020年4月14日，被告对原告实际生产地某区洪兰路598号实施检查，发现其从事粉碎移动机加工生产，未依法向生态环境部门报批环境影响评价文件，配套环保设施未建成。当日立案后，在调查过程中，该公司承认未依法向生态环境部门报批环境影响评价文件，配套环保设施未建成。同年5月25日，被告作出《责令改正决定书》，认为原告违反《建设项目环境保护管理条例》(以下简称《管理条例》)第十五条规定，责令立即改正；同时，作出行政处罚听证告知书，告知依据《管理条例》第

* 崔胜东，华东政法大学博士研究生，上海铁路运输法院审判监督庭副庭长。徐美娟，法学硕士，上海铁路运输法院审判监督庭法官助理。

二十三条第一款规定拟予以罚款55万元，并告知可要求听证。同月27日，原告要求举行听证。6月9日，原告进行工商登记变更，法定代表人变更为孙某，住所变更为金山区山阳镇亭卫公路某号6幢1015室，投资人由孙某、苏某变更为孙某；同月18日，某重工公司成立，住所为某区南奉公路686号4幢，法定代表人为苏某。6月29日，被告组织了听证，苏某参加听证并提交两张盖有原告公章的生产场所照片并表示“已搬空”。同年7月15日，被告到洪兰路598号进行复查，发现该址内已无原告，现场进行生产的是某重工公司，该公司主要生产设备与原告的相似。被告认为在涉案生产场所上生产的某重工公司法定代表人与原告原法定代表人为同一人，生产设备、工艺相似，认定原告未整改，遂于同年7月22日作出《行政处罚决定书》。其中载明被处罚单位为原告，经营地址为某区洪兰路598号，注册地址为某区肖塘路255弄10号2层，法定代表人为苏某；该处罚决定认定，原告在从事粉碎移动机的加工生产，该项目未依法向生态环境部门报批环境影响评价文件，配套环保设施未建成，主体工程于2020年1月即投入正式生产，违反《管理条例》第十五条规定，依据该条例第二十三条第一款规定，决定对原告罚款55万元。原告不服，提起诉讼，请求撤销被诉行政处罚决定。

同时查明，被告提交的罚款幅度裁量表格显示，“整改情况”分为三档：“未采取整改措施”“主动采取整改措施”“停产且采取整改措施”，并分别对应不同的裁量比例。被告对原告整改情况确定为“未采取整改措施”，并根据其他要素综合确定拟罚款金额为55万元。

【审判】

上海铁路运输法院经审理认为，原告从事粉碎移动机加工生产中存在焊接、喷漆等工作环节，确应依法向生态环境部门报批环境影响评价文件，在配套环保设施未建成情形下主体工程即投入正式生产，有违法律规定。但根据当事人争议及案件审理情况，有两个问题还需要进一步分析。首先，关于被告认定原告未整改是否准确，证据是否充分的问题。行政处罚决定书中载明原告是否整改的事实及其认定，且被告在确定拟处罚金额时制作的裁量幅度表格中也含有整改情况，故整改的相关事实及其认定已经是被诉行政处罚决定认定事实的一部分，亦关系到后续处罚金额的确定。被告在涉案行政处罚决定书及庭审答辩过程中认为原告在处罚期间变更了法定代表人及住所地，而仍在涉案生产场所实际进行生产的某重工公司法定代表人与原告原法定代表人系同一人，且某重工公司生产设备与原告被查处时的主要生产设备相似。同时，原告也未在企业登记信息变更后的注册地进行生产，故原告系通过转让股权、变更法定代表人等方式掩盖违法事实，借此逃避处罚，故认定原告未整改。对此，法院认为，对于被处罚人主观故意的判断需要有充分证据证明，被告以涉案两家公司法定代表人一致、生产设备相似及未在登记信息变更后的注册地生产为由认定原告具有借企业登记信息变更逃避处罚的故意并属未整改之情形，认定思路并不严谨，依据并不充分。其次，涉案行政处罚决定书中被处罚人信息的表述问题。被告在作出处罚前已经获知原告的法定代表人、住所地等登记信息已发生变更，但处罚决定书中载明的经营地址、注册地址及法定代表人仍系变更前的相关信息，亦明显有误。综上，被诉行政处罚决定认定事实不清，证据不足，涉案处罚决定书的送达程序亦有不当，应予撤销。法院依照《中华人民共和国行政诉讼法》第七十条第一项、第三项之规定，判决撤销被诉行政处罚决定。

一审宣判后，双方当事人均未上诉，判决已生效。

【评析】

2021 年 1 月 22 日第十三届全国人大常务委员会第二十五次会议修订《行政处罚法》，并于同年 7 月 15 日实施。在修订内容中，新增的主观过错相关规定尤为引人注目，但对其具体运用似乎并不明确。在修订之前，对于行政处罚中是否以行为人存在主观过错为要件，理论界、实务界对此均有争议。此次新《行政处罚法》确立了无主观过错免罚原则，“在过与罚之间确立了一个相对明确的对应关系”，[①] 是行政法治原则不断深化的体现。本案中，被告以涉案两家公司法定代表人一致、生产设备相似及未在登记信息变更后的注册地生产为由，认定原告具有借企业登记信息变更逃避处罚的故意并属未整改之情形，进而作出处罚，即涉及行政处罚案件中当事人主观过错的认定问题。

① 黄海华:《新〈行政处罚法〉制度创新的理论解析》，载《行政法学研究》2021 年第 6 期。

一、行政处罚主观过错条款的理解

新《行政处罚法》第三十三条第二款规定："当事人有证据足以证明没有主观过错的，不予行政处罚。法律、行政法规另有规定的，从其规定。"该行政处罚主观过错条款体现了国家治理现代化理念，行政法治"不再限于单纯追求行政效率，更要促进民主、保障人权、维护公平正义、体现规则理性"。②确定其意涵，不仅对新法规定理解有意义，同时，对于修订前的执法和司法审查也具有意义，行政处罚中的主观过错问题一直存在，法律原理并无区别。

对于该条款的理解，可从以下几个角度展开。首先，主观过错条款仍以过错推定为行政处罚基本归责形式。换言之，行政机关基于调查所得客观证据，可以推定拟被处罚人主观上有过失或者故意，而不需要在每个案件中都要针对拟被处罚人的行为做主观过错的认定。这系基于不影响执法效率的实际考虑，不应也无法苛求行政机关花大量精力去探明、分析每一个个案中被处罚人的主观状态。其次，该条款为拟被处罚人提供了主观无过错豁免处罚的权利。在拟被处罚人能够举证证明其不具有过错时，行政机关可以免除其法律责任，当然证明标准应达到"足以证明"。最后，该条款的重要法律意义在于：立法上明确了主观过错的有无可以成为是否予以处罚的标准之一。这就为行政处罚是否需要考察主观过错要件的争论提供了法律定论。某种意义上也说明，新《行政处罚法》正式生效前的执法实践中不能因法律未明确规定主观过错条款而拒绝考察拟被处罚人的主观状态。

具体到执法过程，一般而言，行政机关无需专门针对拟被处罚人有无过错进行证据采集或认定（当然，如果在调查过程中已能发现拟被处罚人不具有主观过错的，应直接不予处罚），"只要行为人有违反法定义务的事实存在，处罚机关就可以推定义务违反者具有过错"。③在拟作出处罚听取当事人陈述、申辩程序中，行政相对人提出无主观过错的，行政机关则应进行审核并作出是否具有主观过错的认定。若相对人主观上确实不存在故意或过失，则一般

② 方军：《论构成应受行政处罚行为的主观要件》，载《中国法律评论》2020年第5期。
③ 江必新：《论应受行政处罚行为的构成要件》，载《法律适用》1996年第6期。

不予行政处罚。

二、行政处罚主观过错类型化及其举证责任分配

行政处罚实践中，当事人主观过错情形比较多样，并不仅包括第三十三条第二款有关当事人主动提出其无主观过错的情形。例如本案中，就是被告主动认定原告有逃避处罚的主观过错而作出行政处罚。因此，有必要对被处罚人主观过错的考量情形作类型化区分。

根据主观过错的提出、认定主体的不同，可以将行政处罚领域中主观过错情形细分为以下几种：一是行政机关在调查过程中发现当事人不具有主观过错；二是行政处罚程序中，当事人提出其无主观过错，行政机关最终认定其无主观过错而不予处罚；三是行政处罚程序中，当事人提出其无主观过错，行政机关经审查认定其有主观过错而予以处罚；四是行政机关在行政处罚程序中主动认定当事人具有主观过错并给予行政处罚。

上述四种情形下，一旦涉诉，相关的举证责任及要求也是不同的。前两种情况下，④被告均需对当事人不具有主观过错提供充分证据予以证明，区别在于第一种情况下，证据主要基于行政机关的调查。第二种情况下，被告证据主要应系当事人提出无主观过错时所提交于被告的证据。第三种情况下，被告需证明拟被处罚人提出的证据不足以证明其不具有主观过错。第四种情况下，行政机关应提供充分证据证明被处罚人具有主观过错。本案即属于第四种情形，被告在处罚决定中主动认定原告具有逃避整改的主观过错并给予行政处罚，被告在诉讼中就需要对认定原告具有主观过错承担举证责任。

三、行政处罚认定的主观过错情况属案件认定事实一部分

被告在本案中提出一个观点，认为作出行政处罚的案件事实是原告未依法向生态环境部门报批环境影响评价文件，在配套环保设施未建成情形下主体工程即投入正式生产，而是否整改不属于案件认定事实。原告也无从轻或减轻处罚情节，即使对是否整改的认定存在瑕疵，也不会对被诉行政处罚决

④ 认定当事人不具有主观过错而不予处罚，该当事人一般不会提起诉讼，但若案件有第三方的，其对不予处罚决定不服，可以提起行政诉讼。

定合法性造成影响。

对此问题，根据前文分析，行政处罚中的主观过错情形是不同的，一般情况下行政机关作出行政处罚无需专门认定违法行为人主观过错，自然法院在行政诉讼中也无需将当事人主观过错作为认定事实进行审查。但如果行政机关认定相关当事人无主观过错或有主观过错，则对此认定即已成为认定事实的一部分，甚至是比较重要的案件事实，自然应成为后续行政诉讼审查的一环。

再回到本案，行政机关在作出行政处罚时应综合考量违法的事实、性质、后果、情节等因素，正确、适当的确定行政处罚的种类、幅度。对原告主观状态的判断影响是否整改的认定，进而关乎处罚裁量，甚至是否予以处罚。被告基于原告具有逃避整改的主观故意而认定原告未整改，而被告罚款幅度裁量表格显示其作出涉案处罚决定系从“对环境影响程度”“整改情况”等多方面要素确定处罚裁量比例。具体“整改情况”显然关系到后续处罚金额的确定。且涉案行政处罚决定书中载明了原告是否整改的事实及其认定，故整改的相关事实及其认定已经是被诉行政处罚决定认定事实的一部分，被告的抗辩不能成立，法院理应对该部分事实认定是否准确、证据是否充分进行审查。

四、对认定当事人有逃避整改主观过错应采取高度盖然性证据审查标准

如上文所述，行政机关在处罚决定中主动认定当事人具有主观过错并给予行政处罚的，应提供充分证据证明被处罚人具有主观过错，“其如果提供不出证明相应事实情况的证据，则应承担败诉风险及不利后果”。⑤目前，我国《行政诉讼法》及相应司法解释中均未规定证明标准问题，不同的行政案件会涉及不同的证明标准，如“明显优势证明标准”“优势证据标准”“排除合理怀疑标准”“高度盖然性标准”等。笔者认为，行政机关既然在行政处罚程序中认定当事人具有主观过错并据此确定处罚幅度，而主观过错又是一个相当主

⑤ 姜明安主编：《行政法与行政诉讼法》，北京大学出版社、高等教育出版社2019年版，第463—464页。

观的判断，那么在后续行政诉讼中，行政机关对其关于当事人具有主观过错的认定，应提供有充分证据证明，并达到“高度盖然性标准”，即法院经审查证据并结合相关事实，能够确定相对人主观上有过错是具有高度可能性的。

本案中，被告的主观过错认定思路不能成立，相应举证责任未完成。原告认为其已搬离，应认定其已经整改，而被告在涉案行政处罚决定书及庭审答辩过程中认为原告在处罚期间变更了法定代表人及住所地，而仍在涉案生产场所实际进行生产的某重工公司法定代表人与原告原法定代表人系同一人，且两家公司的主要生产设备相似，同时，原告也未在企业登记信息变更后的注册地进行生产，故原告系通过转让股权、变更法定代表人等方式掩盖违法事实，借此逃避处罚，故认定原告未整改。被告作出上述认定的证据仅有原告及某重工公司企业信用信息及原告变更后的营业执照中住所地的现场照片。工商变更登记、股权转让是企业经营过程中的行为，并且企业不在住所地实际生产经营也是十分常见的，原告在庭审中也指出了其新的实际经营地。同时，原告原法定代表人与涉案生产经营地上的某重工公司法定代表人一致，也不能得出原告就是在逃避整改。被告证据并不能证明原告工商变更的一系列行为是为了逃避改正或处罚，具有主观恶意。被告认定思路并不严谨，证据并不充分。

综上，行政机关在处罚程序中一般无需考量当事人主观过错问题，当然，也可应当事人要求或依照职权对主观过错进行认定。行政处罚案件中当事人主观过错情形多样，相应的举证责任要求不同。对于被告认定当事人具有主观过错并予处罚的，其应提供充分证据证明，否则，法院应认定被诉处罚决定认定事实不清，证据不足。

（责任编辑：林俊华）

股东知情权纠纷执行的难点与方法

——张某静申请执行兴盛公司股东知情权纠纷执行案

周青松*

【裁判要旨】

股东知情权作为股东行使一系列权利的前提和基础，对作为申请执行人的股东影响重大。股东知情权在性质上兼具物之交付请求权与行为请求权双重特点，需要在综合审查判断的基础上合理运用物之交付义务执行方法与行为义务执行方法执行和直接执行措施与间接执行措施，通过多种手段与方法实现申请执行人的权益。《预处罚通知书》的尝试体现了善意文明执行理念，具有督促被执行人履行义务、达到教育与惩戒相结合的效果，有助于规范执行行为、保障当事人合法权益。

【案情】

申请执行人：张某静

被执行人：兴盛公司

张某静诉兴盛公司股东知情权纠纷一案，上海市闵行区人民法院于2020年1月8日作出（2019）沪0112民初42624号民事判决：一、被告兴盛公司于本判决生效之日起十日内向原告张某静提供被告兴盛公司自1996年8月13日起至2019年9月30日止的股东会会议记录、财务会计报告供原告张某静查阅、复制；二、被告兴盛公司于本判决生效之日起十日内向原告张某静提供被告兴盛公司自1996年8月13日起至2019年9月30日止的会计账簿（包括总账、明细账、日记账和其他辅助性账簿及全部原始凭证、记账凭证）

* 周青松，法律硕士，上海市闵行区人民法院执行局法官助理。

供原告张某静查阅；三、驳回原告张某静的其余诉讼请求。兴盛公司不服判决，提出上诉，上海市第一中级人民法院于2020年4月14日作出（2020）沪01民终3559号民事判决：驳回上诉，维持原判，并依据《最高人民法院关于适用〈中华人民共和国公司法〉若干问题的规定（四）》(以下简称《公司法解释（四）》) 第十条第一款规定，确定张某静在本案中行使股东知情权的时间为十个工作日，地点为上海市 ** 路 ** 号 ** 大厦 ** 层。判决生效后，被告兴盛公司未履行生效法律文书确定的义务，张某静则向法院提出执行申请。依照申请执行人的申请，闵行法院立案强制执行。

【执行】

执行法院受理后，发现本案执行过程中，存在如下难点：一是材料繁多。本案中申请执行人要求查阅公司自成立以来23年的公司财务账簿，时间跨度大、资料数量多，查阅的时间周期长，履行过程中容易衍生新的矛盾和纠纷。二是情绪对立。当事人经济利益与私人恩怨交织，对立情绪严重，执行过程中争议不断。三是权利独特。股东知情权是股东行使一系列权利的前提和基础，受到侵害也难以弥补。股东知情权执行过程中，要直接保障知情的实现，无法通过其他方式替代履行。四是性质复杂。股东知情权执行过程中，被执行人既要将账簿移交申请执行人临时占有，也要容忍和配合申请执行人查阅，兼具物之交付与行为执行的特点，需要综合运用物之交付执行方法和行为执行方法进行执行。

执行法院认为，股东执行权的执行，应该以充分保障股东知情权为导向，根据判决的内容和相关司法解释的规定，依法进行审查并充分运用直接执行措施和间接执行措施，责令被执行人履行义务。执行过程中，双方对能否聘请注册会计师、律师协助查阅账簿、能否查阅电子账簿发生争议，难以达成一致。而这些内容在执行依据中尚未明确。执行人员就注册会计师、律师协助执行问题进行了明确，依照公司法解释，这属于股东知情权的行使的重要保障。对于电子账簿问题，当前电子账簿已经普遍化，查阅电子账簿不超出执行依据内容，而且有利于充分保障股东知情权，申请执行人的诉求应予支持；但被执行人仍以各种理由不予配合。在借鉴实践经验的基础上，执行法院向被执行人发出《预处罚通知书》，要求三个工作日内交出电子账簿供申请执行人查阅，否则将予罚款。在预处罚通知书的威慑之下，被执行人配合提供了电子账簿，本案执行完毕。

【评析】

一、股东知情权纠纷执行的特点

正确认识股东知情权纠纷执行的特点，有利于妥善处理执行过程中出现的各种问题。股东知情权纠纷执行中有如下特点值得注意：

（1）兼具物之交付与行为执行特点。股东知情权执行的直接目的是知悉公司经营情况和财务状况，实现的方式是查阅公司的会计报告、会计账簿、股东会决议等资料。在执行程序中可以分为两种情况：一是被执行人交出资料供股东临时占有并查阅，具有物之交付执行的特点；二是被执行人配合股东查阅，不得干涉股东查阅，具有不作为行为执行的特点。

（2）兼具工具性和手段性特点。股东行使知情权，往往是公司治理纠纷的第一步。① 在了解公司经营情况和财务状况后，紧接着可能是撤销公司的不当行为、请求分红等。股东知情权受到损害，也难以通过损害赔偿来救济。该权利的工具性和手段性特点，要求执行程序应穷尽执行手段和方法，尽可能满足知情的目的。②

（3）权利实现过程的持续性。股东知情权的实现需要持续的查阅过程，无法一次性全部实现，造成股东知情权纠纷执行过程中通常资料多、时间跨度大、专业要求强。权利实现过程的持续性，容易滋生其他衍生纠纷。

二、股东知情权纠纷执行的难点

（1）文件资料查找难。被执行人交出会计报告、公司账簿、凭证等文件资料，是知情权行使的前提和基础。在很多股东知情权纠纷案件中，公司以账簿毁损、丢失、缺失、负责人离职等理由拒不交出账簿，而申请执行人又

① 参见朱大明：《论股东会计账簿查阅权的监督功能——以查阅权的共益性为中心》，载《北方法学》2021 年第 1 期。

② 参见李建伟：《股东知情权的共益权属性定位及其司法价值》，载《人民法院报》2021 年 8 月 12 日第 7 版。

无法提供相关线索，资料难以查找。更有甚者，被执行人故意藏匿、转移文件资料。

（2）执行义务确定难。股东知情权纠纷的被执行人是公司，但是需要通过公司法定代表人、高级管理人员、直接责任人来具体实现。查阅的材料中，财务资料通常由财务人员保管，股东会决议等资料由办公室人员保管。这些人员在执行过程中若不配合执行，是否可以对其采取直接或间接执行措施、义务限度如何难以确定。

（3）执行争议化解难。股东知情权纠纷的发生，一般是股东与股东之间、股东与公司管理人员之间发生较大的矛盾冲突。在股东知情权执行过程中，各方情绪对立，往往会揪着各种事项挑剔、刁难，比如查阅的范围、时间、形式、是否可以聘请专业人员进行辅助等。这些事项需要在裁判文书中明确、细化，但是由于一些审判部门和法官未能充分关注执行问题，存在挂一漏万的情况。在裁判文书没有明确的情况下，执行人员对执行争议就较难处理。

三、股东知情权纠纷的执行方法与问题处理

根据股东知情权的特点和难点，股东知情权纠纷执行应以实现股东知情权为目标，坚持穷尽执行原则，充分运用各种执行方法。对于执行中发现的违法线索，应依法移送相关部门处理，既规范公司经营行为，又可以作为一种威慑措施。

（1）直接强制执行措施的采用。直接强制执行措施，是指依国家权力，不论被执行人的意思如何，直接实现强制执行的内容。③ 在股东知情权纠纷执行过程中，要充分运用搜查、调取材料等直接执行强制措施，尽最大可能实现股东知情权。一是充分运用搜查措施。股东知情权纠纷执行具有物之交付执行的特点，在执行过程中，可以运用搜查措施查找可供查阅的资料。搜查措施，可以是法院依职权适用，也可以是依申请执行人的申请适用。搜查的范围以公司经营场所为限，对可能存放资料的场所和区域进行搜查，如果申请执行人提供其他存放线索的，法院也可以开展搜查。

③ 参见谭秋桂：《民事执行法学（第二版）》，北京大学出版社 2010 年版，第 12 页。

二是向相关部门调取资料。如果经过搜查没有查到可供查阅的资料，可以采取一些变通的方法保障申请执行人的知情权。一方面，公司可能将会计报告、审计报告等材料提交税务等机关，通过向税务等机关调取此类材料，可以一定程度上保障申请执行人的知情权。另一方面，通过银行等金融机构，调取公司账户的交易流水，进而间接实现查阅现金流量表、原始会计凭证的目的。

（2）间接强制执行措施的采用。间接执行措施，是指通过处以罚款、拘留、限制消费、纳入失信被执行人名单等执行方法，对于被执行人加以心理上的压迫，倒逼被执行人履行义务。④一是充分运用各种强制措施。在股东知情权执行过程中，如果遇到被执行人抗拒执行、干扰执行的，应该果断对其施以罚款、拘留等处罚措施。如果被执行人不履行义务，也可以对被执行人采取限制高消费、纳入失信被执行人名单等措施。但值得注意的是，如果被执行人确无可供查阅的资料，被执行人通过一定证据证明材料已经灭失、毁损、丢失的，则不属于拒不履行法律义务，不应该再采取间接执行措施。申请执行人的权益，应另寻法律途径救济。

二是依法确定执行措施的适用对象。《民事诉讼法》第一百一十一条第二款规定，罚款、拘留的对象是主要负责人或者直接责任人员。《最高人民法院关于限制被执行人高消费及有关消费的若干规定》第三条第二款规定，可以限制消费的对象是被执行人及其法定代表人、主要负责人、影响债务履行的直接责任人员、实际控制人。如果法定代表人、掌握账簿等资料的直接责任人员拒不配合法院交出资料，法院可以对其罚款、拘留，也可以对其采取限制高消费措施。

（3）执行程序中的征询与裁量。执行程序中发生的关于查阅范围、时间、形式，是否可以聘请专业人员进行辅助等纠纷，涉及审执协调和执行裁量问题，有些事项应该征询审判部门的意见，有些则可以通过执行裁量权来解决。

第一，对于执行部门不得执行裁量的事项，需要征询审判部门予以明确。《公司法解释（四）》第十条第一款规定，应当在判决中明确查阅或者复制公司特定文件材料的时间、地点和特定文件材料的名录。由此可以看出，对

④ 参见谭秋桂：《民事执行法学（第二版）》，北京大学出版社2010年版，第12页。

于查阅资料的范围以及地点、时间应该属于判决的必要事项，执行部门不宜直接确定。如果执行部门发现上述内容缺失和不明的，则属于执行内容不明，应根据《最高人民法院关于人民法院立案、审判与执行工作协调运行的意见》第十五条的规定，书面征询审判部门的意见，由审判部门进行书面答复或者裁定予以补正。

第二，执行部门可以直接裁量事项的处理。首先，专业人员辅助查阅的问题。《公司法解释（四）》第十条第二款规定，股东依据人民法院生效判决查阅公司文件材料的，在该股东在场的情况下，可以由会计师、律师等依法或者依据执业行为规范负有保密义务的中介机构执业人员辅助进行。由于有法律明确的授权性规定，执行部门可以直接决定准许申请执行人聘请符合条件的专业人员辅助行使股东知情权。其次，文件材料内容的合理解释。执行部门可以根据会计法，对如下内容作合理解释，会计凭证包括原始凭证和记账凭证，会计账簿包括总账、明细账、日记账和其他辅助性账簿。同时，如今电子账簿较为普遍，查阅账簿也意味着可以查阅电子化的账簿，以方便股东行使知情权。最后，复制、查阅与摘录问题。摘录是辅助记忆的过程，复制是资料再现的过程，两者有所差异。执行依据中明确可以复制的资料，应该准许通过拍照、扫描等形式制作电子化的复制件，而不仅仅限于传统的复制。执行依据中明确可以查阅的资料，申请执行人不得拍照、扫描和复制，但是应该准许摘录。

（4）执行无果的处理。如果穷尽执行措施以后，仍然没有查找到执行依据所确定的资料，或者查明资料毁损、灭失的，则可以按照如下方法处理：

一是将有关线索移送相关主管部门。将违法犯罪线索移送相关主管部门，既能促进公司规范经营管理，又能威慑被执行人，倒逼被执行人及时履行义务。首先，可以将会计不规范行为线索移送财政部门监督处理。按照会计法的规定，各单位必须依法设置会计账簿，并保证其真实、完整。单位负责人对本单位的会计工作和会计资料的真实性、完整性负责。如果在执行过程中被执行人以没有制备会计账簿等理由拒不执行的，则可以根据《会计法》第三十二条规定，将线索移送财政部门进行监督处理。其次，可以将违法行为线索移送财政部门处罚。《会计法》第四十二条规定，县级以上人民政府财政部门可以对不依法设会计账簿、未按照规定保管会计资料致使会计资料毁损、灭失等行为予以处罚。最后，可以将犯罪线索移送公安机关侦查。《刑法》第一百六十二条之一规定了隐匿、故意销毁会计凭证、会计账簿、财务会计报告罪，执行中发现犯罪线索的，可以移送公安机关追究刑事责任。

二是适用终结执行结案。《最高人民法院关于适用〈中华人民共和国民事诉讼法〉的解释》第四百九十四条规定："执行标的物为特定物的，应当执行原物。原物确已毁损或者灭失的，经双方当事人同意，可以折价赔偿。双方当事人对折价赔偿不能协商一致的，人民法院应当终结执行程序。申请执行人可以另行起诉。"由于股东知情权纠纷执行具有物之交付的特点，执行过程中如果发现账簿等资料已经毁损、灭失的，则执行程序无法进行，可以参照物之交付执行的规定，以终结执行结案。

四、《预处罚通知书》的性质与价值

在本案执行过程中，就是否能够查阅电子账簿问题，执行法院充分释法明理之后，被执行人仍怠于配合。执行法院遂作出《预处罚通知书》，对为何要查阅电子账簿进行了详细说理，并且责令被执行人在三个工作日内提供电子化的账簿供申请执行人查阅，否则将予以罚款。随后，被执行人积极履行义务，该案顺利执结。

《预处罚通知书》并非法定的执行措施，是地方法院探索而来。《预处罚通知书》中通常包含三个要素：第一，做什么。即法院要求相关主体做出某项行为的明确指令，或履行义务，或协助执行。第二，为什么。即法院"为什么"要求其"做什么"的事实、理由及法律依据。第三，罚什么。即相关主体拒绝做什么的后果，一般是具体明确的处罚责任，而不是概括的法律后果。

实践证明，这种做法具有间接执行措施的效果，能够有效促进执行工作。其功能和价值在于：一是具有威慑作用，督促履行义务。《预处罚通知书》属于告知性文书，也带有命令属性，明确体现了人民法院的意志和要求，对被执行人具有一定的威慑作用，是一种间接执行措施。二是实现教育与惩戒相结合，提高执行权威。《预处罚通知书》中，载明了采取执行行为的理由、法院的要求，告知相应法律后果，兼具教育性和灵活性，实现惩戒性和实用性相结合，有利于促进当事人认可执行、配合执行。三是规范执行行为，保障合法权益。以书面形式明确呈现人民法院的意志，是执行行为外化的表现，有利于规范执行，防止执行的随意性。

（责任编辑：金殿军）

上海市高级人民法院关于司法服务保障经济社会高质量发展的若干意见

为全面贯彻落实党的二十大精神，紧紧围绕中央经济工作会议、中央政法工作会议精神、市委决策部署和最高人民法院工作要求，进一步发挥人民法院职能作用，保障经济社会高质量发展，突出做好稳增长、稳就业、稳物价工作，有效防范化解重大风险，推动经济运行整体好转，努力为上海加快建设具有世界影响力的社会主义现代化国际大都市提供坚强司法保障，现结合上海法院工作实际，制定本意见。

一、指导思想

坚持以习近平新时代中国特色社会主义思想为指导，强化政治引领，忠诚拥护“两个确立”、坚决做到“两个维护”，坚持党对法院工作的绝对领导，自觉在思想上政治上行动上同以习近平同志为核心的党中央保持高度一致。始终围绕中心、服务大局，忠实履行宪法法律赋予的职责，确保法律得到有效实施，确保审判权依法正确行使，以高质量司法服务保障经济社会高质量发展。

二、重点任务

（一）依法保护企业产权和企业家权益，营造市场化、法治化、国际化一流营商环境

1. 依法保护企业家的人身自由和财产安全。严格执行法律，严格区分正当融资与非法集资、合同纠纷与合同诈骗等的界限，坚决防止把经济纠纷认定为刑事犯罪。坚持罪刑法定，对企业家在生产、经营、融资活动中的创新创业行为，只要不违反刑事法律的规定，不得以犯罪论处。依法惩治侵犯企

业和企业家权益的各类刑事犯罪，为企业家正常经营提供良好的治安环境。严格区分企业家违法所得和合法财产、个人财产和企业法人财产，确保依法规范处置涉案财产。

2. 依法保护企业的产权和知识产权。落实平等保护原则，对各类所有制经济产权一体保护，注重对非公有制经济产权的平等保护；落实全面保护原则，依法制裁侵犯物权、债权、股权、知识产权等各种财产权的违法犯罪行为；落实依法保护原则，妥善处理涉及产权保护的各类案件。推进知识产权民事、刑事、行政案件审判三合一机制，增强知识产权司法保护的整体效能，实现各类诉讼案件审理有序衔接、统筹协调，促进实质性解决纠纷。准确把握证据规则和证明标准，运用法院调查令、证据出示令等制度，有效减轻权利人举证负担，同时加大对举证妨碍行为的司法惩戒力度。优化损害赔偿计算方法与裁量规则，合理确定知识产权侵权赔偿基数，依法实施更大力度的知识产权侵权惩罚性赔偿制度。依法打击破坏市场秩序、不正当竞争等违法行为，保障各类企业平等参与市场竞争。加强反垄断案件的审理，制止占有市场支配地位的垄断者滥用垄断地位，依法追究违法垄断行为的法律责任，为各种所有制经济主体提供高效公平的竞争环境。

3. 依法保护诚实守信企业家的合法权益。审慎处理企业改制相关纠纷，既要防止国有资产流失，也要防止超越法律规定和合同约定，不当损害民营企业正当权益。依法公正审理企业家财产征收征用案件，维护被征收征用者的合法权益。正确认定民商事合同法律效力，促进和保障市场交易。充分尊重和保护市场主体的契约自由，恪守契约精神，合理判断各类交易模式和交易结构创新的合同效力，促进市场在资源配置中起决定性作用。严格依法认定合同可解除、可撤销情形及合同法律责任，制裁违约失信行为，保护守约方企业家的合法权益。加强国际商事审判组织建设，进一步创新完善涉外民商事、海事海商案件审判机制，对标世界银行新发布的宜商环境评估指标，高效保护国内外企业家合法权益，为推进国际一流法治化营商环境建设持续发力。

（二）助力困难企业恢复发展，激发市场主体活力

4. 依法为危困企业纾困解难。对受疫情影响的危困企业不能履约或履约

可能对企业权益造成重大不利影响的买卖、租赁、旅游、住宿、货物运输、加工承揽、建设工程等合同纠纷，准确把握《民法典》精神，合理确定各方责任。对当事人以受到疫情影响作为事由请求解除合同或者免除违约责任的合同纠纷，准确查明疫情时空阶段和范围、抗疫防控措施与合同违约或者履行不能的因果关系。结合案件具体情况，分层分类妥善审慎处理，存在恶意违约情形的，严格合同责任，不轻易确认合同解除；存在不可抗力或者情势变更等相关情况的，根据疫情对个案的实际影响，妥善处置纠纷。

5. 缓解中小微企业融资难题。依法妥善审理金融借款合同、融资租赁合同、保理合同、典当合同、保证合同、实现担保物权等与企业融资有关的金融纠纷案件。积极运用司法手段，合理引导金融业服务实体经济。规范商业银行、融资租赁公司、保理公司、典当公司、小额贷款公司等金融机构和市场主体的经营行为，严格审查以服务费、咨询费等各类费用为名变相收取高额利息的行为，对超出法律法规允许范围的利息部分，依法不予保护。引导金融机构在合同中向借款人明确提示说明年化利率。对企业因受疫情影响较大而引发的金融借款纠纷，审慎审查金融机构提出的预期违约、合同加速到期、单方解除合同等主张。对于暂时陷入困境但尚具备一定清偿能力的中小微企业，积极运用金融纠纷多元化解机制，发挥专业调解组织作用，促成金融机构以展期续贷、分期还款协议等方式协商解决纠纷，努力降低企业融资、解纷成本。

6. 促成企业恢复信用和活力。依法开展善意文明执行，对因疫情影响造成短暂资金流动性困难，不能清偿债务的，积极引导当事人达成执行和解、分期履行、延期履行等，依法为当事人缓解债务压力、恢复生产经营创造条件。对于确因疫情影响造成暂时履约困难的被执行人，加大宽限期适用，在宽限期内暂不执行限制消费令和纳入失信名单，通过宽限期给被执行人以警示，促使其主动履行。依法精准适用失信惩戒和限制消费措施，聚焦制约企业重整成功的税务、金融、市场监管、招投标等重点领域，推动建立健全有别于正常经营状态下的重整企业信用修复机制，符合法定屏蔽条件的，及时采取屏蔽措施；对其因融资、招投标等需要请求提供信用修复证明的，及时出具相关证明材料，为重整企业恢复正常经营创造条件。研究制定专门的小微企业破产程序规则，探索建立简易、便捷、有针对性的破产保护，促进小微企业低成本出清和高效率挽救。推动财政、金融监管部门加强政策支持，为重整企业恢复生产经营提供现金流支持。充分发挥“企业重整与破产资产处置平台”作用，进一步打造典型案例，积累成功经验，推动形成不良资产市场化处置的“上海模式”，助力企业重生。

（三）合力确保社会平稳有序，大力提振市场信心

7. 依法维护良好市场秩序。依法从快惩处哄抬物价、制假售假、诈骗、聚众哄抢、失职渎职、贪污挪用等破坏市场经济秩序的犯罪行为，切实保障经济运行整体好转。依法慎用强制措施和查封、扣押、冻结措施，用足、用好非监禁刑，最大限度降低对企业正常生产经营活动的不利影响。依法审理涉及行政机关查处价格违法行为和扰乱市场秩序行为的行政案件，妥善化解行政争议，维护正常生产经营秩序。加强矛盾纠纷源头治理，充分运用人民法院一站式多元解纷平台和委托、委派调解等方式，密切与卫健、公安、司法行政、市场监管等单位的联系，建立健全信息交流、情况反馈机制，强化诉调对接和诉源治理。

8. 依法维护劳动关系和谐稳定。坚持依法维护劳动者合法权益与促进企业生存发展并重的原则，既注重保障劳动者合法权益和就业稳定，又要为企业的生存发展、有序运转创造条件。加大对涉疫情劳动争议纠纷的调处力度，联合人力资源管理部门、劳动仲裁机构、行业协会等，依法稳妥处理涉疫情劳动报酬追索、工伤保险待遇等纠纷。对确因疫情影响不能正常提供劳动的劳动者，积极引导企业与劳动者就调整薪酬、轮岗轮休、病假休假等达成一致，柔性化解矛盾。依法受理因就业优惠政策实施引发的行政案件，妥善审理社会保险纠纷案件，依法支持符合条件的用人单位享受阶段性降低社会保险费率、缓交社会保险费、失业保险费稳岗返还等优惠措施。妥善审理平等就业权纠纷案件，破除各种不合理限制，推动高校毕业生平等就业、多渠道灵活创业。

9. 积极促进恢复和扩大消费。把支持恢复和扩大消费摆在更突出的位置，充分发挥消费纠纷审判职能作用，依托全方位、广覆盖、强实效的消费维权司法保障体系，促进快速有效的消费纠纷处理机制建设。依法保护跨境消费合法权益，鼓励和支持跨境电商发挥平台主体作用，建立和完善消费争

议和解、调解和先行赔付制度，提升跨境消费纠纷解决效率，营造高水准、高评价的消费法治环境。准确把握消费领域的新趋势，关注智慧零售、跨界零售、无人零售、绿色零售等新业态、新模式的发展趋势，关注全渠道平台商、集成服务商、供应链服务商、定制化服务商等商业形态的转型升级新模式。依法支持线上线下商品消费融合发展，妥善处理“互联网+”等新服务类型引发的纠纷和共享经济领域产生的纠纷等，合理认定相关民事主体的注意义务和法律责任，支持和引导新的生活和消费方式健康发展。针对新型消费模式或领域下的新情况新问题，做好专题研究、前瞻应对，助力新消费对全产业链的引领和带动作用。

（四）推动数字经济发展，加大对外开放力度

10. 保障和助推数字经济发展。支持网约配送、移动出行、网络直播等平台企业健康发展，准确认定平台经营者、平台内经营者以及货运物流服务提供者等主体的法律责任。引导平台经营者等市场主体加快人工智能、云计算、区块链、操作系统、处理器等领域技术研发突破和商业模式创新，稳定发展预期，激发投资活力。加强互联网案件审判，准确实施个人信息保护相关法律及政策，全面规范个人信息处理行为，强化网络信息和数据安全保障，保障数据要素市场平稳快速发展。依法严惩网络违法和犯罪行为，加强对网络“灰黑产”的整治和规范。推进上海互联网司法研究中心和数字经济司法研究及实践基地建设，积极开展司法裁判规则研究，形成切实可行的互联网平台和数字经济治理规则，完善数字产业责任体系，促进互联网行业规范发展。

11. 依法规范新就业形态用工。准确把握新就业形态民事纠纷案件审理工作要求，加强灵活就业和新就业形态劳动者权益保障，支持和规范发展新就业形态，合理认定平台企业责任。依法支持劳动者依托互联网平台就业，支持用人单位依法依规灵活用工，引导平台企业与劳动者就劳动报酬、工作时间、劳动保护等建立制度化、常态化沟通协调机制，保障新就业形态劳动者合法劳动权益。依法合理认定新就业形态劳动关系，未订立书面劳动合同，劳动者主张与平台企业或用工合作单位存在劳动关系的，人民法院应当根据用工事实和劳动管理程度，综合考虑劳动者对工作时间及工作量的自主决定

程度、劳动过程受管理控制程度、劳动者是否需要遵守有关工作规定、劳动纪律和奖惩办法、劳动者工作的持续性、劳动者能否就决定或者改变交易价格等因素，依法审慎予以认定。

12. 依法保障高水平对外开放。落实好外资企业国民待遇，保障外资企业依法平等参与政府采购、招投标、标准制定，加大外商投资合法权益的保护力度。加强对国际法的研究和运用，正确适用国际条约、国际公约和多边协定，准确适用国际商事惯例和交易习惯，研究全面与进步跨太平洋伙伴关系协定和数字经济伙伴关系协定等高标准经贸协议，对照相关规则、规制、管理、标准，努力形成合理的裁判规则，保障交易自由和安全，增强中外投资者信心。聚焦新能源、人工智能、生物制造、绿色低碳、量子计算等前沿技术研发和应用推广，加强人民法院知识产权司法保护国际交流（上海）基地、人民法院知识产权司法保障科技创新研究（上海）基地建设，促进国际司法交流，研究解决技术创新中的知识产权保护前沿问题。着力提升上海航运司法国际影响力，依托最高人民法院国际海事司法上海基地，与全球主要航运中心相关机构开展多渠道、宽领域的深度合作交流，积极打造上海航运司法品牌。妥善处理我国法院与外国法院间的司法管辖权争议、平行诉讼等问题，推广适用海事争议管辖示范条款，推动建设具有较高国际影响力的国际海事司法中心。全面加强涉外金融审判工作，建立健全涉外金融案件审判体制机制，积极运用支持诉讼机制、示范判决机制、代表人诉讼机制、证券公益诉讼机制等新型诉讼机制妥善化解涉外金融纠纷案件。

（五）坚持司法为民公正司法，着力做好各类诉讼服务

13. 便利当事人在线参与诉讼。充分运用“智慧法院”建设成果，依托人民法院在线服务、上海法院 12368 诉讼服务平台和一网通办“诉讼服务”等在线方式，及时办理相关诉讼事务，持续深化全流程网上办案体系建设，确保立案、调解、证据交换、庭审、宣判、执行、申诉、信访等在线诉讼活动高效规范运行。

14. 依法保障当事人诉讼权利。依法保障经济困难和诉讼实施能力较差的当事人的诉权，通过法律援助、司法救助等方式，让行使诉权确有困难的

当事人能够顺利进入法院参与诉讼。加大对困难当事人申请诉讼费用减、免、缓的支持力度，对于陷入困境的市场主体特别是中小微企业、个体工商户等，依法审慎采取财产保全措施，采取灵活担保方式或适当调低申请财产保全危困企业的保证金比例。

15. 不断满足人民群众司法需求。积极转变办案思路，从加强疫情防控向推动经济社会平稳发展转变，突出稳增长、稳就业、稳物价工作重点，大力提振市场预期和信心。密切关注审判执行中出现的新情况新问题，及时开展预研预判，健全裁判规则，统一审理思路和裁判尺度。加大法治宣传力度，通过适时发布典型案例、审判白皮书和司法建议书等方式以案释法，进一步营造良好法治环境。

三、工作要求

（一）统一思想认识

全市各级法院要切实提高政治站位和思想认识，牢记“国之大者”履职尽责，充分认识到法治固根本、稳预期、利长远的保障作用，找准司法在中国式现代化进程中的定位坐标，以严格公正司法护航经济社会发展，把司法服务保障经济社会高质量发展作为重大使命任务，全心投入、全力以赴。

（二）加强组织落实

市高院要加强组织领导，统筹协调推进司法服务保障经济社会高质量发展工作。市高院各相关职能部门要对照目标要求，明确职责分工，落实责任单位，严格执行台账制度，细化台账报送内容，明确具体时间节点和完成进度，加强跟踪问效，加大督察力度，对落实情况进行实时评估，并纳入绩效考核范围，通过客观考核来体现落实效果、评价工作实绩，确保服务保障各项举措落地见效。

（三）有序推动实施

全市各级法院要结合本院实际，加强研究谋划，细化工作举措，强化执行实施，确保各项工作抓紧抓实。要及时总结工作推进中的经验做法，注重查找难点和瓶颈问题，及时协调解决。全市各级法院之间要强化协同配合，更加积极主动加强与检察机关、行政执法机关的沟通协调，形成服务保障经济社会高质量发展整体合力。

2023 年 2 月 23 日

上海市高级人民法院
关于司法服务保障稳定就业的实施方案

为认真贯彻落实《最高人民法院〈关于为稳定就业提供司法服务和保障的意见〉》，充分发挥上海法院司法职能作用，有效服务保障本市稳定就业大局，着力推动上海经济社会高质量发展，妥善统筹疫情防控和经济社会发展，结合上海经济社会发展特点和上海法院实际，制定本实施方案。

一、总体要求

1. 充分认识司法服务保障稳定就业的重要意义。就业是民生之本、财富之源，是最大民生。全市法院要坚持以习近平新时代中国特色社会主义思想为指导，全面贯彻落实党的二十大和中央经济工作会议精神，紧紧围绕中央《扩大内需战略规划纲要（2022—2035）》和《上海市提信心扩需求稳增长促发展行动方案》确定的重点行业重点领域，坚持把稳就业摆在更加突出位置，紧抓提信心、稳增长、稳就业等当前重点任务，强化底线思维，突出就业优先导向，扎实做好稳就业保就业工作，为服务构建本市新发展格局，加快推进高质量发展，有效防范化解重大风险，努力为实现上海经济运行整体好转和社会大局稳定提供有力司法服务和保障。

2. 准确把握司法服务保障促进就业的实施原则。坚持促进劳动关系和谐稳定原则。积极贯彻落实助企纾困、稳企稳岗等政策要求，充分考虑国际国内经济形势及疫情防控对企业和劳动者所产生的影响，确保企业提振市场信心，有序复工复产，依法保障劳动者合法权益。坚持协商求同原则。树立劳动关系双方同力协契、共商共议理念，对因企业经营困难引发的关于工作方式、工作时间、劳动报酬等纠纷和矛盾，尽可能通过协商、调解等方式来解决，促成劳动合同的继续履行。坚持平衡保护原则。秉持依法保护劳动者合法权益和促进企业稳定有序发展并重精神，既要保障劳动者基本生活和就业稳定，又要为企业生存发展、有序运转创造应有的条件。坚持纠纷多元化解原则。积极会同司法行政机关、工会、工商业联合会、调解组织等，充分发挥联动工作机制实效，加大沟通调解力度，及时将矛盾纠纷调解在基层、化解在萌芽，做好劳动风险预警，全力守护城市安全和社会稳定，助力经济社会平稳健康发展。

二、工作举措

3. 依法为企业纾困解难，推动就业优先政策有效落地。认真学习、熟练掌握国家和上海市稳就业促发展的政策要求，依法妥善审理涉市场主体享受就业税费优惠政策引发的行政案件，坚决支持符合条件的市场主体依法享受阶段性降低社会保险费率、缓交社会保险费、失业保险费返还等优惠政策，支持特定行业、特定市场主体依法享有阶段性的税费减免政策，切实减轻市场主体在用工、社会保险等方面的经营压力和负担，有力推动国家和本市就业优先政策的落实落地。稳妥审理社会保险费缓缴期间，劳动者以用人单位未及时、足额缴纳社会保险费为由提出解除劳动合同而引发的经济补偿纠纷，正确适用社会保险费缓缴政策，审慎支持经济补偿请求，有效增进市场主体的合理预期，充分激发市场主体活力，有力夯实稳岗保就业的基础。

4. 加大对中小微企业的扶持，有力扩大中小微企业稳就业规模。依法审理房屋租赁合同纠纷，支持符合政策条件的中小微企业、个体工商户依法享受阶段性减免国有房产租金政策；加大非国有房屋租赁合同纠纷的调解力度，积极引导当事人参照租金减免政策、条件进行和解，有效减轻中小微企业、个体工商户的经营压力和负担。依法审理买卖合同纠纷，针对中小微企业被拖欠货款的情况，且合同约定的违约金明显低于造成的实际损失时，可酌定调整违约金的计算标准，促进案件调解，切实保障中小微企业的生存发展。依法审理金融借款合同纠纷，强化金融政策支持导向，依法支持中小微企业、个体工商户要求依法享受延期还本付息、享受贷款贴息贴费等金融优惠政策的请求，有力保障中小微企业合法权益，切实增强中小微企业稳就业规模和就业吸纳能力。

5. 规范新就业形态用工发展，维护新就业形态劳动者合法权益。坚持支持平台经济发展与保护新就业形态劳动者合法权益相结合的理念，充分把握新就业形态法律关系认定原则和劳动关系用工事实的考量因素，依法、准确确定新就业形态用工双方的权利义务。通过司法裁判，既合理认定平台企业责任，支持平台经济的规范有序发展，又切实加强新就业形态劳动者的工资支付、休息休假、安全卫生、社会保险、职业伤害等合法权益保障，充分激发平台经济和新就业形态用工在引领发展、创造就业、国际竞争中的强大潜力。

6. 强化数字经济下用工新情况、新问题的研究与指导，着力保障和助推数字经济发展。加强对平台经营者等市场主体在人工智能、云计算、区块链等技术突破和商业模式创新方面问题的研究。对平台经营者等市场主体通过算法规则对劳动者实施用工管理而引发的纠纷，依法审慎认定相关算法规则的效力，切实保护劳动者取得劳动报酬、休息休假、安全健康的基本权益；对不符合日常生活经验法则或明显违背公序良俗的算法规则，依法否认其法律约束力，劳动者因此而遭受损害，依法支持其赔偿请求。加强平台经济下劳动者个人信息的保护，规范平台经营者等市场主体个人信息处理行为，强化网络信息和数据安全保障。提高理论研究水平，提升司法裁判能力，积极提炼司法裁判规则，努力引导和推动平台企业制定注重遵守交通规则等社会秩序的算法规则，形成科学合理的劳动者受损责任分担机制以及数字经济治理规则。

7. 妥善审理各类就业纠纷，共同营造和维护良好就业环境。妥善审理用人单位因性别、种族、宗教信仰、疾病、地域等歧视而引发的拒绝招录、实施差别对待等涉就业歧视纠纷案件，依法纠正用工市场中的就业歧视行为和各种不合理限制，牢固树立就业权平等理念，积极营造公开、公平、公正的择业、就业环境。依法审理竞业限制纠纷案件，找准用人单位技术、商业秘密保护与高级管理人员、技术人员有序流动的平衡点。既要依法保护用人单位的知识产权和核心竞争力，又要保障高级管理人员、技术人才的有序流转，消除不合理人才流动壁垒，助推人才一体化与优质人才资源共享的新格局。

8. 维护高校毕业生合法就业权益，支持高校毕业生多渠道就业。依法打击高校毕业生就业、择业中“黑职介”、利用虚假招聘骗财敛财等各种违法犯罪活动。依法审理高校毕业生见习、实习纠纷，妥善认定涉就业见习用工法律关系，维护高校毕业生合法就业权益。依法审理高校毕业生就业、见习过程中引发的人身损害赔偿纠纷，依法认定责任及赔偿主体，切实保护高校毕业生的人身权益。积极支持和促进高校毕业生自主创业和多渠道灵活就业，加强类案裁判示范宣传和司法建议工作，增强对高校毕业生自主创业和灵活就业的有效指导。

9. 进一步落实工作举措，持续加强农民工劳动权益保障。进一步强化农民工劳动权益保障意识，重点关注工程建设、房地产、加工制造、餐饮住宿等行业和领域纠纷动态，不断完善拖欠农民工工资多方联动机制，建立健全农民工欠薪治理长效机制，有效防范农民工欠薪风险。加大恶意欠薪犯罪的打击力度，强化对恶意欠薪行为的刑事惩戒震慑；适时采取列入失信联合惩戒名单等手段，有效促进企业的自愿履行。认真贯彻落实《保障农民工工资支付条例》，依法及时审理拖欠农民工工资案件，不断完善拖欠农民工工资案件的快立、快审、快执绿色通道，依法适用先予执行，切实保障农民工合法劳动权益。

10. 依法稳妥审理涉疫情等各类劳动争议纠纷，确保劳动关系和谐稳定。认真贯彻落实国家保就业保生产、复工复产等政策要求，准确把握新阶段疫情防控各项政策措施，统筹疫情防控与经济社会发展，稳妥审理涉疫情劳动争议纠纷，积极引导民主协商，努力促成和解调解，确保用人单位有序复工复产和劳动者用工岗位的稳定。依法妥善审理其他各类劳动合同纠纷，引导用人单位规范用工，指导劳动者依法维权，依法保障用人单位和劳动者合法权益，维护劳动关系的和谐稳定发展。

11. 依托服务保障浦东引领区建设，探索完善促进全球高端人才引进司法服务保障机制。依法妥善审理涉“高精尖缺”海外人才的劳动争议和劳务纠纷，深化跨境用工保护的司法实践，加强高端人才劳动争议一站式解决机制建设和运用，推动高端人才劳动争议解决体系的优化与完善。加强高精尖人才社会性流动、企事业单位人才流动、人才跨所有制流动等法律问题研究，助力本市全球人才、技术等要素资源配置，不断探索完善全球高端人才引进司法服务保障机制。

三、机制保障

12. 不断提升审执能力水平，依法保障企业和劳动者的合法权益。以提高审判质效为抓手，加强业务指导，不断提升全市法院审执能力与水平，充分保障劳动争议纠纷当事人合法权益。依法高效妥善审理涉企业复工复产纠纷案件，对符合条件的当事人依法及时予以免、减、缓交诉讼费等司法救助；对陷入困境的市场主体审慎采取财产保全措施，助力复工复产。不断增强智慧审判能力，有效提升科技赋能，加强线上诉讼服务和在线庭审等互联网审判水平，切实降低当事人诉讼成本。持续推动案件繁简分流、简案快审，确保各种争议能依法快速解决，当事人的合法权益能尽快实现。

13. 畅通调裁审有效衔接机制，推进劳动争议纠纷多元化解。进一步畅通调裁审衔接机制，不断推动调裁审有效衔接水平，推进调裁审受理范围和法律适用标准的统一。加强与人社部门、工会、行业协会、社区组织的联动协作，建立劳动纠纷多元共治长效工作机制，不断完善“劳动争议调裁审执一站式多元解纷机制”建设，积极推动劳动争议的诉源治理和多元化解，有效实现稳定就业与和谐劳动关系的有机融合。

14. 进一步健全适法统一机制，强化司法裁判示范引领效果。根据四级法院审级职能定位改革的要求，充分发挥高、中院的职能作用，不断健全完善全市法院适法统一机制，加强对全市法院劳动争议等纠纷的适法统一监督和指导，确保类案同判的有效实现。加强新类型案件的理论研究与探讨，深化精品案例的发现、培育机制，着力提升典型案件的指导意义。提炼归纳司法裁判意见，定期发布典型案例，统一裁判标准，充分发挥司法裁判的示范引领作用。

2023 年 2 月 23 日

上海市高级人民法院
关于司法服务保障促进消费的实施方案

为认真贯彻落实《最高人民法院关于为促进消费提供司法服务和保障的意见》，充分发挥上海法院司法职能作用，全面促进消费、加快消费提质升级，助力实施扩大内需战略，服务保障上海国际消费中心城市建设，结合上海法院实际，制定本实施方案。

一、总体要求

1. 深刻认识司法服务保障促进消费的重要意义。扩大内需促进消费在满足人民群众对美好生活向往、充分发挥我国超大规模市场优势、构建新发展格局等方面具有重大战略意义。全市法院要坚持以习近平新时代中国特色社会主义思想为指导，全面贯彻落实党的二十大和中央经济工作会议精神，紧紧围绕中央《扩大内需战略规划纲要（2022—2035）》和《上海市提信心扩需求稳增长促发展行动方案》确定的重点行业重点领域，抓牢高质量发展首要任务，充分发挥消费纠纷审判职能作用，既要立足于大力提振市场预期和信心，全面营造良好消费环境的迫切现实需要，也要着眼于增强消费对经济发展的基础性作用，服务保障上海建设具有全球影响力的国际消费中心城市的长远发展。

2. 准确把握司法服务保障促进消费的实施原则。坚持依法保护原则。准确把握消费者权益保护法、食品安全法、药品管理法、产品质量法等法律及相关司法解释的精神，充分发挥审判职能，依法认定案件事实和准确统一适用法律。坚持全面保护原则。既要坚决打击各类侵害消费者合法权益的违法犯罪行为，准确适用惩罚性赔偿等特殊保护制度，保护消费者合法权益，也要依法保护生产经营者的产权、自主经营权和知识产权，积极营造诚实守信的市场环境，维护诚信公平高效的市场秩序。坚持协同保护原则。树立全局意识、系统思维，与政府相关部门、消费者保护社会组织加强协作，支持行政机关依法行政，完善消费纠纷多元解决机制，促进消费纠纷预防和源头治理。

二、工作举措

3. 以最严举措保障食品药品消费安全。依法严厉惩治生产、销售不符合安全标准的食品罪和生产、销售有毒、有害食品罪，以及生产、销售假药罪和生产、销售劣药罪，充分发挥刑罚对涉食品药品安全犯罪行为的震慑作用，净化消费市场环境。严格落实首负责任制。消费者依照相关法律就食品药品消费中的损失，选择向生产者或者经营者主张损害赔偿的，依法予以支持。准确适用惩罚性赔偿制度。消费者向生产经营者主张惩罚性赔偿，符合相关法律规定的，依法予以支持。

4. 依法保护预付式消费者合法权益。妥善审理健身、美容、长租公寓等预付式消费领域纠纷，坚决惩治经营者通过收取预付款实施诈骗的犯罪行为。消费者就经营者擅自变更履行内容、擅自转让合同权利义务等违约行为主张违约责任的，依法予以支持。消费者就经营者夸大宣传、虚构商品功能或服务内容、虚假折价减价等欺诈行为主张撤销合同以及惩罚性赔偿的，依法予以支持。

5. 依法保护医疗服务消费者合法权益。坚决打击无资质、超越资质的机构或者个人的非法行医行为，构成犯罪的依法追究刑事责任。经营者无资质或超越资质提供医疗健康服务，依法认定合同无效。消费者的生命权身体权健康权等因医疗消费行为受到侵害，主张医疗服务提供者承担侵权责任的，依法予以支持。医疗美容机构在提供医疗美容服务过程中存在超越资质、使用假冒伪劣器械产品等欺诈行为，消费者主张惩罚性赔偿的，依法予以支持。进一步完善医疗鉴定程序，切实解决医疗鉴定送鉴难问题，确保医疗消费者的权利及时获得救济。

6. 依法保护文体旅游消费者合法权益。妥善处理文化旅游休闲等品质服务消费纠纷，大力规范文体旅游市场，促进上海城景一体全域旅游、“建筑可阅读”城市旅游以及迪士尼乐园、崇明国际生态岛为代表的休闲旅游健康发展。消费者就经营者降低或变相降低服务标准，减少服务项目等行为主张违约责任的，依法予以支持。消费者就经营者利用信息不对称，通过虚假报价“斩客”等欺诈行为主张惩罚性赔偿的，依法予以支持。强化体育项目经营者在设施设备、服务人员等方面的安全保障义务，准确界定自甘风险规则的适用范围。

7. 依法保护教育培训消费者合法权益。妥善审理教育培训服务合同纠纷，坚决打击教育培训机构虚假宣传、轻易承诺、诱导学员等欺诈行为，净化教育培训市场环境。严格落实“双减”政策要求，规范义务教育阶段校外培训，坚决整治无证照培训、超标超前培训、超期预收费、违规高收费、退费难等违法行为，呵护青少年健康成长。加强教育培训纠纷诉源治理，审慎处理群体性纠纷，切实维护社会稳定。

8. 依法保护金融消费者合法权益。严惩金融消费领域犯罪行为，完善证券代表人诉讼和涉众性金融纠纷示范判决机制。降低金融消费者维权成本，加强与金融监管机关的沟通协作，充分运用金融纠纷多元化解机制，发挥金融行业协会、专业化调解组织作用，促进涉金融消费者矛盾纠纷化解。积极引导金融市场主体树立“卖者尽责、买者自负”理念，督促卖方机构切实履行投资者适当性义务，确保金融消费者购买的金融产品与其风险承受能力相匹配。强化卖方机构的风险提示和产品信息披露义务，以普通金融消费者能够理解的程度以及接受的方式进行充分说明。

9. 依法保护网络消费者合法权益。准确适用网络购物“七天无理由退货”的法律规定，保障消费者在法定时间内单方解除合同的权利。强化网络平台经营者责任，平台对入驻商家未尽审核报告义务，致使消费者合法权益受到损害，消费者主张平台经营者承担连带责任的，依法予以支持。妥善审理网络直播营销等新业态纠纷，准确认定直播营销平台自营的经营者责任、无法提供直播间运营者真实信息的先付责任，以及明知或应知不法行为情况下的连带责任。

10. 依法保护弱势消费者群体合法权益。加强老年人、未成年人等弱势消费者群体的保护力度。严惩假借艺术品保健品销售、涉老旅游、养老医疗服务等手段实施涉老诈骗的违法犯罪行为。消费者就经营者销售商品或者提供服务过程中夸大宣传、虚构功能、质次价高等欺诈行为主张惩罚性赔偿的，依法予以支持。妥善审理生育、托育等服务合同纠纷，促进育幼服务消费发展，提升服务品质。妥善审理未成年人消费案件，未成年人未经其监护人同意实施的与其年龄、智力不相适应的消费行为，监护人嗣后未予追认的，依法认定合同无效。

11. 准确认定消费合同格式条款效力。经营者通过格式条款订立消费合同，就免除或者减轻经营者责任等与消费者有重大利害关系的条款未尽到提示说明义务，消费者依照民法典相关规定主张条款不构成合同内容的，依法予以支持。格式条款不合理地免除或减轻经营者责任、加重消费者责任、限制或禁止消费者主要权利的，依法认定无效。通过发送司法建议等方式，督促行业主管部门加强行政监管，要求经营者及时就相关不合理格式条款作出修改，切实保护消费者合法权益。

12. 营造健康有序的消费市场环境。依法保护生产经营者的产权、经营自主权和知识产权，平等保护各类市场主体合法权益，为广大市场主体技术研发和科技创新创造良好法治环境。依法规范歧视性待遇、虚假宣传、刷单炒信、强制搭售等损害消费者权益的垄断和不正当竞争行为，促进消费市场公平竞争。依法保护网络消费者知情权、选择权以及消费者售后权益的同时，积极甄别隐身于消费者背后专事“薅羊毛”的黑灰产业，防范其借助诉讼实施非诚信行为，规范和保障网络平台经济的健康发展。

13. 强化消费领域数字空间治理。妥善处理消费数据产权、数据交易相关纠纷，切实维护消费领域数据安全。加强消费者个人信息保护，经营者通过人脸识别等新技术过度搜集消费者个人信息，未经消费者单独同意收集处理消费者个人信息，消费者请求经营者承担停止侵害、损害赔偿等民事责任的，依法予以支持。经营者利用消费者个人信息通过自动化决策方式，向消费者进行信息推送、商业营销等，应同时提供不针对消费者个人特征的选项，或向消费者提供便捷的拒绝方式。

14. 助力打造高端品牌消费首选地。公正审理涉高端品牌消费纠纷案件，努力营造高水准、高评价的消费法治环境，促进和保障上海打造全球新品首发地、高端品牌首选地、原创品牌聚集地，实现“买全球、卖全球”的建设目标。区分消费合同关系、经销代销关系等不同法律关系，重点处理好经销商在高端品牌中掺假销售等侵害知识产权和不正当竞争纠纷，库存品牌货物回收、销售扣点返点等结算纠纷，依法平等保护消费者、经销商、品牌商等各方当事人的合法权益。

15. 引导促进大宗商品消费需求。 妥善审理涉及住房、汽车、家电、绿色建材等大宗商品消费纠纷，促进消费扩容提质。坚持“房住不炒”理念，依法保护住房消费者合法权益，促进房地产市场平稳健康发展。开发商存在逾期交房、逾期办证等违约行为，购房者主张违约责任的，依法予以支持。如迟延履行系疫情或者疫情防控措施等不可抗力导致，可以依法减轻或者免除相应责任。购房者逾期支付购房款的，应当查明逾期付款原因，着力加强调解和解，除非购房者恶意根本违约，一般不轻易判决解除合同。严格依照相关“三包”规定确定汽车、家电等领域生产经营者的责任，保护消费者合法权益，提振消费信心，充分发挥消费拉动经济增长的作用。

三、机制保障

16. 建立健全消费纠纷多元化解机制。 深化与市场监督管理等相关政府部门以及消费者保护社会组织的沟通协作，加强对行政调解、行业调解组织的支持，通过提供法律指导、依法确认调解协议效力等方式，促进行政调解、行业调解效能的充分发挥，做到消费维权平台前移。完善消费纠纷诉调对接机制，实现“诉”的权威性、规范性与“调”的便利性、低成本、非对抗性的有机结合，积极引导消费者选择适当方式理性解决纠纷，促进消费纠纷诉源治理和诉前化解。

17. 优化消费纠纷诉讼解决机制。 科学调配审判资源，强化消费纠纷繁简分流，扩大小额诉讼适用范围，对于争议金额较小、权利义务关系简单明了的案件快审快结，确保消费者合法权益得到快速保护。围绕上海打造的世界级商业街、国内一流商圈和特色商业街区，因地制宜开展巡回审判、巡回调解，通过就地化解消费矛盾纠纷，营造健康有序的商圈消费环境。充分借助信息化技术，推动消费纠纷智慧审判，通过网上立案、电子送达、在线庭审等方式便利诉讼，降低纠纷解决成本，提高纠纷解决质效。

18. 积极推进消费公益诉讼。 加强与检察机关、消费者权益保护社会组织等的沟通协同，依法审理针对侵害众多不特定消费者合法权益提起的公益诉讼，充分发挥公益诉讼维护社会公共利益的制度功能。在审理消费民事公益诉讼案件中，原告提出的诉讼请求不足以保护社会公共利益时，依法向其释明变更或者增加停止侵害等诉讼请求。积极探索食品药品安全民事公益诉讼惩罚性赔偿制度。完善上海消费者权益保护委员会统一管理消费公益赔偿金制度，确保公益诉讼案件顺利执行。

19. 强化司法裁判示范引领作用。根据四级法院审级职能定位改革要求，充分发挥高、中级法院的职能作用，不断健全完善全市法院适法统一机制，加强对全市法院消费纠纷适法统一的监督指导，统一裁判标准，确保类案同判。加强消费领域新类型案件的研究与探讨，深化精品案例的发现、培育机制，着力提升典型案件的指导意义。强化司法宣传，定期发布消费纠纷典型案例和审判白皮书，以案释法，营造公平有序、诚实守信的消费市场环境。

2023 年 2 月 23 日

《上海审判实践》征稿启事

《上海审判实践》是由上海市高级人民法院主办的应用法学类刊物。为进一步提升《上海审判实践》的办刊质量，更好地服务法官执法办案，更好地汇聚法律共同体的真知灼见，进一步扩大刊物的社会影响力，自 2018 年 5 月起，《上海审判实践》将改版公开发行。在改版之际，本刊编辑部正式向全市法院系统及社会公开征稿，欢迎全市法院干部、法学理论界和司法实务界同仁惠赐佳作。

一、办刊宗旨

《上海审判实践》将秉持求真务实的原则，秉承兼容并蓄的风格，倡导实务研究，鼓励理论创新，传递“法律人共同的声音”，努力构筑法学理论界、司法实务界探索交流的实践与学术高地。刊物以季刊形式每年四辑公开出版。

二、栏目简介

1. 专稿：主要展示司法实务部门业务专家、权威学者等的理论研究佳作。

2. 专题策划：以相关法律热点为专题开展深入探讨，形成对热点问题的系统、全面解读。

3. 司法实务：主要展示对司法实践突出问题的深入分析与认真思考，突出文章的现实指导意义和实践参考价值。

4. 学术争鸣：主要展示专家学者、实务界精英对前沿理论问题的思考。

5. 司法大数据分析：以司法大数据为基础，梳理实践中的突出问题，深入剖析内在原因，探索解决路径。

6. 改革前沿：主要展示司法改革的内容、成效以及相关思考。

7. 案例精解：精选最高人民法院指导性案例、公报案例、上海法院精品案例等，进行深度解读。

8. 审判业务文件：对最高人民法院、上海市高级人民法院等发布的审判业务文件进行研究解读。

9. 审判答疑：对审判实务中的热点、难点，尤其是法律适用不统一问题，组织经验交流和总结答疑。

三、征稿要求

1. 字数：《上海审判实践》以稿件的学术水平及文稿质量作为辑录依据。普通稿件 8000—10000 字为宜，最多不超过 15000 字；案例分析 6000—7000 字为宜。

2. 稿件要求：《上海审判实践》编辑部拥有《上海审判实践》辑录作品的相关知识产权。来稿需未在任何纸质和电子媒介上发表过；译稿请同时寄送原文稿，并附作者或出版者的翻译书面授权许可；作者应保证对其作品具有著作权并不侵犯其他个人或组织的著作权。稿件需注明作者身份、联系方式和投稿栏目信息。

3. 格式要求（见附件）。

四、来稿方式

上海法院内部的稿件通过《上海审判实践》投稿系统直接投送；上海法院外部的稿件以电子邮件方式发送至电子邮箱 shspsj@126.com。上海市高级人民法院《上海审判实践》编辑部，地址：上海市徐汇区肇嘉浜路 308 号。

五、辑录说明

1.《上海审判实践》公开出版发行后，“中国上海司法智库”微信公众号将作为其唯一电子版及电子增刊发布平台。除作者在来稿时声明保留外，则视为同意将《上海审判实践》投稿作品供“中国上海司法智库”微信公众号进行编辑推送。

2.“中国上海司法智库”微信公众号已发布的优秀原创作品，将择优辑录入《上海审判实践》；未辑录入《上海审判实践》的作品，也将择优以《上海审判实践》电子增刊形式在“中国上海司法智库”微信公众号进行编辑推送。

3.《上海审判实践》及“中国上海司法智库”微信公众号上刊登的上海法院原创来稿，将录入上海法院调研工作考核系统。

《上海审判实践》辑录所有文章的转载、摘登、翻译和结集出版事宜，均须得到编辑部的书面许可。

上海市高级人民法院研究室
《上海审判实践》编辑部
2018年4月2日

请扫右侧二维码
即时关注《上海审判实践》网络版及电子增刊
发布平台

附：注释体例

来稿一般应有摘要及关键词，应做到“三统一”，即体例统一、数字用法统一和注释规范统一。

（一）本书提倡引用正式出版物，出版时间应精确到年；根据被引资料性质，可在作者姓名后加“主编”、“编译”、“编著”、“编选”等字样。

（二）文中注释一律采用脚注，全文连续注码，注码样式为：①②③等。

（三）非直接引用原文时，注释前加“参见”；非引用原始资料时，应注明“转引自”。

（四）数个注释引自同一资料时，注释体例为：前引①，哈耶克书，第48页。

（五）引文出自同一资料相邻数页时，注释体例为：……，第67页以下。

（六）引用自己的作品时，请直接标明作者姓名，不要使用“拙文”等自谦词。

（七）具体注释体例：

1. 著作类

① 胡长清：《中国民法总论》，中国政法大学出版社 1997 年版，第 20 页。

2. 论文类

① 苏永钦：《私法自治中的国家强制》，载《中外法学》2001 年第 1 期。

3. 文集类

①［美］J. 萨利斯：《想象的真理》，载［英］安东尼·弗卢等著：《西方哲学演讲录》，李超杰译，商务印书馆 2000 年版，第 112 页。

4. 译作类

①［法］卢梭：《社会契约论》，何兆武译，商务印书馆 1980 年版，第 55 页。

5. 报纸类

① 刘均庸：《论反腐倡廉的二元机制》，载《法制日报》2004 年 1 月 3 日。

6. 古籍类

①《史记·秦始皇本纪》。

7. 辞书类

①《新英汉法律词典》，法律出版社 1998 年版，第 24 页。

8. 外文类

依从该文种注释习惯。

《上海审判实践》（网络版）目录

	栏目	题目	作者	责编
1	精品案例	环境公益诉讼原告撤诉权的行使与规制	丁晓华、张　寒	牛晨光
2	决策参考	规范与发展平台经济相关法律问题研究	孙　静、陈树森、韩　毅、林　彬、李甜甜	高佳运
3	适法研究	遗产管理人制度审判相关问题研究	卞　良、吴静文、谢嫣雯	高佳运
4	精品案例	“专利敲诈”的行为定性与规制路径	于书生	牛晨光
5	论文精选	建设工程施工合同中“背靠背”条款的司法适用初探	王　鑫	王茜、李瑞霞
6	法官论坛	“四类案件”监管机制完善路径探究——基于“思、辨、行”三维的监管机制优化	韩　峰、张　能、王　晴、韩　坤	高佳运
7	精品案例	《民法典》视域下业主未实际投票行为的法效果认定	王晓梅、顾嘉旻	牛晨光
8	决策参考	在线诉讼规则的审视及完善路径研究——以并行模式下的差异化构建为中心	李　健、俞　巍、崔胜东、高建清、王亚萌、刘学在、郑　涛	高佳运
9	精品案例	公司法视角下合同权利行使的规则适用	郑天衣、沈俊翔	牛晨光
10	论文精选	环境犯罪事实认定中自由裁量权的运用与规则研究——以“有专门知识的人”之意见为侧重点	赵美臣	李瑞霞
11	精品案例	施工行为当否不应成为评判环评审批行为合法性的标准	崔胜东、徐美娟	牛晨光
12	决策参考	打造社会主义现代化建设引领区背景下浦东新区法规司法适用问题研究	阎　锐、林　圻、王美舒、朱工宇、王　倩、于家傲	高佳运
13	法官论坛	多元化纠纷解决机制的功能审视与类型化重构	郑　重	高佳运

续表

	栏　目	题　　目	作　　者	责　编
14	精品案例	刑民交叉案件中金融机构违反不真正义务对合同效力的影响	傅朱钢、周　晔	牛晨光
15	精品案例	共享单车“调度费”的性质认定及法律适用	何　建	牛晨光
16	决策参考	“双碳”目标背景下金融机构环境法律责任研究	竺常赟、沈璇敏、宋成钢、孟文娟	高佳运
17	精品案例	资管计划份额收益权的法律性质及其执行效能	姚竞燕、徐佳云	牛晨光
18	精品案例	美容机构欺诈行为的认定及处理规则	杨斯空	牛晨光
19	适法研究	关于网络主播劳动关系的认定规则及争议处理	费敏蔚、张静露	高佳运
20	精品案例	婚内对外给付财产中非婚生子女抚养费的认定	陶郑忠、郭　丹	牛晨光、唐安东
21	论文精选	人民法庭推进法治乡村建设的范式优化	阮彦宁	李瑞霞
22	精品案例	环境资源案件“恢复原状”判决内容的方式选择与适用审查	盖宇佳、杨建军	牛晨光、唐安东
23	适法研究	筑牢信息安全边界：程序法视域下人脸信息民事公益诉讼的规则塑造	陆文嘉、邓　珍、张　耐	高佳运
24	法官论坛	住房公积金强制执行的现状检视和规范构建——以上海地区现行规范为视角	彭志娟、张　青、万　达	高佳运
25	精品案例	网络游戏以“视听作品”纳入刑事司法保护的认定	陶　冶	牛晨光、唐安东
26	法律人说	提级管辖办好具有规则意义和法律适用价值的案件	汤啸天	李瑞霞

图书在版编目(CIP)数据

上海审判实践.2023年.第1辑/王光贤主编.—
上海:上海人民出版社,2023
ISBN 978-7-208-18333-9

Ⅰ.①上… Ⅱ.①王… Ⅲ.①法院-审判-工作-研
究-上海 Ⅳ.①D926.22

中国国家版本馆CIP数据核字(2023)第093528号

责任编辑 史尚华
封面设计 夏 芳

上海审判实践(2023年第1辑)
上海市高级人民法院 主办
王光贤 主编

出 版 上海人民出版社
(201101 上海市闵行区号景路159弄C座)
发 行 上海人民出版社发行中心
印 刷 上海商务联西印刷有限公司
开 本 720×1000 1/16
印 张 23.5
插 页 2
字 数 361,000
版 次 2023年6月第1版
印 次 2023年6月第1次印刷
ISBN 978-7-208-18333-9/D·4142
定 价 95.00元